제 이름은 빌입니다

제 이름은 빌입니다

빌 윌슨 – 그의 삶과 익명의 알코올 중독자들

My Name Is Bill

Bill Wilson - His Life and the Creation of Alcoholics Anonymous

SUSAN CHEEVER 지음

이 준 옮김

圖書出版 하나醫學社

MY NAME IS BILL

목차

2부 음주

3부 익명의 알코올 중독자들

4부 A.A. 이후의 삶

일러두기

1. 맞춤법과 외래어 표기는 국립국어원의 표기를 참고했다.
2. 국내에서 이미 굳어진 인명과 지명의 경우에는 통용되는 표기로 썼다.
3. 주석에는 파랑 글씨에 괄호(( ))를, 간행물과 편지, 영화 등의 경우에는 낫표(「 」)를, 원문을 발췌해 실은 경우에는 작은따옴표(' ')를 썼다.
4. 익명의 알코올 중독자들 모임은 '익명의 알코올 중독자들' 또는 A.A.로 표기했다.

버몬트, 동도싯. 붉은 지붕의 윌슨 하우스(위)와

흰색의 그리피스 하우스(아래, 우측).

버몬트, 러틀랜드로 이사하기 전에 4살 무렵의 빌 윌슨.

길먼 배로우즈 윌슨과 결혼하기 전에 젊은 에밀리 그리피스 윌슨.

졸업식 예복을 입은 에밀리 그리피스 윌슨.

빌 윌슨의 외조부인 가드너 파이에트 그리피스.

버몬트에 가족을 버리고 25년 뒤인 1930년대의

빌 윌슨의 아버지인 길먼 배로우즈 윌슨.

빌의 첫사랑인 버사 뱀포드. 버 앤드 버튼 신학교에서.

윌리엄 G. 윌슨 소위. 에메랄드 호수 선착장에서.

66 해안 포병 군단의 윌리엄 G. 윌슨 소위.

윌슨 소위와 해안 포병 부대원들. 빌 윌슨은 우측 아래에 있다.

1929년에 페닉 & 포드 공장을 조사하기 위해 여행을 떠난 빌 윌슨.

버몬트에서 낚시하러 가는 빌 윌슨.

증권 중개인으로 성공한 빌 윌슨.

A.A. 모임을 방문하기 위해 처음으로 국토 횡단 여행을 떠난

빌과 로이스. 요세미티 국립공원에서.

국토 횡단 여행 중인 빌과 로이스.

1943년 – 1944년, 겨울, 캘리포니아에서.

빌과 로이스. 1950년, 파리에서.

빌과 로이스. 베드포드 언덕의 집, 정원에서.

빌 윌슨. 1958년 6월, 오하이오, 애크런에서 처음으로 개최된
A.A. 설립자의 날에 보브 박사의 묘지에서.

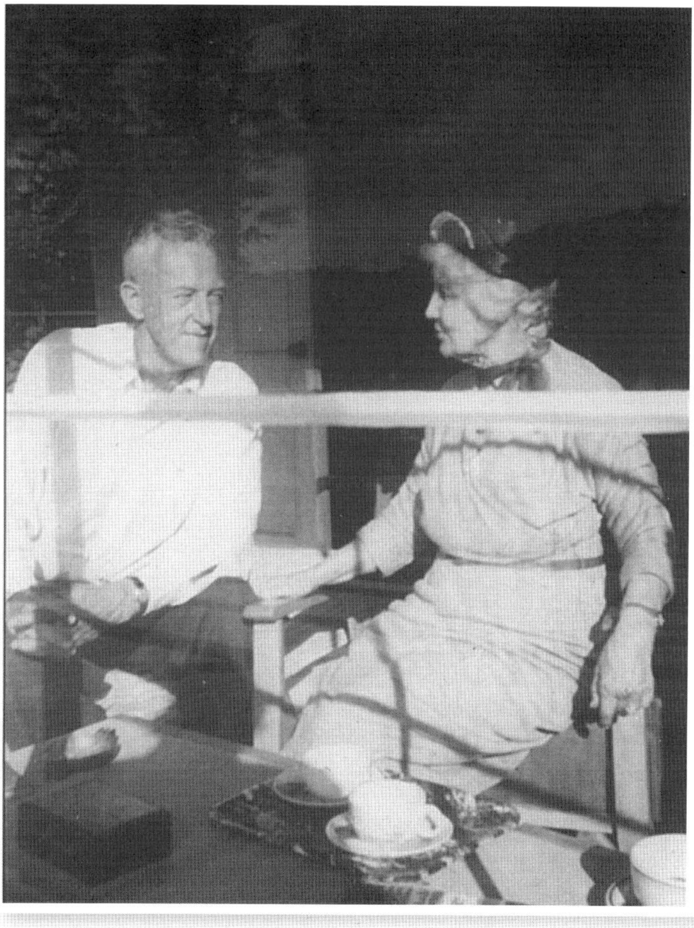

1960년경, 깊은 대화를 나누고 있는 빌과 그의 어머니.

왼쪽에 보브 박사와 오른쪽에 빌과 로이스가 있다.

A.A. 피크닉, 징검다리에서.

빌 윌슨. 사망하기까지 1년이 채 남지 않은 1970년 4월,

뉴욕에서 개최된 연합 총회에서.

추천의 글

“상반된 충동과 부조리한 행동이 우리를 흥미롭게 하는 것들이라면, A.A.의 설립자인 빌 윌슨은 의심의 여지없이 20세기 역사상 가장 매력적인 인물 중 한 사람이다 … 운 좋게 수잔 치버도 빌 윌슨과 마찬가지로 사람의 마음을 이끄는 재주를 가지고 있는데, 본인도 그 점을 분명히 알고 있다. 그녀의 훌륭한 새 저서, 「My Name Is Bill」은 전기 문학에서 너무나도 흔히 통용되고 있는 심리 부검과는 대조를 이루고 있다. 대신 그녀는 이 세상이 중독을 받아들이는 방식에 변화를 가져온 한 남자의 일대기를 해박한 지식을 가지고 훌륭하게 전달하고 있다 … 실제로 빌은 그녀의 글 속에서 자신만의 이야기를 멋지게 풀어내고 있다.”

– 시카고 선 타임스

“수잔 치버는 알코올 중독자의 자녀로 산다는 것이 무엇을 의미하는지(「해가 저물기 전에 집으로」) … 그리고 자신의 알코올 의존 문제(「병 속에 담긴 쪽지」)를 솔직하게 써내려갔다. 다른 사람들의 전성기를 이야기하면서 본인과 전남편이 처했던 절망의 심연에서 벗어날 수 있었던 그녀는 이제 15년간 겪고 있던 알코올 중독에서 회복하여 1935년에 A.A.를 설립하고 그 후로는 지칠 줄 모르고 계속해서 성장해 나간 비범한 한 남자의 희로애락을 생생하게 그려내고 있다. 그녀는 자신만의 고유한 방식을 따르고 있다: 간결한 제목, 명쾌한 인물 소개, 상세한 내용 전개 … 「My Name Is Bill」에서는 현실이 소설보다 더 기묘하다 … 그녀는 빌이 가진 영감의 원천이 무엇인지 논리적으로 밝히고 있으며, 그가 결코 성인이 아니었음을 인정한다. 소설가이자 저널리스트로서 그녀의 글은 냉철하다. 하지만 더 중요한 점은 소설가인 아버지, 존 치버와 함께 A.A. 모임에 참석한 교화된 알코올 중독자로서 그녀가 가진 신뢰할 만한 통찰력과 공감 능력이다."

– 뉴욕 타임스 서평

"작가로서의 역량과 알코올에 대한 개인적인 경험을 가지고 있는 수잔 치버는 이 이야기를 전개하면서 거장다운 면모를 드러내고 있다. 이 책은 시간 순서대로 여러 이야기를 능숙하게 엮어낸 모음집이자 빌 윌슨의 전기이다. 읽기에 재미있으면서도 동시에 학구적인 식견으로 이 유명인의 삶을 들여다볼 수 있다 … 그녀는 버몬트의 작은 시골 마을에서 태어난 한 인간의 희로애락을 다채롭게 그려내고 있는데, 우울증과 불안에 시달리던 이야기와 초자연적 현상에 관심을 가지고 영적인 세계와도 접촉하려고 시도했던 이야기, 성적 편력에 대한 고찰 등을 독자들에게 털어놓고 있다. 각각의 이러한 이야기는 복잡성을 띠고 있는 이 근대적 영웅을 깊이 있게 이해할 수 있도록 도와준다. 빌에 대한 전기는 승인받은 자서전을 비롯해 몇 가지가 존재한다. 하지만 치버의 이야기 – 사람과 장소, 빌 윌슨의 삶에 관한 사진들이 실려 있다 – 는 개인적인 비망록과는 상대적으로 거리가 멀다. 이야기 작가로서 그녀가 가지고 있는 역량 덕분에 이 책은 우리에게 즐거운 경험을 가져다주고 있다."

– 뉴잉글랜드 내과학회지

"「My Name Is Bill」이 그저 하나의 소설에 지나지 않는다면, 인상적인 등장인물과 심금을 울리는 세부 묘사에 있어서 나름 성공작이라고 할 수 있다. 하지만 가장 인간미가 있으면서도 가장 이로운 불세출의 인물에 대한 전기라고 한다면, 이 책은 나라의 보물이다."

– 커트 보니것

"수잔 치버는 A.A. 설립자에 대하여 굉장히 멋지면서도 가슴 뭉클한 이야기를 썼다. 마치 시와 같으면서도 삶의 모든 변곡점을 끄집어 내는 방식으로 빌 윌슨의 넘치는 재기와 기이한 행동, 인간미 등을 분명히 보여주고 있다. 손에서 책을 내려놓을 수가 없다. A.A.와 인간애에 관심을 갖고 있는 사람이라면 반드시 이 책을 읽어야 한다."

– 주디 콜린스

"지금도 빌의 명성은 살아 있다 … 수잔 치버의 새로운 전기 「My Name Is Bill」은 중독자를 돕는데 평생을 바친 한 남자의 이야기 못지않게 12단계와 A.A. 설립에 관한 이야기이다 … 개인 서한과 A.A. 문서, 인터뷰 내용,

그리고 배경이 되는 장소를 방문해 얻은 정보 등을 바탕으로 이 책에서 그녀는 빌과 주변 사람들 사이의 균형에 초점을 맞추고 있다 … 우리에게 시사하는 바가 크다."

– 타임스 콜로니스트(빅토리아, BC)

"알코올 중독자였던 소설가 존 치버의 딸이자 괴도한 음주자였던 수잔 치버는 이 책에 A.A. 공동 설립자의 일생을 솔직담백하게 그려내고 있으며, 연구자와 작가로서의 상당한 기량뿐만 아니라 알코올 중독의 권위자로서의 면모를 발휘하고 있다."

– 북리스트

1부

시골에서 보내던 유년 시절

1장 | 윌슨 하우스

추수감사절(1895년 11월 28일)이 다가오는 1895년 11월 25일 저녁, 바깥 날씨는 쌀쌀해지기 시작했고 유리창에는 벌써 김이 서렸다. 이미 만삭의 몸으로 정신이 없던 25세의 에밀리 그리피스 윌슨 부인(Emily Griffith Wilson; 1870 – 1961; 빌의 모친; 남편과 이혼한 후에 보스턴 정골 의과 대학에 들어감, 그 후에는 비엔나에서 정신분석가 과정을 밟음)은 주방에서 애플파이를 만들고 있었다. 사과를 자른 뒤에는 반죽을 밀어 크러스트를 만들었다. 그러면서 장작 난로 위에 올려놓은 무쇠팬 안에서 팝콘이 잘 튀겨지고 있는지도 놓치지 않고 지켜보아야 했다. 에밀리가 일하고 있는 북향의 그 큰 공간은 밀가루와 향기로운 사과 냄새, 그리고 갓 구워낸 설탕 쿠키와 파이 속을 만들려고 튀겨낸 소시지 냄새로 가득 찼다. 예전이라면 이런 음식이 아주 맛있어 보였겠지만 그날 오후에는 토할 것 같이 느껴졌다. 에밀리는 임신 때문에 모든 것이 엉망이 되었다고 생각했다.

위층에서 사람들이 쿵쾅거리는 소리와 무언가가 반복해서 부딪히는 둔탁한 소리, 시어머니인 헬렌(Helen Elizabeth Barrows; 1843 – 1927; 빌 윌슨의 친할머니; 윌슨 하우스를 운영)과 남편 길리(Gilman Barrows Wilson; 1870 – 1954; 빌 윌슨의 아버지; Gilly라고 불림; 채석공; 과도한 음주자; 1894년 9월에 에밀리와 결혼함; 1905년에 가족을 저버리고 캐나다로 떠남; 빌 윌슨이 11세 되던 해인 1907년에 에밀리와 이혼함)가 이야기하는 목소리, 그리고 겨울 동안 양과 염소가 지낼 커다란 헛간에서 누군가가 장작 패는 소리가 에밀리의 귀에 들려왔다. 언덕 위에서는 개 한 마리가 시끄럽게 짖어대고 있었다. 흰색의 베란다 기둥과 거대한 소나무, 그리고 매드 톰 시내(배튼 킬강의 지류)를 지나 뾰족한 지붕 모양의 기차역으로 이어지는 길에 둘러싸인 텃밭, 창문 너머 그곳 풍경에는 호박들이 차가운 땅에 등을 맡긴 채 여전히 느긋한 시간을 보내고 있었다. 밤늦게까지 깨어 있을 때면 그린 마운틴 플라이어(The Green Mountain Flyer; 버몬트 체스터에 있는 철도 노선; 현재는 철도 관광 명소) 야간 침대차가 하루에 세 차례 지나가는 소리를 들을 수 있었다. 몬트리올에서 출발하는 기차 노선은 도싯 연못에서 북쪽으로 수 마일 떨어진 지점을 지나 마을에 있는 잡화점과 치즈 공장을 지근거리로 통과해 계곡을 따라 맨체스터 역과 맨체스터 빌리지(Manchester Village; 버몬트 베닝턴 카운티에 속해 있는 마을)를 거쳐 올버니까지 이어졌는데, 이곳에서 보스턴이나 뉴욕으로 가는 기차를 갈아탈 수 있었다. 그 당시 대통령은 그로버 클리블랜드(Grover Cleveland; 1837 – 1908; 미국의 22대, 24대 대통령)였는데, 뉴욕 경찰은 밀주 양조장을 엄중히 단속하고 있었고 오스카 해머스테인(Oscar Hammerstein; 1846 – 1919; 미국의 사업가; 연극 & 오페라 등의 기획자; 그의 손자인 오스카 해머스테인 2세는 극작가로서「왕과 나」&「사운드 오브 뮤직」 등의 작품에 참여함)은 자신이 세운 올림피아 극장 안에 밀주를 쌓아두고 있었다.

초원에 해가 저물고 밤이 찾아왔다. 에밀리의 산통은 더 이상 주방에서 일을 하지 못할 정도로 심해졌지만, 아기가 태어나면 길리와 함께 살기로 계획한 교구 목사관이 그녀의 눈에 들어왔다. 그때 화사하게 칠해진 붉은색 문과 초록색 덧문이 있는 아담한 하얀 집에서 불이 켜졌다. 내일이면 그곳에 살고 계신 부모님이 저녁 식사를 같이 하자면서 집으로 초대를 하겠지만, 어린 시절 아늑한 거실에서 부모님이 들려주시던 기도를 떠올리는 것만으로도 잠시나마 통증이 사그라들었다. 그다지 완벽한 삶이라고 볼 수는 없겠지만 – 삶이란 참으로 고단할 수밖에 없다 – 문득 천진난만했던 어린 시절의 기억이 떠올랐다. 그때는 모든 것이 참으로 순수했다는 생각이 들었다. 산에서 채굴된 거대한 대리석 덩어리는 느릿느릿 움직이는 소들의 도움으로 산 아래 기차에 실렸다. 봄이 되면 메이플 시럽을 만들었고, 가을이 되면 사과를 수확해 주스로 만들었다. 도싯 마을에는 에밀리가 갈 때마다 반갑게 웃어주는 해로우즈 씨의 잡화점과 남자들이 모여 정치에 관한 논쟁을 벌이는 그랜지 홀(Grange Hall; 농장 건물이 딸린 회관), 가족 말에 새로운 편자를 달아주는 대장간, 새 구두를 수선해 주는 구두 수선공 등이 있었다. 그리고 마을 사람들은 다 같이 모여 주민 회의(Town meeting; 직접 민주정치의 한 형태로, 뉴잉글랜드 지역에서 발달한 의사 결정 과정. 마을 사람 전체가 한자리에 모여 법과 절차, 정책들에 대한 결정을 내림; 미국의 민주주의를 발전시킨 기초가 되었음)를 열기도 했다.

철로 맞은편에는 대리석 공장들이 있었는데, 그곳에서 대리석 덩어리는 평평한 석판으로 얇게 잘렸다. 이 지역의 대리석은 마을 주변에 있는 풀만큼이나 흔했다. 동도싯에서 생산되는 대리석은 세계 최고였다. 이곳에는 에밀리 가족이 다니는 교회와 프리들리빌 채석장(도싯 언덕길에 있는 채석장; Freedleyville은 예전의 마을 이름)이 생기면서 모여들기 시작한 아일랜드인이 다니는 또 다른 교회가 있었다. 학교와 운동장, 그리고 멋진 책도 있었다. 에밀리는 언제나 자기 자신이 마크 트웨인(Mark Twain; 1835 - 1910; 미국의 소설가)의 「톰 소여의 모험」에 등장하는 베키 대처 - 모험심이 강하고 용감하지만 자기 자신을 위해서는 다소 지나칠 정도로 영리하기까지 하다 - 라고 상상했다. 지방 귀족인 그리피스 가문 출신의 에밀리 가족은 마을에서 가장 부유했지만 전혀 내색하는 일이 없었다. 아버지인 가드너 파이에트 그리피스(Gardner Fayette Griffith; 1841 - 1924; 빌 윌슨의 외조부; 1862년 10월 21일에 버몬트 14연대 보병으로 입대해 1863년 7월 30일에 제대함)는 미국 남북 전쟁에 북부군으로 참전했다. 버몬트 14연대 소속 군인이었던 가드너는 게티즈버그에 있으면서 피켓 장군(George Edward Pickett; 1825 - 1875; 게티즈버그 전투 당시 제임스 롱스트리트 장군 휘하의 남부군 장군)이 이끄는 군대의 공격(피켓의 돌격(Pickett's charge)이라고 이름 붙여진 이 작전은 게티즈버그 전투 3일째 되는 1863년 7월 3일에 로버트 E. 리 장군(Robert E. Lee; 1807 - 1870; 남북 전쟁 당시 남부군의 총사령관)의 남부군이 묘지 능선에 주둔하고 있던 조지 고든 미드 장군(George G. Meade; 1815 - 1872; 남북 전쟁 당시 북부군의 소장)의 북부군 진영을 향해 돌격한 사건으로, 무모했던 이 작전은 실패로 마무리되었고 결국 게티즈버그 전투도 남부군의 패배로 끝남. 남부군은 이 전투를 정점으로 2년간의 기나긴 몰락의 시간을 가짐)을 격퇴하는 데 공헌했고, 정의를 향한 전쟁에서 승리를 거두었다. 마을의 급수 시설을 소유하고 있었던 가드너는 사촌 실라와 함께 산을 온통 뒤덮고 있는 나무를 베어 목재로 팔기로 했는데, 그건 정말로 좋은 계획이었다.

그리피스 부부는 사랑스러운 아들 클래런스와 두 딸 밀리, 에밀리와 함께 푸른 잔디밭이 깔린 집에서 오랫동안 행복하게 살 수 있을 것으로 생각했다. 에밀리는 모두가 잘 알고 있을 정도로 총명한 아이였다. 초등학교를 마친 후에는 캐슬턴에 있는 사범학교에 들어가 교육을 받았고, 어느 지방의 교실 한 칸짜리 교사에서 선생님이 되었다. 하지만 에밀리의 마음속에는 학생들을 가르치는 일 이상의 그 무언가가 되고 싶은 열정으로 가득 차 있었다. 몇 년 뒤에는 아들을 향해, "성공, 성공, 반드시 성공해야 한다. 그것을 너의 좌우명으로 하라!"라고 훈계하지만, 지금은 자신을 향해 외치고 있었다. 1895년의 여름과 가을 내내 임신 중이던 당시만 하더라도 에밀리는 이 첫째 아이가 정말로 위대한 사람이 되거나 어쩌면 의사나 변호사가 될 수 있을 거라고 상상했다.

에밀리는 부모님을 사랑했다. 정말로 자신을 이해해주는 유일한 한 사람은 아버지라고 생각했다. 가드너는 이 작은 마을이 자신의 딸이 살아가기에는 너무나 비좁다고 생각했다. 에밀리는 더 큰 포부를 가지고 있었다. 어머니는 언제나 딸에게 '여자다워야 하고 여자답게 행동해야 한다'고 이야기했지만, 아버지는 생각이 달랐다. 에밀리는 아버지를 닮았다고 마음속으로 되뇌었다. 주변 사람 모두를 위해 무언가를 하고 싶었고 성의 장벽을 뛰어넘겠다는 목표도 가지고 있었다. 어머니는 자신의 남편이 결단력이 강한 사람이라고 믿었지만, 아버지를 닮은 그런 딸을 향해서는 고집불통이라고 생각했다. 비록 아버지는 딸의 가장 좋은 친구였지만, 지난 몇 년간 있었던 일은 둘 사이의 관계를 혼란스럽게 만들었다.

에밀리의 남동생인 클래런스(Clarence Griffith; 1894년 12월에 결핵으로 사망함; '클래런스에게 버몬트의 겨울은 가혹하리만치 추웠기 때문에 아들의 회복을 위해서는 좀 더 따뜻한 곳에서 지내는 것이 좋겠다고 부모는 생각했다. 그래서 아들을 콜로라도로 보냈다. 하지만 그들은 12월에 클래런스가 죽었다는 전보를 받아야만 했다.' – Thomsen, p.31)는 많이 아팠다. 폐에 심각한 문제가 생겨서 제대로 숨을 쉴 수가 없었다. 도싯에서 온 리들 박사는 클래런스를 콜로라도로 보내야 한다고 조언해 주었다. 물론 아버지는 그 어린아이를 기차에 태워 멀리 보내는 일이 너무나도 가슴이 아팠지만, 의사의 지시를 따를 수밖에 없었다. 하지만 콜로라도의 날씨는 생각만큼 도움이 되지 못했고 결국 아들이 죽었다는 전갈을 받았다. 그렇게 먼 곳에서 아들이 죽었을 뿐만 아니라 생사의 마지막 순간에 편히 눈을 감을 수 있도록 누가 아들 곁을 지켜주었는지 아무도 모른다는 사실 때문에 가드너는 아주 딴사람이 되어 버렸다. 10살밖에 되지 않은 아들의 죽음으로 가슴이 찢어지는 듯했다. 에밀리는 지금도 누군가가 아버지에게 우는소리를 하면, 그가 달갑잖아 한다는 것을 잘 알고 있었다. 그리고 임신과 관련된 고민은 아버지와 상의할 만한 주제도 아니었다. 공포와 두려움을 느낄 때마다 에밀리는 이러한 감정을 애써 떨쳐버려야만 했다.

가드너는 살아가면서 겪는 현실적인 문제들이 설령 사소한 것이라 할지라도 자식들이 그것에 대해 마음을 잘 다스릴 수 있을 것이라고 믿었다. 어린 시절 에밀리는 농장의 동물을 보살펴 주곤 했는데, 그 당시 아버지가 자신을 어떻게 대했는지 기억하고 있었다. "추수감사절 저녁이었습니다. 기온은 영하로 떨어져서 난로마다 불이 피워져 있었고 어디든 맛좋은 음식이 넘쳐났지요." 40년이 지났어도 그날의 일을 기억하고 있었다. "추수감사절 저녁은 거의 언제나 칠면조 고기였습니다. 가끔 닭고기를 먹는 경우도 있었지만요. 그러던 어느 날 새끼 돼지로 만든 바비큐 요리가 나왔습니다. 그 아기 돼지는 다름 아닌 제 애완동물이었습니다. 그것을 보자마자 나도 모르게 역겨워서 기절할 뻔했지요." 또한 식탁에서 자리를 뜨는 것도 용납되지 않았다고 했다.

양키(Yankee; 뉴잉글랜드 지역 사람) 출신의 밤색 긴 머리를 가진 당당한 이 여성은 자신의 야망을 어떻게 그렇게나 빨리 뒷전으로 미룰 수 있었는지 스스로도 도저히 믿기지 않았지만, 결혼 생활과 함께 어머니가 된다는 사실을 받아들이면서 자신의 본분을 다했다. 하지만 남편인 길먼 배로우즈 윌슨은 아내를 자주 화나게 했는데, 결혼하기 1년 전에도 이미 그는 에밀리가 상상했던 남자와는 동떨어진, 정말로 제대로 할 줄 아는 것이 없는 그러한 존재였다.

중매로 결혼한 것이나 다름없었다. 에밀리와 길리는 어려서부터 줄곧 알고 지낸 사이였다('에밀리와 길리는 같은 해에 태어나 같은 마을에 살면서 같은 학교, 같은 교회를 다녔다. 길리가 올버니 대학을 다니고 에밀리가 캐슬턴에 있는 사범학교에 다니던 시기에도 두 사람은 휴일마다 시간을 함께했다. 그리고 얼마 지나지 않아 사랑에 빠졌고 결국에는 결혼을 했다.' – Thomsen, p.13). 에밀리 집안은 분위기가 엄숙하고 재산이 많았는데, 그리피스 하우스는 초원 북쪽에 자리 잡고 있었다. 이와는 달리 길리 집안은 사회성이 좋아서 남과 어울리기 좋아했는데, 초원 남쪽에 윌슨 하우스를 갖고 있었다. 어쩌면 이것이 문제였을지 모르겠다. 에밀리는 가정집에서 자란 반면, 길리는 홀어머니가 운영하는 여관에서 자랐다. 길리가 어렸을 때조차도 모친은 손님들과 함께 술을 마시거나 접대를 했다. 매력이 넘치고 품위가 있어 보였던 길리는 뉴욕의 올버니 대학을 다녔다. 당시에 길리는 이미 북쪽 채석장의 관리자로 일하고 있었는데, 에밀리는 그가 결혼하고 나면 책임감 있는 남자로 바뀔 것이라 기대했다.

두 가문의 내력은 에밀리와 길리에게 서로 다른 방식으로 영향을 끼친 것 같다. 추수감사절 분위기로 활기가 넘치던 11월 25일 저녁, 땅거미가 지기 시작하자 에밀리는 반복해서 진통을 겪기 시작했다. 이것은 지난 25년의 삶에서 겪은 모든 것들을 대수롭지 않은 일로 만들어버릴 고통이자 칠흑과도 같은 어둠을 경험하게 하여 모든 것이 무의미하게 느껴지도록 만들, 한바탕 치러야 하는 불안이었다.

그림과도 같이 아름다운 풍경의 동도싯 마을은 아직도 이야기책에 등장하곤 한다. 비록 주요 생산품이 멋진 대리석과 달콤한 단풍 설탕이라 할지라도 언제나 이곳은 제조업이 중요시되었다. 매드 톰 시내가 배튼 킬강(Batten Kill River; 버몬트에서 뉴욕으로 흐르는 강; 허드슨강의 지류)과 만나는 좁은 계곡에는 흰색의 나무판자로 지어진, 정팔각형의 첨탑이 높게 솟은 회중 교회가 자리 잡고 있다. 그 앞으로는 초원이 펼쳐져 있으며 주변에는 붉고 하얀 목조 가옥들이 옹기종기 모여 있다. '버몬트의 계곡'이라고 이름 붙여진, 푸른 초목으로 뒤덮인 이곳의 섬회암 길은 동쪽으로 그린산맥(Green Mountains; 버몬트 중부를 관통해 남북으로 402km 이어진 산맥)과 서쪽으로 타코닉산맥(Taconic Mountains; 버몬트 브랜던 남서쪽에서 뉴욕 퍼트넘 북부까지 240km 이어진 산맥) 사이를 지나고 있다. 두 산맥은 동도싯에서 북쪽으로 수 마일 거리에 있는 북도싯 내의 도싯 연못까지 근접하고 있는데, 겨우 수백 야드 떨어진 정도다. 타코닉산맥에 있는 아에올러스산(Mount Aeolus; 그리스 신화의 바람의 신 Aeolus에서 유래. 동도싯의 서쪽에 위치)의 명칭은 강한 바람이 부는 산꼭대기에서 유래되었는데, 19세기 당시에 해버포드 대학의 등반팀이 그 이름을 붙여주었다. 동도싯 마을을 중심으로 서쪽에는 아에올러스산이 경사지어 있고 동쪽에는 그린산맥의 줄기인 브롬리산이 솟아 있다.

두 마을을 잇는 도로에는 사탕단풍나무와 떡갈나무, 소나무, 가문비나무가 길게 늘어서 있다. 숲은 여전히 새들의 노랫소리와 야생 동물로 가득 차 있고 올빼미는 밤새도록 부엉부엉 울고 있으며 한 무리의 기러기 떼는 끼룩끼룩 울면서 하늘을 가로질러 날아가고 있다. 사람이 다니는 길에는 그 지방 채석장에서 생산된 대리석이 포장되어 있는데, 새하얀 바탕에 옅은 회색의 줄무늬가 새겨져 있다. 인근의 바위가 많은 산속 땅 밑에는 수백 피트 깊이의 갱도가 사방으로 퍼져 있는데, 때로는 언덕을 뚫고 폭발하면서 하얀 돌덩이들이 솟구치는 경우도 있다.

테두리마다 흰색으로 칠해져 있는 진홍색 바탕의 3층 건물인 월슨 하우스는 빌리지 거리와 매드 톰 도로가 만나는 길모퉁이에 있다. 방에는 꽃무늬 벽지가 새로 꾸며져 있고 떡갈나무로 만든 단단한 가구가 놓여 있나. 둥그스름한 형세의 아에올러스신을 미주하고 있는 기다란 베란다 위로는 물막이 판자로 덮인 지붕창과 덧문, 박공판이 어지럽게 배치되어 있다. 교회를 제외하면 월슨 하우스는 이 작은 마을에서 가장 큰데, 이 건물은 18세기에 버몬트가 하나의 주가 되기 전부터 최초의 정착민들이 이 좁은 계곡에 거주하기 시작한 이래로 지금까지 줄곧 호텔로 사용되었다.

11월 말이 되면 울긋불긋한 단풍으로 눈부시게 빛나던 뉴잉글랜드(미국 동북부의 메인, 뉴햄프셔, 버몬트, 매사추세츠, 로드아일랜드, 코네티컷 등의 6개 주를 포함하는 지역)의 가을도 끝나 가고, 가지만 남은 나무들만이 겨울의 엷은 햇빛 속에 앙상한 그림자를 드리우기 시작한다. "그 어떤 펜으로도 나뭇잎이 물들고 있는 저 모습을 그려낼 수 없다."(Harper's Magazine 1900년 5월호에 실린 서한「Leaves from a Winter Notebook」에 포함된 문장)(Harper's Magazine: 미국의 가장 유서 깊고 권위 있는 대표적인 평론지; 문학과 예술, 정치, 경제 등을 다루고 있음)라고 이야기한 러디어드 키플링(Joseph Rudyard Kipling, 1865~1936; 영국의 소설가, 시인; 1907년에 노벨 문학상을 수상)은 버몬트 브래틀보로 인근에 있는 놀래카(Naulahka; 러디어드 키플링이 살던 집의 이름; 이곳에서 그는「소년과 바다」,「정글북」,「7대양」등을 집필함; 집의 이름은 자신이 쓴 로맨스 소설 「Naulahka」에서 유래한 것으로, 90만 루피 혹은 그에 해당하는 가치를 뜻함)에서 「정글북」을 집필했다. “저 멀리 보이는 산 중턱까지 모든 것이 불타오르듯 붉게 물들었고 도로는 노을빛으로 가득 채워졌다 … 연필로 그림자를 칠한 듯한 벌거벗은 나뭇가지 외에는 남아 있는 것이 없을 때까지, 그리고 나무의 은밀한 가슴을 들여다볼 수 있을 때까지 … 습한 바람이 불었다.”(「Leaves from a Winter Notebook」에 수록된 문장) 찬란하게 빛나는 가을에서 많은 눈이 내리는 겨울로 철이 바뀌면서 버몬트의 대기는 더욱 매섭고 차가워졌다. 일찌감치 산 너머로 해가 지면서 어둠도 예전보다 이르게 찾아왔다. 밤이 점점 길어지고 있었다. 11월의 끝자락에 다다르자 잔뜩 쌓인 장작더미들은 이미 움츠러들 준비를 하고 있었고, 장작 땐 연기와 애플파이 굽는 냄새는 종종 눈과 뒤섞여 교회 앞마당 주변을 휘감은 다음 오래된 학교를 지나 개울가를 가로질러 아에올러스산과 저 세상으로 퍼져 나갔다.

2장 | 동도싯

남북 전쟁 이후로 뉴잉글랜드의 그린산맥은 절약과 정직, 근면이라는 3가지 미덕과 더불어 악덕의 요람지가 되었다. 여기에는 빌 윌슨이 십 대 경부터 피우기 시작한 담배와 집에서 담근 사과술, 지하 저장소에서 양조된 맥주, 캐나다 국경을 따라 불법적으로 제조되던 위스키, 그리고 지금에 와서야 역사가들이 자주 독립의 정신이라고 부르는 '성급함' 등이 해당된다. 혁명의 시기에 도싯 가문의 이던 앨런(Ethan Allen; 1738 – 1789; 미국 독립 전쟁의 애국자, 정치인; 버몬트를 미국의 14번째 주가 될 수 있도록 기여; 미국 건국의 아버지 중의 한 사람)은 그린 마운틴 보이즈(Green Mountain Boys; 1770년에 버몬트 베닝턴에서 조직된 민병대; 1767년에 버몬트가 뉴햄프셔에서 독립하자 영국령 뉴욕이 이를 차지하려고 했는데, 이던 앨런과 그의 가문은 뉴욕의 공격을 저지하기 위해 민병대를 조직해 저항 운동을 펼침)의 수장이었다. 다른 주의 경우라면 청소년 범죄로 취급당할 수도 있었던 행동이었지만 청년 앨런은 권위에 대한 분노와 강인한 의지를 가지고 위험에 맞서 싸웠다. 그리고 미국의 위대한 영웅으로서 버몬트가 지향하는 가치의 전형이 되었다.

1775년 5월 10일 새벽, 앨런은 대담하게도 동지 여럿과 함께 챔플레인 호수에 있는 타이컨더로가 요새(Fort Ticonderoga; 뉴욕 허드슨강의 챔플레인 호수에 있는 요새; 18세기경 프랑스군에 의해 세워짐)에 몰래 침투해서 자고 있던 영국군 대위로부터 항복을 이끌어냈다. 훗날 앨런은 다음과 같이 이야기했다. "요새에 있던 대위에게 '즉시 나를 요새 안으로 안내하라.'고 명령하니까 그놈은 두 손으로 반바지를 붙들어 잡고서는 헐레벌떡 문 앞으로 뛰쳐나왔지요." 무모함만큼이나 인내심도 대단했다. 그해 말에 타이컨더로가 요새의 대포를 보스턴으로 수송하는 임무를 맡은 앨런은 폭설을 뚫고서 얼음으로 뒤덮인 타코닉산맥을 넘었는데, 이러한 그의 공헌은 벙커 힐을 탈환하고 보스턴을 포위하는 결정적 계기가 되었다. 앨런은 또 다른 배짱도 있었는데, 그것은 바로 음주에 대한 객기였다. 다음은 앨런의 친구가 전하는 허무맹랑한 일화이다. 어느 날 오후에 앨런 옆에서 낮잠을 자고 있었는데, 깨어 보니 방울뱀 한 마리가 그의 가슴 위에서 똬리를 튼 채 반복해서 물고 있는 것이었다. 그런데도 앨런은 깨어나지 않고 계속 잠들어 있었다. 그 친구는 촌구석의 영웅을 구출하기 위해 총을 들었는데, 그 순간 뱀은 꼬리를 내려뜨리더니 머리도 다른 한쪽으로 맥없이 늘어뜨리는 것이었다. 뱀도 그만 술에 취해버린 것이 아니겠는가. 그러고 나서 깨어난 앨런은 모기에 물렸다며 투덜거렸다.

그로부터 백여 년이 흘러 빌 윌슨이 태어난 시기에도 여전히 뉴잉글랜드 지역은 거룩한 고인의 영을 통해 혁명의 정의를 지키고 있었다. 고난과 역경에도 불구하고 독립을 쟁취한 역사는 조지 3세의 지배로부터 해방된 것일 뿐만 아니라 영혼의 독립을 의미했다. 넝마 차림에 적은 수의 군대지만 군인 모두가 열의에 불타고 있다면 전 세계의 어떤 대군도 무찌를 수 있는 것이다. 비록 해군이 없는 나라였지만 몇 척의 고기잡이배와 빌린 함선만으로도 그들은 영국 해군을 막아낼 수 있었다. 세상에 불가능한 일이란 없다. 새로운 식민지 사람들은 인간이 지닌 의지력이 얼마나 대단한지 몸소 느낄 수 있었다. 숫자와 경험보다는 믿음이 더 위대할 수 있다는 것이 미합중국의 존재를 통해 입증되었다. 미합중국은 현명한 지도자들의 저항과 더불어 용기 있는 사람들에 의해 세워진 나라였다.

남북 전쟁이 끝나고 19세기 말이 되자 뉴잉글랜드 지역은 모든 영성 분야 및 과학 기술 분야의 연구의 장이 되었다. 하버드에서 올리버 웬델 홈즈(Oliver Wendell Holmes; 1809 – 1894; 미국의 의학자, 문학가, 평론가; 대표작으로 「Breakfast-Table」 시리즈가 있음)는 두 명의 애덤스 대통령(John Adams – 2대 대통령, John Quincy Adams – 6대 대통령; 미국 최초의 부자(父子) 대통령) 및 지식의 중심지로서 새 식민지들이 보여준 역할(뉴잉글랜드는 보스턴 차 사건을 계기로 미국 독립 전쟁의 시발점이 된 지역으로, 19세기 당시 매사추세츠는 미국의 제조업, 무기, 직물 등을 포함하여 지식과 교육, 사회 진보주의, 초월주의, 노예 제도 폐지론 등의 중심 역할을 당당했음. 현재에는 교육과 첨단 기술, 보험, 의료 등의 분야에서 세계를 주도하고 있음)을 포괄하는 역사의 어두운 면에 대해서 열변을 토했다. 그리 멀지 않은 곳에서 청각 장애 학생들을 가르치던 젊은 교사 알렉산더 그레이엄 벨(Alexander Graham Bell; 1847 – 1922; 미국의 과학자, 발명가; 최초로 자석식 전화기 특허를 받은 전화기의 발명가)은 보스턴 에식스 거리의 한 월세방에서 전화기를 발명하는데 열중하고 있었다. 이 지역은 아직 요람기에 있었기에 젊은이들로 북적거렸다. 벨과 그의 조수인 토머스 왓슨(Thomas A. Watson; 1854 – 1934; 벨의 조수; 책의 원저자는 토머스 왓슨의 증손녀임)은 모두 20대의 모험심 많은 젊은이로, 후원자들조차 두 사람이 만들고 있는 물건이 돈이 될 거라고는 생각하지 않았다. 그들은 겨우 침대 하나 가지고 근근이 버티고 있었다. 왓슨이 잠들어 있는 동안에는 벨이 설계도를 그렸고, 벨이 잠들면 왓슨은 전선과 나무, 전기를 가지고 도면에 따라 장치를 만들었다. 벨과 왓슨, 그리고 새뮤얼 모스(Samuel Finley Breese Morse; 1791 – 1872; 미국의 화가, 발명가; 1837년에 모스 전신기를 발명함) 같은 발명가들은 순식간에 부와 명예를 얻은 저명 인사가 되었다. '멘로 파크의 마법사'(Menlo Park; 뉴저지 주의 미들섹스 카운티에 있는 지역; 토머스 에디슨은 이곳에 세계 최초의 민간 연구소인 멘로 파크 연구소를 세웠음. 이곳에서 그는 축음기와 백열등 필라멘트를 발명했는데, '멘로 파크의 마법사'라는 별명을 얻게 됨)인 에디슨(Thomas Alva Edison; 1847 – 1931; 미국의 발명가, 사업가)은 백열등을 발명했는데, 이는 문명사회가 낮과 밤이라는 자연 현상에 대해 종전의 방식대로 더 이상 끌려갈 필요가 없음을 의미하는 것이었다. 윌리엄 제임스(William James; 1842 – 1910; 미국의 철학자, 심리학자; '미국 심리학의 아버지'라 불리며 프래그머티즘의 이론을 확립함; 그의 저서「종교적 경험의 다양성」은 빌 윌슨에게 커다란 영향을 끼침) 같은 철학자들은 인생의 의미에 관해 훌륭하고 심도 있게 고민했다. 비평가인 반 윅 브룩스(Van Wyck Brooks; 1886 – 1963; 미국의 비평가, 전기 작가, 문학사가)는 뉴잉글랜드의 부흥을 묘사했고, 보스턴 북부 지역에서는 시원하고 상쾌한 산바람 속에서 초월주의(transcendentalism; 19세기 근대 국가로 발전하는 미국에서 뉴잉글랜드 지역의 종교적 전통을 바탕으로 펼쳐진 사상 개혁 운동; 자연에 기반을 두고 이상적이면서도 낭만적이며 반자본주의적 인간 회복 운동을 펼침; 이 용어는 본래 독일의 철학자 임마누엘 칸트의 transzendentalismus(선험주의)에서 유래함; 독일의 칸트와 피히테, 셸링, 헤겔로 이어지는 이론, 범신론적 세계관, 영국의 낭만주의, 플라톤주의와 신플라톤주의, 힌두교, 불교와 유교 등의 동양 사상, 신비주의, 이신론, 유니테리어니즘 등 거의 모든 사상을 망라하고 있음; 가장 핵심적인 믿음 중의 하나는 인간과 자연이 선천적으로 가지고 있는 선함과 신성함에 관한 것임) – 참된 앎은 경험보다는 직관에서 비롯된다는 믿음 – 가 성장하고 있었다.

랠프 에머슨(Ralph Waldo Emerson; 1803 – 1882; 미국의 시인, 사상가로서 초월주의 운동을 이끎; 물질보다는 정신을 중요시하고 직관에 따른 진리를 찾고자 했음; 모든 것은 신과 연결되어 있기에 모두 신성하며, 궁극적으로 신과 자연, 인간도 하나로 된다는 믿음을 가지고 있었음)과 브론슨 알컷(Amos Bronson Alcott; 1799 – 1888; 미국의 교육가, 사상가; 진보적 교육 사상을 가지고 있었으며 노예 제도 폐지론을 주장함; 그의 딸인 루이자 메이 알컷(Louisa May Alcott)은 「작은 아씨들」의 저자), 헨리 데이비드 소로(Henry David Thoreau; 1817 – 1862; 미국의 사상가, 문학가; 국민이 낸 세금으로 미국 정부가 멕시코 전쟁을 일으키자 전쟁을 위한 부당한 세금은 낼 수 없다면서 조세 거부 운동을 벌임. 그 당시의 경험을 바탕으로 시민 불복종(「Resistance to Civil Government」, 1849)의 권리를 주창함. 그의 정신은 마하트마 간디의 사티아그라하(진리파지) 운동과 마틴 루서 킹의 시민권 운동, 마틴 부버의 실존주의, 톨스토이, 존 F. 케네다, 헤밍웨이 등에 영향을 끼침) - 소로는 월든 호수 끝자락에 있는 에머슨 소유의 땅을 빌려 오두막집을 짓고 살았는데, 이에 관한 글(『월든』, 1854)을 쓰기도 했다 - 같은 이들은 매사추세츠의 콩코드 마을에 살면서 인간과 신, 그리고 자연과의 관계를 재조명했다. 이제 더 이상 그들은 신이 처벌을 내리고 있다든지, 신앙심의 정도에 따라 영원한 구원을 얻을지 아니면 영겁의 벌을 받을지를 제시하는 산혹한 칼뱅주의사들의 말을 믿지 않았다. 오히려 그들은 신이 타인의 선함과 천지 대자연의 경이로운 아름다움으로 변장해 나타나고 있으며, 무엇보다 인간을 사랑하고 계시다고 믿었다. 그러한 신은 자신을 필요로 하는 사람들을 찾으시며, 정말로 구원을 가능케 하는 신이었다.

여러 측면에서 권능이 지니고 있는 서로 다른 두 가지 모습 - 오래전부터 삶 속에 반영된 징벌 양식, 기도에 대한 헌신, 이성과는 맞지 않는 신, 이에 반해 새롭게 나타난 인본주의적 양식 - 은 빌 윌슨의 삶을 둘로 분열시켰다. 1800년대 후반에 뉴잉글랜드 지역은 희망의 기운이 감돌고 있었다. 에이브러햄 링컨(Abraham Lincoln; 1809 - 1865; 미국의 16대 대통령)은 세상을 변화시키고 있었다; 초월주의에 대해 글을 쓴 위대한 이들도 세상을 변화시키고 있었다. 변화라는 것은 구세대를 바라보는 새로운 방식이었다.

1850년대 후반부터 본격화된 금주의 시대는 남북 전쟁을 거치면서 잠시 주춤했지만, 새로운 세력이 등장하면서 다시 부활했다(토착주의와 기독교 근본주의 혹은 청교도적 윤리, 이민 배척 운동, 가톨릭 배척 운동 등이 사회 개혁 운동과 맞물리면서 시작됨; 1835년에는 미국 금주 협회(American Temperance Society)가 결성되었고, 1851년에는 메인 주에서 최초로 금주법이 시행됨). 금주 운동을 이끈 단체들은 나라 전체를 휩쓸었다. 몇몇은 기독교 여성 금주회(Women's Christian Temperance Union(WCTU), 1874년에 발족)와 같이 종교적인 성향을 띠었는데, 주류 판매 중단과 함께 학교에서는 금주 교육을 실시해야 한다고 요구하는 등 술이라는 '악마'(Demon Rum)에 맞서 싸웠다. 1869년에 창당된 금주당처럼 정치적 색깔을 가진 집단들은 뉴잉글랜드 지역 전체에 급속도로 퍼진 금주법이 모든 주에서도 통과될 수 있도록 압력을 행사했다. 기독교 여성 금주회는 '교화 모임'을 설립했는데, 그곳에 모인 술주정뱅이들은 서로에 관해 이야기를 나누는 동시에 다시는 술을 마시지 않겠다는 희망 어린 맹세를 했다. 워싱턴 금주 운동(Washingtonian Temperance Society; 1840년에 6명의 알코올 중독자에 의해 설립된 금주 모임; 많게는 60만 명 이상의 회원을 거느리고 있었음; 양심에 호소하는 전략의 실패, 종교와의 갈등, 빈약한 조직 구조, 지속 가능한 회복 프로그램의 부재, 금주법이나 노예 제도 폐지와 같이 논란이 여지가 많은 사회 개혁 문제에 개입, 지속 가능한 리더십의 부재, 경제 상황 변화 등이 이 모임의 종말을 가져옴 – White, p.13–21)과 술집 반대 동맹(Anti-Saloon League; 금주법을 위해 설립된 단체)과 같은 또 다른 모임들은 자발적으로 설립되어 성장하기 시작했다.

19세기 당시에 워싱턴 금주 운동은 매우 성공적이었는데, 여기에 참가한 사람이 수십만 명에 이르기도 했다. 이 모임에 참여하면 단주에 이를 수 있을 것으로 보았지만, 오히려 이 같은 성공은 노예 제도의 합법성 여부와 같은 당시의 정치적 문제에 개입하는 계기가 되었다. 그들은 노예 제도 폐지론자였는데, 너무나도 당연했던 이러한 신념은 오히려 그들을 파멸시켰고 조직은 둘로 쪼개졌으며 결국 중독자를 돕고자 했던 목표는 방향을 잃게 되었다.

어떻게든 스스로를 교화시키고자 했던 알코올 중독자들은 음주 행위가 철폐되도록 어디든 모임을 설립했다. 금주 전도사인 캐리 네이션(Carrie Amelia Moore Nation; 1846 – 1911; 미국의 여성 시민운동가; 금주 운동에 대한 급진주의적 성향을 가짐)은 자기 나름대로의 방식(실제로 캐리 네이션은 선술집과 같이 술이 제공되는 곳을 도끼로 부수었는데, 1900년부터 1910년 사이에 약 30회 정도 체포됨)으로 금주법의 필요성을 설득하고자 했고 대중적인 지지를 얻었다. 허스트계 신문사(Hearst Corporation; 미국의 최대 미디어 기업 중의 하나)들은 금주법을 지지했고, 심지어 잭 런던(John Griffith London; 1876 – 1916; 미국의 소설가, 평론가, 사회주의자) – 단주 후에 이에 대한 회고록인 「존 발리콘」(John Barleycorn; 맥주, 위스키 등의 보리로 만든 술의 별명; 1913년에 출간한 자서전적 소설)을 씀 – 과 같은 저명인사들도 주류 판매 중단을 요구했다.

남북 전쟁이 발발하기 전에 메인 주의 어느 한 의사는 알코올 중독이 의지력의 부족 때문에 생긴 것이 아니라 하나의 질병이라고 주장하기 시작했다. 그 당시의 의학이라는 것이 원시적인 수준에 머물러 있었음에도 여러 의사들은 알코올 중독이 하나의 질병이라는 사실에 동의했다. 다수의 내과 의사들은 의견을 모아 미국 중독자 회복 협회(American Association for the Cure of Inebriates(AACI); 1870년에 14명의 내과 의사들이 모여 설립한 미국 최초의 중독 의학 협회)를 만들었는데, 그들은 여러 정신 수용 시설에 있는 알코올 중독자들이 의사에게 치료를 받을 수 있도록 지원했다. 하지만 안타깝게도 의학적 접근에 의한 알코올 중독의 회복은 여전히 암흑기에 머물러 있었다. 킬리 치료(Keeley Cure; Leslie Enraught Keeley가 개발한 알코올 및 약물 중독 치료법; 1879년에 Keeley Institute가 설립되어 미국과 유럽 전역에 200여 개의 지사가 생겼으나 점차 쇠퇴하여 1965년에 모두 소멸함; 호텔이나 개방된 주거 시설에서 4주 동안 지내면서 하루 4차례 염화금을 포함한 여러 물질을 혼합해 만든 주사제와 강장제가 투약됨; Keeley는 약물의 성분에 대해 밝힌 적이 없었는데, 그의 치료가 많은 호응을 얻은 이유는 약물보다는 높은 수준의 치료 환경과 함께 개인별 치료 접근 방식 및 집단 치료 방식 등이 작용했을 것이라 보고 있으며, 현재의 A.A.와 Hazelden Foundation에 영향을 주었음)는 비밀스러운 약물을 주입하는 것으로 유명했지만 실제는 단순한 형태의 염화물을 투여하는 것에 지나지 않았는데, 다른 이들도 이것을 모방한 화학 물질을 만들어 알코올 중독을 치료할 수 있다고 떠들어댔다. 1920년대에 뉴욕시에 위치한 타운스 병원(Towns Hospital; 1901년에 Charles B. Towns가 맨해튼에 세운 중독 전문 치료 병원; Bill Wilson은 이 병원에서 총 4회 입원 치료를 받음 – Kurtz, p.15; Pass It On, p.125; Thomsen, p.174)은 벨라도나-완하제 치료(belladonna-laxatives cure; belladonna는 deadly nightshade라고도 불리는 가지과 유독 식물; 항콜린 효과와 함께 심계항진, 환각, 경련, 혼수 등을 일으킬 수 있음)로 유명세를 타고 있었는데, 유명 인사 환자들이 이 치료법에 대해 “설사와 구토”라는 별명을 붙여 주었다.

금주 풍토가 나라 전체에 급속히 퍼졌고 술만 마시지 않으면 모든 것이 해결될 것으로 묘사되었다. 금주 지지자들은 이를 통해 빈곤이 줄어들고 정치적 부패의 종지부를 찍을 수 있다고 주장했다. 마크 에드워드 렌더와 제임스 커비 마틴이 쓴 「미국의 음주 역사」에 의하면, 1890년대까지 수백만 명의 미국인들은 술을 제한하면 밝은 미래가 보장될 것이라 믿어 의심치 않았다. 단 한 번도 전 국민의 합의가 이루어진 적은 없었지만 대다수는 국가의 정책 목표로 금주를 선택하는 것이 더할 나위 없이 바람직하다는 의견에 동의했다. 국가의 독립이 미국 독립 전쟁(American War of Independence; 1775–1783)이 발발하는 명분이 되었고 노예 제도 폐지론이 남북 전쟁의 명분이 되었던 것처럼 금주 개혁 운동가들은 금주가 하나의 명분이 될 것으로 믿었다.

빌 윌슨이 자라던 시기에 버몬트에서는 금주법이 시행되고 있었는데, 음주를 허용해야 한다는 주장과 금주해야 한다는 주장이 팽팽하게 맞서고 있었다. 많은 사람들이 금주 운동에 동참했지만, 여전히 대다수는 계속해서 술을 마셨다. 음주 문제에 대한 논쟁 – 이러한 논쟁 때문에 친가와 외가 사이의 관계는 더욱 악화하는 듯했다 – 을 들으며 자란 빌 윌슨은 음주가 불러올 재앙과 알코올 중독에 대한 치료법뿐만 아니라 술을 통해 얻는 기쁨도 배웠다. 동도싯에서 "케임브리지에 볼 일이 좀 있어."라는 말은 술 한 잔 해야겠다는 의미로 쓰였는데, 가장 가까운 주류 판매점이 있는 지역이 알링턴 너머에 있는 케임브리지와 뉴욕이었다.

버몬트에서 금주를 반대하는 정서가 커지자, 1902년도에 버몬트의 모든 도시에서는 주류 판매의 허용 여부를 결정짓는 '지방 선택권' 조항에 관한 투표를 시행했고, 투표에서 승리를 거두었다. 하지만 상당수의 도시가 금주법을 반대했음에도 여론의 흐름은 점차 정반대로 흘러가고 있었다. 그 후 금주법은 18년 뒤에 시행되었다.

19세기 당시에 동도싯 사람들의 삶은 그 지역에 국한되어 있었다. 대부분은 그리피스 집안의 사람들을 잘 알고 있었고 매일 얼굴을 맞대며 지냈다. 다른 마을도 나름의 정체성을 갖고 공동체를 형성하고 있었는데, 동도싯은 채석장과 관련된 마을이어서 아에올러스산과 수십 개의 갱도 주변으로 채석공들이 몰려들었다. 마을에 전기는 들어왔지만 옥내 화장실은 없었다. 대부분은 식사할 때 스푼과 나이프를 사용했다. 채석 작업은 위험했고 철도와 관련된 일은 더욱 위험했다. 어디를 가더라도 채석공이 있었는데, 그들 사이에서는 "카르페 디엠(Carpe Diem; 현재 이 순간에 충실하라; 영어로는 Seize the day)"의 사고방식이 만연했다. 식욕과 성욕, 주거 욕구와 같은 인간의 기본적인 욕구들은 불평불만 없이 가능한 한 충족되었다. 길먼 윌슨은 사내라면 모름지기 성에 대한 관심이 높은 법이라고 생각한 것 같다. 에밀리가 없으면 그는 부끄러운 기색도 없이 다른 여성과 관계를 맺었다.

버몬트의 시골 마을 사람들은 대도시로 이주한 자녀들이 술을 마시지는 않을까 속을 태웠고, 수확기가 되면 패거리를 이룬 캐나다 노동자들이 국경을 넘나들며 수확하고 남은 것을 쓸어가서 막대한 손해가 생기지는 않을까 걱정했다. 버몬트는 낙농업이 발달했고 과수 농업은 급성장하고 있었다. 말 품종은 38개 주 중에서 가장 우수했으며 사육사들은 질 좋기로 유명한 스페인 메리노 면양을 생산했다. 메이플 시럽은 뉴잉글랜드 지역에서 가장 달콤했으며 관광 산업은 수익을 내기 시작했다. 버몬트 농업 위원회의 빅토르 아이 스피어는 1893년도에 다음과 같은 내용의 농장 경영 보고서를 작성했다. "기꺼이 돈을 지불할 용의가 있다. 이제 그들은 어장 관리나 수렵 활동을 하고 싶어 하지 않는다 … 어느 정도의 좋은 음식과 탈지되지 않은 우유를 선호한다. 그리고 믿을 만한 좋은 버터를 먹고 싶어 한다. 이 지역보다 더 수익성 좋은 상품을 생산해 내는 곳은 없을 것이다."

여름이 되면 배튼 킬 밸리(Batten Kill Valley; 허드슨강 지류의 배튼 킬강 주변 계곡)는 뉴욕과 보스턴에서 몰려든 행락객으로 북적거렸는데, 어떤 이들은 통나무와 널빤지를 가지고 도싯 연못 근처에 A자 형태의 텐트를 쳤고, 또 어떤 이들은 맨체스터 빌리지의 커다란 집에 투숙해 부드러운 벨벳과도 같은 잔디밭이 내다보이는 베란다에 앉아 시원한 바람을 느끼며 레모네이드를 마시는 여유를 즐겼다. 돈 많은 사람들은 무더운 도시에서 오래도록 벗어날 요량으로 말과 침구류를 포함한 온갖 살림살이에다가 보트까지 챙겨서 들어왔는데, 계곡으로 둘러싸인 이 지역은 초목으로 우거진 버몬트의 여름 덕분에 두메산골에서 벗어나 도시의 면모를 갖출 수 있었다.

자부심과 격식을 중요시하던 양키의 전통은 강가 주변에 별장을 짓거나 2층짜리 목조 주택을 재건축하는 의사와 변호사를 받아들이기 시작했다. 그곳에서는 돈이 오갔고 사회적 계급이 존재했으며 실질적인 지식을 반드시 알고 있어야 했다. 문명화된 생활 방식에 익숙한 이러한 사람들과 도시의 낯선 관습이 배튼 킬 밸리의 여러 마을에 유입되면서 엄청난 영향을 끼쳤는데, 윌슨 가족과 그리피스 가족에게는 그것이 훨씬 더 크게 다가왔다.

3장 | 윌슨 가족과 그리피스 가족

어머니에게 빌은 언제나 나약한 남자아이였다. 빌은 항상 어머니에게 물어보고 허락을 받아야 했으며 관심을 받기 위해서는 무엇이든 하려고 했다. 어머니가 인정하지 않으면 아들은 자신의 목표를 포기했고, 그 대신 그녀가 원하는 것을 이루기 위해 몇 곱절의 노력으로 민첩하게 대처했다. 분노에 가득 차 일그러진 표정을 지으며 머리빗으로 자신을 때리는 어머니의 모습과 언제나 건드레하게 술에 취한 상태로 늦게 귀가해 잘못을 뉘우치는 아버지를 향해 비난을 쏟아 붓는 어머니의 완고한 목소리가 빌의 기억 속에 생생하게 살아 있었다. 건강상의 이유라고는 하지만 일이 잘 풀리고 있을 때에도 어머니는 종종 도로시(Dorothy Brewster Wilson; 1898 – 1994; 빌 윌슨의 여동생)와 함께 오랫동안 플로리다로 여행을 떠났다.

많은 사람으로부터 신임 받는 세계적인 지도자가 되었을 때에도 여전히 빌은 병마와 싸우는 것이 너무나 힘들다고 어머니에게 투정을 부리고 싶었고, 예전의 어린아이가 된 것처럼 위로를 받고 싶어 했다. 빌은 자신과 어머니가 얼마나 밀접한 관계를 맺고 있는지, 그리고 함께 있을 때조차도 어머니의 사랑을 구하기 위해 무엇을 했는지 자주 언급했다. 빌은 연상의 여성과 결혼을 했는데, 그녀는 어머니와 비슷한 점이 많았다. 자기 자신을 들여다보는 일에 절대 두려워하지 않았던 노년의 빌은 허심탄회하게 이야기했다. "마치 어머니와 아들의 관계처럼 저와 아내는 비정상적으로 연결되어 있었습니다."

'쾌활한 길리', 사람들은 빌의 아버지를 그렇게 불렀다. 여관에서 자란 길리는 손님을 맞이하고 오락거리를 제공하는 일을 거들었다. 여관 주인이라면 모름지기 사람들이 웃으면서 식사를 하고 술을 마실 수 있도록 하는 법을 잘 알고 있어야 했다. 길리는 즐거운 분위기 속에서 좋아하는 사람들과 있을 때 가장 행복해했다. 빌은 자서전에 다음과 같이 썼다. "아버지가 만나는 분들은 정말로 상냥하고 정감이 넘쳤어요. 두루두루 정이 많았습니다. 평판도 좋았지요. 언제나 느긋해 보였고 아량도 넓었습니다. … 그건 그렇고, '알코올 중독'이라고 하는 문제는 윌슨 집안에 만연해 있었습니다." 길리는 윌슨 집안의 전형적인 남자였는데, 온갖 이야깃거리를 가지고 사람들과 대화를 주고받았다. 근처 술집에서 한 잔 하고 분위기가 괜찮아지면 그는 청중을 웃기고 울리는 능변가가 되었다. 예쁜 여성이라도 있으면 더욱 고무되어 지껄이기 일쑤였다. 버몬트의 역사와 산과 관련된 이야기도 늘어놓았다. "버몬트에서 1년 가운데 10개월은 줄곧 겨울이고 빌어먹을 나머지 2개월은 썰매도 타지 못하지."라고 말하곤 했다.

에밀리는 도움이 필요할 때마다 남자들이 매번 일을 하고 있거나 숲에 들어가서 보이지 않는다든지 그렇지 않으면 철길에서 무리를 지어 술을 마시거나 맨체스터와 알링턴으로 떠나버린다고 생각했다. 그녀는 길리가 시아버지를 닮은 것 같다고 생각했다. 윌리엄 윌슨(William C. Wilson; 1840 – 1885; 빌 윌슨의 친할아버지)은 음주 문제 때문에 여러 차례 금주 맹세를 했다. 그러던 어느 일요일 아침, 절망에 빠진 그는 아에올러스산 정상에 올라가 신에게 간절히 도움을 청했다. 한 가닥 광명의 빛줄기가 내리비쳤고 강한 바람이 이는 것을 느낄 수 있었다. 그는 마을로 급히 내려가 회중 교회에 들어가서는 진행하고 있던 예배를 중단시켰다. 그리고 목사에게 설교단에서 내려와 달라고 부탁하고서 신도들인 친구들과 이웃, 가족에게 자신이 경험한 일을 이야기했다. 에밀리는 시아버지가 겪었던 일에 관해 이야기하는 것이 무척이나 즐거웠고, 아들과 남편이 듣고 싶어 할 때마다 들려주었다. 이 일이 있은 후에 윌리엄 윌슨은 8년 동안 단 한 잔의 술도 마시지 않았다.

에밀리의 아버지인 가드너 파이에트 그리피스는 성격이 과묵하고 체구가 건장했다. 어떠한 극적인 영적 경험도 해본 적 없고 술에 취해 말수가 많아지는 경우도 없었다. 빌은 시골에서 살던 어린 시절을 회상하며 다음과 같이 글을 썼다. "할아버지 옆에 가면 왠지 모를 긴장감이 돌았다. 그리피스 집안은 불굴의 의지와 용맹함, 불타는 열정, 대쪽 같은 의연함을 지니고 있었지만 다른 사람과 가깝게 지내는 것에는 너무나 힘들어했다." 가드너는 배튼 킬 밸리를 최초로 개척한 변호사와 교사, 판사 같은 자랑스러운 뉴잉글랜드 혈통의 후손 가운데 한 사람이었다. 설령 거만한 태도와 뛰어난 입담으로 숨길 수는 있을지 몰라도 게으르다는 생각이 들면 가드너는 무엇이든 경멸하는 태도를 보였는데, 그런 그의 성향은 딸에게도 대물림되었다. 남자는 언제나 기대를 저버린다고, 그렇기에 언제나 돌봐줘야 한다고 에밀리는 생각했다.

추수감사절이 오기 며칠 전 어둠이 내려앉자, 에밀리는 진통 때문에 더는 주방에 있기가 어려워 북쪽 거실로 나갔다. 기다란 소파에 기대어 천천히 숨을 쉬려고 애를 썼지만 밀려오는 통증 때문에 자꾸만 몸이 움츠러들었다. 그 시절에는 어떤 마취제도 없었는데, 그녀의 어머니는 지독한 맛이 나기는 하지만 통증을 줄여줄 어떤 음료수를 계속해서 건네주었다. 하지만 이따금 의식이 돌아올 때마다 에밀리는 밤새도록 울며 비명을 질러댔다. 집 안에서는 조산사와 어머니가 딸의 안정을 위해 애를 썼다. 집 밖 현관에는 한 무리의 사내아이들과 장차 빌의 친구가 될 마크 와론(Mark Whalon; 1886 – 1956; 미국의 작가; 유년 시절에 빌 윌슨의 가장 친한 친구)이 다 같이 몰려와 어른 세상에서 벌어지고 있는 낯선 광경을 신기해하며 들려오는 비명에 귀를 기울였다. 훗날 에밀리는 빌을 낳을 때 거의 죽을 뻔했다고 웃으며 이야기했다(1895년 11월 26일 새벽 3시경, 빌 윌슨은 윌슨 하우스의 1층 카운터 뒤의 작은 방에서 태어남. – Thomsen, p.15 & Pass It On, p.13).

여러 해가 지나고 에밀리는 아들에게 편지를 썼다. "너를 건네받았을 때 몸이 너무나도 차갑고 창백해서 거의 죽은 줄로만 알았어. 해쓱하기는 나도 마찬가지였는데, 너를 품에 꼭 안았더니 둘 다 몸이 따뜻해지고 편안해지는 것을 느낄 수 있었지. 정말로 '모두 살았구나!' 하는 생각이 들었단다." 새벽 3시가 넘었을 때 이미 밖은 어둠이 짙게 내리덮었고, 산 너머 저 멀리 북녘 하늘에는 초승달과 함께 양탄자를 깔아놓은 듯한 수많은 별이 빛나고 있었다. 태어났을 때 빌 윌슨의 몸무게는 3킬로가 조금 넘었다. 다 자라서는 키가 너무나도 커서 군대에 들어갈 때에는 특별히 군복과 군화를 맞추어야만 했다. 에밀리는 다음과 같이 글을 썼다. "벌겋게 달군 쇠도장을 가지고 그날 밤에 있었던 일을 내 머릿속에 새기지 않았다 해도, 그 모든 기억은 지금도 내 의식 속에 선명하게 남아 있단다. 왜냐하면, 어떤 마취제도 사용되지 않았거든." 어머니가 아들에게 쓴 편지를 보면 종종 사랑한다는 내용으로 시작하지만, 후반부로 가면 갈수록 점점 분노가 커지고 결국에는 관계가 틀어질 만한 내용이나 자기 연민으로 끝을 맺고 있다. 편지를 다 쓸 때까지도 에밀리는 오래전 추수감사절에 너무나 조그맣고 옴짝달싹 못하는 갓난아기에게 향했던 모든 사랑의 감정을 잊고 있었다. 얼마 뒤에는 은혜도 모르는 배은망덕한 놈이라고 아들을 꾸짖었고, 생일 축하 편지 마지막에는 혼자서 남매를 키우는 것이 버티기 어려울 만큼 너무나 힘들었다고 불만을 털어놓았다. "지금도 여전히 휘청거릴 지경이구나."

개척 시대의 여성은 숙명적으로 밥을 짓고 가축과 아이들을 돌보고 마취제 없이 출산을 견뎌야만 했다. 그리고 이러한 관습은 19세기 내내 이어졌다. 대부분의 여성은 젊은 나이에 사망했다. 1895년도에 여성의 평균 수명은 30세로, 오늘날보다 훨씬 짧았다. 세기가 바뀌고 여러 해가 지난 뒤에야 여성의 투표권이 인정되었지만, 그럼에도 대부분의 여성은 직업을 구하지 못하거나 교육받을 기회를 얻지 못했다. 살아남기 위해서는 온종일 고된 일에 매달릴 수밖에 없었다. 심지어 어떤 여성은 투표권을 원하지도 않았다. 1910년도에 에밀리의 이웃인 아네트 파말리(Annette Watson Parmalee; 1860 – 1910; 버몬트의 여성 참정권 운동가; 금주 운동을 펼치기도 함)는 랜드그로브(Landgrove; 버몬트 베닝턴 카운티에 있는 마을)에 사는 애버트 씨에게 "여성 참정권 운동가(suffragette; 19세기 말부터 20세기 초에 걸쳐 영국을 시작으로 유럽에서 일어난 여성 참정권 운동에 참여한 사람들; 대표적인 사회 운동가로 Emmeline Pankhurst가 있음; 1893년에 뉴질랜드에서 시작한 여성 참정권 운동은 20세기의 보통 선거 확립에 큰 영향을 끼침)는 귀부인이 되기를 그만두었지만 그렇다고 신사가 된 것도 아닙니다."라고 편지를 썼다. 애버트 부인은 "투표를 원할 만큼 자신을 비하하는 여성은 더 이상 여성으로 불릴 자격이 없어요."라고 말했다. 1920년이 되어서야 미국 연방의 수정 헌법 제19조(Nineteenth Amendment; 1920년 8월 18일에 비준됨; 전문: 미국 시민의 투표권은 성별을 이유로 미합중국 또는 어떤 주에 의해서도 부정되거나 제한되지 아니한다.)가 통과되었고, 여성의 투표권이 법적으로 인정되었다(바로 1년 전에 수정 헌법 제18조가 통과되면서 미국 내에서 주류의 제조, 판매, 또는 운송, 수입, 수출이 금지되었다).

1904년, 주위 사람들에게 인기가 많았던 길먼 윌슨은 계곡을 따라 북쪽으로 25마일 정도 이어진 러틀랜드(Rutland; 버몬트 러틀랜드 카운티에 있는 도시)의 플로렌스 광산 책임자가 되었다. 길먼은 평생 여러 채석장의 책임자로 있으면서 성공적으로 임무를 수행한 뛰어난 채석공이었다. 보잘것없지만 애정이 깃든 교실 한 칸짜리 학교에 다니던 빌은 초등학교 3학년이 되자 동도싯을 떠나 버몬트에서 가장 큰 도시인 러틀랜드로 전학을 갔는데, 이전에는 경험하지 못한 거대하고 복잡한 세계와 마주해야 했다. 빌이 입학한 롱펠로우 학교는 처치 거리에 있었는데, 가족이 처음으로 장만한 집과 겨우 몇 블록 정도 밖에 떨어져 있지 않았다. 에밀리와 길먼은 간섭하기 좋아하는 부모의 그림자와 작은 마을에서 살던 추억에서 벗어나 그들 소유의 집에서 두 사람만의 결혼 생활을 본격적으로 시작할 수 있을 것이라 생각했다. 그리고 모든 일이 잘 풀릴 것으로 기대했다. 이사한 것을 기념하기 위해 길먼은 가족과 함께 위대한 버펄로 빌(Buffalo Bill; William Frederick Cody; 1846 – 1917; 미국 서부 시대 총잡이; 소설이나 영화에 총잡이와 카우보이 같은 서부 개척 시대의 이미지가 도입되는데 크게 기여함)이 공중으로 날아드는 카드 중에서 에이스 카드를 총으로 맞히는 서커스 공연을 관람했다.

여동생 도로시가 아직 학교 갈 나이가 아니었기에 빌은 혼자서 수백명의 학생이 다니는 새로운 학교에 적응해야만 했는데, 좋은 점도 있었지만 나쁜 점도 있었다. 빌은 자연 과학과 화학 과목에 대단한 흥미를 갖기 시작했다. 하지만 그 당시의 나이치고는 몸집이 컸는데, 이 때문에 운동장에서 아이들의 놀림을 자주 당했다. 부모의 경우는 사정이 달랐다. 이사 온 것을 계기로 비참한 결과가 초래되었다. 현실적인 압박 때문에 삶이 나아지기보다는 오히려 힘들어졌다. 에밀리는 충수염에 걸려 쓰러졌고, 결국에는 수술을 받았다. 집으로 돌아온 뒤에도 건강을 되찾을 때까지는 오랜 시간이 걸렸다. 에밀리는 창가에 앉아 종이로 만든 관을 이용해 신선한 공기를 들이마시는데 많은 시간을 보낼 수밖에 없었다. 길먼은 아내를 간호하는 일에는 별로 관심이 없었다. 빌의 유년 시절 한 부분을 차지하고 있던 부모의 결혼 생활은 서서히 파탄이 나고 있었다. 그 당시에 길먼은 어느 지방 목사의 딸과 깊은 관계를 맺고 있었던 것 같다. 에밀리는 도로시를 데리고 친구들이 사는 플로리다로 오랫동안 떠나 있었는데, 표면상의 이유는 건강 때문이었다. 빌이 전해들은 바에 의하면, 어머니는 여러 차례 신경 쇠약으로 고생하고 있었다. 얼마 동안은 요양원에서 보내기도 했다. 그런 후에 에밀리는 자신이 겪고 있는 건강상의 문제가 다름 아닌 결혼 생활 때문이라고 결론을 내렸다. 아직 아들이 9살 밖에 되지 않았지만 러틀랜드에 있던 에밀리는 아버지를 불러서 두 자녀를 고향집으로 보내버렸다.

빌이 10살 되던 해에 에밀리는 두 자녀와 함께 동도싯의 윌슨 하우스로 들어갔지만, 길먼은 캐나다의 어느 이름 모를 채석장으로 떠나고 없는 상태였다. 이러한 이별은 사이가 좋았던 부자지간에 큰 상처를 남기고 말았다. 훗날 빌은 다음과 같이 이야기했다. "저는 아버지를 사랑했습니다. 하지만 어머니에 대해서는 존경하는 마음과 동경심이 컸습니다." 빌은 어떤 이유로 아버지가 집을 떠났고 부모가 이혼을 했는지에 관해 전혀 들은 바가 없었을 뿐만 아니라 아버지와 헤어지는 순간에도 이별을 알지 못했다('빌이 이처럼 어린 시절 겪었던 여러 상처 중에서 가장 먼저 떠오르는 기억 하나를 오랫동안 마음속에 새겨두는 이유에 대해서 다음과 같이 해석을 내리는 것이 무리는 아닐 것 같다. "빌의 부모가 그를 좀 더 사랑하기만 했더라면, 어쩌면 두 사람은 헤어지지 않았을지도 모른다. 그리고 이것은 빌이 좀 더 사랑스러운 아이였더라면 그런 일은 절대 일어나지 않았을 수도 있음을 의미하기도 했다. 빌은 언제나 이러한 생각에 빠져 있었다: 잘못은 나에게 있었으며 반드시 그래야만 한다. 책임은 나에게 있다."' - Kurtz, p.10) ('아버지가 가족을 버리고 떠난 것은 1905년 가을경이었다. 그러고 나서 빌은 1914년 여름이 되어서야 아버지를 만날 수 있었는데, 서로를 향해 아무런 할 말이 없음을 재확인할 뿐이었다.' - Thomsen, p.12).

길먼이 갖고 있었던 외도 문제나 음주 문제에 대해서는 어느 누구도 언급하지 않았는데, 너무나도 분명한 사실은 에밀리가 남편을 향해 격분하게 된 결정적 이유가 바로 이 두 가지라는 점이다. 빌과 도로시는 아버지가 출장을 떠났다는 얘기를 전해 들었다. 러틀랜드로 가기 전날 밤, 길먼은 아들을 마차에 태워 산으로 향했다. 길먼은 도착한 채석장 사무실에 들어가 모습을 숨기고는 마차에서 아들이 기다리도록 내버려두었다. 세월이 한참 지나고 나서 빌은 낯설고 두려웠던 그날의 일들이 아버지의 서투른 작별 인사법이었다는 것을 깨달았다.

4장 | 도싯 연못

1906년 어느 봄날, 에밀리 윌슨은 자녀들과 함께 계곡에서 북쪽으로 수 마일 떨어진 곳에 위치한 도싯 연못으로 소풍을 갔다. 대리석 채석장에서 물이 흘러내려 신비로운 초록빛을 띠고 있는 이 연못은 협소한 계곡으로 둘러싸여 있는 오터강 남쪽 끝자락에 자리 잡고 있었다. 연못 가장자리에는 소나무가 띠처럼 늘어서 있었고, 빛을 받아 일렁이는 연못 한가운데에는 수목이 울창하게 자란 섬이 떠 있었다. 이곳은 아름답기로 유명한 장소이다. 기차역에는 베닝턴 & 러틀랜드 철도 노선이 지나갔는데, 상쾌한 산 공기를 마시며 여름을 보내기 위해 브루클린과 보스턴, 그리고 중서부 지역에서 사람들이 몰려들었다. 여름 동안 이 지역의 방문객 수가 버몬트 주민 수보다 많았던 시절도 있었는데, 현재 이 연못의 이름은 공식적으로 에메랄드 호수로 바뀌었다.

에밀리는 샌드위치와 치즈를 싸서 아이들과 함께 사륜마차를 타고 3 마일 떨어진 계곡으로 향했다. 유행하고 있는 롱스커트 밑으로 부츠에 묶인 끈의 모양과 쓰고 있는 모자만 보더라도 그녀의 아들인 빌은 뭔가 잘못되어 가고 있다는 것을 알 수 있었다. 마차를 타고 가는 동안 분위기는 점점 암울해갔다. 도로시는 안절부절못하고 있었고, 에밀리는 빌과 마찬가지로 앞으로 벌어질 일을 걱정하면서 아무 말 없이 마차를 몰고 있었다. 빌은 앞으로의 일을 고민하는 대신 주변 경치에 집중하기 시작했다. 빌은 어려서부터 동식물에 관해 훤히 알고 있었는데, 연못 남서쪽 끝자락에 도착해서 풀로 덮인 물가 옆에 자리를 잡자 그의 불안도 사그라지는 듯했다('빌이 꿀벌의 저장소를 찾아내는 방법이라든지 꽃과 관목, 그리고 나무의 모든 이름을 알 수 있었던 것은 자연에 대해서 해박한 지식을 가지고 있었던 올드 프랭크 덕분이다.' – Thomsen, p.23). 두 손으로 아기를 끌어안듯이 연못과 계곡을 떠받치고 있는 석회 기반암이 그의 두 눈에 들어왔다. 두 산맥 사이를 지나는 협소한 계곡은 남쪽으로 내려갈수록 넓게 펼쳐졌다. 한쪽에는 경사가 완만한 브롬리산과 페루산(Bromley Mountain & Peru Peak; 그린산맥에 속한 산으로 계곡의 동쪽에 위치)이, 다른 한쪽에는 맨체스터의 아에올러스산과 이퀴녹스산(Mount Aeolus & Equinox Mountain; 타코닉산맥에 속한 산으로 계곡의 서쪽에 위치)의 높은 봉우리들이 있었다.

빌은 주변을 자세히 살펴보았다. 근처 들판에는 메뚜기가 몸을 숨기고 있고, 여기저기에 등골나물과 파랑 수레국화가 흐드러지게 피었다. 드린국화는 초원 끄트머리에서 길을 내고 있는 듯했다. 머리 위에서는 붉은 매가 힘들이지 않고 이리저리 하늘을 날고 있었다. 문득 소년은 자신이 매가 되어 죽을 때까지 하늘을 날면서 오로지 사냥만 했으면 좋겠다는 생각을 했다. 초원 주변에 있는 울새와 찌르레기가 눈에 띄었고, 어디선가 티티새의 노랫소리도 들렸다. 자작나무와 너도밤나무, 백물푸레나무, 솔송나무 사이로 황제 나비와 노랑달 나비가 나풀거렸다. 반딧불이가 윌슨 하우스와 교회 사이에 놓인 들판을 환히 밝혀주던 밤이 그의 뇌리를 스치고 지나갔다. 오감이 잘 발달한 덕분에 연못에서 불어오는 냄새뿐만 아니라 솔송나무와 소나무가 우거진 숲속 향기로움도 느낄 수 있었다. 섬 근처에서는 물고기 한 마리가 수면 위로 뛰어오르더니 미끼를 덥석 물었다.

그날 소풍을 간 것은 여느 때와는 다른 이유가 있었다. 에밀리는 아이들에게 다가올 충격을 줄여볼 심산이었다. 물가를 따라 찰랑거리는 맑고 깨끗한 물에 발을 담그고 있던 어머니는 자녀들에게 아버지가 출장을 가서 이제 다시는 돌아오지 않는다는 말을 꺼냈다. 그리고 자신도 보스턴에 있는 학교에 입학하게 돼서 그만 떠나야 한다고 이야기했다(소풍 간 이튿날에 에밀리는 보스턴으로 떠남 – Thomsen, p.19–20). 도로시는 잠깐이라도 어머니와 함께 가고 싶어 했다. 빌은 부모님과 함께 그리피스 하우스에서 살고 싶어 했다. 훗날 빌은 자서전에 다음과 같이 글을 썼다. "호숫가 앞 풀밭에서 있었던 그날의 장면은 지금까지도 잊혀지지 않는다. 나처럼 감수성이 예민한 사람에게는 그날의 경험이 고통스럽게 느껴질 수밖에 없다. 아무에게도 상처가 드러나지 않도록 감추며 살았고, 누구에게도 그것을 이야기해 본 적 없었다."('빌은 일 년 내내 우울증에 빠져 있었다. 훗날 로이스는 다음과 같이 이야기했다. "할아버지와 할머니는 손자들을 정말로 아꼈고 그들도 할아버지와 할머니를 사랑했지만 그럼에도 버림받았다고 생각했습니다. … 그 일이 있고 나서 남편은 자신이 부모님과 함께 사는 아이들과는 다르게 열등한 존재라고 느끼기 시작했습니다.'"- Pass It On, p.27)

에밀리 그리피스 윌슨은 곧바로 자신의 계획을 실행에 옮겼다. 그것은 물론 남편 없이 혼자서 자녀를 키워야만 하는 역할에 관한 것은 아니었다. 먼저 해야 할 일은 형편없는 남편과 이혼을 하는 것이었다. 당시로서는 이혼이 대단히 드문 일이었는데, 에밀리는 베닝턴의 이혼 전문 변호사를 찾아가서 아버지의 도움을 받아 이혼 서류를 작성했다. 1906년의 일이었다. 빌은 다음과 같이 글을 썼다. "어쨌든 부모님이 정말로 이혼했다는 사실을 알게 되었다. 분명히 그 일은 나에게 어떤 식으로든 영향을 주었다. 너무나도 깊은 상처를 남겼다." 하지만 에밀리는 가족 곁에 남으려 하지 않았고, 본인뿐만 아니라 어느 누구의 상처도 보듬으려고 하지 않았다. 에밀리는 백여 마일 떨어진 거리에 이동하는 시간만 꼬박 하루가 걸리는 보스턴 정골 의과 대학에 들어가서 의사가 되고 싶어 했다. 아버지도 딸의 포부를 허락했다. 영문도 모르는 채 아버지에게 버림받았고, 그 질문의 대답으로 또다시 어머니에게 버림받은 소년에게 무슨 일이 닥칠지 어느 누구도 걱정하지 않는 듯했다. 이혼이 무엇인지 들어본 적도 없는 세계에서 이것이 빚어 온 결과는 무책임한 길먼과 의욕이 넘치는 에밀리, 이 두 사람의 행동 때문에 더욱 심각해졌다.

들판을 가로질러 교회 앞마당을 지나면 도착하는 그리피스 하우스(Griffith House; Wilson House 건너편에 위치; 현재는 빌 윌슨과 A.A.를 기념하기 위한 Griffith Library로 사용되고 있음)에 빌과 여동생이 내맡겨졌다. 가드너 외

할아버지와 엘라 외할머니(Ella Brock Griffith; 1849 - 1921; 빌 윌슨의 외조모)는 에밀리가 학업을 계속하는 동안 손자들을 책임지고 보살폈다. 빌은 술에 취해 흥겨워하는 사람들로 북적이는 윌슨 하우스에서 보통 가정의 사랑스러운 아들로 자라다가 이제는 양키의 청렴함이 깃들어 있는 그리피스 하우스로 거처를 옮겨야만 했다. 그 당시 빌은 10살밖에 되지 않았지만, 키가 훌쩍 커버린 바람에 좁은 계단으로 이어지는 작은 다락방을 다닐 때 조심하지 않으면 침실을 오갈 때마다 계단 상방에 머리를 부딪쳐야만 했다. 계단 맨 위로 올라가 짧은 복도 끝 우측에 있는 방은 너무나 비좁아서 책을 읽으려고 하면 침대와 바닥을 걸치어 앉거나 바로 누우려면 창문 밖으로 두 다리를 뻗어야 했다. 하지만 이것은 별 문제가 되지 않았다. 몇 년 뒤에 빌은 어머니에게 편지를 썼다. "어머니와 저는 언제나 극단적이었습니다. 일반적이라든지 평범한 것과는 너무나 거리가 멀었지요. 모 아니면 도 식이었어요. 그게 바로 우리의 관계였습니다."

빌 윌슨이 들판을 가로질러 갈 때면 그것은 마치 또 다른 세상을 향해 뛰어가는 것과도 같았다. 조롱과 험담의 세상을 뒤로 한 채 말이다. 이미 그곳의 많은 아이들은 빌을 향해 '키다리'라고 놀리며 마음의 상처를 주었다. 빌은 감정을 드러내는 대신 기분을 나아지게 할 만한 방법을 터득하는데 강박적으로 매달리기 시작했다. 마치 토머스 에디슨과 타이 콥(Ty Cobb; 1886 - 1961; 미국의 메이저리그 베이스볼 외야수)이 그랬던 것처럼 말이다.

그리피스 하우스 옆에는 폐허가 된 대장장이 오두막이 있었는데, 빌은 시간이 있을 때마다 이곳에 버려진 연장을 가지고 마음속으로 구상한 물건들을 만들었다. 빙상 보트, 활과 화살, 새총, 썰매 등을 제작했다. 마을 내에서 처음으로 무선 전신기를 만들었고, 모스 부호를 배워서 다른 무선 통신자와 연락을 주고받았다. 엔진의 매력에도 흠뻑 빠졌는데, 종류를 가릴 것 없이 엔진이라면 모두 좋아했다. 윌슨 하우스에 처음으로 자동차가 들어오기 시작하자 빌은 세워진 자동차 후드 안을 살피며 이것저것 궁금한 것들을 물어보았다. 육체노동을 통해 인간의 인격이 형성된다고 믿었던 외할아버지는 온종일 손자를 밖에 두었다. 봄이 되면 딸기를 따고, 여름이 되면 옥수수를 수확해야 했다. 그리고 집 뒤편 외양간에서는 우유를 짰다. 그리피스 하우스를 지나는 철로 맞은편에는 오랫동안 버려진 대리석 공장이 있었는데, 빌은 종종 그곳에서 돌을 던지며 시간을 보냈다. 빌이 던진 돌 때문인지는 몰라도 여러 해가 지나면서 그곳의 대리석은 점차 허물어져 갔다. 팔은 더욱 단단해졌고, 목소리는 굵어졌으며, 키는 점점 커졌다. 빌은 이러한 시간을 보내면서 예전에는 꿈에도 생각하지 못했던 것들을 이제는 보고 느낄 수 있었다. 하지만 사춘기가 시작되어도 신경 쓰는 사람은 아무도 없었다. 빌은 '도대체 부모님은 어디로 떠났길래 안 오는 것일까?'라고 생각했다.

가족 중에 적어도 한 사람은 채석장에서 일할 정도로 채석업이 유행하던 시절도 있었다. 하지만 한 세기가 바뀌면서 많은 채석장이 문을 닫았다. 그곳의 일은 참으로 고되고 위험했는데, 광맥을 따라 땅속 깊이 들어가야 했다. 길먼이 가졌던 채석업은 점점 사라지는 직업 가운데 하나였다. 1900년부터 뉴욕 공립 도서관(New York Public Library; 세계 5대 도서관

중의 하나로 뉴욕 맨해튼에 위치; 1902년 착공되어 1910년에 완공; 그 당시 미국에서 가장 큰 대리석 건축물)이 세워지면서 동도싯은 경기 호황을 누리기 시작했는데, 그 덕분에 윌슨 가족은 빌과 도로시가 태어나고 나서 몇 년 동안 잘 헤쳐 나갈 수 있었다. 10여 톤에 달하는 대리석 덩어리가 산에서 채굴되면 맨체스터 차고의 가공 공장까지 운송하는 일은 말이 끄는 짐마차가 맡았다. 아에올러스산 중턱에서 캐낸 거대한 대리석 덩어리와 깎은 기둥을 트럭에 실은 채 균형을 유지하면서 가파른 경사면을 내려오는 일은 잠시도 가만히 있지 못하고 마구 흔들리는 돌덩이 때문에 여간 까다로운 게 아니었다. 빌이 11살이었을 무렵에는 기관차에서 분리된 2대의 수송 칸이 철로를 따라 쏜살같이 아래로 질주하더니 댄비와 동도싯을 지나 맨체스터 차고 역까지 가서 그곳에 있던 빈 객차와 충돌하고 나서야 멈춘 사건이 있었다.

5장 | 그리피스 하우스

그리피스 하우스는 동도싯 마을 중앙의 잔디밭을 사이에 두고 윌슨 하우스와 지척에 있다. 작고 아담하지만 튼튼하게 지어진 집이다. 이에 반해 좀 더 크고 넓게 지어진 붉은색의 윌슨 하우스는 지금까지도 숙박업을 유지하고 있는데, 베닝턴과 맨체스터를 오가는 여행객들을 맞이하고 있다. 예전이라면 사람들이 일요일에 가족과 함께 즐거운 시간을 보내기 위해 길먼이 빌렸던 장식 달린 사륜마차라든지 말을 타고서 이곳을 찾았겠지만, 이제는 자동차가 그 역할을 대신하고 있다. 새로 포장된 7번 국도(코네티컷, 매사추세츠, 버몬트를 잇는 도로)는 동도싯에서 철로와 엇갈리는데, 대부분의 자동차는 이곳을 빠르게 달리기 때문에 단풍나무로 둘러싸인 뾰족지붕과 교회 첨탑의 존재를 알아차리지 못한다(윌슨 하우스 서쪽으로 7번 국도와 철도가 나란히 나 있음).

빌의 마음은 동도싯에서 있었던 모든 일 때문에, 그리고 그러한 모든 일이 있었음에도 불구하고 언제나 그곳에 머물러 있었다. 자서전의 서두를 보면 유아용 침대의 난간 사이로 북쪽 창문에 펼쳐진 윌슨 하우스의 뒤쪽 풍경을 바라보는 젖먹이 때의 자신을 묘사하고 있다. “우뚝 치솟은 아에올러스산 꼭대기 너머로 저녁노을이 지고 있었다.” 1954년, 빌은 자신의 기억을 기록으로 남겨야겠다고 마음먹고 뉴욕의 한 호텔방에서 친구인 비어슈타트(빌 윌슨은 1954년 9월 1일부터 약 한 달 동안 베드포드 호텔에서 Ed Bierstadt의 도움을 받아 자신의 회고를 테이프에 녹음함. 이것을 책『Bill W.: My First 40 Years – An Autobiography』으로 엮음)에게 생각나는 것을 이야기했다. “저는 윌슨 하우스에서 그 산을 처음 보았습니다. 어린 시절의 추억이 많이 떠오르는 장소이기도 하지요. 제가 가진 강인함과 나약함은 모두 그곳에 깃든 타고난 혈통과 억척스러움 덕분이라고 생각합니다.” 성인이 된 빌은 거의 매년 오래된 매드 톰 도로 반대편 끝에 있는 런던데리 여인숙에서 추수감사절을 보냈는데, 종종 그곳에서 글을 쓰며 여러 달을 묵었다.

뉴잉글랜드의 아름다운 자연 풍경을 배경으로 유년 시절의 기억이 적힌 그림엽서는 어른이 되어 갖게 된 광기에 의해 지속적으로 찢겨 나갔다. 빌에게는 불편하고 혼란스러운 시간일 수밖에 없었다. 그것은 하나의 대립되는 세계로, 때로는 극단적이었으며 번번이 가슴 찢어지는 고통을 안겨 주었다. 울긋불긋 단풍으로 물든 가을의 산과 1888년에 불어닥친 심한 눈보라로 며칠 동안 도로가 막히면서 새하얗고 푹신한 담요가 온 마을을 덮은 듯한 경이로운 설경의 모습, 봄의 짙은 향기, 숲속에 숨어 있는 많은 사냥감들, 마을 반대편의 배튼 킬강과 오터 크리크강에서 헤엄치는 물고기가 그 기억 한편에 있었다면, 또 다른 한편에는 소리 지르며 화를 내는 그의 부모가 있었다.

훗날 빌은 장작을 쌓아둔 헛간에서 화학 실험 세트를 가지고 뜻하지 않게 니트로글리세린을 만들었던 그날 밤을 떠올렸다. 근처에 있던 아버지는 폭발 직전의 비커를 집어 들어 숲속 땅속에 묻어버렸다. 채석장 감독이었던 길먼은 모든 다이너마이트와 폭발물에 대해 잘 알고 있었다. 그날 밤 아버지는 아들을 혼내지 않았다. 대신 구사일생의 탈출에서 서로가 함께 느꼈던 감정을 오랫동안 간직할 수 있도록 해주었다. 소년에게는 이러한 너그러움이 너무나도 소중했는데, 왜냐하면 어머니는 아들이 하는 일에 사사건건 비판하고 벌을 내렸기 때문이다.

삶의 마지막 순간에 빌 윌슨은 모든 것이 행복하고 평화로웠던 어린 날의 추억을 떠올렸다. 빌은 자신의 어머니, 너무나도 완고했던 어머니에게 편지를 썼다. "저녁 무렵의 예배 시간이었습니다. 우리는 목사관에 함께 있었지요. 응접실에 있는 등유 램프는 비록 오래 되었지만 크고 멋진 유리 등피가 씌여져 있어서 은은하고도 신비로운 빛을 냈지요. 어머니는 피아노를 연주했고, 아버지는 그 옆에서 노래를 불렀습니다. 그 노래는 예루살렘과 관련된 곡인데, 최고조에 이르면 '호산나'라는 단어로 끝을 맺어요. 그 노래를 저녁 예배 시간에 처음 들었는데, 50년이 지난 지금도 여전히 그 노래는 저에게 감동을 주고 있습니다. 그 당시 저는 마음의 평온과 설명하기 힘든 행복을 느꼈어요. 두 분 모두가 저의 부모님이시기도 하지만 어머니가 들려준 노래 덕분에 우리 모두에게 손을 내밀고 있는 주님을 알게 되었기 때문이지요." 하지만 행복했던 가족이 산산이 쪼개지자 빌의 삶도 결코 무사하지 못했다.

어머니가 피아노를 치고 아버지가 '호산나'를 부르던 예전의 가족 분위기와 비교해 볼 때 그리피스 집안은 또 하나의 다른 세계였다. 조부모는 에밀리와 길먼이 싸운 방식으로는 절대 싸우지 않았다. 두 사람은 서로에 대한 관심이 별로 없어서 싸울 일이 없어 보였다. 그리피스 하우스에서는 모든 일을 동세하고 있었다. 가드너 할아버지 – 아이들은 그를 브람파라고 불렀다(Brampa는 grandpa에 대한 아기들의 부정확한 발음의 표현) – 는 마을의 대소사에 밀접하게 관여하고 있었다. 그의 사촌이자 제재소를 세워서 버몬트 최초로 백만장자가 된 실라 그리피스는 근처에 치즈 공장을 세웠고, 말리 그리피스는 잡화점을 운영했다.

게티즈버그 전투에 참전하고 나서 고향인 버몬트로 돌아온 가드너는 엘라와 결혼해 가정을 꾸렸다. 남북 전쟁은 총체적으로 버몬트에 엄청난 피해를 입혔다. 버몬트는 맹렬하게 노예 제도 폐지론의 입장을 취하고 있었고(1777년 7월 8일, 버몬트는 미국 최초로 노예 제도를 폐지하는 헌법을 제정함), 신체 건강한 남성 가운데 절반은 남부 연합에 대항하기 위해 군대에 입대했다. 버몬트는 다른 주에 비해 상대적으로 많은 병력을 잃었다. 와일더니스 전투(Battle of the Wilderness; 1864년 5월 5일부터 7일까지 버지니아 스폿실베이니아 카운티와 오렌지 카운티에서 벌어진 전투; 율리시스 S. 그랜트 장군(Ulysses S. Grant; 1822 – 1885; 미국의 18번째 대통령이자 북부 연방의 총사령관)이 이끄는 북부 연방군과 로버트 E. 리 장군이 이끄는 남부 연합군 모두 뚜렷한 승리를 얻지 못하고 양측 모두 만여 명이 넘는 많은 사상자를 냄)에서 하루 동안에만 천여 명이 사망했고,

어떤 대대는 병력의 40%를 잃기도 했다.

동도싯의 작은 마을로 이사한 가드너는 세금 체납으로 처분되는 토지를 다량 구입했다. 그는 목재와 부동산 사업으로 크게 성공했다. 아들은 바이올린을 배우기 시작했고, 두 딸은 학교를 다녔다. 모든 일이 잘되어 가는 듯했다. 전쟁은 지난 일이 되었다. 하지만 클래런스가 그만 병에 걸리고 말았다. 에밀리와 길먼이 교제하기 시작한 해의 일이었다. 그리고 두 사람의 결혼식에는 클래런스의 죽음의 그림자가 드리워져 있었다.

쓰라린 가슴을 부여잡고 손자를 키우기로 마음먹었을 당시에 가드너의 나이는 64세였다. 언제나 공명정대하게 행동했고 자유의 가치를 신념으로 삼아 평생을 살았는데, 어째서 너무나도 많은 슬픔과 고통을 겪고 있는지 답답하기 그지없었다. 가드너는 성공과 경쟁 속에서 일종의 냉혹한 구원을 얻을 수 있을 거라고 믿었기에 부모를 잃은 가엾은 손자 – 큰 키에 깡마른 외모의 소년, 어쩌면 이미 우울증에 걸렸을지도 모르는 소년, 쓸쓸히 겨울의 추운 숲속을 거니는 일이 익숙해진 소년, 사춘기의 가장자리에 놓인 소년, 12살이 되기도 전에 잃어버릴 수 있는 모든 것을 잃어버린 소년 – 에게 자신의 타고난 재능을 물려주기로 마음먹었다. 할아버지는 라이플총과 화학 실험 세트, 무선 전신기를 만드는 데 필요한 재료 등과 같이 그 나이 아이라면 가지고 있을 만한 것을 손자에게 사주었다. 하지만 손자는 마지못해 받을 뿐이었다.

가드너는 손자에게 좋은 할아버지가 되고 싶었지만, 빌은 자기 불신에 사로잡혀 있는 듯했다. 아무것도 하지 못하는 자신을 지독하리만치 깎

아내렸다. 1914년 어느 여름날, 빌은 호주 사람들 외에는 제대로 된 부메랑을 만들 줄 아는 사람이 없다는 말을 할아버지에게 들었다. 할아버지는 부메랑을 만들기로 한 손자의 모습이 너무나도 비참하게 보였고 서글프다는 생각마저 들었다. 할아버지는 속이 타들어 갔지만 손자가 부메랑을 깎고 만들고 던지고 실패하기를 반복하는 모습을 지켜보았다. 본인이 직접 만든 부메랑을 던진 소년은 마치 날아간 부메랑을 자기 뜻대로 다시 되돌아오게 할 수 있을 것처럼 팔을 길게 뻗었다. 빌은 다락방에서 부메랑을 만들거나 자기 방에서 책을 읽는데 많은 시간을 보냈다. 자신의 침대 머리맡 나무판에서 떼어난 3피트짜리 널빤지를 가지고 제작한 부메랑이 처음으로 제대로 날던 날, 할아버지는 집 주변을 돌아 자신에게 날아오는 부메랑에 머리를 맞을 뻔했지만 당찮을 정도로 끈덕지게 노력하는 손자의 모습에 감탄을 했다.

부메랑은 두 사람 간에 하나의 전환점이 되었다. 할아버지는 손자에게 미국을 건설한 가치관에 대해 이야기를 들려주면서 남북 전쟁을 잊지 않고 기억할 수 있도록 했다. 할아버지는 사회 전반에 걸쳐서 민주주의가 작동하는 원리, 특히 버몬트가 가진 민주주의의 장점 – 주민 헌장과 주민 회의 – 에 대해서 설명해 주었다. 그리고 블랙스톤과 섬너 웰스가 쓴 법률 서적뿐만 아니라 심지어 죽은 아들의 오래된 바이올린까지도 손자에게 넘겨주었다. 평생동안 자신에게 주어진 일이라면 무엇이든 최선을 다했던 빌은 바이올린에도 온 정신을 기울여 반복해서 연습했고, 더디기는 하지만 훌륭한 연주자가 되었다.

마을에서 열린 무도회에서 빌은 「밀짚 속의 칠면조」(「Turkey in the Straw」; 미국의 민요)와 「그녀는 산을 돌아 올 거야」(「She'll Be Comin' 'Round the Mountain」; 미국의 민요)를 연주했다. 빌은 지그와 왈츠도 연주했는데, 그것이 때로는 슬픈 기분과 함께 자신에게 일어난 모든 일을 잊게 해주었다. 흥겨운 음악에 맞추어 발을 구르는 소리와 귀 기울여 노래를 듣고 있는 소녀들의 반짝이는 눈빛, 춤이 펼쳐지고 있는 헛간의 건초더미에서 오는 따스함, 그리고 어디선가 들려오는 새들의 노랫소리와 풀마른 냄새, 빌은 이 모든 것이 가득한 한 여름밤의 축제에 흠뻑 빠졌다. 아버지가 집을 나가고 부모가 이혼한 사건들이 자신의 인생에서 최악의 순간인 동시에 행복과 성공을 향해 나아가는 전환점이 될 거라고 생각한 시간은 기껏해야 수 년 정도로 그리 오래 가지 못했다.

6장 | 버몬트

프랑스어인 '푸른 산'(green mountain; Verts Monts)에서 유래된 버몬트는 사뮈엘 드 샹플랭(Samuel de Champlain; 1574 – 1635; 프랑스의 탐험가, 지도 제작자; 누벨 프랑스의 아버지라고 불림)이 최초로 탐험에 나섰고, 프랑스령(Nouvelle-France; 1543년부터 1763년까지 있었던 북아메리카의 프랑스 식민지)에 귀속되었다. 이후 프렌치-인디언 전쟁(French and Indian War; 1754년부터 1763년까지 오하이오강 유역의 인디언 영토를 둘러싸고 영국과 프랑스 간에 벌어진 식민지 쟁탈 전쟁)에서 프랑스가 패하면서 이곳은 영국에 할양되었다. 어떤 마을이 형성되든 처음으로 생기는 건물은 선술집이었는데, 이곳은 마을이 성장하면서 주민 회의가 열리는 장소가 되거나 지방 법원의 역할을 했다.

1761년, 뉴햄프셔의 총독 베닝 웬트워스(Benning Wentworth; 1696 – 1770; 1741년부터 1766년까지 New Hampshire의 총독)는 도싯을 건설했는데, 자신의 영토를 확장하는 동시에 조지 3세의 환심을 사기 위해 자신의 오랜 친구이자 도싯 최초의 백작인 리오넬 크로포드 새크빌의 이름을 따서 마을 이름을 지으려고 했다. 1769년에 자카리아 커티스(Zachariah Curtis; 동도싯 최초의 이주자; 동도싯 마을 북쪽의 5마일에 이르는 7번 고속도로 주변의 땅 대부분을 매입했고, 도싯 연못 입구에 호텔을 지음 - http://www.dorsetvthistory.org)가 이끈 가장 초기의 정착민들은 인디언의 습격은 물론이고 개척자가 겪을 수밖에 없는 위험과 고초를 참고 견뎌야만 했다. 이로쿼이족(Iroquois Confederacy; 북아메리카 북동부 지역에서 가장 넓은 지역을 차지하고 있던 5개의 부족이 결성한 연맹)은 아이들을 납치하거나 집을 약탈했고, 늑대들은 떼를 지어 양을 공격했다. 자갈밭을 일구어 농사를 짓는다는 것은 여간 힘들고 어려운 일이 아니었다. 하지만 그들은 굴하지 않고 꿋꿋이 버텨 내었으며 1774년에는 도싯에서 처음으로 주민 회의가 열렸다.

도싯 사람들은 자신들이 버몬트의 특권층이라고 생각했다. 1775년이 되자 도싯은 버몬트의 진정한 중심지가 되었으며, 1776년에 열린 4차례의 도싯 협정 회의를 통해 버몬트는 독립된 공화국(Vermont Republic; 1777년 1월 15일에 영국으로부터 독립을 선언하며 건국된 공화국. 1791년 3월 4일에 미국의 14번째 주로 편입됨)임을 선언했다. 자치권과 민주주의, 연방주의 전통을 간직한 도싯은 버몬트의 심장이 되었으며, 아에올러스산의 지형에 따라 동도싯과 북도싯, 남도싯 등 좀 더 작은 마을로 세분화되었다.

얼마 지나지 않아 아이작 언더힐은 블루머 농장이 있는 모스 힐 도로(Morse Hill Road; 동도싯과 남도싯을 연결 짓는 도로) 끝자락에서 대리석을 캐기 시작했다. 이것은 영리를 목적으로 세워진 최초의 대리석 채석장이었다. 대다수의 대리석 채석장이 문을 닫은 1920년까지 동도싯의 대리석은 뉴욕 공립 도서관뿐만 아니라 연방 대법원, 그리고 하버드 의과 대학의 상인방을 짓는데 사용되었다. 동도싯 대리석은 유난히 순백색을 띠면서도 무른 성질을 가졌다. 하지만 좀 더 단단한 이탈리아 대리석이 선호되면서도 비슷한 가격으로 거래되자 동도싯 대리석은 생산이 중단되었다. 동도싯 호황기에 생산 가치가 높은 상품이 오직 대리석만 있었던 것은 아니었다. 이곳은 양키인들을 위한 완벽한 용광로이기도 했는데, 성공한 반란의 역사와 함께 매년 3월마다 열리는 주민 회의와 같은 전통적인 정치 체계가 이를 뒷받침하고 있다.

윌슨 가문은 동도싯 최초의 거주민 가운데 하나로, 그들 대부분은 스코틀랜드와 아일랜드에서 온 이민자였다. 윌리엄 윌슨은 헬렌 배로우즈와 결혼했는데, 그녀는 교회 맞은편에 동도싯에서 가장 큰 저택에서 살았다. 배로우즈 가문은 윌리엄 브루스터(Elder William Brewster; 1568 – 1644; 분리주의파의 지도자; 1620년 9월 16일, 종교적 박해를 피해 102명의 청교도(Pilgrims Fathers)를 이끌고 아메리카 식민지로 이주함; 이들은 처음에 'Old Comers'로 불리다가 이후에는 'Forefathers'로 바뀌었는데, 'Pilgrims Fathers'라는 말은 200년 후에나 사용됨)의 직계 자손이었는데, 그는 1620년에 종교의 자유를 위해 메이플라워호(Mayflower; 잉글랜드 플리머스에서 아메리카의 매사추세츠 플리머스로 청교도들을 수송한 영국 선박)를 타고 신대륙으로 건너온 필그림스 지도자 가운데 한 명이었다(영국 교회를 개혁하려고 했던 청교도 운동은 영국 국교회에 남아 있으면서 이를 정화하려고 했던 온건파와 더 이상의 개혁은 불가능하기에 영국 국교회에서 떠나야 한다는 분리주의파로 나뉘어짐. 온건파는 장로교파와 독립파로 다시 나뉘고, 급진주의적 성향의 분리주의파는 회중 교회파와 침례교파로 나눠짐). 어떤 면에서 배로우즈 가문은 백인 앵글로-색슨계 특권층(white Anglo-Saxon Protestant(WASP); 초기 백인 앵글로-색슨계 개신교도들의 후손을 지칭; 미국 북동부 지역의 엘리트 권력 계층을 묘사하기 위해 사용됨)이었지만, 모두가 백인이자 앵글로-색슨계인 사람들이 사는 그러한 세계에 살면서 여관을 운영했으며 혈통을 따지지도 않았다. 빌 윌슨은 자신이 메이플라워호의 후손이라는 사실을 한 번도 언급한 적이 없었다. 여러 해 동안 올드 배로우즈 하우스는 선술집과 여관으로 사용되었는데, 젊은 윌리엄 윌슨 - 길먼의 아버지 - 은 이런 일을 좋아했기 때문에 집의 이름을 윌슨 하우스로 바꾸었다.

지형적인 이유로 버몬트는 시골 분위기에서 좀처럼 벗어나지 못하고 있었는데, 마을이 산으로 둘러싸여 있어서 여름에는 이동하기가 너무나 힘들었고, 겨울에는 불가능에 가까웠다. 도싯의 마을도 산에 의해 경계를 이루고 있다. 이곳의 정치 체제는 처음부터 남달랐는데, 다양한 개념의 보수주의와 권력에 굴하지 않는 역사가 혼합되어 있다. 존 애덤스 대통령은 '선동을 했다'는 이유로 버몬트 국회의원(Matthew Lyon; 1749 - 1822; 미국의 인쇄업자, 농부, 군인, 정치가; '버몬트의 "무서운 사자"로 알려진 매튜 라이언 의원의 판례에서 혐의의 본질을 찾아볼 수 있다. 그는 애덤스 대통령을 "우스꽝스러운 허세와 바보 같은 아첨, 그리고 이기심과 탐욕에 끊임없이 목말라하는" 인간으로 비난하는 기사를 썼고, 치안 유지법 위반 혐의로 기소되었다.' - A History of News, p.179)을 감옥에 가두었는데, 복역하는 동안 그는 압도적인 찬성으로 버몬트 국회의원 재선에 성공했다. 프랭크 브라이언(Frank M. Bryan; 1941 - ; 버몬트 대학교의 정치과학 명예 교수)은 자신의 저서인 「버몬트 농촌의 양키 정치학」(「Yankee Politics in Rural Vermont」)에서 다음과 같이 설명했다. '지금도 버몬트 사람이 된다고 하는 것은 … 공동체 정신의 결속력을 다지는 … 그 어떤 성격상의 특성이 있음을 의미한다.'

동도싯 마을의 헌장은 모든 '익명의 알코올 중독자들'의 모임 장소에 걸려 있는 헌장과 놀라울 정도로 유사하다. 12전통이라고 불리는 이것은 모임이 규정한 일종의 조례 형태이며 법은 아니다. 여기에는 공동체의 권한과 봉사가 가진 신비한 힘, 그리고 민주주의에 관한 사상이 담겨 있는데, 훗날 빌은 다음과 같이 이야기했다. "지도자는 언제든지 필요에 따라 이롭게 쓰일 수 있어야 하며, 가장 높은 자리에 있어서는 안 된다." 이곳 뉴잉글랜드 지역에서는 한계에 다다른 양모 사업(버몬트에서 백만 명에 달하던 양모 종사 인구가 19세기 말에는 수천 명 수준으로 감소함) 만큼이나 초월주의에 관해 활발한 대화가 오갔는데, 이는 영적 경험을 통해 구원을 얻고자 하는 사상이다. 맨체스터와 댄비 사이에 놓인 배튼 킬 밸리에 영혼이 깃들어 있다고 믿는 전통은 불굴의 용기와 커다란 두려움에 대한 전통이다. 아에올러스산의 이름 없는 산기슭을 넘어 강변길을 달리는 초기 정착민의 삐걱거리는 마차 소리는 적막한 벌판 위에서 몰아치는 천둥소리와도 같았다. 숲속은 먹을 양식과 건물을 짓는데 필요한 목재, 벽을 쌓을 수 있는 석재, 그리고 심각한 위험으로 가득 차 있었다.

1895년 추수감사절 밤에 태어난 소년은 이러한 용기와 두려움을 모두 물려받았다. 최초의 정착민들이 초목이 무성하게 자란 계곡에 농사를 짓기 시작한지 거의 100년 후의 일이었다. 빌은 며칠 동안 숲속을 거닐곤 했다. 어떠한 도전도 잘 대처했다. 여러 마리의 말을 몰 줄 알았고, 저녁 식사를 위해 다람쥐와 토끼를 사냥하거나 배튼 킬강에서 가장 큰 송어를 잡는 법도 알고 있었다. 하지만 죽음과 상실, 그리고 질병은 언제나 빌에게 두려움의 대상이었다. 9살이나 더 많은 친구인 마크 와론은 그를 보살피기 위해 많은 노력을 기울였다. 훗날 와론은 그가 셔츠 안에 손을 넣고서 심장 박동이 멈춘 것은 아닌지 확인하면서 다녔던 어느 여름날을 떠올렸다.

*　　　*　　　*

'익명의 알코올 중독자들'에 있는 사람들은 종종 다음과 같은 이야기를 한다. "빌 윌슨은 메시지를 전달하기 위해 신의 선택을 받은 자였습니다." 돌이켜 생각해 보면 빌 윌슨이 경험하고 배운 것들은 '익명의 알코올 중독자들'의 공동 설립자로, 그리고 「익명의 알코올 중독자들」의 주요 저자로 역할을 다하기 위해 거쳐야만 했던 나름의 체계적인 준비 과정이었다고 볼 수 있다. '익명의 알코올 중독자들'이 가진 효과와 전파력이 신비롭게 보일 수도 있겠지만, 학교에서 금주 교육이 이루어지던 유년 시절과 심지어 그가 가진 실천적 사고방식은 이러한 프로그램이 세상에 출현하여 널리 전파될 수 있는 배경이 되었다. 생각해 보면 빌이 살아온 이야기는 거의 청사진이나 다름없다.

처음에는 '지침'이라고 했다가 현재는 '전통'이라고 말하고 있는 조례 덕분에 '익명의 알코올 중독자들'은 갖은 역경에도 불구하고 변함없이 살아남았는데, 위계적 질서를 거부하는 수평적 민주주의 – 모든 개인은 동등한 목소리를 가지고 있으며, 그 어떤 돈이나 권력도 축적해서는 안 된다('그는 개인의 최대 자유 및 권력, 돈의 축적을 제한하는 내용을 포함하는 지속 가능한 조직의 청사진을 만들었다.' – People of the Century, p.185) – 를 담고 있다. '익명의 알코올 중독자들'의 모든 임원은 선거 방식을 통해 선출되고 있으며, '익명의 알코올 중독자들'은 '집단 양심'(group conscience; ''집단 양심'은 '익명의 알코올 중독자들' 회원들의 축적된 양심이며, 따라서 상당한 수준의 의견 일치를 반영한다. 이는 회원들이 가지고 있는 충분한 정보와 개개인의 관점들, 그리고 '익명의 알코올 중독자들'의 원칙이 실천된 경험들이 서로 공유되어 얻어진 것이다.' – The A.A. Group, p.28)이라고 하는 다수결의 원칙을 따르고 있다. 그리고 어떤 사람도 1년에 천 불 이상 기부할 수 없다('어떤 기부금도 거부했다. 어떤 회원도 천 불 이상을 기부할 수 없었다.' – People of the Century, p.185). 빌 윌슨은 뉴잉글랜드 지역에서 민주주의가 격렬하게 행동으로 옮겨지는 과정을 지켜보았고, 농장과 채석장이라는 공동체 내에서 성장하면서 재산이나 교육보다는 실제 경험과 강력한 결속력이 더 가치가 있는 것임을 배웠다.

빌 윌슨이 39세에 경험했고 '익명의 알코올 중독자들'을 설립하는 동기가 된 영적 각성은 영성과 알코올 중독에 대한 심오한 이해 속에서 얻은 깨우침이다. 매드 톰 시내와 배튼 킬강이 만나면서 형성된 계곡 사이로 솟은 구불구불한 언덕과 그늘이 드리워진 초원을 가보면 우리는 12단계와

12전통에 담긴 사상이 어디서부터 비롯되었는지 되짚어 볼 수 있다. 빌 윌슨에게 깊은 영향을 준 로이스 버넘(Lois Burnham, Lois W.; 1891 – 1988; 알아넌의 공동 설립자; 빌 윌슨의 아내)과 그녀의 가족은 스베덴보리의 독실한 신봉자였는데, 이들 종교가 지닌 계몽적 인본주의 사상을 빌에게 가르쳐 주었다. 맨체스터 빌리지에 사는 에드윈 T. 대처 혹은 에비 대처(Edwin Throckmorton Thatcher, Ebby T.; 1896 – 1966; 빌의 오랜 술친구이자 후원자)와 그의 대가족은 빌 윌슨의 성공과 실패에 핵심적인 인물이었다. 하지만 무엇보다 결정적인 것은 빌의 마음속에 있었다. 인간의 본성은 선하며 완전해질 수 있다는 신념, 하지만 그러한 선함이 권력에 의해 타락할 수 있다는 분명한 이해, 그리고 버몬트의 공기와 함께 살아 숨 쉬며 성장했다는 믿음이 바로 그것이다. 빌은 자녀가 없었지만 언제나 가정적인 남자였다. 숨이 멎을 것만 같은 풍경과 영광으로 가득한 역사, 그리고 변함없는 친절함을 간직한 버몬트는 그의 고향이었으며, 소년으로 성장할 수 있도록 보살펴준 버몬트 사람들이야말로 그의 진정한 가족이었다.

7장 | 마크 와론

남북 전쟁의 대재앙 속에서 신체 건장한 형제들과 청년들이 남쪽으로 싸우러 가기 위해 북부군에 참전하자, 뉴잉글랜드 지역의 많은 소도시는 쇠락의 길을 걷기 시작했다. 집에 남은 사람들은 땅과 가축을 지키기 위해 힘든 시간을 보내야만 했다. 오늘날에 버몬트와 뉴햄프셔의 숲속을 걷다 보면 부서진 돌담에 발걸음을 주춤거리게 된다. 그것을 세운 농부들은 생계를 위해 자갈밭에 자신의 모든 것을 걸었지만 그만 허사가 되어 버리곤 했다. 집과 헛간의 주춧돌도 찾아볼 수 있는데, 한때는 번성한 개척자의 농가였겠지만 이제는 폐허가 되어 남은 것이라고는 그것이 전부였다.

농업은 점점 상황이 나빠지고 있었지만 다른 긍정적인 측면도 있었다. 전쟁에서 돌아온 남자들은 시골에 남은 다른 농부보다 강인하고 세상 물정에 밝았는데, 그들의 귀향 덕분에 살아남은 도시들은 교육이 번창하고 이야기가 만들어지는 요람이 되었다. 가드너는 참전 용사 가운데 한 명이었고 옆집에 사는 수다쟁이 빌 랜던도 전쟁에 참전했다. 그의 아내인 로즈(Rose Landon; 올드 프랭크의 딸; 빌의 어린 시절에 많은 영향을 끼침; 빌이 많은 책을 볼 수 있도록 도움을 제공함 – Thomsen, p.26; '또한 그녀는 인품이 훌륭했다. 나에게 커다란 영향을 끼쳤는데, 좋은 점도 있었고 나쁜 점도 있었다. … 그녀는 아편 아니면 모르핀 중독자였다는 생각이 든다.' – Bill W(2005), p.17)는 동도싯의 대출 도서관 사서로 일했다. 빌은 저녁마다 옆집에 사는 랜던 할아버지를 찾아가 게티즈버그와 앤티텀(Battle of Antietam; 1862년 9월 17일에 메릴랜드 지역에서 벌어진 전투; 미국 역사상 단일 전투로 가장 많은 사상자가 발생함) 이야기를 자주 들었다. 그러고는 한 손에 책을 들고 들판을 가로질러 집으로 걸어가곤 했다.

마크 와론은 빌의 삶과 문학, 그리고 교육 등의 복잡한 문제에 관하여 줄곧 안내자 역할을 했다. 빌보다 훨씬 더 나이가 많았으며 상당히 지혜로운 사람이었다. 빌이 어린 시절의 충격에서 회복하여 건장하고 성숙한 청년으로 자랄 수 있었던 것은 마크와의 우정과 할아버지의 격려 덕분이었다. 마크는 동도싯에서 모르는 사람이 없을 정도로 인기 있는 남학생이었는데, 나이 어린 친구들에게는 세상사는 요령을 알려 주었다. 그의 직업은 채석장에서 돌을 캐거나 나무를 베는 일이었다. 전화 회사에서 근무한 경력도 있었으며 대학교를 다니기도 했다.

두 사람이 만났을 때 마크는 잡화점에서 일을 하면서 가게의 배달 마차를 자유롭게 쓸 수 있었다. 훗날 마크는 동도싯의 우편배달부가 되었다. 마을에는 신문뿐만 아니라 여러 대의 전화기도 있었다. 사람들 모두가 물고기를 잡고 사과를 따고 대리석 채석장과 치즈 공장에서 일을 하느라 바삐 일손을 놀렸다. 마크는 다음과 같이 글을 썼다. "노력을 해보았지만 치즈를 만들거나 소를 치료한다든지, 하다못해 쥐덫을 놓거나 수맥 탐사하는 일도 별로 소질이 없었다. 그래서 우편배달부가 되었다." 마크는 전원시인이 되어 몇 권의 책을 출간했는데, 눈보라가 몰아치던 날에 외양간에서 느낀 바를 「전원생활의 평온함」(「Rural Peace」, 1933; 동도싯에서의 근심 걱정 없는 일상의 모습을 시로 표현)이라는 시로 표현했다.

빌은 다음과 같이 썼다. "어린 시절의 친구 중에서 언제나 곁에 있어준 유일한 한 사람이 있다. 나에게는 삼촌이나 아버지와도 같은 존재였는데, 세상 돌아가는 이치를 너무나 잘 알고 있었고 사람을 매료시키는 능력이 있어서 그 당시에는 의지를 많이 한 것 같다." 빌이 바이올린을 연주하고 있으면, 마크는 그를 불러내어 숲속에서 들꿩과 멧도요새 사냥을 하거나 개천에 들어가 물고기를 잡기도 하고, 도싯 할로우(Dorset Hollow; 타코닉산맥의 도싯산에 있는 분지)로 모험을 떠났다. 그러면서 두 사람은 어른이 되면 하고 싶은 일이나 자신이 읽은 책에 관해 서로 이야기했다. 가드너 할아버지가 함께 읽고 싶어 했던 철학책이나 법률책과 같은 따분한 책 보다는 마크 트웨인과 찰스 디킨스(Charles John Huffam Dickens; 1812 – 1870; 영국의 소설가; 대표작으로 「올리버 트위스트」와 「크리스마스 캐럴」 등이 있음)의 책이 한층 더 그들을 성숙하게 만들었다. 어느 늦은 여름날 오후, 다람쥐 사냥 여행을 끝마치고 돌아온 두 사내는 선술집 앞에 멈춰섰다. 아무런 말도 하지 않은 채 마크는 사륜마차를 난간에 붙들어 맸고, 두 소년은 마차에서 훌쩍 뛰어내려 안으로 들어갔다.

낡은 나무 탁자에 앉은 빌은 무슨 일이 일어나고 있는지 미처 알기도 전에 큰 유리잔에 담긴 사과주가 눈앞에 있다는 사실을 깨달았다. 마크는 틀림없이 옳지 않은 무언가를 마시고 있었다. 그리피스 집안에서 술을 마시는 사람은 아무도 없었는데, 그들은 금주를 신념으로 삼고 있었다. 빌은 술을 마시고 싶은 생각이 조금도 없었다. 빌에게 술이라고 하는 것은 자신의 모든 것을 잃게 한 원인이었기 때문이다. 그러면서도 여전히 아버지를 그리워했다. 빌은 결코 아버지를 향한 그리움에서 헤어 나오지 못했던 것으로 보이는데, 심지어 7년 뒤에는 밴쿠버까지 먼 여행을 떠나 처음으로 아버지를 만나기도 했다. 빌은 선술집에서 느꼈던 따스함과 더불어 외로움에 익숙해진 한 인간을 향해 그곳에 있던 사람들이 다함께 녹아들어가던 그날의 기억을 결코 잊지 못했다.

오랫동안 동도싯을 떠나 술을 마시기 시작해서 다시 술을 중단하기까지 너무나 많은 시간이 흘렀지만 빌은 여전히 마크와 친구로 지냈다. 마크의 음주 문제는 평생 호전과 악화를 반복했다. 하지만 나중에는 모든 이의 로버트 프로스트(Robert Lee Frost; 1874 – 1963; 미국의 시인; 미국에서 가장 존경받는 시인 가운데 한 명으로 4차례의 퓰리처상을 받음)와도 같은 그런 존재가 되었다. 배튼 킬 밸리를 지나고 아에올러스산의 구릉을 넘어서 우편물을 배달하는 사람이라면 말과 봅슬레이, 스노우 슈즈, 그리고 황소가 끄는 수레 등을 사용할 줄 알아야 했다. 1943년에 알프레드 아이젠슈테트(Alfred Eisenstadt; 1898 – 1995; 미국의 사진작가, 포토저널리스트; 유명한 작품으로 「V–J day in Times Square」가 있음)는 동도싯에 가서 우편배달부인 마크 와론의 사진을 찍어 「라이프」지에 실었다(「Life」; 1943년 1월 18일자, p.94–96). 자신의 믿음직한 자동차인 1935년식 플리머스와 함께 찍은 사진과 인터뷰한 내용 덕분에 마크는 지역에서 유명인이 되었다. "버몬트의 겨울이 가진 유일한 장점은 끝이 있다는 것입니다."

마크 와론은 이야기하는 것을 좋아했다. 어린 친구 녀석에게는 진화론과 로즈 할머니의 대출 도서관, 그리고 계급과 부에 관해 알려주었다. 마크 말고는 빌에게 그런 내용을 들려주는 사람은 아무도 없었다. 그래서 빌은 계속해서 물어보곤 했다. 두 사람은 덜컹거리는 짐마차를 끌고서 북쪽에 위치한 댄비를 가거나 맨체스터 빌리지를 지나 남쪽 지역으로 떠나곤 했다. 맨체스터의 메인 거리를 따라 줄지어 선 여름 별장은 너무나 훌륭해 보였고, 거대한 리조트 호텔에는 부유한 사람들이 베란다에 나와 앉아 온종일 아무것도 하지 않은 채 한가로운 시간을 즐기고 있었다.

빌은 넓게 펼쳐진 초원과 2개의 골프장이 들어선 맨체스터 빌리지를 좋아했는데, 화성만큼이나 동도싯과는 너무나도 멀게 느껴졌다. 빌이 생각하기에 윌슨 하우스는 사람들이 지나가다가 잠시 들르는 호텔인 반면, 맨체스터 빌리지의 이퀴녹스 호텔은 정말로 사람들이 머물고 싶어서 오는 곳이었다. 시어도어 루스벨트 대통령(Theodore Roosevelt, Jr.; 1858 – 1919; 미국의 26대 대통령)이 그랬던 것처럼 윌리엄 태프트 대통령(William Howard Taft; 1857 – 1930; 미국의 27대 대통령)도 이퀴녹스에 머물렀다. 에이브러햄 링컨은 여름휴가를 보내기 위해 이곳에 예약을 해두었는데, 암살당하기 전이었다('1864년 여름에 에이브러햄 링컨의 아내는 두 아들과 함께 이퀴녹스에서 휴가를 보냈다. 이곳에서 즐거운 시간을 보낸 그녀는 다음 해에 대통령과 다시 오기로 하고 예약을 해두었다. 대통령 방문을 위해 특별한 스위트룸이 준비되어 있었지만, 링컨은 1865년 4월 14일에 암살당했다.' – Stanley Turkel CMHS ISHC, p.245–246). 이퀴녹스에서 길을 따라가다 보면 넓은 대지에 화려하게 꾸며진 힐딘이 눈에 들어오는데, 링컨의 첫째 아들인 로버트(Robert Todd Lincoln; 1843 – 1926; 미국의 정치인, 변호사)가 지은 여름 별장이다. 이 건물은 19세기에 만들어진 가장 훌륭한 저댁 가운데 하나로 손꼽히고 있다.

동도싯에서 출발한 짐수레 말은 또각또각 말발굽 소리를 내며 화산암으로 지어진 격조 높은 건물 앞을 지나갔다. 빌은 이곳이 뉴잉글랜드 전역에서 모여든 부잣집 자제들이 다니는 버 앤드 버튼 신학교(Burr and Burton Seminary)라는 것을 알고 있었다. 지평선을 따라 잔디가 넓게 펼쳐진 엑워녹 컨트리클럽의 입구를 지나서 미국 독립 전쟁과 남북 전쟁, 그리고 프렌치 인디언 전쟁에서 사망한 맨체스터인들을 기리기 위해 세워진 위풍당당한 기념비를 오갈 때마다 마크는 지금 이 세상에서 계급과 부가 어떻게 나누어져 있는지, 그리고 단지 피서할 목적으로 이러한 저택에서 일년 중 몇 개월씩 지내는 '여름 행락객'과 자기네처럼 이곳에서 먹고 살아가는 '본토박이'가 어떻게 다른지를 장황하게 설명했다. 그러면 빌은 돈보다 교육이 더 중요하다고 반박했다. 심지어 마크는 '새로운' 돈 – 예컨대, 맨체스터의 사업가가 번 돈 – 과 '낡은' 돈 – 상속받은 돈 – 이 어떻게 다른지도 이야기해 주었다. 그가 말하기를, 맨체스터는 '낡은' 돈이었다.

빌은 돈에 대해서 일찍이 생각해 본 적이 없다는 것을 깨달았다. 할아버지의 경우에는 낡은 돈일까, 아니면 새로운 돈일까? 돈이라는 개념 하나로 한정 짓는 것은 충분치 않아 보였다. 가드너 할아버지가 자산가로서의 권위는 가지고 있었지만 단 한 번도 골프를 치지 않았고, 이쿼녹스에서 느긋하게 휴가를 보낸다든지 짧은 드레스를 입은 젊은 여성들과 함께 웃고 떠든다는 것은 도저히 상상할 수 없었다. 할아버지의 질은 피부는 단순히 햇볕에 탄 것이 아니라 정직한 일이라고 부를 만한 그 무언가에 의해서 만들어진 것이었다. 낡은 돈과 새로운 돈의 차이는 정말로 육체적 노동과 전문 직종의 차이일 뿐일까? 두 젊은 남자는 몇 시간이고 계속해서 이 문제를 가지고 곰곰이 생각했는데, 이런 대화를 하면서 빌은 클래런스 대로우(Clarence Seward Darrow; 1857 – 1938; 미국의 변호사; 유명한 '레오폴드와 로엡 사건'과 '스콥스 재판'의 변호를 맡음)처럼 변론을 해서 돈을 버는 변호사가 되겠다고 마음먹었다.

한 세기가 바뀌던 그 시절에 창의적인 생각들이 성장할 수 있는 토대가 뉴잉글랜드 지역에 마련되어 있었더라면 어쩌면 마크는 그런 생각을 전파하는 선도자가 되었을 것이다. 두 소년은 몇몇 이웃들이 위저 보드(Ouija board; 사후 세계의 영혼을 불러내어 대화하는 놀이)를 가지고 불러냈다고 하는 유령과 영혼에 관하여 이야기를 나누었다. 마크는 라디오나 신문을 통해서 동도싯에 들려오는 지방의 정치 문제나 세계의 정치 상황을 빌에게 알려주었다. 빌이 겨우 6살밖에 되지 않았고 부모님도 아직 떠나지 않았던 1901년도에 윌리엄 매킨리 대통령(William McKinley; 1843 – 1901; 미국의 25대 대통령)은 버펄로에서 무정부주의자에 의해 암살당했다. 그러자 부통령이던 시어도어 루스벨트가 대통령의 임기를 이어받았다. 대통령의 죽음은 나라 전체에 큰 충격을 주었지만, 시어도어 루스벨트는 마크뿐만 아니라 빌에게도 위대한 영웅이 되었다. 그는 생각의 힘 못지않게 실천의 힘을 깨달은 정치가이자 군인이었다.

언제나 그랬던 것처럼 유달리 자기 인식이 분명했던 버몬트는 하나의 독립한 주로서 시어도어 루스벨트를 지지했다. 1902년에 새 주지사가 된 존 맥컬로(John Griffith McCullough; 1835 – 1915; 미국의 사업가, 변호사; 버몬트의 49대 주지사)는 자신의 취임사에서 다음과 같이 연설했다. "버몬트에서 입법부의 권한과 모든 대의 정치 기관의 설치를 위해 제정된 법이 가장 낮은 수준으로 행사되고 있다는 사실은 너무나도 다행한 일입니다. 국민은 국민 스스로를 다스립니다."

베닝턴 방향으로 맨체스터 고갯길을 내려가고 있을 때 마크는 잔디와 정자나무로 둘러싸인 클라크 버넘 박사(Nathan Clark Burnham; 1855 – 1936; 빌 윌슨의 장인; 산부인과 의사)의 집을 가리키며 빌에게 이야기했다. "버넘 박사의 집안은 대대로 저 집에서 살았어." 맨체스터에 여러 채의 훌륭한 저택을 소유하고 있던 버넘 집안과 대처 집안은 월터 트래비스(Walter J. Travis; 1862 – 1927; 미국의 골퍼, 골프 코스 설계가)를 설득해 메인 거리 건너편에 있는 엑워녹 클럽의 골프장 설계를 맡겼다. 널찍한 대리석으로 포장된 인도 뒤편으로 우아한 자태를 뽐내고 있는 버넘 저택은 맨체스터 빌리지의 메인 거리에 있는 그 어떤 저택보다 활기가 넘쳐 보였다. 빌은 버넘 집안에 아이들이 살고 있고, 그들이 에메랄드 호수 근처 야영지를 소유한 여러 가족 가운데 하나라는 사실도 알고 있었다. 겨울이 되면 버넘 가족은 살던 집을 비우고 뉴욕에서 생활했다. 그리고 여름이 되면 말과 더불어 가지고 갈 수 있는 모든 물건을 배에 싣고서 허드슨강을 따라 올버니로 이동했고, 그다음 맨체스터까지는 마차를 이용했다. 빌은 기차를 타고서 뉴욕에 가본 적은 있지만 그곳에서 산다는 것은 상상할 수도 없었다. 마크는 빌에게 버넘 박사의 직업은 의사인데, 어딜 가더라도 고객들이 많이 찾아온다고 조심스럽게 이야기해 주었다. 빌은 마크 덕분에 교육에 관한 자신의 생각이 옳다고 믿게 되었다.

*　　*　　*

빌이 양키 전통 속에서 자란 사람이 아니라면 오해할 수 있는 삶의 사소한 부분까지도 털어놓을 수 있다고 생각한 유일한 한 사람은 오직 마크뿐이었다. 여러 해가 지나서 1954년에 예일 대학교는 빌에게 명예박사 학위를 수여하기로 결정했다고 통보했는데, 대학 중퇴자밖에 되지 않았던 빌은 그 당시의 감정을 마크에게 솔직히 털어놓았다('그는 예일 대학교 학위를 포함하여 많은 명예상을 거절했다.'– Bill W, p.183). 뉴욕에 있던 빌은 와론에게 편지를 썼다. "예일 대학교의 비서가 나를 찾아와서는 말을 꺼내기 시작하는데, 마치 내가 조지 워싱턴(George Washington; 1732 – 1799; 미국의 초대 대통령)처럼 보인다는군. 나는 곧바로 거절하겠다는 편지를 썼지. 물론 그렇게 결정한 이유는 이 일을 계기로 앞으로 몇 년 동안 A.A. 안에서 실세가 되려고 하거나 권력을 좇는 사람들이 생기지 않도록 할 수 있을 거라고 생각했기 때문이지. 상을 받지 않은 이유는 단지 이것뿐이라네. 내가 더럽게 고상하다든지 해서 그런 것은 아니야." 어머니에게 보낸 편지에는 다른 내용이 적혀 있었다. "정말로 이 학위를 받고 싶었어요. 목사관 응접실에서 가족과 함께 평온하게 보냈던 시절부터 이른바 유명 인사의 신분이 된 지금에 이르기까지, 그 오랜 세월의 나날들이 행복하고 보람있는 시간이었음을 증명하는 상징과도 같은 것이었기 때문이지요."

마크와의 우정은 사람의 마음을 끌어당기는 자석과도 같은 역할을 했다. 빌에게 세상이 무엇인지 알려준 사람은 바로 마크 와론이었다. 마크와 할아버지가 처음으로 들려준 생각들, 민주주의의 본질 및 인간 본성에 대한 억제의 필요성에 관한 생각들, 영성과 본능, 그리고 인간이 가진 영혼의 깨우침에 관한 생각들, 이 모든 것은 시골길의 덜컹거리는 잡화점 배달 마차 속에서, 또는 소를 우리 안에 들여놓고서 할아버지와 함께 헛간 울타리에 기대어 있으면서 점차 그에게 주입되고 있었다. 이 무렵에 심어진 생각의 씨앗은 싹을 틔우고 꽃을 피워 '익명의 알코올 중독자들'이라고 하는 결실을 맺었지만, 다른 모든 기억과 마찬가지로 이러한 씨앗이 생성되게 한 정서적 고통도 생생히 기억 속에 저장되고 있었다.

훗날 빌은 자신이 정말로 유명해졌다는 사실에 혼란스러워했는데, 어떤 때는 가명으로 여행을 다니기도 했고, 프로그램을 만들고 십여 년이 지난 뒤에는 모임에도 잘 참석하지 않으려고 했다. 조언이나 상담이 필요할 때에는 옛 친구를 찾았다. 1951년에 빌은 예전부터 파킨슨병을 앓고 있던 그 친구에게 편지를 썼다. "난 정말로 삶이라는 것이 날마다 학교에서 벌어지는 일상과도 같은 것이라고 생각하네. 우리가 경험하는 모든 일은 그것이 어떤 형태일지라도 우리에게 가르침을 주고 있고, 그 가르침은 우리에게 다가올 큰 운명을 맞이할 수 있도록 우리를 길들이지. 나는 정말로 그렇다고 확신하네. 자네가 삶을 어떻게 바라보든 그것은 난제로 가득찬 세상이라고 생각하네. 그리고 정말로 중요한 점은 우리가 그러한 난제와 함께 살고 있다는 것이지."

1956년 9월, 마크 와론의 사망 소식에 빌 윌슨은 처음으로 히스테리 증상을 일으키며 쓰러졌고 뒤이어 심각한 우울증에 빠졌는데, 자신과 아내, 그리고 어머니는 이러한 심리 상태에 너무나 끔찍할 정도로 익숙해져 있었다. "도저히 견딜 수가 없어요. 지금 이렇게 글을 쓰는 순간에도요." 빌은 어머니에게 편지를 쓰고 나서 동도싯의 교회 묘지에서 치러지는 와론 장례식에 급히 달려갔다. 동도싯 묘지는 동도싯과 맨체스터 사이에 놓인 구릉의 서쪽 경사면에 둥근 형태로 자리 잡고 있다. 이곳을 지나는 도로는 계곡을 따라 이어져 있고, 자동차는 남쪽을 향해 빠르게 질주해 내려간다. 그리피스 집안이 이곳 묘지에 소유하고 있는 땅에는 빌 윌슨과 그의 아내가 나란히 안장되어 있다. 설탕처럼 새하얀 동도싯 대리석을 깎아 만든 묘비 앞에는 여러 기념품과 동전들, 편지가 소복이 쌓여 있어서 그곳에 두 사람이 잠들어 있다는 것을 쉽게 알아차릴 수 있다. 지금도 그곳을 찾는 방문객들은 그에게 경의를 표하기 위해서 단주와 관련된 개인 소지품들을 두고 가고 있다. 이것이 바로 빌이 예일 대학교 학위 대신에 받은 것들이다.

8장 | 아에올러스산

술은 절대로 마시지 않을 거라고 그렇게 믿고 있었다. 빌은 나이가 들어 10살 무렵까지의 어린 시절을 회상해 보니 아버지가 싸움을 벌이기 전에 얼마나 자주 술에 취해 있었는지 알게 되었다. 아버지가 어떤 이유로 며칠 동안 일을 나가지 않았는지, 아니면 아예 처음부터 일을 하지 않았는지도 기억해냈다. 성장하면서 강인함과 자신감이 커지자 빌은 또 다른 것에도 확신을 갖기 시작했다. 빌은 어느 누구라도 자신에게 강요하는 것이 있다면 그것이 무엇이든 결코 받아들이지 않겠다고 마음먹었다. 이러한 태도는 작은 마을에서 유지되고 있던 전통 혹은 사고방식과 정면으로 충돌했는데, 이는 사람들로부터 더더욱 따돌림을 받고 있다는 느낌이 들게 했다. 버몬트에서 음주가 가족에게 얼마나 해로운 영향을 끼치고 있는지를 잘 알고 있었던 사람이 비단 빌 혼자는 아니었다.

카운티 금주 협회(County Temperance Institute)는 도싯 희망 위원회(Dorset Board of Hope)와 공동으로 동도싯 회중 교회에서 이틀 동안 회의를 개최했다. 부모의 이혼과 사랑하는 가족의 붕괴, 그리고 어긋나버린 어린 시절, 이 모든 상황 때문에 계속해서 마음이 어지러웠던 11살의 빌은 아무런 망설임도 없이 들판을 가로질러 회중 교회의 주일 학교에 다녔다. 그리피스 집안의 사람들은 모두 교회를 다녔다. 금주 협회는 동도싯에 방문하는 동안 주일 학교에 다니는 모든 아이들에게 금주 서약서에 서명하라고 요구했고 대부분은 별생각 없이 그렇게 했다. 아이들은 술에 대해서 무엇을 알고 있었을까? 빌은 술이라는 것이 과연 무엇이고 가족에게 어떤 영향을 끼칠 수 있는지 잘 알고 있었지만, 주일 학교의 전도사가 지시하는 말을 들을 생각은 없었다. 자기 고집대로 하고 싶은 생각이 들었다. 도대체 그들이 뭐라고 내 앞길을 위해서 어떻게 살아야 한다 말아야 한다 말할 수 있는 것인가? 게다가 그것은 누가 정한 규칙인가? 빌은 술을 마시겠다는 생각도 없었지만, 그렇다고 서약서에 서명하고 싶지도 않았다. 그 순간 얼떨결에 고집을 부려 서명을 거부했지만 이러한 결정이 자신의 미래에 엄청난 영향을 끼칠 것이라고는 예상하지 못했다.

빌은 주일 학교를 그만두면서 교회에도 더는 나가지 않았다. 무신론자가 되기로 마음먹은 것이다. 만약 신이 존재한다면 어떻게 이러한 모든 일이 자신에게 일어나도록 내버려 두었겠는가? 남들 못지않게 평범한 삶을 살 수 있었더라면 신의 뜻에 굴하지 않고서도 자신이 가진 지성과 결단력으로 삶을 헤쳐 나갈 수 있었을 거라고 믿었다. 배울 수 있는 것이 있다면 뭐든 배우려고 했다. 그리고 자신이 가진 소질을 십분 발휘하려고 했다. 빌은 그 당시에 부메랑을 만들기 위해 수개월 내내 나무를 깎던 일이 기억났는데, 그 물건이 제대로 날 수 있을 거라고 믿었던 사람은 아무도 없었다. 그리고 클래런스 삼촌의 낡고 오래된 바이올린을 어떻게 독학으로 연주할 수 있었는지도 떠올랐다. 몇 개의 나무 조각과 줄을 가지고도 곡을 연주하는 것이 가능하고, 작가들이 그저 자신의 머릿속에 들어있는 생각을 글로 써내는 것만으로도 온 세상이 종이 위에서 살아 숨 쉬는 것이 가능하다면, 어쩌면 인간은 자신의 운명을 개척할 힘을 스스로 가지고 있는 존재라고 빌은 생각했다.

빌은 아침에 교회를 가는 대신 건초더미가 드문드문 쌓여 있는 쿼리 도로를 따라 모스 힐로 하이킹을 떠났다. 그 길은 아버지가 일하던 오래된 북쪽 채석장으로 이어졌다. 그곳을 지날 때마다 빌의 가슴속에는 어둠이 짙게 내려앉았다. 산등성이를 가로지르는 도로 양쪽에는 나무마다 단풍 설탕을 담는 양동이가 걸려 있었다. 타고 가는 말 뒤에도 커다란 통이 매달려 있었는데, 달콤한 시럽으로 가득 채울 계획이었다. 턱수염을 한 남자들이 빌을 불렀다. 동도싯에 사는 사람들은 서로를 잘 알고 있었다. 곧바로 빌은 그리피스 집안 소유의 사탕단풍나무에서 수액을 채취했고, 집으로 돌아가서는 무쇠솥에 수액을 부어 졸여질 때까지 계속해서 끓였다.

지난해 채취한 수액은 농도가 옅었는데, 메이플 시럽을 만들려면 예상보다 훨씬 더 오랜 시간을 끓여야만 했다. 빌은 타오르는 불에 장작을 넣으면서 수액을 끓이고 또 끓였다. 밤이 찾아오자 도로시는 밖으로 나와 오빠에게 그 정도까지만 하고 이제 잠을 자는 것이 어떻겠냐고 물었다. 하지만 빌은 시럽이 호박색으로 걸쭉해질 때까지 멈출 생각이 없었다. 빌에게 그것은 지금까지 맛본 시럽 중에서 가장 달콤했다. 이제 빌은 아에올러스산 정상을 향해 가파른 길을 재촉하며 올라갔다. 산의 공기는 점점 더 희박했지만 그만큼 맑고 깨끗해지는 것을 느낄 수 있었다. 하지만 심장이 너무나 빨리 뛰어서 이러다가 죽는 것은 아닐까 하는 생각이 들기도 했다. 정상에 올라서자 모든 계곡이 눈앞에 펼쳐졌다. 브롬리산 너머로 넓게 펼쳐진 초원과 목장에는 양 떼가 평화스럽게 풀을 뜯고 있었고, 맨체스터로 이어진 도로에도 황소가 떼를 지어 행진하고 있었다. 3월의 숲은 신비하리만치 고요하기만 했는데, 주변에서 눈 녹는 소리와 물이 뚝뚝 떨어지는 소리, 심지어 산허리 아래로 물이 모여 산길을 따라 쿼리 도로 너머까지 흐르는 개울 소리까지도 빌의 귓가에 들려왔다.

주변의 모든 물줄기는 서로 모여 개천으로 이어졌고, 이는 다시 블루머 농장과 낡은 치즈 공장이 있는 산등성이를 지나 맥브라이드의 소목장을 통과해 강으로 흘러 들어갔다. 저 멀리 북쪽에는 계곡을 따라 여전히 푸르게 우거진 소나무와 솔송나무가 내려다보였는데, 머드 시즌(mud season; 뉴잉글랜드 지역에서 표현되는 말로 겨울에서 봄으로 넘어가는 시기를 말함; 눈이 녹고 비가 내리면서 도로가 진흙으로 덮이는 데에서 유래)이 다가오면서 갈색 반점들이 군데군데 덧칠해진 것처럼 보였다. 북도싯에 있는 제철소 굴뚝에서는 연기가 피어오르고 있었고, 에메랄드 호수는 희미하게 빛을 발하고 있었다. 남쪽으로 내려다보이는 맨체스터 시내는 한때 초원으로 펼쳐진 언덕이었지만, 이제는 여러 건물과 집이 오밀조밀하게 모여 있어서 마치 목재 완구로 만든 장난감 마을처럼 보였다. 맨체스터 빌리지에 있는 교회 첨탑과 베닝턴 카운티 법원의 황금색 돔 지붕도 눈에 들어왔다. 그리고 바로 발아래에는 동화책에 나올 법한 동도싯 마을이 있었는데, 건설된 지 오래된 버몬트 유료 도로와 바다로 여행을 떠날 준비를 하는 배튼 킬강은 철로와 함께 나란히 달리고 있었고, 철로 바로 옆에 세워진 뾰족한 첨탑 교회와 윌슨 하우스는 배튼 킬강이 매드 톰 시내와 만나기 바로 전 북쪽에 있었다.

빌은 이 산에 있는 모든 산길과 도로를 하이킹하면서 75개의 채석장 출입구를 지났는데, 가는 곳마다 마치 누군가가 고동색의 비옥한 땅에 눈뭉치를 던져 놓은 것처럼 무수히 많은 대리석 조각들이 바다를 이루고 있거나 대리석 덩어리들이 스톤헨지처럼 높이 쌓여 있었다. 정말로 '악마의 동굴' 입구처럼 생긴 구덩이, 톰 소여와 무시무시한 인디언 조를 생각나게 하는 동굴도 빌에게는 너무나도 익숙한 곳이었다. 날이 따뜻해지면 어린 손자는 종종 가드너 할아버지 – 빌은 여전히 할아버지를 브람파라고 불렀다 – 에게 사냥을 가고 싶다고 이야기했는데, 11번째 생일날 받은 최고의 생일 선물인 레밍턴 소총을 가지고 산에 올라갔고, 때로는 이끼로 덮인 시원한 땅에 누워 책을 읽기도 했다. 빌은 마크가 건네준 책과 로즈 할머니의 대출 도서관에서 빌린 책, 심지어 그리피스 집안의 두꺼운 사전까지 무엇이든 닥치는 대로 읽었다. 직면하고 있는 모든 문제의 무게를 지탱하기 위해서는 자신이 가진 모든 정력과 지혜를 발휘해야 했다. 부메랑을 만들 수 있었던 것처럼 빌은 자신의 삶을 건설해 나갈 수 있을 것이라고 확신했다.

9장 | 버 앤드 버튼 신학교

책을 읽으면 읽을수록 더 많은 책을 읽고 싶어졌다. 허레이쇼 앨저(Horatio Alger, Jr.; 1832 – 1899; 미국의 아동 문학가)와 토머스 에디슨에 관한 책을 읽었다. 「하이디」(「Heidi」; 스위스의 작가 Johanna Spyri가 쓴 소설)와 가족 백과사전, 그리고 성경책도 계속해서 읽었다. 주일마다 로즈 할머니의 대출 도서관에는 맨체스터에서 책을 실은 사륜 짐마차가 찾아왔다. 독서광이 된 빌은 그리피스 하우스가 모두 잠든 시간에도 밤을 지새우며 책을 들여다보았다. 등유 등이 푸푸 소리를 내며 사그라지는 사이에 빌은 읽고 있던 책을 내려놓고서 침대와 바닥에 기다란 몸을 걸친 채로 그만 잠이 들었다. 가능한 한 다양한 지식을 흡수할 작정이었다. 읽은 내용을 기억하는 일은 빌에게 쉬운 일이었다. 충분히 배울 수만 있다면 인생행로를 조종할 수 있을 거라고 생각했다. 그리고 모든 일이 어떻게 돌아가는지 알 수 있을 뿐만 아니라 이미 자기 가족을 산산조각낸 재앙과도 같은 일을 피할 수 있을 거라고 믿었다. 책을 보면서 빌은 고래잡이배에 오른 선원이 되었다가 사막 섬에 갇혀버린 소년이 되고, 또는 미시시피강을 운항하는 선장이 되어 위기에서 벗어나곤 했다.

빌은 하버드 대학교와 예일 대학교에 대해서 들은 적이 있지만, 버 앤드 버튼 신학교에 높이 솟은 우아한 첨탑이 오히려 교육의 한 전형을 보여주고 있다고 생각했다. 인상적인 맨체스터 빌리지에서 가장 돋보이는 장소 가운데 하나인 이곳은 언덕에 자리 잡고 있으며, 연회색 석회암 벽에 테두리가 흰색으로 장식되어 있다. 대통령이 머물던 이퀴녹스 호텔을 뒤로하고 산비탈에 올라서면 가파른 바위 턱으로 둘러싸인 학교(호텔에서 서쪽으로 버 앤드 버튼 신학교가 바로 옆에 있으며 그 너머로 이퀴녹스산이 자리 잡고 있음)와 마을, 배튼 킬 밸리가 눈앞에 펼쳐진다. 성직자를 양성하고자 1829년에 건립된 버 앤드 버튼 신학교는 20세기 이후로 지금까지 버몬트에서 가장 우수한 사립 남녀 공학 기숙학교 가운데 하나다. 남학생은 트위드(두꺼운 모직 천) 바지와 재킷을 입었고 허리에는 작은 벨트를 맸다. 그리고 여학생은 모두 아리따웠다. 이 학교의 학생들은 하버드 대학교나 예일 대학교 또는 매사추세츠 공과 대학에 진학했다.

여름날 저녁, 소위 '낡은 돈'을 가진 사람들이 다 같이 모여 춤을 추는 광경이 길을 걷던 빌의 눈에 들어왔다. 향기로운 나무 아래 광택이 나는 무도회장에서 밝은 색 드레스를 입은 젊은 여성들과 정장을 입은 멋진 젊은 남성들이 무도회 밴드가 연주하는 멋진 곡에 맞춰 이리저리 춤을 추고 있었다. 남자들은 무엇을 해야 하는지 정확히 알고 있는 듯했고, 절대 쑥스러워하지 않았으며, 어색하거나 서툴러 보이지도 않았다. 그들 중 일부는 앤도버 고등학교와 세인트폴 고등학교에서 왔고, 또 다른 일부는 버 앤드 버튼 신학교에서 왔다. 여전히 교실 두 칸짜리 시골 학교에 다니던 빌은 자신이 졸업하고 나면 친구들과 마찬가지로 당연히 농장이나 채석장, 제분소 같은 곳에서 일을 하게 될 거라고 믿었다. 하지만 생각하고 이해하고 판단하는 방식에서는 그들과 다르다는 것을 조금씩 깨닫기 시작했는데, 혹시 이러한 판단이 지나치게 앞서가고 있는 것은 아닌지 알고 싶어 했다. 그리고 만약 마크마저 없었더라면 정말로 이러한 자신의 변화에 관해 이야기를 나눌 사람이 아무도 없었을 거라고 생각했다.

이와 동시에 빌은 할아버지와 할머니에게 걱정거리를 안겨 주었다. 손자가 점점 아버지를 닮기 시작했는데, 여자애들은 그에게 호감을 내비쳤고 그도 역시 관심을 드러내기는 마찬가지였다. 빌은 일상적으로 생각해 볼 수 있는 꿈이 아닌 농장주나 국회의원과 같이 실현 불가능한 꿈에만 관심을 가졌다. 가드너는 딸과 상의한 끝에 손자를 버 앤드 버튼 신학교에 보내기로 마음먹었다. 하지만 손자에게는 입학 지원과 관련된 내용을 물어보지도 않았을 뿐더러 알려 주지도 않았다. 진정한 양키 방식이었다. 마침내 입학 허가가 나자 할아버지는 손자에게 1909년 가을부터 버 앤드 버튼 신학교의 8학년으로 다니게 될 예정이라고 말해 주었다. 그리고 평일에는 학교 기숙사에서 생활하지만, 주말이 되면 집에 돌아와서 여러 가지 일을 거들어 주었으면 좋겠다는 말도 덧붙였다.

빌의 거처였던 좁은 거실과 작은 침실이 있는 그리피스 하우스에서 버 앤드 버튼 신학교까지 – 기차로 5마일, 도보로 2마일을 이동해야 했다 – 는 겨우 7마일 정도의 거리밖에 되지 않았지만 수천 마일이나 떨어져 있는 것처럼 멀게 느껴졌다. 학교 1층에는 빛으로 가득 채워지는 웅장한 예배당이 있었는데, 높은 아치형 창문을 통해 주변 계곡과 그린산맥이 펼쳐진 풍경을 내다볼 수 있었다. 2층에는 교실이 여러 개가 있었고, 3층에는 좌측에 남학생을 위한 기숙사와 우측에 여학생을 위한 기숙사가 있었다. 모든 학생에게는 창문이 달린 방과 침대, 책상이 제공되었다. 비몬트의 청년을 교육하기 위해서 설립된 버 앤드 버튼 신학교는 금욕적이면서도 소박한 생활을 강조했는데, 빌은 이처럼 아름다운 환경 속에서 인생의 두 번째 기회가 찾아왔다고 확신했다. 이곳에서는 지난 과거를 뒤로 한 채 자신의 또 다른 모습도 확인할 수 있었다.

결코 쉬운 일은 아니었다. 동도싯의 기준에서 보면, 빌은 제법 괜찮은 운동선수이자 사격의 명수였다. 버 앤드 버튼 야구장에서 처음으로 남학생들과 경기를 하면서 빌은 야구라는 운동이 무엇을 의미하는지 정확히 알게 되었다. 적어도 그들은 운동 외에는 전혀 일할 필요가 없으며, 품위를 지키면서도 자유분방하게 야구 경기를 할 수 있는 소년들이었다. 빌은 첫 번째 수비를 놓치면서 공에 머리를 맞고 쓰러졌다. 그리고 사람들의 비웃음거리가 되었다.

버스를 타고 소풍을 가는 동안 빌은 같은 반 학생들과 다 같이 노래를 불렀는데, 주변에 있던 학생들이 노래를 멈추고 그에게 불평을 늘어놓기 시작했다. 음을 낮추어 부른 것이 그 이유였다. 다음 날 빌은 교장 선생님의 부인을 찾아가 노래를 배우고 싶다고 부탁했다. 비록 음을 잘 따라가지 못해서 노래가 서툴렀지만, 배우고자 하는 의지만큼은 고집스러울 정도로 확고했다. 넘치는 정력과 함께 꼬리표처럼 따라다니던 반항적이고 거부적인 태도는 이곳에서 긍정적인 자산으로 바뀔 수 있었다. 빌은 점차 빛을 발하기 시작했다. 어느 날엔가는 우연히 빅터 축음기를 찾아내어 음악을 듣게 되었는데, 바이올린 실력을 키워서 버 앤드 버튼 오케스트라에 들어가겠다고 결심했다. 빌은 거듭해서 바이올린을 연습했다.

버 앤드 버튼 신학교에서 고등학교 2학년이 되는 1912년 봄이 찾아오자 빌은 장래가 촉망되는 학생으로 성장했는데, 학교에서 가장 뛰어난 투수 가운데 한 명이자 재능 있는 높이뛰기 선수가 되었다. 그리고 미식축구팀의 주장이면서 최고의 펀터였고 드롭키커였다. 그는 비록 성적이 들쑥날쑥했지만 종종 90점대의 점수를 받았으며, 기량이 뛰어난 배우로서 학교의 연극 작품에 출연하기도 했다. 3학년이 되면서 버 앤드 버튼 오케스트라에서는 제1 바이올린을 맡았고, 학급에서는 반장으로 선출되었다. 눈부신 재능을 가진 이 소년이 받지 못할 상은 없는 것처럼 보였다.

게다가 여자 친구도 생겼다. 사실 빌은 키가 크고 체구도 듬직했을 뿐만 아니라 얼굴도 준수하게 생겼다. 운동을 잘했을 뿐만 아니라 모든 일에 신중하고 사려가 깊었다. 그런데도 정작 본인은 덩치만 컸지 볼품도 없는 못난이라고 생각했다. 버 앤드 버튼의 많은 소녀들이 그에게 관심을 보이기 시작한 것은 어쩌면 너무나도 당연했을지 모르겠다. 그중에서 특히 맨체스터 빌리지에 있는 영국 성공회 목사의 딸이자 학급에서는 회계를 담당했고 Y.W.C.A.에서는 회장을 맡고 있었던 버사 뱀포드(Bertha

Bamford; 1894 - 1912)도 빌에게 끌리기 시작했다. 그해 봄에 빌은 인기 많은 갈색 머리의 예쁜 소녀와 완전히 사랑에 빠졌다.

버사의 가족도 빌을 좋아했기에 맨체스터에 있는 집으로 그를 초대했다. 잔디밭 너머로 부러워하며 바라보던 무도회장에 이제는 빌이 있었다. 두 사람은 잘 어울리는 커플이었다. 빌은 버사와 함께 무엇을 해야 하는지 정확히 알고 있었다. 버사는 빌이 한 번도 가져본 적 없었던 자신감을 그에게 심어 주었다. 빌은 대처 집안과 버넘 집안, 그리고 쇼 집안의 사람들과 새롭게 친분을 맺을 수 있었는데, 대처 집안의 아들인 에비도 버앤드 버튼의 학생이었다. 한때는 부모에게 버림받아 처치가 곤란했던 아이가 이제는 지상에서 가장 아름다운 곳의 귀공자로 탈바꿈하고 있었다.

빌이 자라던 두 마을 - 동도싯과 맨체스터 빌리지 - 은 특이하게도 100년 전 모습을 현재까지도 거의 그대로 간직하고 있다. 맨체스터와 댄비를 새롭게 잇는 간선도로 옆으로 야트막한 지역에 자리잡고 있는 동도싯은 오랜 세월이 흘렀어도 개발을 멀리한 덕분에 잘 보존될 수 있었다. 또한 맨체스터 빌리지는 돈이 몰려드는 바람에 보존될 수 있었다. 이퀴녹스 호텔은 웅장한 건축물로서 여러 시설이 추가되었다가 화재가 나서 파산을 겪기도 했지만, 현재는 점점 성장하고 있다. 이 호텔은 동도싯의 어떤 건물보다도 차원이 다른 규모를 자랑하고 있다. 맨체스터의 모든 건물은 마치 여름이 영원히 지속될 것처럼, 그리고 버몬트 계절에 대해서는 전혀 걱정할 필요가 없는 것처럼 공간이 넓고 통풍이 잘될 수 있도록 설계되어 있다. 동도싯의 모든 건물은 실용성을 위주로 지어졌는데, 가파른 지붕은 눈이 쌓이지 않도록 하기 위해서고, 작은 크기의 방은 열 손실을 최소화하기 위해서다. 하지만 가축이 있는 헛간은 사람이 지내는 공간에 비해 더 널찍하게 되어 있다.

맨체스터 빌리지에 있는 모든 시설은 오락을 목적으로 지어졌다. 동도싯이 깽깽이라면, 맨체스터 빌리지는 바이올린이다. 동도싯이 베이크드 빈스(baked beans; 삶은 콩과 토마토소스, 베이컨 등을 섞어 국물이 나게 만든 요리)라면, 맨체스터 빌리지는 신선한 감자를 곁들인 크라운 로스트(crown roast of lamb; 양 갈비를 가지고 왕관 모양으로 만든 구운 고기)다. 동도싯에는 「이던 프롬」(Ethan Frome; 19세기 말 매사추세츠를 배경으로 젊은 부부와 20대 여성과의 이야기를 다룬 소설)(Edith Wharton; 1862 – 1937; 미국의 소설가, 대표작으로 「이던 프롬」, 「순수의 시대」 등이 있음)이 있다면, 맨체스터 빌리지에는 이던 앨런이 있다. 빌은 자신도 모르게 두 장소를 혼동하곤 했는데, 마치 맨체스터 빌리지가 정말로 자신이 속했던 곳이고, 오래전 동도싯은 그다지 소중하지 않은 곳으로 생각했다. 전기 작가가 빌에게 들은 바에 의하면, 할아버지는 종종 마을 교회 앞 전쟁 기념비에 자신을 데리고 갔었다고 한다. 하지만 지금 동도싯에는 전쟁 기념비가 없으며, 그곳 작은 교회 앞에도 듬성듬성 나 있는 풀밭 외에는 아무것도 없다. 맨체스터 빌리지의 메인 거리에 있는 전쟁 기념비는 강한 인상을 주는 기념물로서, 꼭대기에는 민병(미국 독립 전쟁 당시의 긴급 소집병; 그린 마운틴 보이즈가 세워져 있음)이 세워져 있으며, 그 아래 4개의 명판에는 참전한 사람들의 이름들이 새겨져 있다.

버 앤드 버튼 신학교는 여전히 같은 자리에 있지만 높은 천장의 부속 예배당은 이제 여러 칸으로 나누어진 사무실로 사용되고 있으며, 학교 주변에도 여러 부속 건물이 들어서 있다. 처음 이 학교가 세워질 때 사용된 석회석은 그 지방 채석장에서 나온 것인데, 건물을 다시 짓기 위해서 석회석을 구해보려고 했지만 이미 모두 고갈된 뒤였다. 그러던 중에 한 지질학자가 캐나다에서 같은 석회석 광맥을 찾아냈고, 이곳에서 채굴된 석회석이 현재의 학교 건물에 사용되었다. 이쿼녹스의 산등성이에 둘러싸여 있으면서 아래로는 계곡이 흐르고 있는 버 앤드 버튼은 여전히 학생들이 수업을 듣기 위해 교실을 이동하는 소리, 철커덩하며 철제 사물함을 여닫는 소리, 그리고 소곤거리며 책을 읽는 소리로 가득했다.

빌이 종종 언급한 바에 의하면, 1912년의 여름과 초가을은 그의 인생에 있어서 가장 행복했던 시절 가운데 하나였다. 어린 소년은 여태껏 불길을 헤치고 왔으며, 그 고통이 어떤 느낌인지 잘 알고 있었다. 그리고 지금까지 자기 나름대로 정력과 지혜를 모아 공부에 힘쓰고 사색을 하고 행동을 취해 왔지만 도저히 그 어떤 꿈도 가질 수 없었다. 하지만 이제는 그러한 노력이 결실을 맺기 시작했다. 여동생과 할머니가 집요하다고 할 만큼 하고 싶은 것이 있으면 빌은 그것이 무엇이든 간에 굳게 마음을 먹고 반복해서 연습했다. 그렇게 보낸 모든 시간은 결과로 보상을 받았다. 빌은 바이올린 목에 테이프를 붙여서 음을 맞추며 독학으로 연습하던 날을 떠올렸다. 그 당시만 해도 불가능할 거라고 생각이 들었지만, 반복해서 연습하자 터득할 수 있었고 결국에는 바이올린의 대가가 되었다.

동도싯 교회를 나가 버린 그날 이후로 빌은 두 번 다시 기독교로 돌아가지 않았다. 물론 버사는 신앙생활을 다시 해야 한다고 주장했다. 어쨌든 빌은 설령 신이 있다손 치더라도 오직 위급한 경우를 위해서만 있을 거라고 생각했다. 신의 도움은 필요치 않으며, 오히려 신이 자신에게 안겨준 고난을 극복하는 중이라고 믿었다. 과연 그랬다. 빌은 자신만의 노력으로 부메랑을 만들었고, 스스로 살아갈 세상을 만들었다. 이때의 행복했던 여름날부터 40년이 흐른 뒤 빌은 자서전에 다음과 같이 썼다. "일차 욕동(primary drive)을 유발하는 일차 본능 삼제(triad of primary instincts; '본능에 대해 논의를 하면서 통상적으로 빌은 인간이라면 누구나 기본적으로 "안전security을 유지하고 성sex을 좇으며 사회society를 구성"하고자 하는 강렬한 열망craving을 지니고 있다고 보았다. … "엄청난 양의 술을 자신에게 들이부어 자신을 파괴하는 그러한 비정상적인 행위"가 어떻게 알코올 중독자의 "타고난 기본 욕구basic natural desire"를 "왜곡된 욕동distorted drive"으로 바뀌게 하는지를 설명할 때, 가끔 빌은 "먹기, 번식하기, 어떤 누군가가 되기"라든지 "돈, 로맨스, 동료애, 명성"으로 바꾸어 말하기도 했다 … "기본 본능basic instincts"은 좋다 나쁘다 할 수 있는 것이 아니다. 다만 그러할 뿐이다.' – Kurtz, p.125; '빌 윌슨이 제시한 바에 따르면, 인간의 기본 본능은 "성, 안전보장, 사회성"을 향한 탐구로 나타난다' – Kurtz, p.225; '무엇이 올바른 것이고 무엇이 잘못된 것인지를 최대한 잘 판단하면서 '성과 안전보장, 그리고 사회성'을 위해서 일차 본능에 관해 자신의 행동을 어떻게 취해야 하는지 개략적으로나마 검토해보는 것이 바람직하다.' – Twelve Steps and Twelve Traditions, p.50)에 관하여 알기 쉽고 명확하게 이야기해보고자 합니다. 이는 탁월함과 능력에 대한 욕동; 안전보장 및 신체, 재정, 그리고 감정에 대한 욕동; 낭만적으로 혹은 다른 방식으로 사랑하거나 사랑받고 싶은 욕구를 가져오지요. 아시다시피 그 시절에 저는 사랑에 빠져 있었는데, 이러한 모든 일차 본능적 욕동에 대해서 완전하게 보상받고 있었어요. 학교에서 얻을 수 있는 명성은 모두 다 얻었는데, 남들보다 능력이 뛰어나서 그런지 몰라도, 원하는 것은 무엇이든 최고가 될 수 있었습니다. 그리고 정서적으로도 안전하다는 느낌을 받을 수 있었는데, 할아버지가 보호자 역할을 해주셨고, 제가 돈을 써도 너그럽게 받아주셨기 때문이지요. 마지막으로 그때는 제 삶에서 처음으로 사랑을 주고받은 시기였습니다. 더할 나위 없이 가슴이 벅차도록 말이에요. 따라서 제 의견에 따르자면, 저는 이루 말할 수 없을 만큼 행복하고 성공한 사람이었습니다."

10장 | 버사 뱀포드

기나 긴 주말이 지나고 11월 18일이 되었지만, 버사의 가족은 이미 뉴욕으로 여행을 떠나고 없었다. 그날은 빌의 열일곱 번째 생일이 오기 약 일주일 전이었다. 며칠만 지나면 서로 다시 만날 것을 알면서도 두 사람은 사랑의 작별 인사를 나누었다. 도저히 단 한 시간도 떨어져 있지 못할 것만 같았기에 주말은 영원히 계속되는 듯했다. 동도싯에 돌아온 빌은 책을 읽거나 집안일을 하면서 바쁘게 시간을 보냈다. 어느 누구에게도 말하지 않았지만 17세의 버사는 몸 안에 생긴 작은 종양을 제거하기 위해 뉴욕 5번가에 있는 플라워 병원에 입원하기로 예정되어 있었다.

화요일 아침, 빌은 조회가 진행되고 있는 아래층 예배당으로 뛰어 들어갔다. 빌은 높게 걸린 동쪽 창문으로 쏟아져 들어오는 햇빛 때문에 그만 눈이 부셔 얼굴을 찡그리고 말았지만, 실눈 사이로 줄줄이 늘어선 친구들과 학생들의 모습이 시야에 들어왔다. 하지만 버사가 보이지 않았다. 도대체 어디에 있는 것일까? 모두가 노래를 부르고 있었다. "옛 원수 마귀는 이때도 힘을 써 모략과 권세로 무기를 삼으니 천하에 누가 당하랴 … "(「A Mighty Fortress is Our God」의 일부 가사; Martin Luther 작사&작곡). 찬송가가 모두 끝나자 성서대 뒤에 앉아 있던 제임스 브룩스 교장 선생님이 자리에서 일어났다. 호주머니에서 노란 메모지를 꺼내더니 마치 자기 할 일을 어떻게 해야 하는지 모르는 사람처럼 머뭇거리며 망설였다. 그러고 나서 빌을 한번 쳐다보고는 금빛 아침 햇살이 비추는 민 산을 내다보았다. 그 노란 종이는 뉴욕에서 온 전보였는데, 이 학교의 학생인 버사 뱀포드가 뉴욕에서 수술 도중 체내 출혈로 사망(1912년 11월 18일, 월요일 – Dick B.(2012), p.50)했다는 내용이었다.

그 순간 온 세상이 멈춘 것만 같았다. 하지만 다시 찬송가가 시작되었다. "어지러운 세상 중에 기쁜 소리 들리네. 예수 말씀하시기를, 믿는 자여 따르라."(「Jesus Calls Us, O'er the Tumult」의 일부 가사) 어떤 학생들은 눈물을 터뜨렸고, 나머지 학생들은 빌을 쳐다보았다. 그리고 다시금 천천히 노래를 이어나갔다. 훗날 빌은 다음과 같이 이야기했다. "그녀의 죽음은 모든 것을 뒤흔들 만큼 큰 충격으로 다가왔습니다. 너무나도 고통스런 일이었지요. 이 같은 일은 그 후에도 제 인생에서 두세 차례 더 찾아왔어요." 또다시 위태롭고 불안정한 시기가 찾아왔고, 이혼과 상실, 그리고 죽음은 그의 모든 것을 한꺼번에 무너뜨리는 듯했다.

금요일에 버사의 장례식이 치러졌다. 그녀가 살던 집 베란다에 앉아서 앞으로의 일을 이야기를 하는 대신에 빌은 원래 계획에 없었던 관을 나르는 임무를 맡았다. 50년 뒤에 자서전을 쓸 때조차도 빌은 고통과 우울증에 사로잡혀 거의 아무런 말도 할 수 없었던 그 당시의 일에 대해서만큼은 언급을 피했다. 하지만 고난의 시기가 조금 더 일찍 찾아왔다 할지라도 빌은 잘 이겨낼 수 있었을 것이다. 뛰어난 회복력은 양키인이 지닌 특징 가운데 하나여서 각고의 노력과 명석함, 그리고 불굴의 의지는 그가 정상에 오를 수 있도록 해주었다. 하지만 지금은 길을 잃어버렸고 통제 불능 상태에 빠져버리고 말았다.

오히려 예전의 성공적인 모습을 증오하는 것만 같았다. 버사의 죽음은 빌의 건강과 마음의 평화를 파괴하는 동시에 그동안 마음속에 간직하고 있었던 신이나 다른 모든 초월적 존재에 대한 믿음까지도 흔적도 없이 사라지게 했다. 믿는다고 해서 도대체 무슨 소용이 있단 말인가? 빌은 야구와 축구, 높이뛰기와 같은 모든 운동을 그만두었다. 오랜 친구들과의 대화도 줄어들었고, 거리도 멀어졌다. 한때는 선생님으로부터 가장 아낌 받는 학생이었지만, 이제는 40점 밖에 맞지 못하는 낙제 학생이 되어 버렸다. 결국에는 졸업하기가 어려워졌는데, 그럼에도 빌은 전혀 개의치 않았다.

가드너는 남북 전쟁 게티즈버그 전투 50주년 행사에 빌을 데리고 갔다. 두 사람은 진흙탕이 된 들판을 질척질척 걸으며 연설하는 내용을 들었다. 할아버지는 실의에 빠진 손자에게 경사진 산비탈을 보여주면서 버몬트군이 피켓의 돌격에 맞서 측면 공격을 시도했고 승리에 결정적인 역할을 했다고 이야기해 주었다. 그리고 자신이 얼마나 많은 고생을 했으며 어떻게 이겨냈는지도 전해주고 싶었다. 하지만 빌은 할아버지의 말에 귀를 기울이고 있는 것 같지 않았다. 그 둘은 펜실베이니아와 육군성이 준비한 천막촌에 머물렀는데, 기념식장은 수천 명에 달하는 북부군과 남부군 노병으로 가득했다. 7월 4일, 우드로우 윌슨(Thomas Woodrow Wilson; 1856 – 1924; 미국의 28대 대통령; 남북 전쟁 이후 남부 출신의 첫 대통령) 대통령이 연설을 하고 있었지만 소년의 귀에 들어오는 것은 아무것도 없었다.

에밀리는 모든 것에 화가 났다. 도대체 잘나가던 아들에게 무슨 일이 있었던 것인가? 지금까지 자녀를 위한 것이라면 어머니로서 할 수 있는 일은 무엇이든 다했다고 생각했는데, 그 믿음을 지탱해준 아들의 업적은 어디로 사라져버린 것일까? 몹시 노여워한 에밀리는 보스턴에서 아들의 학교까지 한걸음에 달려왔다. 어머니를 만난 제임스 브룩스 교장 선생님은 무엇을 어떻게 해야 할지 모르겠다고 이야기했지만 그녀는 잘 알고 있었다. 에밀리는 넋이 나간 아들을 자신이 지내는 보스턴 외곽의 알링턴 고등학교로 전학시켰다. 새로 들어간 학교에서 낙제한 독일어 과목 시험을 다시 치를 수 있을 것이라고 생각했기 때문이다('그해 여름, 빌은 어머니와 함께 보스턴 외곽의 알링턴에 가서 독일어 재시험을 치렀다.' – Hartigan, p.20).

에밀리에게는 계획이 있었다. "그 누구도 내 아들의 걸림돌이 되어서는 안 돼. 알링턴 고등학교를 마친 후에는 매사추세츠 공과 대학에 입학할 수 있을 거야. 그러고 나면 훌륭한 엔지니어도 될 수 있겠지. 성공, 성공, 반드시 성공해야만 해." 두 사람은 권위 있고 자부심 강한 그리피스 가문의 사람이었다. 쓸모없는 윌슨 가문의 피 때문에 아들의 인생이 파탄의 길로 빠져들도록 내버려 둘 수는 없다고 에밀리는 생각했다. 하지만 이번만큼은 그 뜻을 이룰 수 없었다. 신경 쇠약에 걸린 빌은 어떤 것에도 집중하지 못했고 공부도 할 수 없었다. 결국에는 M.I.T. 입학시험에 불합격했다.

자포자기에 빠진 에밀리는 아들을 아버지에게 보내기로 결심했다. 빌은 이제 어엿한 소년이 되었지만, 7년 동안 단 한 번도 아버지를 만난 적이 없었다. 기차를 타고 몬트리올에 가서는 다시 기차를 갈아타고 브리티시 컬럼비아로 향했다. 그곳에서 길먼은 캐나다 대리석 회사의 마블헤드 채석장 책임자로 일하고 있었다. 빌은 이곳까지 혼자 여행했다. 그곳에 머무는 동안 여행 일지도 썼는데, 동도싯에 돌아가면 친할머니에게 보여드리고 싶었기 때문이다. 처음으로 로키산맥을 보면서, 빌은 다음과 같이 글을 썼다. "갑작스럽고 격렬한 변화가 일어났음을 보여 주듯이, 눈에 보이는 모든 것이 들쑥날쑥하고 깎아지른 듯하다." 어쩌면 빌은 이걸 통해서 자신의 삶을 표현하고 싶었는지도 모르겠다. 기차 여행과 산, 석유와 천연가스, 그리고 메디신 햇(Medicine Hat; 캐나다 앨버타에 있는 도시)에 관한 글도 함께 썼다.

길먼에게는 자신이 운영하는 새 채석장과 새롭게 시작한 생활, 새로 사귄 친구들, 그리고 조만간 새 아내가 될 크리스틴(Christine Bock; 1877 – 1955; Gilman Wilson의 두 번째 아내; 학교 선생님)이 있었다. 하나밖에 없는 아들이 찾아와서 반갑기는 했지만, 마음은 혼란스러웠다. 억울해하는 성격은 아니지만 첫 번째 결혼을 실패한 원인이 에밀리에게 있다는 생각은 그의 머릿속에 확고하게 자리 잡혀 있었다. 길먼이 가지고 있는 특성 가운데 하나는 문제가 생기면 원만한 해결을 위해 더는 생각하지 않고 잊어버리는 것이었다. 그러고 나서 1년도 채 지나지 않아 이복 여동생인 헬렌(Helen Wilson; 1916 – ?)이 태어났는데, 그녀는 앞으로 빌이 돌보아야 하는 많은 사람들 가운데 한 명이었다.

오랜 시간이 지난 뒤에도 빌은 아버지를 다시 만났을 때 느꼈던 기분에 대해서는 앞으로 쓰지 않기로 마음먹었다. 그가 쓴 편지들을 보면 삽시기 사라져 버린 아버지를 찾기 위해 헤매고 있는 아들이 아닌, 우연히 방문한 여행객의 편지와도 같았다. 그 어디에도 북받쳐 올라오는 감정 – 시간이 흐른 뒤에 동정심을 갖고 남의 얘기를 잘 들어주는 사람 앞에서나 수면 위로 떠오를 만한 감정일 것이다 – 을 적은 내용을 찾아볼 수 없다. 아버지는 새 인생을 시작하고 있었다. 하지만 여행을 마치고 동도싯으로 돌아온 빌은 그와는 상반되는 다른 삶을 겪어야만 했다. 달라진 것은 아무것도 없었다. 언제나 그랬던 것처럼 농부들은 씨를 뿌리고 농작물을 수확했다. 채석공들은 현장 감독의 호루라기 소리에 맞추어 삶을 살아가고 있었다. 그리고 여전히 빌의 삶도 고통스러운 상태에 머물러 있었다.

11장 | 로이스 버넘

에메랄드 호수 근처에 지붕널이 높게 올라간 산장 두 채를 소유하고 있을 정도로 부유한 집안의 딸이자 패커 공립 고등학교 졸업생인 로이스 버넘은 브루클린의 교양 있는 여성이었다. 해마다 그녀의 가족은 마차에 음식과 접시, 식기 등을 가득 싣고서 맨체스터 빌리지를 벗어나 소풍을 떠났다. 그러던 어느 여름날, 즐겨 찾는 소풍 장소인 호숫가 남쪽 끝에 도착해 보니 지붕이 뾰족한 너와집이 지어져 있는 것이었다. 로이스의 멋진 아버지, 클라크 버넘 박사는 이를 몹시 못마땅하게 여기고 결국 그 집을 사버렸다. 다음 해에도 로이스의 가족은 그곳에 머물면서 여름을 보냈는데, 또 다른 누군가가 그 근처에 새로운 집을 지은 것을 보고 또 한 번 기분이 상했다. 버넘 박사는 이번에도 그 집을 사버렸는데, 언제나 즐겁게 웃으며 그 집을 '맞은편 집'이라고 불렀다.

인망이 두터운 재산가인 로이스의 아버지는 뉴욕 공동체 회원이었다. 그리고 할아버지는 펜실베이니아 랭커스터에 있는 스베덴보리 교회 목사였다. 신교회 혹은 신예루살렘 교회(The New Church or the Church of the New Jerusalem)는 18세기경 스웨덴 귀족 출신이면서 과학자였던 에마누엘 스베덴보리(Emanuel Swedenborg; 1688 – 1772; 스웨덴의 과학자, 철학자, 종교가, 신비주의자; 칸트, 윌리엄 블레이크, 랠프 에머슨, 괴테, 도스토옙스키, 칼 융 등에 영향을 끼침)의 교리를 근간으로 하고 있다. 존경받는 철학자이기도 했던 스베덴보리는 자신의 인생 후반기를 심령과 영혼 연구에 바쳤는데, 명철함에 도달하기 위한 과정을 일련의 단계로 기술하고 있는 「천계비의」(「Arcana Coelestia」; 창세기부터 출애굽기까지의 해설을 담고 있는 이 책은 1749년 런던에서 처음으로 1권이 출간되었고, 1756년에 마지막 8권이 완성됨)를 포함하여 성서 해석과 관련된 저서들을 많이 남겼다. 스베덴보리는 종교를 만들 의도가 없었지만, 많은 신봉자들이 그의 교리를 바탕으로 교회를 세웠다. 세기가 바뀌던 무렵 인본주의적 색채를 띠면서도 사후 세계에 대한 믿음도 갖고 있었던 미국의 스베덴보리 주의는 성공한 많은 전문가와 부유한 사업가들의 주된 신념이었다.

버넘 가족은 제리와 베스라고 하는 두 마리의 말이 끄는 사륜마차와 컨버터블 자동차인 스티븐스-듀리에(Stevens-Duryea; James Frank Duryea가 개발한 고가의 리무진)를 소유하고 있었는데, 로이스의 남동생인 로저스(Rogers Burnham; 1894 – 1970; 6남매 중 둘째; 어린 시절부터 빌 윌슨과 친구 사이였으며 그의 삶에 많은 영향을 줌 – Cole, p.13)는 차를 타고 7번 도로를 달리거나 푸른 여름날에 시골길을 누비는 것을 좋아했다. 버넘 부부는 대통령의 아들이자 힐딘을 지은 로버트 링컨 부부와 친구 사이였는데, 자녀들이 함께 뛰어놀 정도로 가깝게 지냈다.

노처녀라 불릴 만큼 나이가 찬 로이스는 그해 여름에 22살이 되었다(1910년대 미국의 평균 초혼 연령은 남녀 각각 25.1세와 21.6세였음. - http://www.census.gov). 그녀는 한 번도 말을 꺼낸 적이 없었지만, 자신의 집안이 겉으로는 완벽해 보여도 상당한 결함을 가지고 있다는 것을 알고 있었다.

매년 맨체스터에 여름이 찾아올 때마다 버넘 가족은 아주 즐거운 시간을 보냈는데, 자기를 무척 좋아하는 환자들이 이곳의 시골 동네까지 찾아온다고 버넘 박사가 종종 이야기할 때마다 로이스는 오히려 의사가 환자를 찾아가는 것이 더 흔한 일이 아닌가 하는 의구심이 들었다. '그들에게서 벗어나 한가롭게 여름을 보낼 수는 없을까?'라고 생각했다. 로이스의 어머니(Matilda Hoyt Spelman; 1863 - 1930)는 유서 깊은 뉴잉글랜드 집안 출신이었는데, 버넘 박사가 처가로부터 구매하기 전까지 맨체스터 빌리지의 저택은 스펠맨 집안의 소유였다. 어머니의 사촌이자 로이스에게 당이모가 되는 로라 스펠맨(Laura Spelman Rockefeller; 1839 - 1915; 미국의 노예제도 폐지론자; 자선가)은 존 D. 록펠러(John Davison Rockefeller; 1839 - 1937; 미국의 사업가, 대부호, 자선가)와 결혼했는데, 스펠맨 집안 여성들은 로이스를 귀여워했다. 어렸을 때 포캔티코 언덕에 있는 록펠러 저택인 카이커트(Kykuit; 록펠러 가문이 대를 이어 사용한 저택; 네덜란드어로 전망대라는 뜻; 1979년 국가 사적지로 등록되었고, 현재에는 관광 명소로 개방되어 있음)를 방문한 적이 있던 로이스는 바퀴 달린 침대에 우연히 잠들었다가 끝없이 길게 펼쳐진 거실에 서서 장황하게 이야기를 늘어놓는 스탠더드 오일(Standard Oil; 존 D.

록펠러가 1870년에 세운 미국의 정유 회사)의 영웅이자 나이가 들어 얼굴에 주름이 잡힌 존 D. 록펠러의 모습을 어렴풋이 보았다. 로이스는 끝없이 길게 펼쳐진 거실 안 걸작품에 기대어 열변을 토하는 그의 모습과 함께 모든 것이 초록색과 황금색으로 화려하게 장식된 광경을 기억하고 있었다.

* * *

1913년 여름, 버넘 가족은 뉴욕에서 돛과 돛대를 탈 부착할 수 있는 멋진 소형 보트를 구매했는데, 로이스는 최신 유행하는 항해 복장을 하고서 순풍이 불거나 때로는 세찬 바람이 부는 에메랄드 호수에서 배 타는 것을 좋아했다. 동생들이 알려준 대로 바람이 부는 방향에 맞춰 호수에 떠 있는 작은 섬 주변을 이리저리 조심스럽게 배를 몰았고, 옆바람을 맞으며 흰 자작나무가 늘어선 호숫가에 배를 대었다.

로이스는 단 한 번도 윌슨 가족을 소개받은 적이 없었지만, 그 집 아들이 호수 맞은편에서 가끔 캠핑한다는 사실을 알고 있었다. 기계와 사냥에 관해 모르는 것이 없는 18세의 깡마른 청년과 남동생 로저스는 서로 알고 지내는 사이였다. 두 사람은 자동차에 관해 이야기하는 것을 좋아했다. 로이스는 빌과 그의 여동생인 도로시를 만난 적이 있었는데, 당시에는 두 남매가 너무나도 어리기도 했거니와 완전 시골 아이들이나 다름없었다. 그리고 부모님이 이혼했으며, 3마일 떨어진 동도싯에서 할아버지와 함께 살고 있다는 사실도 잘 알고 있었다. 로저스는 윌슨 가족을 너무나 좋아했는데, 누나는 남동생이 왜 그러는지 이해할 수 없었다.

그해 여름에 로이스는 고민거리가 많았다. 자기 앞에 아무런 구혼자도 나타나지 않았기에 이러다가는 겨우 비서 일을 하거나 부모님 집에 얹혀 지내지 않을까 걱정이 되었다. 하지만 배를 타는 동안에는 이러한 고민을 모두 잊을 수 있었다. 조그만 호수 밖으로 나오자 뱃전(배의 현측 상단과 갑판면이 맞닿는 부분)과 그 주변 수초 사이로 느릿느릿 헤엄치는 물고기가 눈에 들어왔다. 수목이 우거진 섬과 호수 양측으로 펼쳐진 깎아지른 듯한 산의 절경이 로이스의 마음을 위로하는 것만 같았다.

에메랄드 호수에서 부는 바람은 변덕스러웠다. 어느 날 오후, 돛을 떠받치는 활대 아래에서 이리저리 조심스럽게 배를 몰던 로이스는 키가 큰 한 소년과 경주를 벌이고 있다는 사실을 깨달았다. 손수 제작한 돛이 달려 있는 그 배는 호수에서 공용으로 쓰이다가 물이 새서 못쓰게 된 것 가운데 하나였다. 금방이라도 부서질 듯 보였지만 로이스는 자기보다 더 빨리 나아가는 그 배에 적잖이 놀랐다. 바로 빌 윌슨이었다. 두 사람은 닻을 내려 배를 정박한 후에 버넘 가족이 머무는 야영지로 향했고, 푸른빛을 띠는 호숫가에 앉았다. 빌은 로이스에게 할아버지가 가지고 있던 백과사전을 보고 배 조종법을 혼자서 터득했다고 이야기했지만, 언젠가 어머니가 자신과 여동생을 데리고 결코 잊지 못할 소풍을 갔던 장소가 이곳에서 그리 멀지 않은 곳에 있다는 말은 꺼내지 않았다.

빌은 보트에 대한 모든 구조물의 명칭과 각각의 밧줄이 가진 쓰임새를 잘 알고 있었다. 로이스는 빌과 같은 시대를 살면서 그보다 겨우 4살

연상이었지만, 그녀가 속한 세상은 시골의 보잘것없는 십 대 소년이 사는 서민층의 세상과는 너무나 달랐다. 설령 버 앤드 버튼 신학교를 다녔다고 할지라도 빌이 주로 배운 것은 역경 속에서 터득한 것들이었다. 로이스는 대학을 졸업했지만 빌은 고등학교도 제대로 졸업하지 못했다. 로이스는 피서객이었지만 빌은 그녀의 친구들이 깔보며 이야기하는 소위 그 지역 토박이일 뿐이었다. 그런데도 로이스는 빌에게 배울 점이 많다는 것을 알게 되었다. 햇살이 눈부시게 내리쬐는 여름 내내 두 사람은 작은 호수에서 보트 경쟁을 벌이며 시간을 보냈다. 아직 십 대밖에 되지 않았지만 이 소년에게는 젊은 숙녀를 끌어당기는 무언가가 있었다. 그가 일부러 게임에 져 준 것은 아니었을까?

가을이 찾아오자 로이스는 브루클린으로 돌아갔고, 빌은 노스필드에 있는 사관학교인 노위치 대학교에 입학하기 위해서 버 앤드 버튼의 승인을 기다리고 있었다. 하지만 아무리 굳은 결심을 하고 어머니가 밀어붙인다 해도 무력감과 무감각한 상태에서 헤어나기란 여간 어려운 것이 아니었다. 여전히 정신적으로는 심상치 않았다. 그러던 어느 날, 빌은 학교로 향하는 열차에서 엄청난 불안 발작을 경험했다. "점점 죽을 것 같은 느낌이 들었습니다. 숨이 제대로 쉬어지지 않아서 두려움에 사로잡히더니 무서울 정도로 심장이 빨리 뛰었습니다. 제대로 숨쉬기가 힘들었어요. 저를 본 승무원도 깜짝 놀라더니 객차 밖으로 제가 나갈 수 있도록 해주었는데, 결국에는 객차가 연결된 통로 바닥에 바짝 엎드려 갈라진 틈 사이에 제 코를 처박고 헐떡거리고 있었지요." 빌은 학교로 돌아왔지만 계속해서 심장이 두근거렸을 뿐만 아니라 두렵고 무서워서 수업에 들어갈 수 없었다. 그리고 양호실에 가서 진찰도 받았지만 아무런 이상이 없다는 말만 들을 수 있었다.

1914년에 빌은 노위치 대학교에 입학했지만 어떤 동아리도 들어가지 않았고 어떤 운동 팀도 가입하지 않았다. 그리고 대수학 과목에서 낙제했다. 2학기에 빌은 넘어지면서 팔꿈치를 다쳤는데, 보스턴에 있는 어머니에게 가겠다고 고집을 부렸다. 하지만 며칠 뒤에 어머니에 의해 동도싯으로 내쫓긴 빌은 그리피스 하우스에서 심장이 두근거릴 때마다 침대에 누워 큰소리로 울부짖거나 몸을 떨며 지냈다. 의사가 여러 차례 방문했다. 하지만 진단이 내려진 것은 아무것도 없었다. 어머니에게 띄운 편지를 보면 보스턴에 가서 어머니를 만나고 싶지만 가는 길에 살아남지 못할 거라는 두려움이 담겨 있다. "언젠가는 아무것도 먹지 못하게 될 거에요. 두려움에 떨고 있는 나 자신을 생각하면 너무나도 화가 나요. 그런데도 여전히 겁에 질려 어쩔 줄 모르고 있어요."

빈 땅에서 자라고 있는 가문비나무의 가능성을 예견했고, 캐나다의 노동력을 수입하겠다는 발상을 한 가드너는 이듬해 봄이 되자 손자가 자동차 세일즈맨이 될 수도 있겠다는 생각을 떠올렸다. 이 지역에 사는 많은 부자가 자동차를 소유하고 있었기 때문에 이 직업을 가지면 시대를 앞서 가는 사람이 될 수 있으리라 판단했던 것이다. 가드너는 규모가 큰 자동차 회사인 포드와 패커드 가운데 하나와 계약을 맺은 다음 살고 있는 지역의 판매 관리자가 되고 싶어 했다. 저녁 식사 도중에 할아버지로부터 이 얘기를 듣은 빌은 곧바로 기운이 나기 시작했다. 자동차에 대해 가졌던 생각과 그토록 좋아하던 엔진, 이러한 모든 것들은 잠시마나 빌을 되살아나게 해주었다.

갑작스러운 변화였다. 마치 자동차 말고는 아무런 관심도 없는 듯했다. 빌은 자동차의 작동 원리뿐만 아니라 각각의 부품이 어떤 기능을 하는지도 잘 알고 있었다. 도시에 사는 그 누구보다도 자동차에 대해서 훌륭히 이야기할 수 있었다. 전국에 있는 자동차를 다 합쳐도 겨우 수천 대밖에 되지 않았지만, 빌과 할아버지는 거대한 무언가의 서막에 진입하고 있는 것만 같았다. 빌과 마크는 사람들이 선호하는 자동차가 무엇이며 어떤 자동차가 가장 빨리 달릴 수 있는지, 그리고 가장 손쉽게 판매할 수 있는 자동차는 무엇인지 등에 관한 이야기를 나누면서 시간을 보냈다. 빌은 자신이 엔진에 대한 열정을 가지고 있기에 설득력 있고 수완이 뛰어난 판매상이 될 수 있을 거라고 확신했다. 그리고 자신을 사랑하고 자신을 굳게 믿는 것이 아무리 구슬려도 넘어가지 않는 고객들을 설득하는 데에도 큰 힘이 될 거라고 보았다.

빌은 뱀포드 일가가 사는 집으로 향했다. 언젠가 그 사람들은 빌이 가진 새로운 아이디어가 궁금해서 찾아온 적이 있었다. 판매를 시작하게 되면 곧바로 자동차를 구입하겠다는 약속과 함께 열렬한 응원도 받았다. 이 일은 빌이 세일즈맨으로 얼마나 확고한 신념을 가졌는지 보여주는 사건이었다. 세일즈맨의 입장에서 충분히 느껴볼 수 있었겠지만, 빌은 운전할 수 있는 자동차를 가지고 있으면 어떤 기분이 들지 궁금했다. 선홍색의 피어스-애로우(Pierce-Arrow; 1900년대 초반 미국의 럭셔리 브랜드 자동차)를 타고 7번 도로를 따라서 에메랄드 호수를 가면 어떤 기분이 들까? 빌은 자동차를 몰고 가다가 모스 힐 기슭에 놓인 철로를 마주하자 하늘 위로 솟구쳐 날아오르더니 묘지를 지나 비치 리지(Beech Ridge; 버몬트 맨체스터 북동쪽에 있는 산마루 지역)를 넘어 맨체스터 빌리지를 가로지르는 자신의 모습을 마음속에 그려 보았다.

에밀리는 정말로 오래간만에 아들로부터 감사의 편지를 받았다. 하지만 그녀는 자기 아들이 로저스 버넘의 듀리에 자동차에 대해서 얼마나 많은 관심을 가지고 있는지 모조리 잊어버린 것일까? 사실상 이미 빌은 구태여 노력하지 않아도 뱀포드 일가 사람들에게 새 자동차를 팔고 있었다. 아들에게 보내는 답장에서 에밀리는 자동차 중개업과 관련된 그 어떤 것도 허락하지 않았는데, 세일즈맨이 아니라 학생 신분이기 때문에 시험에 통과하는 것이 지금 해야 할 일이라고 이야기했다. 그리고 앞으로 학업은 어떻게 할 것이며, 게다가 신경 쇠약 후유증으로 여전히 고통 받고 있는 상황을 다시 한번 강조했다. 하지만 아들의 정신 상태를 고려해 보면, 오히려 자동차를 몰 수 있도록 하는 것이 더 안전하지 않았을까?

빌은 마치 자신의 삶이 자동차에 달려 있기라도 한 듯 어머니와 언쟁을 벌였다. 그렇다고 해서 학업을 포기할 생각도 없었는데, 계속해서 공부하는 것이 중요하다고 판단했기 때문이다. 빌은 심지어 운전하지 않아도 괜찮으니 자동차 판매만이라도 하게 해달라고 애원했다. 하지만 어머니는 단호했다. 그리고 전남편 길먼에게도 이러한 상황을 알려주었다. 에밀리를 잘 알고 있는 사람이라면 누구라도 그녀와 언쟁을 벌이는 것이 부질없는 짓임을 잘 알고 있었다. 결국은 자동차 대리점 영업권을 따내지 못했는데, 시간이 지나서 적당한 때가 되면 다시 일을 시작해 보자는 할아버지의 말에 손자는 잠시나마 건강을 회복할 수 있었다. 다시 식사를 하기 시작했다. 그리고 발작과 어지럼증, 떨림도 사라졌다. 연소 기관에 대한 흥미와 더불어 자동차에 대한 설렘과 열성 덕분에 19세 소년은 자신을 감싸고 있던 절망의 그물을 찢고 빠져나올 수 있었다.

12장 | 뉴욕 시티

다음 해 여름, 23세의 브루클린 여성과 비탄에 빠진 동도싯의 젊은 청년 사이에는 미묘한 감정이 싹트고 있었다. 이 무렵 로이스는 패커 공립 고등학교를 졸업하고 뉴욕 응용 및 순수 미술 학교(New York School of Applied and Fine Art; 현재는 파슨스 디자인 학교(the Parsons School of Design; 뉴욕에 위치한 사립 미술 대학)로 명칭이 변경됨)에서 2년 과정을 마치고 난 뒤에 Y.M.C.A. 고용 부서에서 일하고 있었는데, 새로운 삶이 시작되기를 기대하고 있었다. 6남매(막내인 Matilda는 1살 때 사망함) 가운데 첫째였던 로이스는 여동생들이 시집을 가서 나름대로 가정을 잘 꾸려 나가고 있다는 것을 잘 알고 있었다.

노먼 슈나이더라는 한 구혼자가 모습을 드러냈다. 하지만 로이스는 그다지 관심이 없었을 뿐더러 적어도 그가 바라는 대로 일이 진행되지는 않았다. 교회 집회에서 그 남자와 마주친 적이 있었는데, 이미 자신에게 결혼 신청을 준비하고 있다는 것을 알고 있었다. 부유한 집안에서 태어난 노먼은 자신이 살던 캐나다의 온타리오 키치너에 같이 가서 남은 인생을 교회와 관련된 사업을 하면서 살고 싶다고 이야기했다. 하지만 로이스는 가족을 사랑했기에, 설령 사랑하는 남자가 가족과 멀리 떨어진 곳에 가서 살자고 설득한다 하더라도 그런 제안은 결코 받아들일 수 없다고 생각했다. 탐이 나기는 했지만, 꼭 그런 것도 아니었다.

로이스의 여동생인 바바라(Barbara Burnham, 6남매 중 셋째)는 거쳐 간 남자 친구들이 여럿 있었는데, 얼마 동안 빌도 그러한 남자 가운데 하나였다. 그 당시에 바바라는 다른 남자를 만나고 있었고, 로이스의 남동생인 로저스도 빌의 여동생인 도로시와 교제하고 있었다. 무도회장이든 야구장이든 그 어디든 상관없이 로저스와 도로시가 가는 곳에는 로이스와 빌도 함께 따라갔는데, 두 사람은 대화를 주고받으며 점점 사이가 가까워졌다. 어느 날 밤에 빌은 로이스를 붙잡고 키스를 시도했지만 그녀는 완강히 거부했다. 자신은 맨체스터 빌리지의 젊은 숙녀인 반면에, 그는 동도싯의 토박이 청년이라는 사실을 잊지 않고 있었다. 하지만 그런 형편없는 만남이 있은 후에 두 사람의 관계는 오히려 가까워졌고 더욱 즐거운 시간을 보냈다. 다른 사람의 시선은 중요하지 않았다. 상대방이 자신에게 어떤 이득이 될 것인지는 염두에 두지 않았기에 친구가 될 수 있었다. 여전히 불안과 우울감으로 힘들어하는 빌을 위해 로이스는 몇 시간이 되든 그의 이야기를 들어주었다. 자신은 형편없는 사람이라고 내뱉을 때마다 로이스는 그에게 힘을 불어넣어 주었다.

빌은 자서전에 다음과 같이 썼다. "로이스는 나와 함께 있을 때면 마치 엄마가 아이를 다루듯 다정하게 대해 주었다.” 하지만 나중에 스스로 회복하는 법을 터득해 나가면서 빌은 로이스가 어머니와 같은 태도를 보일 때마다 이를 잘 참지 못했다. “무의식적인 수준에서 보면, 이미 로이스는 내 어머니가 된 것이나 다름없었다. 분명한 것은 그 점이 바로 그녀가 그토록 나에게 관심을 보였던 주된 이유였다는 것이다.”

1915년 여름, 여느 때처럼 숙녀의 자태를 지닌 로이스는 맨체스터에서 댄비로 가거나 몬트리올까지 향하는 여행객이 가던 길을 잠시 멈추고 차를 마시면서 휴식을 취할 수 있는 쉼터를 만들 계획을 세웠다. 에메랄드 호수 북쪽 끝자락과 오터강이 만나는 언덕에 일정한 간격으로 자작나무 기둥을 세워 만든 정자는 옆을 지나는 도로에서도 보였다. 통나무 의자와 손으로 만든 테이블도 가져다 놓았는데, 로이스는 차를 우려내면서 목말라 하는 손님들이 계속해서 찾아왔으면 좋겠다고 생각했다. 하지만 방문하는 손님은 거의 없었다. 비슷한 시기에 자동차 사업 실패로 크게 낙심하고 있던 빌은 여름 내내 여러 마을을 전전하며 등유 램프로 만든 버너를 팔고 있었다. 하지만 이것도 역시 뜻대로 되지는 않았다. 열정 하나 믿고 한 번도 해본 적 없는 자동차 판매를 시작했지만, 그 열정이 등유 버너 판매 사업까지 옮겨가지는 못했다.

빌은 7번 옛길을 따라 북쪽으로 올라가서 쉼터에 들르는 습관이 생겼다. 언제나 그곳에는 손님이 거의 없었다. 로이스는 빌이 하는 이야기를 들어주면서 자신감을 되찾게 해주고 싶었다. 하지만 로이스는 전혀 딴 세상에서 온 사람이나 다름없었는데, 더구나 어떻게 다른지조차도 알지 못했다. 빌은 자기가 살고 있는 세상 속 사람들이 뒷문 계단을 화장실로 이용하고 있다는 사실을 말해 주고 싶지 않았다. 그리고 맨체스터 빌리지에 갈 때마다 아주 깔끔하게 손질된 잔디밭에서 버넘 가족과 친구들이 함께 모여 파티를 열고 춤추는 광경을 먼발치에서 얼마나 자주 바라보았는지도 그녀가 몰랐으면 좋겠다고 생각했다.

이제 빌은 날이 저물 때마다 버넘 가족이 머무는 야영장까지 로이스를 바래다주거나 그곳에서 저녁 식사를 했다. 단지 몇 시간 동안 함께 있었지만 가족이 생긴 것처럼 느껴졌다. 빌은 버넘 가족과 함께 농담을 주고받으며 유쾌한 시간을 보냈는데, 로저스와는 이미 친구 사이였고 로이스는 언제나 다른 사람의 이야기를 귀담아들었으며 심지어 어린 동생인 키티(Katherine B. Swentze; 6남매 중 넷째)와 바바라, 그리고 라이먼(Lyman Burnham; 6남매 중 다섯째)도 마법에 걸린 듯 매혹적인 분위기에 빠졌다. 여전히 바바라는 빌에게 관심을 보였는데, 가끔 빌은 무심결에 그녀를 끌어안고 입맞춤을 했다. 하지만 정말로 빌을 끌어당긴 것은 로이스 가족 모두가 함께 모였을 때 그 속에서 경험한 그 어떤 느낌이었다. 빌은 로이스 가족이 어떤 식으로 대화를 주고받는지를 마음속에 간직했고, 그들과 함께 행복하고 즐거운 시간을 한껏 보냈다.

버넘 박사는 젊은 손님과 함께 애국심에 관해 이야기하는 것을 좋아했는데, 두 사람은 모두 미국에서 흥미진진한 시대를 살고 있다는 것에 의견을 같이했다. 마거릿 생어(Margaret Sanger; 1879 – 1966; 사회 개혁가, 산아제한 운동가)가 투옥되었고, 독일은 프랑스와 전쟁(1914년부터 4년간 지속된 제1

차 세계 대전 중의 일부) 중이었다. 멀리서 울리는 총성 소리에도 불구하고 생활은 안정적이었다. 로버트 프로스트가 첫 번째 시집을 냈고, 서머셋 모옴(William Somerset Maugham; 1874 – 1965; 영국의 소설가이자 극작가)이 젊은 여성 독자들을 대상으로 「인간의 굴레」(「Of Human Bondage」, 1915)를 쓰는 등 이 시기에는 흥미진진한 소설들이 계속해서 출간되고 있었다. 시간이 더디게 흘러가던 어느 여름날, 버넘 가족이 머물던 에메랄드 호수 야영장에 노먼 슈나이더가 찾아왔다. 노먼과 로이스는 마치 밀고 당기기를 하는 연인처럼 배를 함께 타면서 대화를 나누었다. 하지만 환심을 사려는 그의 행동에 로이스는 아무런 감정을 느낄 수가 없었다. 자신에게 홀딱 반해 이곳까지 찾아온 멋진 신랑 후보 앞에서 오히려 로이스는 재치와 해박한 지식을 보여준 19세 청년을 그리워하고 있었다는 사실을 깨달았다.

훗날 로이스는 다음과 같이 글을 썼다. "매 순간 빌과 함께 할 수 있기를 기원했어요." 만남이 끝날 무렵 노먼은 결혼 신청을 했지만 돌아온 대답은 '글쎄요'였다. 몬트리올로 돌아가는 노먼을 배웅하기 위해 에메랄드 호수 역에서 기차를 기다리는 시간이 너무나도 길게 느껴졌다. 로이스는 달랑 한 명밖에 없는 구혼자를 거절하고 싶지 않았지만, 그렇다고 캐나다에 가고 싶은 마음도 없었다. 오히려 시간이 지날수록 그와 함께 있는 것이 불편했다. 마침내 동도싯과 맨체스터를 통과한 기차가 단선 철로를 따라 도착했다. 노먼은 몹시 안타까운 표정을 지은 채 손을 흔들며 기차에 올랐는데, 잠시 뒤 기차에서 내린 사람은 다름 아닌 빌이었다.

빌과 로이스는 함께 호수로 돌아갔다. 두 사람 사이에 대화가 오고 가는 가운데 노먼에 관한 이야기가 자연스럽게 흘러나왔고, 그가 하는 훌륭한 사업에 대해서도 언급했다. 로이스는 그가 자기에게 청혼했고 캐나다로 같이 가서 결혼 생활을 하고 싶다는 말을 했다고 빌에게 털어놓았다. 빌은 이내 반응을 보이며 떨리는 목소리로 이야기했다. "그는 여름 내내 햇볕에 서 있다가 이제 거대한 광산의 문이 열리면 그 안으로 빨려 들어가는 처지가 될 거야." 로버트 톰센(Robert Thomsen; '빌 윌슨의 전기 작가 가운데 로버트 톰센보다 훌륭하고도 솔직하게 이 설립자에게 접근한 사람은 아무도 없었다. 톰센은 1959년부터 1971년까지 12년 동안 빌의 바로 곁에서 일을 했다.' – Bob, p.26)은 빌 윌슨과의 인터뷰를 바탕으로 「빌 W.」(「Bill W: The absorbing and deeply moving life story of Bill Wilson, co-founder of Alcoholics Anonymous」, 1975)라는 전기를 썼다. 만약 로이스가 없었더라면 빌은 또다시 버려진 채 주변에 아무도 없는 처지가 되었을지 모른다. 그런 감정에 오랫동안 압도되어 어찌할 바를 모르는 상황이었지만 빌은 자신도 모르게 손을 뻗었고, 그곳에 그녀가 기다리고 있었다. 이번에는 거절하지 않았다. 그녀는 그를 신뢰했고, 두 사람의 미래에 대해서도 확신했다. 자정이 되었을 무렵, 빌과 로이스는 그리피스 하우스 방향으로 뻗은 철로 육교 위에서 결혼을 약속했다.

두 사람은 얼마 동안 약혼한 사실을 숨기고 있었는데, 다만 빌은 마크 와론에게 그 비밀을 털어놓았다. 마크가 빌에게 이야기했다. "로이스는 너를 사랑하고 있어. 네가 바로 빌 윌슨이기 때문이지." 정말로 깊이 생각을 하고 꺼낸 말처럼 들렸다. 여름이 끝나갈 무렵, 두 사람은 떨어져 지내야만 했다. 브루클린으로 돌아간 로이스는 Y.W.C.A.에서 비서 일을 계속했다. 빌도 노위치 대학교로 돌아갔는데, 그 이유는 학업을 계속 유지하는 것이 외할아버지와 어머니가 합의한 일종의 절충점이었기 때문이다. 빌은 크리스마스가 찾아오기 전에 로이스를 만나고 싶었지만 또다시 학교에서 문제가 발생했다. 수학 교수에게 몹시 화가 난 빌은 그가 모를만한 내용을 일부러 들고 와서 말썽을 일으켰다. 이 사건으로 빌은 다시 낙제하고 말았다('미적분에 대한 이론적 근거와 관련된 강의 시간에 빌은 수학 교수를 자극해 화를 돋우었다. 빌이 발표한 내용 때문에 그 교수는 학생들 앞에서 바보가 되고 말았다.' – Hartigan, p.24). 이와 동시에 빌은 장작을 패는 일로 약간의 돈을 모으기 시작했다.

얼마 지나지 않아 빌은 로이스와도 문제가 생겼는데, 로이스는 바바라에게 빌에 대한 자신의 감정을 숨기고 있었고, 겉으로는 그에 대해 아는 바가 거의 없는 것처럼 행동했다. 빌이 여러 차례 로이스에게 보낸 편지를 보면, 예전에 여동생과 있었던 잠깐의 연인 관계를 해명하려고 애쓰는 것을 엿볼 수 있다. 그 당시에 빌은 19살이었고, 바바라는 17살이었다. 그리고 로이스는 23살이었다. 어떤 편지에는 바바라가 그저 어린아이일 뿐이라고 쓰여 있다. 여동생에게는 잘못이 없고, 그 일은 여름이 오기 전에 있었던 아주 오래전의 불장난이었을 뿐이라고 했다. 하지만 또 다른 편지에는 전혀 다른 이야기가 쓰여 있다. 바바라와 계속해서 사귀고 있었다고 적혀 있는데, 만약 그것이 맞다면 바바라의 입장에서는 두 사람이 약혼한 사실을 숨기고 있었다고 짐작하기는 거의 불가능했을 것이다. 가을이 오자 버몬트를 찾아가기로 마음먹은 로이스는 10월의 어느 화창한 날에 에메랄드 호수 야영장에서 빌을 다시 만났고, 우려하던 일은 진정되는 듯했다. 빌은 자기 자신이 창피스럽고 지금까지 있었던 성적 경험에 대해서 솔직해지려고 노력 중이라고 했지만, 11월에도 여전히 그는 계속해서 발뺌하는 편지를 썼다.

한 세기가 바뀌던 무렵, 버몬트에는 성문화에 대한 여러 가지 다양한 사고방식이 공존하고 있었다. 빌 윌슨은 채석공 집안에서 태어났는데, 아버지는 문란한 성생활을 통해 자신의 남성성을 드러냈다. 그 당시 빌이 로이스에게 보낸 편지를 보면 자신의 성 경험에 대한 이야기가 솔직하게 적혀 있다. 빌은 어린 나이에 시작했다고 털어놓았는데, 첫 번째 경험은 13살이 되던 해에 호텔에서 일하는 연상의 소녀와 있었다. 빌은 이어지는 편지에 건초 더미를 실은 마차에서 안나 데이비드슨이라는 소녀와 있었던 일, 자신의 바이올린 연주를 듣고 나서 그날 밤 자기를 껴안은 거트루드 맥클루어라는 소녀와 있었던 일에 대해서도 글을 썼다.

빌이 쓴 편지들은 로이스에게 놀랄 만큼의 큰 감명을 주었는데, 이는 하나의 모범이 되어 두 사람의 결혼 생활이 오랫동안 지속될 수 있도록 해주었다. 빌은 열정이 넘쳤고 자신의 행동을 부끄럽게 생각하지 않았다. 로이스는 빌을 용서하고 위로해 주었다. 이 일은 그가 본격적으로 음주를 시작하기 훨씬 전의 일이었다. 1월이 되자 빌은 어머니와 할아버지, 할머니에게 로이스와 곧 결혼할 거라고 이야기했다. 마찬가지로 로이스도 부모님에게 결혼 소식을 전했다. 모든 것이 순조롭게 진행되었다. 얼마 지나지 않아 빌은 새로 산 양복과 모자, 그리고 코트를 차려입고서 뉴욕으로 향하는 기차에 올라탔다. 그의 주머니에는 25달러의 돈이 있었는데, 그녀와 함께 반지를 구매할 생각이었다.

빌은 버넘 가족이 사는 모습에 놀라지 않을 수 없었는데, 브루클린의 클린턴 거리 182번지에 위치한 주택에서 아주 멋지고 호화롭게 살고 있다는 생각이 들었다. 동도싯의 주택은 겨우 비바람을 막는 주거지 수준이지만, 클린턴 거리의 주택은 다양한 색깔의 페인트와 가구로 꾸며져서 눈을 즐겁게 해주고 몸을 편하게 해주었다. 하지만 너무나도 어색한 기분이 들었다. 새 옷을 입었지만 키가 너무 커서 마치 헌 옷을 입은 시골 촌뜨기 같다는 생각이 들었다. 하지만 로이스의 눈에는 빌이 너무나도 근사하게 보였고, 정말로 그렇다고 이야기도 해주었다. 로이스의 가족은 그가 얼마나 세련되지 못한지, 그리고 자신들이 살아가는 평범한 삶의 모습에 그가 얼마나 깊은 감동을 했는지는 신경 쓰지 않았다. 빌은 태연한 척 행동했고, 다른 사람들은 알고도 모른 척했다. 약혼반지를 사는 중대한 날이 다가왔다. 빌과 로이스는 지하철을 타고 맨해튼으로 향했다. 로이스는 도매 보석점이 모여 있는 메이든 레인(Maiden Lane; Broadway 동쪽에 위치한 거리)으로 그를 데리고 갔다. 하지만 빌은 그곳에서 판매하는 반지를 예의상 살펴볼 뿐이었다. 뉴욕에 있는 최고의 보석점이 티파니(Tiffany & Co.; 1837년에 설립된 미국 주얼리 브랜드)라는 것을 들은 적이 있기 때문에 다른 곳에서는 사고 싶지 않았다. 로이스는 걱정했지만 반드시 최고를 사야겠다고 빌은 결심했다.

추운 겨울날 금세 땅거미가 지기 시작하자 두 사람은 서둘러 장소를 이동했다. 37번 도로와 5번가가 만나는 곳에 있는 그 보석점은 막 문을 닫으려고 하던 참이었다. 로이스는 반지를 사지 못할까 봐 안절부절 어쩔 줄을 몰랐지만, 빌은 예전과 다름없이 운이 좋은 편이었다. 티파니에서 더할 나위 없는 완벽한 반지를 찾은 것이다. 간결한 형태의 자수정이 박힌 금반지가 그녀에게 딱 맞았다. 동도싯 출신의 빌 윌슨은 로이스 버넘을 안전하게 지키기 위해 그녀의 손에 25불을 당당히 치렀다. 이에 대한 보답으로 로이스는 자신이 가지고 있던 패커 공립 고등학교 졸업 반지를 그에게 선물했다.

이후 빌의 음주 문제로 둘의 관계가 나빠지고 있을 무렵, 로이스는 특별한 의미가 담겨 있던 티파니 반지를 잃어버렸다. 1930년, 투기성 사업에 실패하자 두 사람은 살고 있던 몬트리올을 떠나 고향으로 내려갔다. 차를 타고 험한 산골짜기를 지나는 다리에서 로이스는 힘주어 급히 장갑을 벗었는데, 그만 창문 밖으로 장갑과 함께 반지가 날아갔고 끝없는 심연 속으로 사라져 버렸다. 세월이 한참 지나서 빌이 사망한지 4년 뒤에 로이스의 친구들은 그녀에게 잃어버린 그 반지를 대신할 반지를 선물했다. 1983년에 티파니 회사는 2,765달러의 비용을 들여 로이스가 기억해 낸 모양대로 새로운 반지를 제작했다. 새로 만든 반지에 관해 알아보던 중 로이스 친구들은 자수정과 관련된 그리스 신화를 알게 되었는데, 복수심에 불타던 바커스가 죄를 뉘우치며 포도주 눈물을 계속해서 흘리자 순백색의 돌로 변했던 소녀가 자줏빛의 빛나는 보석으로 변했다는 이야기였다.

*　　　*　　　*

빌은 학교에 복귀하고 얼마 지나지 않아 또 다른 문제에 휩싸였다. 이번에는 신고식과 관련된 사건이었다. 어느 신입생 하나가 대학 연못에 빠지는 일이 있었는데, 빌은 그 사건과 관련해 자신이 알고 있는 사실을 대학 측에 말하지 않았다. 진술을 거부하면서 보였던 태도는 엄청난 골칫거리가 되어 돌아왔다. 날카롭게 날을 세운 반항심과 고집스러운 비아냥거림이 그의 목소리에 담겨 있었던 것은 아니었을까? 정학 처분을 받은 빌은 한 학기 동안 어떤 수업도 들어갈 수 없었다. 하지만 저 넓은 세상에서는 훗날 빌의 삶에 중대한 영향을 끼칠 심각한 문제가 일어나고 있었는데, 그때는 유럽에서 벌어진 전쟁에 미국이 동참할 수밖에 없을 것이라는 전망이 점점 분명해지던 시기였다.

많은 측면에서 빌 윌슨과 로이스 버넘은 천생연분이었다. 엄청난 중압감을 이겨내고 53년간 결혼 생활이 유지될 수 있었던 것은 참으로 놀랄 만한 은총 덕분이었다. 두 사람은 모두 외로운 상태에서 만났다 – 태어나고 자란 고향 외에는 가본 적 없는 시골뜨기 청년과 프랑스어를 할 줄 아는 세련되고 교양 있는 숙녀; 진심으로 위로하는 법을 알고 있는 연상의 여성과 마음에 상처를 입어 절실하게 도움이 필요했던 미숙한 소년. 로이스는 단 한 번도 빌을 함부로 대하거나 떠난 적 없었고, 그가 의심과 두려움에 좌절하고 있을 때에도 언제나 곁에서 위안이 되어 주었다. 로이스의 아버지가 의사였던 것처럼 결국 그녀도 어떤 의미에서는 일종의 치유를 실천한 것이나 다름없었다.

빌이 쓴 자서전과 로이스가 쓴 자서전의 내용 중에서 두 차례의 여름 동안 있었던 사건을 비교해보면 몇 가지 흥미로운 점을 확인해 볼 수 있다. 금방이라도 전쟁이 발발할 것 같은 상황 속에서도 두 사람은 자신들만의 이야기를 그려내고 있었다. 빌의 자서전에서 그는 겨우 목숨을 부지하고 있다고 쓴 반면, 로이스의 자서전에는 그가 젊고 늠름한 해군이며 언제나 함께하고 싶을 만큼 사랑스런 사람이라고 쓰여 있다. 그리고 빌은 자신을 엉망진창의 낙오자라고 쓴 반면에 로이스는 그가 불의를 보면 참지 못하는 성격 때문에 오히려 부당한 손가락질을 받기도 한다고 썼다. 빌은 언제나 슬럼프에 빠져 있었고, 그녀는 언제나 곁에서 그를 지켰다.

본인을 향해 자신에게 일어나고 있는 일들을 이야기할 수 있다면, 우리는 삶이라는 것이 과연 무엇인지를 이해하게 된다. 대체로 행복한 결혼생활은 부부가 자신들의 삶에 관해 서로 같은 이야기를 할 수 있을 때 가능하다. 빌과 로이스가 같은 이야기를 한 것은 아니었지만, 두 사람은 상대방의 부족한 부분을 어떻게 채워야 하는지 잘 알고 있었다. 시간이 지나고 보니 1915년 여름에 두 사람 사이에 있었던 일이 별것 아닌 것처럼 보일지도 모르겠다. 빌이 겪고 있던 신경 쇠약과 노처녀로 늙어 죽을지도 모른다는 로이스의 절망감 덕분에 두 사람은 연인 관계로 발전할 수 있었고, 이로 인해 문제가 간단히 해결되었다는 식의 말이 그럴 듯하게 들릴지도 모르겠다. 그리고 훗날 빌은 그것이 사실인 것처럼 글을 쓰기도 했다.

으레 모든 결혼이라는 것이 서로 일치할 수도 있고 일치하지 못할 수도 있는 나름의 필요성에 의해 성사되지만, 빌과 로이스의 결혼은 그 이상으로 훨씬 복잡하면서도 이해하기 어려운 부분이 있다. 수십 년간 불행과 환희, 질병과 회복, 그리고 지독한 가난을 겪으면서도 두 사람은 열정적으로 결혼 생활을 유지했으며, 서로를 섬기고 지탱해 주었다. 어떤 면에서 그들은 현재 우리가 사랑이라고 부르는 것보다 훨씬 더 오래된 방식으로 서로를 사랑했다. 그리고 바라볼 수 있다는 기쁨과 몸을 통해 느낄 수 있는 편안함 못지않게 현실성 있는 방식으로 사랑했다.

13장 | 뉴베드포드와 첫 음주

제1차 세계 대전은 많은 측면에서 빌 윌슨을 구하는 역할을 했다. 손에 쥐고 있던 모든 근심이 빠져나가는 듯했다. 전쟁은 지위 고하를 막론하고 모든 사람에게 평등하게 찾아왔고, 정서적으로 엄청난 위력을 발휘했다. 모두가 약혼을 하고 결혼을 했다. 결정은 어렵지 않게 이루어졌다. 남자들은 어쩌면 다시는 돌아오지 못할 타국으로 떠나면서 난생처음으로 자유와 해방감을 만끽했는데, 대학 강의실에서는 결코 배울 수 없는 그 이상의 것이 있었다. 전쟁이 닥치자, 학점과 징계 문제는 대수롭지 않은 일이 되어 버렸다. 빌은 노위치 대학교에서 어려운 처지에 있었지만, 예전과 마찬가지로 전쟁 덕분에 벗어날 수 있었다.

1917년이 되자 수업은 모두 중단되었고, 학생들은 본인 뜻과는 상관없이 미군 예비군에 배속되었다. 갑작스럽게 빌은 버릇없는 아이에서 막중한 책임을 짊어지어야 하는 성인 남자로 내몰렸다. 해안 포병대에 들어가기로 결정한 빌은 뉴욕 플래츠버그에 있는 장교 훈련소로 배치를 받았고, 그곳에서 기관총 쏘는 법을 배웠다. 26인치 망원렌즈 조준경이 달려 있으며 분당 400발까지 발사가 가능한 기관총은 너무나 무거워서 10명의 남자와 3마리의 노새가 있어야만 이동시킬 수 있었다. 버몬트는 전통적으로 군사 문화가 강했는데, 그곳에서 자란 빌은 한가롭게 오후의 고독을 즐기면서 사냥을 하거나 사격 연습을 하는 데 시간을 보냈다. 빌은 여전히 뛰어난 명사수였으며 총포와 여러 군수품을 완벽하게 다루었다.

버사 뱀포트의 죽음 이후로 빌을 파괴시킨 열등감과 패배감은 그로 하여금 탁월한 능력을 발휘할 수 있게 만들기도 했지만, 여전히 수면 바로 아래에서 위태롭게 소용돌이치고 있었다. 66 해안 포병 군단 소위인 빌은 프랑스에 참전하기 위해 출항을 준비했다. 과연 그는 예의 바른 젊은 숙녀의 약혼자이자 미국의 장교였다. 하지만 여전히 마음속에는 중포병 부대에 들어갔다는 두려움과 함께 지나칠 정도로 모성이 강한 여성이 아니라면 어느 누구도 버림받은 아이였던 자신을 사랑해주지 않을 것이라는 믿음이 자리 잡고 있었다. 군대에서 가장 안전한 부대 가운데 하나인 해안 포병대에 들어갔다는 사실이 그의 마음을 조금씩 갉아먹고 있었다. 이것은 그가 겁쟁이임을 의미하는가? 만약 할아버지가 이 사실을 알게 된다면 어떻게 생각할까? 빌은 죽음에 대한 공포로 몸서리치며 뜬눈으로 며칠 밤을 새웠다. 진정한 군인이라면 절대 두려워하지 않을 거라고 믿었다. 아무래도 그는 진정한 군인은 아니었던 것 같다.

1917년, 빌은 매사추세츠의 남부 항구 도시인 뉴베드포드의 로드먼 요새로 배치를 받았다. 요새 근처의 주민뿐만 아니라 인접하고 있는 로드

아일랜드의 작은 도시인 뉴포트 사람들은 전투를 위해 멀리 외지에서 찾아온 젊은 장교들을 기쁘게 맞이했다. 동도싯 출신이자 이혼한 채석공의 아들인 빌도 우아한 저녁 식사 파티에 초대받기 시작했다.

어느 여름밤, 빌은 부대장과 함께 저녁 식사에 초대받았는데, 레어빗 – 치즈에 맥주를 넣어 만든 소스를 토스트에 부어 오븐에 구워낸 음식 – 과 여러 음식이 차려진 그날의 파티는 그에게 뜻밖의 경험으로 다가왔다. 부유하고 매력 있는 안주인과 딸들은 모두 술과 담배를 즐기면서도 여성스럽고 세련된 멋을 한껏 뽐냈는데, 이것이 빌에게는 충격적이면서도 몹시 흥분되는 일이었다. 로이스에게 쓴 편지를 보면 그 당시의 상황이 잘 묘사되어 있는데, 테이블에는 자리마다 맥주가 놓여 있었고 레어빗에도 맥주가 들어 있었다. 빌은 예의상 자기 앞에 차려진 맥주와 레어빗을 먹는 것이 좋겠다고 생각했다. 술 때문에 끔찍한 일이 발생할 거라고는 예상하지 못했다. 저녁 식사가 끝난 후에는 노래를 한두 곡 불렀는데, 함께 있던 사람들의 목소리가 모두 멋스러웠다.

몇 주 후에 빌은 그리넬 자매로부터 또 다른 파티에 초대받았다. 에밀리 그리넬의 젊은 남편은 이미 유럽에 참전 중이었고, 여동생 캐서린의 남편은 프랑스에서 전사했다. 그래서 그리넬 집안 여성들은 군복을 입은 남성이 특별하게 보였고, 그들을 보살펴줄 필요가 있다고 생각했다. 다른 이웃과 마찬가지로 로드먼 요새의 군인들을 위해 파티를 열기로 한 것이다. 빌은 그리넬 저택과 같은 집을 한 번도 본 적이 없었다. 중앙 홀만 해도 윌슨 하우스 전체가 들어갈 만한 크기였고, 눈부시게 빛나는 방과 그 너머로 향기 가득한 정원에는 음료를 마시며 웃고 떠드는 사람들로 가득했다. 빌이 아는 사람은 전혀 없었다. 낯익은 상급 장교들이 몇 명 있었지만, 감히 다가갈 상대는 아니었다. 사교계 인사들과 연미복을 차려입은 남자들, 그리고 손님에게 칵테일을 제공하기 위해 은쟁반을 들고서 이리저리 분주하게 돌아다니는 집사들이 눈에 띄었다. 그전에 빌은 집사를 본 적이 한 번도 없었다.

그리넬 자매 중 한 명이 다가오자 빌은 어떻게 해야 할지 고민하기 시작했고, 이 상황에서 무사히 빠져나올 수 있을지 당황하며 안절부절 어쩔 줄 몰라 했다. 애써 미소를 지으며 바보 같은 말을 하지 않으려고 노력했다. 그때 누군가가 음료를 건네주었는데, 그것은 브롱크스 칵테일이었다. 진에다가 쌉쌀하면서도 향긋한 베르무트, 그리고 오렌지 주스를 함께 섞어 만든 칵테일이 유리잔 속에서 어슴푸레 빛나고 있었다. 옆에 서 있던 아름다운 소녀는 이 칵테일이 뉴욕에서 새롭게 시작한 술인데, 아마도 좋아하게 될 거라고 말해주었다. 하지만 지금까지 살아오면서 절대로 술은 마시지 않겠다고 몇 번이고 다짐하고 또 다짐한 그였다. "얼마나 많은 제 선조들이 술로 인해 돌아가셨는지 들은 적이 있어요."라고 기억을 떠올렸다. 그곳에 서 있는 키 큰 젊은 장교는 본격적으로 시작될 전쟁에 대한 걱정으로 머릿속이 복잡했는데, 왠지 선택의 여지가 없는 것처럼 느껴졌다.

빌은 지난번 파티와 지금의 상황을 비교한 끝에 맥주의 경우에는 별다른 문제를 일으키지 않을 거라고 결론을 내렸다. 빌은 절대로 술을 마시지 않겠다고 다짐했을 뿐만 아니라 이미 다른 사람의 음주 문제로 망가질 대로 망가진 험난한 삶을 살고 있었지만 기꺼이 브롱크스를 마시기로 마음먹었다. 하지만 이것은 맥주와 달랐다. 이러한 상황에서 그 술이 가져올 결과는 너무나 뻔했다. 정말로 훌륭하면서도 달콤한 맛이었고, 동시에 기분을 들뜨게 했다. 오렌지 주스와 진을 함께 넣어 칵테일을 만드는 방식은 오래전부터 있었는데, 이것이 긴장을 풀어주고 기운을 북돋워 주는 역할을 했기 때문이다. 맛을 보자마자 너무나도 마음에 들었는지 빌은 단숨에 한 잔을 모두 마셔버렸다('브롱크스 칵테일은 내가 처음으로 마신 술이었다(1917년 여름)' – Bill W.(2005), p.42).

두 번째 브롱크스를 마시자 빌은 정말로 짓궂은 마법에 걸리고 말았다. 화려한 군중 속에 묻혀 얼빠진 표정을 짓던 이 군인은 그야말로 자기 집에 있는 것처럼 느끼기 시작했다. 이곳에서 처음으로 만나 가장 친한 친구가 된 어여쁜 그 소녀는 빌에게 여기저기를 안내했고 친구들도 소개시켜 주었다. 빌은 웃고 떠들며 느긋한 시간을 보냈고, 함께 있던 사람들도 모두 즐거워했다. 어느새 빌은 주위 사람들과 잘 어울리면서도 주목을 끄는 사람 가운데 하나가 되었다. "저와 다른 사람들 사이에 놓여 있던 낯선 장벽이 어느 순간 사라져 버렸죠."

악몽이 될 수도 있었던 그날의 사건은 아주 멋진 시간으로 탈바꿈했다. "이야기를 잘 하는 편이에요. 손님들이 정말로 저 덕분에 많이 즐거워했지요." 빌은 단지 몇 잔의 술을 가지고도 사교계의 일인자 자리에 올라설 수 있었으며, 그야말로 불로장생의 영약을 발견했다고 생각했다. 또 다른 모임에도 초대를 받자 빌은 새로 알게 된 친구들과 함께 무엇을 하며 시간을 보낼지 계획을 세웠다. 초대받은 집에서 아름다운 색소폰 연주 소리가 밖으로 울려 퍼졌다. 알 수 없는 무언가에 넋을 빼앗긴 채 보이지 않는 쇠사슬에 묶여 금방이라도 그곳으로 빨려 들어갈 것만 같았다. 빌은 여름날의 냄새가 물씬 풍기는 밤거리를 가로지르면서 전에는 경험해보지 못했던 일종의 해방감을 느낄 수 있었다. 빌은 그날을 회상했다. "마침내 저는 자유로워질 수 있었어요. 처음 서너 잔의 술이 가져다주는 신비한 마법의 힘을 통해서 말이에요."

정말로 얼마 동안은 빌이 술을 마시고 있다는 사실을 아무도 알아차리지 못했다. 그는 신세대 남성이었고 언제나 행복해 보였다. 가급적이면 한두 잔의 술을 마셨다. 하지만 전에는 어떤 경우에도 절대로 술을 마시지 않겠다고 오랫동안 다짐했으며, 언제나 술 마시는 남자 아이들을 얕잡아 보던 그였다. 그런데도 빌은 이곳에서 술을 마시면서 너무나도 즐거워하고 있는 자신을 발견했다. 하지만 마실 수 없는 상황에 처하게 되면 오래된 열등감과 함께 불편한 여러 감정들이 물밀듯이 밀려온다는 사실을 깨달았다. 동시에 이러한 상황들을 피하려 한다는 사실도 알게 되었다. 어느 틈엔가 빌은 술 없이 클린턴 거리의 새 가족과 함께 저녁 식사를 하는 것이 너무나도 고통스러울 만큼 심각한 지경에 이르고 말았다.

2부

음주

14장 | 프랑스

“착한 아이가 될게요. 할아버지도 내가 그렇게 하고 있다고 말해줬어요.” 그리피스 하우스에 남겨진 빌 윌슨은 보스턴으로 떠난 어머니에게 편지를 썼다. “엄마가 집에 돌아왔을 때 저를 알아보지 못하면 어떡하지요? 언제 돌아오시나요?” 편지 끝에는 다음과 같이 서명을 했다. “엄마의 귀여운 아들 윌리가 … ” 하지만 에밀리는 울부짖고 있는 자식에게 단 한 번도 정감 어리거나 사랑스러운 말로 답장을 보낸 적이 없었고, 격려의 글을 쓴 적도 없었다 – 그녀는 그렇게 할 수 없었다. 빌은 버사 뱀포드를 통해 자신도 누군가의 관심을 받을 수 있다는 사실을 깨달았지만 그만 잃고 말았다. 하지만 이제는 로이스 버넘을 통해 자신을 격려해주면서도 좀처럼 비난하지 않는 여성이 있다는 것을 깨달았다. 로이스는 약혼자에게 일어나고 있는 일에 대해서 아무런 말도 하지 않았다. 언제나 그렇듯이 사랑하고 지지해 주었다. 나이가 들어서도 로이스는 그를 ‘나의 귀여운 윌리’라고 불러 주었다.

두 사람은 서로에게 엄청난 양의 편지를 썼다. 결혼하기 전에 빌이 로드먼 요새로 배치 받았을 때와 마찬가지로 두 사람은 서로 떨어져 있을 때면 주거니 받거니 편지를 보냈고, 어떤 경우에는 하루에도 여러 차례 보냈다. 낭만적인 연애편지부터 그만 술마시라고 애원하는 편지, 달라지겠다는 약속으로 가득 채워진 편지, 그리고 사무적인 어투로 소식만을 전하는 편지 등 수백 장에 이르는 편지는 그들의 결혼 생활이 어떠했는지를 말해주고 있다. 그 편지들은 로이스가 세운 집(1980년경에 여러 가지 문서를 보관하고 사무실과 방을 제공하기 위해 로이스가 세운 건물 - http://www.steppingstones.org) 지하실에 있는 징검다리 기록 보관소 상자에 보존되어 있는데, 그곳은 두 사람이 30년 동안 함께 살던 징검다리(Stepping Stones; 빌과 로이스가 1941년부터 평생 동안 살던 집의 명칭; 뉴욕의 베드포드 언덕에 자리 잡고 있음) 바로 옆에 있다.

그리넬 자매의 파티에 참석하고 얼마 지나지 않아 빌은 로이스에게 편지를 썼다. 편지에는 불현듯 관심을 갖게 된 그 무언가에 관한 내용이 쓰여 있었는데, 그것은 다름 아닌 술이었다. 지금까지 술이라고 하는 대상은 그들 사이에 단 한 번도 있어본 적 없었다. 굳이 그래야 하는지, 생각을 바꿔도 되는 것은 아닌지 빌은 궁금해 했다. "달리 생각을 해보는 것은 어떨까? 우리는 정말로 술을 입에도 대지 말아야 하나?"라고 물었다. 결혼할 당시에 빌이 언급한 것이 있었는데, 집에서 술 한 잔씩 하면서 즐거운 시간을 보내는 것도 괜찮을 것 같다고 했다. 로이스는 어떻게 생각했을까? 그녀는 이 질문에 대답하지 않았다. 하지만 부부가 되려는 그 시점에 빌은 술에 대한 생각을 바꿔야 할 것 같다는 내용의 편지를 끈질기게 썼다. 이제는 따분하고 시대에 뒤쳐진 동도싯에서 멀리 벗어나기도 했거니와 교양 있는 사람들은 언제나 술을 가지고 접대한다는 사실을 깨달았기 때문이었다.

또 하나의 기쁨이 된 칵테일을 갈구하는 동안에도 빌은 약혼자를 기쁘게 해주기 위해 갖은 노력을 다했고, 여전히 그녀가 자신에게는 과분한 여자라고 생각했다. 하지만 힘겹게 음주량을 조절해서 마시는 동안에는 또다시 자기 비하와 열등감과 같은 오래된 감정에 휩싸였다. "도대체 그녀는 어디서 알았을까?" 빌은 버넘 집안사람들이 모여서 자신에게 조롱 섞인 질문을 하는 장면을 상상했다.

가족조차 닥터 에밀리라고 부르는 어머니로부터 편지를 받은 빌은 그녀의 목소리가 귓가에 감돌았다. 에밀리는 성공을 외쳤지만 그것 때문에 평판이 나빠질 거라는 점도 잘 알고 있었다. 동도싯에 있을 때 그녀는 다음과 같은 내용의 편지를 썼다. "이곳 사람들은 누군가가 이곳을 벗어나 성공하는 것을 별로 탐탁하게 여기지 않아." 자신의 경험을 쓴 글이었을까, 아니면 앞으로 성공할 것을 염두하고 아들에게 조심하라는 말을 전하는 편지였을까? "사람들은 너보고 계속 동도싯에 있으라고 하는데, 그들과 같은 인생을 살지 않겠다고 마음만 먹으면 너는 인텔리로 대접받을 수 있을 거야." 버넘 가족은 틀림없는 인텔리였다. 그리고 로이스는 언제나 빌에 대해 100퍼센트 확신하고 있었다. 대학을 졸업하지 못했고 군인 외에는 한 번도 제대로 된 직업을 가진 적도 없지만, 모든 사람들이 당신을 좋아하고 있다고 이야기하면서 말이다.

군대에 있는 모든 사람들은 신경이 곤두서 있었다. 언제 출항할지는 아무도 알지 못했다. 머지않아 빌이 속한 부대가 떠날 것이라는 소문이 돌기 시작하자, 빌과 로이스는 예전에 정했던 결혼 날짜인 1918년 2월 1일을 앞당겨서 1월 24일에 가능한 한 빨리 결혼식을 올리기로 했다. 청첩장의 내용도 변경했다.

두 사람은 브루클린에 있는 스베덴보리 교회에서 결혼식을 올린 다음 클린턴 거리 182번지에 위치한 장인어른의 집에서 결혼 피로연을 열었는데, 이곳은 앞으로 빌의 인생에서 두 번째 서막의 중심이 될 장소이기도 했다. 빌의 들러리는 로저스가, 신부의 들러리는 로이스의 여동생인 키티와 4명의 패커 공립 고등학교 친구들이 맡았다. 빌의 어머니는 갑작스럽게 독감에 걸려서 참석하지 못했고 여동생인 도로시도 어머니를 병간호하느라 참석하지 못했다. 빌의 가족 중에서 어느 누구도 결혼식에 오지 않았지만, 그것은 문제가 되지 않았다. 지금까지 어느 누가 그와 함께 있었던가? 그리고 이제는 새 가족을 얻게 되었으니 말이다.

결혼식이 있던 날은 날씨가 쌀쌀하고 우중충했다. 그리고 빌은 군복을 입었다. 조금 있으면 배를 타고 바다 건너 멀리 떠날 것이라는 사실이 매순간 마음에 사무쳤다. 신랑의 나이는 이제 겨우 22세였고, 신부의 나이는 26세로 상당한 나이 차를 보였다. 그 당시에 26세의 미혼 여성이라면 애처롭기 그지없을 정도로 사회의 주변인으로 내밀리는 처지가 되곤 했다. 로이스는 단 한 번도 빌에게 고마워하지 않은 적이 없었고, 또한 빌은 로이스에게 고마워해야 할 이유를 너무나도 많이 가지고 있었다. 빌 윌슨이 A.A.를 구상하고 설립하고 구축하는데 있어서 두 사람의 결혼이 커다란 역할을 했다는 점은 부인할 수 없는 사실이다. 응접실에 있는 원형의 대리석 벽난로 앞에 서서 엄숙하게 혼인 서약을 할 때만 해도 키가 큰 신랑과 그를 올려다보는 신부는 이 맹세가 그들 앞에 펼쳐질 놀랄 만한 인생에 어떤 의미가 될 것인지 상상조차 하지 못했다.

황홀한 기분에 빠져 이제 막 결혼 생활을 시작한 빌과 로이스는 뉴베드포드에 있는 아파트에서 새살림을 차렸는데, 평이한 구조로 된 두 개의 방에 참나무 책상과 의자 같은 가구들을 간소하게 들여놓았다. 두 사람은 서로에게 세상의 전부가 되었다. 그리고 사랑을 나누었다. 빌은 태어나서 처음으로 그토록 오랫동안 꿈꾸어 온 남자가 된 것처럼 느꼈다. 가끔은 사람들을 집으로 초대했다. 로이스는 요리를 했고 언제나 마실 것을 넉넉하게 준비했다. 결혼 생활 가운데 적어도 이 순간만큼은 빌이 술에 대해서 우위를 점하고 있던 시기였다. 때로는 상상을 초월할 정도로 우아하고 풍성한 파티에 부부 동반으로 초대를 받기도 했다. 파티에서 빌은 언제나 취해 있었는데, 연달아 재미있는 이야기를 풀어내어 주변 사람들의 이목을 집중시켰다. 그러면서 빌은 자신이 사람들에게 인기 있다는 사실에 한 번 놀랐고, 얼마나 쉽게 사람들을 웃게 만들 수 있는지 또 한번 놀랐다.

빌은 종종 로이스와 함께 집으로 돌아가는 도중에 구토를 하거나 곤드라지게 취해 쓰러져 잠들어버렸다. 때로는 참석했던 파티가 끝난 뒤에도 또 다른 파티가 있는지 궁금해 하며 가고 싶어 했다. 파티가 끝나는 것을 원치 않았다. 로이스를 집까지 데려다 줄 사람도 있었다. 한 파티장에서 로이스는 남편의 친구 두 사람이 빌에 대한 이야기를 하는 것을 듣고서 큰 충격을 받았는데, 어느 늦은 밤에 술에 잔뜩 취한 남편을 집까지 질질 끌고 가서는 침대에 눕혀 주었다는 것이었다. 로이스는 남편의 몸무게가 불어나고 큰 키에서 나오는 우렁찬 목소리로 부하들에게 명령하는 모습을 지켜보면서 그가 차츰 자신감을 키워 가고 있다는 것을 확인할 수 있었다. 빌은 아내가 조리 있게 이야기하는데 타고난 능력을 가지고 있다고 생각했다. 로이스의 말에 따르면, 만사가 더할 나위 없이 훌륭하게 진행되고 있었다.

봄이 되자, 빌은 뉴포트에 있는 애덤스 요새로 자대 배치를 받았다. 출항하기 전에 두 사람은 부부를 위한 송별연에 참석했는데, 빌은 다음과 같이 글을 썼다. "짙은 먹구름과도 같은 암울한 기운이 우리 모두에게 감돌았다. 하지만 그 속에서도 로이스는 꿋꿋함을 잃지 않고 있었다." 마침내 단둘이 있게 된 빌과 로이스는 해안가 절벽 위에 펼쳐진 석양을 바라보았다. 영광스런 출정식 이후로 사라졌던 두려움과 불길한 예감이 빌에게 다시금 찾아왔다. 그것은 인간이라면 누구나 그러하거니와 애정 어린 아내의 격려로 느낄 수밖에 없는 감정이었을 것이다. 저 너머 바다 위에는 군함이 정박해 있었고, 항구에는 요트와 유람선이 밝게 빛나고 있었다. 에메랄드 호수에서 로이스가 몰던 소형 보트와 비슷한 것도 눈에 띄였다. 하늘이 어둑어둑해지자 이유를 알 수 없는 평온함이 가슴에 차올랐다. 아내의 눈을 바라보자 그 속에서 안도감을 확인할 수 있었다. 눈앞에 펼쳐진 광경 속에서 왠지 모를 위대한 힘을 느낄 수 있었다. 군대 수송 열차가 떠나던 날 아침에 빌은 손을 흔들며 작별 인사를 했지만, 평온함이라는 그 기분은 이상하리만치 계속해서 그의 가슴을 가득 채우고 있었다.

오래된 영국 수송선인 '랭커셔'에 승선한 윌리엄 G. 윌슨 소위는 굳센 용기와 함께 브랜디의 존재를 알아차렸다. 증기기관으로 움직이는 배는 하얀 연기를 내뿜으며 아이슬란드 남쪽을 지나 영국으로 향했다. 날씨가 점점 추워지는 가운데 두려움에 떨기 시작한 남자들은 모두 갑판마다 설치된 침상 안으로 기어 들어갔다. 남동쪽으로 방향을 돌려 독일군 잠수함이 우글거리는 아일랜드해로 배가 진입하자 군인들은 더욱 두려움에 휩싸였다. 어느 날 밤 빌은 용골 근처 아래 선창에서 당직을 섰는데, 그곳을 담당하는 군인은 어떤 응급 상황이 벌어지더라도 끝까지 버티다가 마지막에 빠져나오기로 정해져 있었다. 바깥 날씨는 얼음처럼 매섭게 추웠고, 배릿한 바다 냄새는 땀 냄새와 뒤섞여 공기중에 가득했다. 갑판 승강구 안에서 잠들지 않으려고 무진 애를 쓰고 있던 빌은 감실거리는 여명의 불빛을 바라보았다. 그 순간 귀가 찢어질 듯한 굉음 소리와 함께 어마어마한 폭발음이 들렸다. 언제까지나 시골 소년으로 남아 있던 빌은 훗날 다음과 같이 이야기했다. "어렸을 적에 종 안에다가 머리를 집어넣고 있었는데, 어떤 아이가 돌멩이로 종을 쳐서 크게 놀란 적이 있었어요. 배에서 들었던 그날의 소리를 생각하면 예전의 그 시절이 떠오릅니다." 배는 이리저리 요동치기 시작했고, 침상 안에 있던 병사들은 신속하게 갑판으로 나와 자기 위치를 잡았다. 승선하고 있는 병사들이 겁에 질려 허둥거리지 않도록 도와주는 것이 빌의 임무였는데, 그를 포함해 대부분의 병사들은 곧 있으면 모두 다 죽음을 맞이할 거라고 생각했다. 빌은 자신을 쓰러뜨리고 통과하려는 첫 번째 적군이 올 경우를 대비해 가지고 있던 권총을 꺼내 들고서 입구에 자리를 잡았다. 권총을 치켜들 필요는 없었다. 그의 단호한 목소리는 병사들이 침착함을 잃지 않도록 하는데 효과를 발휘했다. 그리고 그들의 기세등등한 모습에서 승리에 대한 확신을 느낄 수 있었다. 실제 그 폭발음은 미군의 수중 폭탄이 터진 소리로, 일명 '쓰레기통'이라고 불렸다. 근처에 있는 구축함에서 설치한 이 폭탄은 지나가는 독일군 잠수함을 목표물로 하고 있었다. 실제로는 어떠한 위험도 도사리고 있지 않았지만 그들이 보여준 용기는 진정한 것이었다. 배가 무사히 육지에 다다르자 제 딴에 빌은 진정한 지휘관이 된 것처럼 생각했다.

상륙한 후에 빌이 속한 연대는 기차를 타고 윈체스터 외곽의 막사로 이동했다. 그러던 어느 날 의기소침한 채로 지내던 빌은 막사에서 알게 된 친구와 함께 도시의 유명한 성당을 한 번 찾아가 보기로 했다. 한여름인데도 군인들은 그 주변을 거닐고 있었다. 대성당에 있는 아치 모양의 본당 회중석과 스테인드글라스 창문을 바라보던 빌은 불현듯 평온함으로 가슴이 벅차오르는 것을 경험했다. "그곳 분위기에 마음이 이끌리기 시작하더니 일종의 무아지경에 빠져들었어요." 신을 믿지는 않았지만 그 순간만큼은 그 어떤 힘이 존재하고 있으며, 아무런 문제없이 모든 것이 잘 될 거라는 확신이 들었다. 그리고 성스러운 장소인 이곳에서 인간의 노력으로도 다다르기 어려운 그 어떤 힘을 느낄 수 있었다. 빌은 기억했다. "신에 대한 생각이 계속해서 내 마음속에 들어오고 있었어요."

빌은 대부분의 대리석에 관하여 상당한 수준의 전문가적 식견을 가지고 있었는데, 특히 비석과 조각품의 경우에는 더욱 그러했다. 성당의 묘지 안으로 들어서자 우연히 묘비에 새겨진 문구 하나가 눈에 들어왔는데, 뇌리에서 떠나지 않은 채 반복해서 그를 괴롭혔다. 훗날 빌은 「익명의 알코올 중독자들」에 이 글을 인용해 자신의 이야기를 풀어나갔는데, 여러 세대를 거치면서 회복하는 알코올 중독자들의 시금석이 되고 있다. 그가 기억하고 있는 비문의 내용은 다음과 같았다: '차갑고 순한 맥주를 마시다가 죽음을 맞이한 햄프셔의 척탄병, 여기에 잠들다. 훌륭한 병사는 결코 잊혀지지 않으리, 머스킷 총탄에 맞아 죽든 술독에 빠져 죽든.' (실제 비문에 새겨진 문구는 다음과 같다: '햄프셔의 척탄병, 여기에 편히 잠들다 / 차갑고 순한 맥주 때문에 죽음을 맞이했네 / 그의 요절로 병사들은 지혜를 얻으리 / 그대들의 더운 술이 독하든 전혀 그렇지 않든 / 믿음직스런 병사는 결코 잊혀지지 않으리 / 머스킷 총탄에 맞아 죽든 술독에 빠져 죽든')

빌은 군 생활에 잘 적응했는데, 그곳에는 낙제자도 지식인도 없었을 뿐더러 모두 기회만 있으면 언제든지 술을 마셨다. 잉글랜드에 있을 때에는 이곳저곳 여행하는 것을 좋아했고, 이후 프랑스에 있을 때에도 여러 마을을 이동하면서 포상(적의 사격이나 폭격으로부터 화기와 장비를 보호하고, 포사격을 하기 위해서 마련한 진지)을 설치하거나 해체하고 옮기는 등의 작업을 좋아했다. 부대가 최전방 근처에 주둔한 적은 한 번도 없었지만, 빌은 전투가 벌어지지는 않을까 하는 두려움만큼이나 전투에 몹시 참가하고 싶어 했다. 부대가 셰르부르를 출발하여 여러 지방을 거쳐 리모주까지 이동하는 동안 빌은 프랑스어를 배웠는데, 고향에 있는 로이스에게 프랑스어로 편지를 썼다. 언제나 프랑스인의 술마시는 방식을 부러워했다. 어째서 그 사람들은 술에 취하지 않는지 도저히 이해가 되지 않았다. 마시고 또 마셔도 절대로 기절하거나 토하는 법이 없었고 창피해하지도 않았다.

임시 숙소로 지정을 받은 한 농가에서 지내던 어느 날 아침에 빌은 그 집 할머니가 어린 소녀에게 럼주를 따라주는 것을 목격했다. 포도주는 도처에 널려 있었다. 자리를 옮긴 또 다른 농가에는 할머니와 5살 된 손자가 함께 살고 있었다. 날씨가 쌀쌀하던 어느 날 아침에 빌은 침대에서 기어 나와 아래층으로 내려갔는데, 그 아이가 선반에 놓여 있는 럼주 한 병을 꺼내고 있는 것이었다. "저거다!" 빌은 아이에게 그 술을 가져와 보라고 했다. 할머니는 내키지 않았지만 어쩔 수 없이 빌이 마실 수 있도록 허락했다. 그러면서 럼주는 병을 고치는 목적으로 쓰이고 있다고 이야기해 주었다.

휴전 협정이 체결되고 모든 도시가 며칠 동안 계속해서 축제를 벌이고 있을 때에도 빌이 속한 연대는 여전히 작은 산간 마을에 주둔하고 있었다. 이후 빌은 파리로 이동한 후에 보르도까지 내려가서 그곳에 정박하고 있던 군인 수송선을 타고 무사히 대서양을 건넜다. 호보컨(Hoboken; 미국 뉴저지 주 북동부에 있는 항구 도시) 부두에 배가 도착했고, 그곳에서 빌과 로이스는 재회의 기쁨을 나눴다.

15장 | 에디슨 실험

관점에 따라 전쟁이라는 것이 빌 윌슨에게는 그다지 어려운 일이 아니었을지도 모르겠다. 군복을 차려 입으면 영락없이 타고난 지휘관처럼 보였다. 군대에서는 누구나 서로의 친구가 될 수 있었다. 왜냐하면 그들 모두가 전쟁에서 살아남아 승리를 쟁취하겠다는 하나의 공통된 목적을 가지고 있었기 때문이다. 하지만 집으로 돌아간다는 것이 그리 쉬운 일은 아니었다. 새로운 활동 무대가 될 브루클린에 정착한 빌은 모든 것이 두려웠다. 이스트강 아래로 지나가는 지하철이 무섭기만 했다. 불현듯 익숙했던 모든 것이 이상하리만치 낯설게 느껴졌다. 빌은 언젠가 지하철을 타러 갔는데, 그곳을 지키는 경비원들이 경례를 하지 않아 당혹해한 적이 있었다. 시간이 지나고 빌은 다음과 같이 털어놓았다. “아직도 제가 지휘관이라고 착각에 빠져 있었나 봐요. 포병 중대 병사들이 저에게 감사를 표시하기 위해서 뭔가 특별한 것을 준비하고 있었던 것이 아니었을까 하는 생각을 했지요. 사람을 이끄는 뛰어난 통솔력만 갖추고 있으면 거대

기업의 최고 경영자 자리에도 앉을 수 있을 것이라고 상상했지요. 당연히 될 거라고 믿었어요."

빌은 군복을 벗자 영락없는 퇴역 군인의 모습이었다. 대학 졸업장은 물론이고 떳떳하게 내세울 만한 기술도 전혀 없었다. 결국에는 바바라의 남편(Cy Jones; 빌이 고용된 부서의 책임자 – Cole, p.21; Bill W.(2005), p.57)이 남쪽 브로드웨이에 있는 뉴욕 센트럴 철도 회사의 보험 부서에 하찮은 사무직 자리 하나를 마련해 주었는데, 사무실이 너무나도 형편없었다. 한때는 병사들을 이끄는 장교였지만 이제는 위신이 땅에 떨어지고 말았는데, 빌은 그런 자신이 너무 실망스러워 주변 사람들에게 심정을 토로하기도 했다. 회계 장부는 아무렇게나 대충 작성했고, 맡은 관리 업무도 망쳐 버렸다. 그다지 대단한 일자리도 아니었지만 어쨌든 빌은 해고당했다.

이맘때쯤 빌 윌슨에게는 음주 문제가 있었다. 단순하게 보면 이 일대기는 술 때문에 인생이 파멸로 치달았지만 스스로의 힘으로 술을 끊기 위한 방법을 찾아내려고 했고, 다른 이들이 음주를 중단하는데 도움이 되는 방법을 고안해 낸 한 남자의 이야기이다. 음주 문제가 있는 사람이라면 모두가 마찬가지겠지만, 빌도 본인만의 독특한 음주 문제를 가지고 있었다. 알코올 중독의 증상은 알코올 중독자의 수만큼이나 다양하다. 이때까지 – 1919년 봄 – 빌의 삶은 행복과 불행의 연속이었다. 부모의 이혼과 버사 뱀포드의 죽음은 빌 때문에 그런 것이 전혀 아니었다. 하지만 이제는 본인에 의해 삶이 결정되기 시작했다. 괴로운 일을 견뎌내거나 엄청난 불행에서 벗어나 대성공을 거두기는 커녕 오히려 대성공에서 엄청난 불행을 끄집어내기 시작했다.

뉴욕 센트럴 철도 회사를 그만둔 후에 빌이 구한 일은 직급이 더욱 낮았다. 뉴욕 센트럴 부두에서는 나무판자에 못을 박았고, 수출 회사에서는 전보를 판독하는 일을 했다. 남편이 일자리가 없을 때에도 로이스는 주어진 상황에서 최선을 다하려고 노력했다. 두 사람은 메인의 포틀랜드를 출발해 뉴햄프셔와 버몬트를 지나는 도보 여행에 나섰다. 군대에서 쓰던 오래된 2인용 소형 텐트를 가지고 캠핑을 했고, 채집과 사냥으로 배를 채웠다. 뉴햄프셔의 위니페소키 호수에서 잡은 엄청난 크기의 장어를 토막 내어 야영장의 모닥불에 구워 먹었다. 뉴파운드 호수에서는 쏙독새의 지저귀는 소리를 들을 수 있었고, 알렉산드리아에서는 새 운동화를 구입했다. 멋진 몸매를 지닌 한창 때의 두 사람은 이 여행을 좋아했고, 자연과 함께할 수 있다는 것이 무척 기뻤다. 로이스는 곤경에서 벗어나 남편과 함께 지낼 수 있다는 것이 너무나 행복했다. 뛰어난 낚시꾼이자 산사람이었던 빌은 능숙하게 일을 해내면서 가장 행복한 시간을 보냈다.

한 달 동안 동도싯에 머물면서 또다시 캠핑 여행을 떠났는데, 그리피스 할아버지와 마크와 함께 대화를 나누던 빌은 불현듯 법조계에서 경력을 쌓고 싶다는 생각이 강하게 들었다. 빌은 브루클린으로 돌아가서 브루클린 법학 전문대학 야간 학교에 입학했다. 그리고 아내 친구들의 남편과 월가에서 전후 경제 호황기 동안 이미 많은 돈을 벌어들인 여러 사람들의 도움 덕분에 USF&G(United States Fidelity and Guarantee Company)의 보험 조사관 자리를 구할 수 있었다.

이때부터 중대한 일들이 발생하기 시작했다. 피할 수 없는 인생의 현실 앞에서 자멸적 행위와 이를 보상하는 탁월한 능력이 함께 결합해 일정한 패턴으로 반복해서 나타나기 시작한 것이다. 1921년 봄에 빌은 신문에 실린 익명의 구인 광고 – '뛰어난 관찰력을 보유한 젊은이 구함. 특별한 학력 요건 없음.' – 에 연락을 했다. 광고에서 찾는 사람이 바로 자신이라고 생각했기 때문이다. 5월의 어느 날에 빌은 테스트를 받기 위해 뉴저지의 이스트 오렌지에 있는 에디슨 연구소를 방문했다.

토머스 에디슨은 빌의 영웅이자 발명의 신이었다. 그는 비록 제대로 된 교육을 받지는 못했지만 자신의 직관으로 부족한 부분을 채웠으며, 선견지명을 가지고 성공적으로 행동하는 사람이었다. 예전에 빌은 나이가 지긋한 이 남자의 전기를 읽은 적이 있었는데, 그가 했던 말과 살아온 길을 잘 알고 있었다. 필라멘트에 전류가 흐르는 현상인 '에디슨 효과'도 이해하고 있었다. 전파와 전기, 그리고 자동차 엔진에 관하여 에디슨이 했던 많은 실험을 시도하고 또 시도해 보았다. 빌은 에디슨이 번뜩이는 천재성을 가지고 있지만 발끈 성을 내는 성격도 있다는 것을 잘 알고 있었다. 에디슨은 성공 비결에 대해 "성공은 열심히 노력하면서 기다리는 사람에게 찾아온다."라는 명언을 남겼다.

뉴욕의 다른 젊은이와 마찬가지로 이른 아침부터 기대에 부푼 빌은 허드슨강 지하 터널을 통과해 뉴저지로 향하는 기차에 몸을 실었다. 방문한 40명 가운데 빌을 포함하여 12명의 선발된 남성들은 벽돌로 길게 지어진 건물 안으로 들어가서 한 줄로 늘어선 계단을 따라 위층으로 올라갔다.

들어간 방에는 배수구와 싱크대가 설치된 탁자와 의자, 그리고 여러 가지 실험 도구가 놓여 있었다. 방 한구석에 놓인 작은 책상에 앉아 사색에 잠겨 있던 사람은 다름 아닌 토머스 에디슨이었다. 73세의 이 노인은 이미 수많은 발명으로 전 세계적인 유명 인사가 되어 있었는데, 프랑스의 레지옹 도뇌르 훈장(National Order of the Legion of Honour; 프랑스 최고 권위의 훈장; 1881년도에 전구 발명으로 수상함)을 받았으며, 다독을 포함한 그의 체계적이고 과학적인 연구 방법은 널리 채택되어 높이 평가받고 있었다. '천재는 1퍼센트의 영감과 99퍼센트의 땀이다.'라는 명언으로도 유명한 인물이었다. 그날 에디슨은 여기 저기 해지고 화학 약품으로 얼룩진 옷을 입고 있었는데, 빌이 기억하기에 그의 뺨에는 질산을 가지고 실험을 하다가 실패하면서 다친 상처가 있었다.

각각의 의자에는 평가를 위해 286개의 문제가 적힌 종이 묶음이 놓여 있었다. 달의 직경을 묻는 문제와 현악기의 배음, 그리고 배럴통 통판에 사용된 나무의 종류 등에 관한 문제들이 출제되었다. 빌은 자신의 두뇌가 시험 문제와 교전을 벌이고 있다고 느꼈는데, 명석한 기억력을 활용하여 그동안 지나치다 싶을 정도로 책을 읽어서 습득한 지식과 경험을 통해 깨달은 지식을 떠올리기 위해 애를 썼다. 이 테스트는 관찰력의 수준을 평가하는데 목적을 두고 있었는데, 버몬트 동도싯 출신의 소위보다 관찰력이 뛰어난 사람은 거의 없었다. 일단 빌은 풀 수 있는 모든 문제에 답을 작성했다. 그러고 나서 풀지 못한 문제들을 다시 들여다보기 시작했다. 시간이 흘러 저녁이 되었지만 그때까지 문제를 풀고 있는 사람은 오로지 빌뿐이었다. 문제를 모두 풀고 나자 에디슨이 다가와서는 테스트가 어렵지는 않았는지 물었고, 빌은 어려웠다고 대답했다. 답안지를 훑어본 에디슨은 젊은 친구에게 깊은 인상을 받았다고 말해 주었다.

에디슨이 낸 광고에 언론사들은 혹평을 쏟아냈다. 엄청난 논란을 불러일으킨 이유는 교육이 사람을 똑똑하게 만들기는 커녕 오히려 바보로 만들고 있다는 에디슨의 주장 때문이었다. 에디슨 테스트에 출제된 문제 몇 개를 손에 쥔 언론사들은 신나게 떠들어대기 시작했다. 무슨 재료로 자동차 타이어를 만드는지, 클레오파트라가 어떻게 죽었는지 아는 것이 도대체 지능과 무슨 상관이 있단 말인가? 「뉴욕 타임스」는 에디슨을 혹평하는 논설을 실었다. 그리고 「월스트리트 저널」의 한 기자는 에디슨이 '지능을 측정하려고 인간의 영혼에 눈금을 매기려 한다.'며 맹비난을 퍼부었다.

요즘은 일반 상식을 활용하는 경우가 아주 흔한데, 실제로 관찰력과 기억력, 학습 능력을 평가한다. 사실 에디슨이 고안해 낸 방식은 현시대에 커다란 비중을 차지하고 있는 미국의 대학 입학 자격시험(S.A.T.; Scholastic Aptitude Test)의 초기 버전이 되었다. 20년 후에 대학 입학 자격시험의 개발자가 그랬던 것처럼 에디슨은 지능을 바탕으로 영재 교육 제도를 만들어 낼 수 있는 시험 제도를 생각했는데, 계급과 부, 외모, 심지어 교육 수준과 관계없이 실제로 개인이 가지고 있는 사고력의 정도를 점수로 도출해 낼 수 있는 시험이었다.

1921년 당시에는 이런 방식으로 접근하는 지능 검사가 배척받을 수밖에 없었다. 하지만 빌은 이것이 마치 자신만을 위해 만들어진 테스트 같다고 느꼈다. 가끔은 머릿속을 가득 채우고 있는 갖가지 생각들이 온갖 잡동사니를 모아 둔 할아버지의 공구 창고처럼 언젠가는 요긴하게 쓰일 날이 올 거라고 믿었다. 에디슨 테스트가 있던 날이 바로 그날이었던 모양이다.

하지만 시간이 지나도 에디슨으로부터 아무런 연락이 오지 않자 빌은 낮에는 보험 회사 조사관으로 일하고, 저녁에는 지하철을 타고 브루클린에 가서 대학 공부를 이어나갔다. 로이스도 브루클린 해군 병원에서 작업 치료사로 근무했는데, 두 사람은 차곡차곡 봉급을 모아 아미티 거리에 있는 방 세 칸짜리 아파트로 이사했다. 적갈색 벽돌로 예쁘게 지어진 그 건물에서 길모퉁이만 돌면 로이스의 부모가 사는 집이 나왔다. 아래층에는 시리아 출신의 집주인이 살았는데, 다행히 친절하고 좋은 분들이었다. 벽에 페인트를 칠하고 클린턴 거리에서 구입한 가구 몇 점을 들여놓았더니 그제야 가정집처럼 느껴졌다. 하지만 지붕 아래 꼭대기 층이라서 비라도 내리는 날이면 빗방울 소리에 여간 시끄러운 것이 아니었다.

어느 날 저녁, 전화 한 통이 걸려왔다. 다름 아닌 「뉴욕 타임스」 기자가 빌을 찾는 전화였다. 빌이 에디슨 테스트에서 높은 점수를 획득한 사람 가운데 한 명이며, 그 위대한 발명가가 자기 연구실에 채용하고 싶다는 내용이었다. 빌은 그만 할 말을 잃었다. 난데없이 신문 기사의 주인공이 된 것이다. 게다가 유년 시절부터 동경하던 에디슨과 함께 지낼 수 있다니, 꿈이 이루어지는 것만 같았다. 연구소에 근무하면서 어릴 적 영웅에게 지도를 받게 된다면 보잘것없는 직장에 다니지 않아도 될뿐더러 따분하고 단조로운 목소리로 소송 사건을 설명하는 법학 교수의 강의 시간에 졸지 않으려고 애쓰지 않아도 되었다. 빌은 음악과 소리 분야에 우수하다는 결과가 나왔다. 아미티 거리 아파트에 사는 동안 멀리 떨어진 로스앤젤레스 지역의 방송을 청취할 수 있을 만큼의 성능 좋은 라디오 세트 여러 개를 만든 덕분이었다. 에디슨은 버몬트 출신 젊은이에게 그동안 아무런 성과도 거두지 못한 음향학 분야에 일을 맡기기로 결정했는데, 빌에게는 더할 나위 없이 좋은 기회였다.

하지만 이 꿈이 실현되지는 못했다. 빌은 답장을 보내지 않았는데, 아마도 월가에 이미 푹 빠져 버린 터라 이곳을 떠나고 싶지 않았던 것 같다. 로이스의 가장 오랜 친구인 엘리스는 월가의 유력 인사인 프랭크 쇼(Frank Shaw; J. K. Rice & Company의 사장 - Hartigan, p.20)와 결혼했는데, 아무래도 빌을 좋게 여긴 이 남자의 영향이 있지 않았나 싶다. 그렇지 않다면 법학 대학에 다니기로 한 외할아버지와의 약속 때문에 그랬을지도 모르겠다. 아니면 이스트 오렌지로 출퇴근하는 것이 별로 마음에 들지 않았거나 너무나 늦게 선발되서 짜증이 났을 수도 있다. 어떤 이유든지 간에 자신만만했던 23세의 청년은 마음속에 간직하던 영웅 에디슨과는 더 이상 함께하지 못했다. 빌은 뉴저지에 가서 일을 맡기로 되어 있었지만, 불가능한 일이 되어 버렸다.

1920년 1월, 수정 헌법 제18조가 효력을 발휘하기 시작하자 술마시는 행위는 불법이 되었다. 그러자 빌은 법망을 뚫을 수 있는 기발한 방법을 찾아냈는데, 집에서 가까운 주류 밀매점의 단골손님이 된 것이다. 그리고 포도를 사서는 커다란 항아리에 담갔는데, 술로 발효되기도 전에 다 마셔버리곤 했다. 안달이 나서 도저히 기다릴 수가 없었던 것이다.

1922년 가을에 빌은 낙제한 두 과목에 대한 재시험을 치르고 나서야 3년간의 수업을 이수할 수 있었다. 동도싯에서 지낸 유년 시절, 계절이 바뀔 때마다 가드너 할아버지와 마크와 함께 오랫동안 이야기를 나누었던 또 하나의 꿈이 실현되는 순간이었다. 마지막 시험만 치르고 나면 진짜 변호사가 되는 것이었다. 하지만 무슨 일이 있었는지는 몰라도 시험 당일에 빌은 너무나 술에 취해서 결국 시험을 치르지 못했다. 다음 해 가을에 빌은 다시 시험을 치러서 우여곡절 끝에 통과를 하기는 했지만, 그 다음 해 봄에 열린 졸업식에 참석하지 못해 결국 학위를 수여받지 못했다. 참석하는 것조차 빌에게는 너무나도 무리였던 모양이다. 우유를 짜고 옥수수를 따는 힘든 일을 하는 와중에도 클래런스 대로우를 읽으며 그 무엇보다도 변호사가 되고 싶어했던 이 젊은이는 자신의 학위조차 찾아가지 못할 정도로 정신 나간 상태가 되어 버렸다.

16장 | 브루클린

주식 시장은 호황을 누리고 있었다. 치마의 길이는 더욱 짧아졌고 여성에게도 참정권이 인정되었다. 금주법은 조소의 대상이 되었다. 나라 전체가 한바탕 술에 취해 있는 듯했다. 하지만 빌의 음주 문제는 더 이상 모른척 할 수 없을 정도로 심각해졌다. 장거리 캠핑 여행을 할 때는 조절해서 술을 마시거나 심지어 전혀 마시지 않은 경우도 있었다. 하지만 빌은 브루클린으로 돌아와서 정시에 출퇴근하는 직장에 다니기 시작하면 그것을 그토록 싫어했고, 또다시 술을 마셔댔다.

점점 심해지는 남편을 내버려둘 수 없었던 로이스는 또다시 캠핑 여행을 갈 채비를 했다. 사람의 마음을 사로잡는 매력을 지닌 남편이 자신이 지켜보는 여행 중에는 거의 술을 마시지 않았던 것처럼 집에서도 그럴 수 있기를 바랐다. 두 사람은 기차를 타고 크로턴-온-허드슨(Croton-on-Hudson; 뉴욕 웨스트체스터 카운티에 있는 마을)까지 간 다음 수로를 따라 걸어서 집으로 돌아왔다. 반 코트랜드 공원으로 소풍을 갔을 때에는 노젓는 배를 하나 빌려서 노와 목욕 수건으로 돛을 만들어 허드슨강에서 뱃놀이를 하며 즐거운 시간을 보냈다. 뉴저지에서는 마음에 든 참나무 아래에서 캠핑을 했고, 근처 개울에서 발가벗고 헤엄을 쳤다. 기차를 타고 간 노스포트(뉴욕 롱아일랜드에 있는 마을)에서는 잘록하게 좁아진 롱아일랜드해협의 해변가를 따라 걸으며 모래 속에 숨은 조개를 캐고 낚시를 했다. 그런 뒤에는 해변가에 텐트를 치고 모닥불을 피워서 잡은 물고기와 조개를 구워 먹었다. 빌과 로이스는 어린아이가 된 것 마냥 웃고 떠들며 정말로 즐거운 시간을 보냈다. 하지만 남편이 더 이상 술을 마시지 않으리라는 바람은 집에 돌아오자마자 여지 없이 내동댕이쳐질 수밖에 없었다. 빌이 다시 술에 손을 대기 시작한 것이다.

로이스는 봉급의 일부를 저축해서 천 달러 남짓 모았는데, 그 돈을 달라는 남편에게 아무 말 없이 건네주었다. 제너럴 일렉트릭의 주식을 포함해 빌이 투자한 유가 증권은 눈 깜짝할 사이에 구매한 가격의 10배로 불어났고 큰 돈이 되어 돌아왔다. 어쨌든 정말로 형편없는 상태는 아니었던 것으로 보인다. 어쩌면 빌에게 술을 마신다는 것은 주식을 사고 파는데 필요한 정보를 구하기 위한 인맥 관리의 한 가지 방법에 지나지 않았을지도 모른다. 하지만 여유로운 결혼 생활을 하고도 남을 만큼의 많은 돈을 벌었기 때문에 두 사람의 결혼 생활은 로이스의 봉급으로도 충분했다. 그리고 이 부부가 아기를 갖기로 마음먹은 것도 바로 이때였다.

그해 여름에 로이스는 가슴 아프게도 세 차례의 자궁 외 임신(수정란이 자궁 외에서 착상된 임신) 가운데 첫 번째 자궁 외 임신을 했다. 빌은 연애편지를 처음으로 주고 받을 때부터, 그리고 심지어 약혼 기간에도 자주 아이를 갖고 싶다고 이야기했다. 빌은 온 가족이 다 함께 집으로 향하는 장면을 마음속에 자주 그려 보았는데, 로이스에게 보낸 여러 장의 편지에는 어떤 모습의 가정을 꾸릴 것인지에 관한 내용이 담겨 있다. 빌은 아이들이 로이스의 순수하고 마음씨 고운 심성과 웃을 때면 가늘어지는 눈을 닮았으면 좋겠다고 생각했다.

로이스는 첫 번째 자궁 외 임신에서 회복되었지만 두 번째 자궁 외 임신의 경우에도 애당초 오진이 되면서 수술하는 것 외에는 달리 손쓸 방법이 없었다. 걱정되는 얼굴로 곁에서 딸을 지켜보던 아버지는 동료 의사에게 부탁해 브루클린의 스케네 요양소에서 수술을 받도록 했다. 그 후에도 회복이 여의치 않자, 빌은 여동생 도로시의 남편인 레너드 스트롱 박사(Leonard V. Strong Jr.; 1899 - 1989; 빌의 매제; 정골 의사; A.A.의 전신인 Alcoholic Foundation이 결성되었을 때 임원 가운데 한 사람이었음 - Pass It On, p.182)를 불러서 검사를 부탁했는데, 수술로 제거해야 하는 난소 낭종이 추가로 발견되었다. 스트롱 박사가 보여준 우정과 의학적 직감 덕분에 이 부부는 계속해서 삶을 이어 갈 수 있었는데, 큰 신세를 진 이번 일이 아무래도 마지막이 될 것 같지는 않아 보였다.

빌의 여동생 부부는 결혼하고 얼마 지나지 않아 뉴욕의 태리타운으로 이사했는데, 그 당시에 벌써 아이가 있었다. 나름 잘 살고 있는 여동생과는 달리 빌의 인생은 왠지 모르게 멈춘 듯 했다. 1921년 12월, 빌은 엘라 외할머니가 위독하다는 전갈을 받고 급히 서둘러 동도싯으로 향했다. 하지만 다음 해인 1922년 새해 첫날, 어린 시절 어머니와도 같았던 외할머니가 세상을 떠났다(1924년에는 아버지와도 같았던 외할아버지가 사망함 - Thomsen, p.128). 다음 해 5월에는 로이스가 세 번째 자궁 외 임신을 했다. 참으로 안타까운 일이었다. 사실상 아이를 갖고 싶었던 빌의 바람은 결국 이렇게 끝나 버렸고, 두 사람은 모두 비통한 마음을 감추지 못했다. 하지만 3차례의 자궁 외 임신이 있었던 기간 내내 빌은 병원에 가는 것조차 불가능할 정도로 너무나 자주 술에 취해 있었다.

더 이상 아이를 가질 수 없다는 사실이 두 사람 모두에게 똑같이 고통을 가져다주었지만 그 방식은 서로 달랐던 것 같다. 얼마 지나고 나서 아이를 입양하기로 마음먹은 빌과 로이스는 조금은 미온적인 태도로 스팬스-채핀 입양 기관에 입양을 신청했다. 하지만 그곳은 이 부부에게 입양 자격을 허락하지 않았는데, 빌은 누군가가 입양 기관에 자신의 알코올 문제를 폭로했을 거라고 의심했다(실제로 입양 기관에 입양을 허락하지 못하도록 설득한 사람은 로이스의 가장 친한 친구인 엘리스였다. 그 이유는 엘리스도 알코올 중독자 집안에서 성장했는데, 입양될 아이와 로이스가 겪을 고통을 염려했기 때문이다. 당시에 엘리스를 비난했던 로이스는 1954년에 그녀에게 사과했는데, 이것은 8단계와 9단계의 실천이었다. - Borchert, p.103-104, 279-281). 비록 결혼한 지 4년이 되었지만 서로가 힘을 모아 손상된 관계를 재건해야 할 이 시점에도 빌은 지속적인 음주로 상황을 훨씬 더 어렵게 만들었다.

이 부부에게 아이가 생기지 않은 것은 어쩌면 빌 때문일 수 있다. 아니면 로이스 탓일지도 모르겠다. 버넘 가족의 유전자가 영향을 주었을 수도 있기 때문이다. 이상하게도 로이스의 동생들 4명 모두는 자식을 갖지 못했다. 로이스는 그 일을 다음과 같이 회고했다. "우리 아이를 지키기 위해서 아무것도 한 일이 없다는 것을 깨달았습니다. 아무튼 저는 죄책감에 사로잡혀 있을 수밖에 없었어요. 점점 더 술에 빠져드는 남편을 향해 제가 어떻게 비난할 수가 있었겠어요?" 그동안 두 사람이 겪은 고통과 회한의 눈물은 가족용 성경책의 여백 페이지에 아로새겨져 있는데, 그것은 다름 아닌 술을 끊겠다고 맹세한 빌의 서약서였다. 그날은 1922년 크리스마스날이기도 했다. "제가 당신께 드리는 크리스마스 선물입니다: 앞으로 1년 동안 술 한 잔도 입에 대지 않겠습니다." 물론 지키지 못할 약속일뿐더러 앞으로 십여 년 동안 몇 번이고 맹세할 약속이기도 했다. 알코올 중독자와 함께 살고 있는 여느 사람들과 마찬가지로 남편의 음주 문제가 닥쳐올 때마다 로이스는 죄책감과 슬픔, 밀려오는 사랑의 감정에 시달릴 수밖에 없었다.

더 이상 술을 마시지 않겠다는 남편의 약속이 지켜지지 않으면 로이스는 살던 집을 나와 클린턴 거리의 친정으로 가버렸는데, 만약 2주 동안 술을 마시지 않고 지내면 돌아오겠다는 편지도 남겨두었다. 그러고 나면 제발 집으로 돌아와 달라고 애걸복걸하는 빌의 편지가 도착했는데, 첫머리에는 교묘하고 멋진 말솜씨로 용서를 빌다가도 술에 취한 상태에서 썼는지 나중에는 마음 내키는 대로 대충대충 큼지막하게 휘갈겨 써내려갔다. 훗날 빌은 「익명의 알코올 중독자들」에서 다음과 같이 이야기했다. "친구들이 하나 둘씩 떠나자 내 주변에는 더 이상 충고를 해줄 사람이 아무도 없었고, 오히려 혼자 있는 편이 낫겠다 싶었다. 하지만 나의 부적절한 추태는 계속되었다. … 그렇다고 바람을 피운 일은 없었다. 정말로 로이스를 배신하고 싶지는 않았다. 너무나 취해서 그럴 정신이 없을 때도 있었지만, 어쨌든 아내에 대한 마음 때문에 그런 어려운 지경에 빠지지는 않을 수 있었다."(A.A., p.3)

난주를 하고 있으면 빌은 대부분의 성력을 주식 시상에 쏟아 부었다. 그리고 로이스는 캠핑 여행 동안 본 남편이 진짜 모습일 거라고 믿으며 계속해서 희망의 끈을 놓지 않았다. 로이스는 어머니에게 100달러를 빌려서 사이드카가 달린 할리-데이비슨 오토바이를 구입했다. 이 오토바이를 타고 두 사람은 버몬트에 사는 빌의 외할아버지를 방문했고, 그 다음에는 뉴잉글랜드 전역을 여행했다.

경탄할 만한 선견지명으로 밝혀질 생각, 사실상 모든 것을 구하게 될 발상을 빌이 떠올릴 수 있었던 것은 이따금씩 떠오르는 예리한 통찰력뿐만 아니라 바로 이 오토바이 덕분이기도 했다. 빌은 주식 시장이 돌아가는 원리와 사람들이 사고파는 과정을 유심히 지켜보면서 한 가지 깨달은 것이 있었다. 매입하려는 주식의 회사가 어떤 상황인지 충분히 알지 못한 채 많은 사람들이 거래를 하고 있다는 점이었다. 만약 농부라면 어디에 이상이 있는지 살펴보지도 않은 채 말이나 소를 절대로 사지 않을 텐데, 어째서 주식 시장의 경우에는 그런 과정도 없이 먼저 주식을 사야만 하는 것일까 하는 의문이 들었다. 시장 조사와 같은 개념이 생겨나기 오래 전부터 이미 빌은 그러한 아이디어를 생각해 낸 것이다.

17장 | 오토바이 방랑자들

로이스와 결혼한 1918년 1월부터 주택 자금 대출 회사에 압류 당하던 1939년 4월까지 클린턴 거리 182번지에 위치한 버넘 하우스가 빌에게는 세상의 중심이나 다름없었다. 정면에는 현관 계단이 길게 놓여 있고 뒤뜰에는 굉장히 키가 크고 오래된 플라타너스 한 그루가 한껏 매력을 뽐내고 있는 이곳은 로이스가 성장하고 학창 시절의 추억을 간직한 장소이다. 이 젊은 부부는 이곳에서 모퉁이만 돌면 바로 있는 스테이트 거리의 아파트에 처음 신혼집을 마련했는데, 우중충하고 지저분한 곳이었다. 이후 두 사람은 모두 돈을 벌기 시작했고 두 구역 너머에 있는 방 3칸 짜리 아파트로 이사를 했는데, 나중에는 리빙스턴 거리에 새로 지어진 값비싼 대형 아파트에 입주했다.

주식 시장이 붕괴되자 환영받지 못할 손님으로 버넘 하우스에 얹혀살 수밖에 없게 된 두 사람은 반복되는 빌의 음주 문제로 최악의 세월을 보내고 있었는데, 어쩌면 결국에는 그가 격리 시설이나 요양원에 들어가는 슬픈 이야기로 인생을 끝마칠 수도 있는 시간이었다. 마지막 입원 치료를 받고 나서 음주를 중단한 빌은 이곳으로 다시 돌아왔다. 커다란 창문으로 교회가 내다보이는 앞쪽 응접실은 앞으로 시행착오를 겪으며 힘들게 나아갈 최초의 '익명의 알코올 중독자들' 모임이 열릴 장소이기도 했다.

사람들로 북적거리는 애틀랜틱가는 브루클린 하이츠와 코블 힐이 만나는 지역으로, 긴 계단 입구와 칠제 난간이 있는 벽돌 건물이 줄지어 세워져 있다. 그 중에는 빌이 스케멜혼 거리 지하철역에서 내려 집으로 가다가 종종 들르던 술집도 있었다. 오늘날에도 그곳에 가면 70년 전의 분위기를 비슷하게 경험해 볼 수 있다. 지하철역에서 빠져 나와 나무가 우거진 스케멜혼 거리를 걷다 보면 한 때 로이스가 일하던 오래된 메이시 백화점과 브루클린 법학 전문대학 건물이 여전히 그 자리를 지키고 있음을 확인할 수 있다. 그리고 클린턴 거리에서 우측으로 바로 돌면 우아한 린텔이 돋보이는 버넘 하우스가 블록 끝에서 여전히 위엄을 과시하고 있으며, 스테이스 거리 혹은 애틀랜틱가에서 서쪽으로 향하면 저 너머로 푸른 바다와 넓게 펼쳐진 뉴욕 항구, 부두에 설치된 중장비를 어렵지 않게 볼 수 있다.

문명사회라는 측면에서 브루클린은 언제나 맨해튼의 대안으로 여겨져 왔다. 그리고 뉴욕의 어느 자치구보다도 사색가를 위한 장소이기도 했다. 광활한 땅덩어리를 차지하고 있음에도 이곳 사람들은 언제나 성실함을 잃지 않으면서도 작은 도시를 이루며 살았다. 유서 깊은 문학사적 전통과 여유로운 지리적 조건 덕분에 모든 계층의 이주민은 환영을 받으며 정착할 수 있었는데, 패기만만한 버몬트 출신의 젊은이에게도 예외는 아니었다. 하지만 클린턴 거리 182번지에는 이곳이 지니고 있는 역사적 의미를 알 수 있을 만한 그 어떤 명판도 존재하지 않기 때문에 예전에 이곳에서 살던 부부가 기꺼이 자기 정원과 거실, 지하실을 개방했었다는 사실을 알고 있는 사람은 거의 없다.

*　　　*　　　*

하지만 빌은 버넘 가족이 베풀어주는 환대뿐만 아니라 품위를 유지해야 하는 생활에도 답답함을 느끼기 시작했다. 마치 버터 통에 빠진 떠돌이 거지처럼 말이다. 빌의 음주가 늘자 로이스의 걱정도 함께 늘었다. 술에 취할 때마다 두 사람의 저녁 시간도 엉망이 되기 일쑤였다. 술을 마시지 않겠다고 약속하고서는 딱 한 잔만 마시는 것으로 마음을 바꾸었다. 하지만 아니나 다를까 한 잔이 두세 잔이 되고 눈 깜짝할 사이에 취해버렸다. 비틀거리면서 집 근처 술집에서 나오기가 부지기수였다. 함께 외출이라도 하는 날이면 로이스는 밤이 되서야 술에 취한 빌을 차에 태워서 집에 데리고 올 수 있었다. 그리고 다음 날 아침부터 시작해 끝날 줄 모르고 이어지는 말다툼은 의심할 여지없이 헛된 일이 되어 버렸고, 서로에게 큰 상처만 안겨 주었다. 잘못을 뉘우치며 다시는 술을 마시지 않겠다고 다짐하지만 그 약속은 공염불에 그칠 뿐이었다.

두 사람은 여행을 떠나는 것이 회복에 큰 도움이 될 거라는 생각에 입을 모았다. 빌은 로이스와 함께 할리-데이비슨을 타고 전국을 돌아다니면서 직접 시장 조사를 하고 기업 정보를 구할 수 있을 거라고 확신했다. 우선 스키넥터디에 있는 제너럴 일렉트릭부터 작업에 착수했다. 월가의 친구인 프랭크 쇼는 선금을 지불하기는 어렵지만 아이디어는 신선하다고 말해 주었다. 물론 로이스는 기막힌 아이디어라고 생각했다. 도시를 벗어난다는 것은 위험한 상황을 피해 안선한 곳에 있다는 것을 의미했다. 그리하여 1925년 4월에 이 젊은 부부는 시리아 출신 집주인에게 작별 인사를 하고 현금 80달러를 손에 쥐고서 살던 아파트를 나왔다. 사이드카에는 시어스 로벅 텐트와 군용 모포를 재봉하여 만든 침낭, 음식을 싼 방수낭, 라디오, 휘발유 난로, 옷을 넣은 군용 물품 보관함, 산업 분야 무디스 매뉴얼 4권을 실었고, 오토바이 한편에는 캠프 용품을 매달았다. 너무나도 신나고 큰 기대가 되는 여행이었다. 큰 길이 나오면 로이스가 직접 운전대를 잡기도 했다. 포키프시 근처 시냇가 풀밭에서 여행의 첫 번째 밤을 맞이한 두 사람은 불을 피우고 저녁을 준비했다. 이윽고 밤이 찾아왔고, 라디오에서는 노래가 흘러나왔다. 빌이 오토바이 배터리에서 전기를 끌어온 덕분에 텐트를 밝히는 등불 아래에서 책을 읽는 것이 가능했다. 다음 날 빌과 로이스는 아침 식사를 한 후에 주변을 산책했다. 텐트 앞 들판에는 제비꽃이 노랗고 푸른색으로 흐드러지게 피었고, 산중턱에는 새하얀 꽃잎의 혈근초가 자태를 뽐내고 있었다. 두 사람은 에메랄드 호수를 가기 위해 북쪽 방향으로 길을 떠났다.

그 후로 두 사람이 대서양 연안을 오르내리며 여행을 지속한 기간은

24개월이나 되었다. 서쪽으로는 펜실베이니아까지 갔고, 남쪽으로는 플로리다까지 내려갔다. 야외 흙바닥이 바로 숙소가 되었고, 개울가가 있으면 그것이 바로 목욕탕이 되었다. 때로는 큰맘 먹고 저렴한 호텔에 들어가서 사치스럽게 더운 물에 몸을 녹이기도 했다. 두 사람은 플로리다만 연안의 선상 가옥에서 살고 있는 빌의 어머니를 만나러 갔다. 이미 그녀는 찰스 스트로벨(Charles Strobel; 1870 – 1936; 암 전문의; 1923년에 에밀리는 그와 재혼함 – Pass It On, p.75)이라는 의사와 결혼한 상태였다. 어떤 경우에는 친구 집에 한 동안 머물기도 했다. 돈이 떨어질 때면 뜨벌이라도 했는데, 언젠가 한 번은 과수원에서 사과 따는 일을 한 달 동안 한 적도 있었다.

할리-데이비슨이 자꾸만 고장 났다. 엔진이 제대로 작동하지 않아서 덜컹거리거나 멈추었고, 아예 시동이 걸리지 않기도 했다. 타이어가 펑크 난다든지 바퀴살이 헐거워져서 떨어져 나가는 경우도 있었다. 다들 빌을 보고 타고난 기술자라고 말했던 것처럼 그가 직접 오토바이를 고치기도 했지만 그러지 못할 때도 많았다. 하지만 더 심각한 문제는 종종 예상치 못한 사고가 발생하는 일이었는데, 한 번은 오토바이가 방향을 틀어 도로를 벗어나면서 빌은 쇄골을 다쳤고 로이스는 무릎을 다쳤다.

여행이 어땠는지 설명해주는 그 어떤 자료 – 전기 작가인 로버트 톰센에게 빌이 털어놓은 이야기, 빌의 자서전, 로이스의 회고록과 편지 – 에서도 로이스가 불평불만을 늘어놓았다는 내용은 찾아볼 수 없다. 빌은 다음과 같이 회고했다. "음, 물론 모두가 그렇게 생각했을 거예요. 우리가 정말이지, 완전히 제정신이 아니라고요. 그 사이에 제 음주 문제는 훨씬 더 악화되고 있었지만 간혹 굴욕적인 사건이 있었던 경우를 빼고는 그 심각성을 전혀 깨닫지 못하고 있었지요. 그럼에도 로이스는 어떻게든 이겨내려고 했고 뭐라도 하면 제가 술에서 벗어날 수 있을 거라고 생각했던 것 같아요." 로이스는 남편에 대한 무조건적인 정절의 전통을 지닌 가문에서 자랐지만 놀라울 만큼 당당하고 쾌활한 성품을 가지기도 했다. 서로를 향한 애정이 지속될 수 있도록 가슴속 엔진이 계속해서 작동했던 이유는 담대하면서도 무모하기까지 한 빌의 천재성과 함께 기꺼이 같이하려는 로이스의 진실된 마음이 있었기 때문이며, 그것은 할리-데이비슨보다 훨씬 더 균형잡힌 엔진 소리를 내고 있었다.

여정은 스키넥터디의 제너럴 일렉트릭 공장에서 시작되었다. 이곳에서 있었던 일은 앞으로 빌이 조사하게 될 방향의 본보기가 되었다. 우선 정장을 빼입고 공장에 모습을 드러낸 빌은 주식 자본 상태를 평가하고 싶다는 의견을 제시했다. 정중하게 만남이 이루어졌고, 모든 질문에 답변이 이루어졌다. 하지만 빌은 알아낸 정보가 아무것도 없었고 시간만 낭비했다는 사실을 깨닫고는 물러날 수밖에 없었다. 그리고 돈이 떨어져서 남의 집에서 요리하고 농사짓는 일을 해야만 했다.

그곳에서 보낸 한 달이 끝나갈 무렵에 빌은 근처의 작은 도시인 스코샤에서 술집을 전전하고 있었다. 빌은 어느 한 술집에서 그곳에 있던 사내들과 대화를 나누기 시작했는데, 알고 보니 제너럴 일렉트릭에서 일하는 사람들이었다. 몇 잔의 맥주가 오가더니 그들은 친한 사이가 되었다. 술에 취한 사내들은 자기가 일하는 곳을 빌에게 보여주기로 했다. 제너럴 일렉트릭 연구소 전체를 둘러볼 수 있는 승인을 얻어낸 빌은 차세대 라디오를 포함해 생산품에 대한 출시 계획과 매우 귀중한 정보인 공장의 설비 목록을 들여다볼 수 있었다. 이튿날 빌은 의자에 앉아 프랭크 쇼에게 보낼 제너럴 일렉트릭에 관한 보고서를 상세하게 작성하기 시작했다.

펜실베이니아의 이집트에 있으면서 다음으로 선택한 목표는 자이언트 포틀랜드 시멘트 회사였다. 여태까지 빌에게 경험이라는 것은 배움의 과정에서 큰 역할을 차지하고 있었다. 이번에는 옷을 차려입고 윗자리에 앉아 있는 경영진을 만나는 대신에 조직의 밑바닥에서 시작해 보기로 했다. 취업 원서를 내고 회사에 출근하기 시작했다. 공장 내부는 얼마나 최신 설비로 되어 있으며 시멘트 한 통이 생산되는데 소비되는 석탄의 양과 작업 효율은 어떠한지 직접 눈으로 확인하고 나서 빌은 한 주당 15달러인 이 회사의 주식이 지나치게 저평가되었다는 사실을 깨달았다. 빌은 라이스 & 컴퍼니에 있는 프랭크 쇼에게 연락해서 회사가 자이언트 포틀랜드의 주식 5000주를 매입하도록 했고, 자신도 100주를 샀다. 주식의 가치는 75달러로 상승했다. 빌과 로이스는 이러한 방식 – 취업하기, 근로자들과 대화하기, 회사 평가하기, 주식을 사고 팔기 – 을 인광석 회사와 철강 회사, 고무 회사에도 동일하게 적용했다.

빌과 로이스는 키티의 결혼식(1926년 6월 17일에 결혼함 – Cole, p.19)에 참석하기 위해 뉴욕에 돌아왔다. 1927년이 되자 빌은 월가에서 성공한 사람으로 인정받았는데, 할리 데이비슨을 타고 다니기에는 너무나도 크게 성장했다. 닷지 자동차를 구매했고, 다음에는 패커드 자동차로 바꾸었다. 그리고 여느 사람들과 마찬가지로 여전히 술을 많이 마시고 있었다.

빌은 주식 시장이 폐장하는 오후 3시가 되기 전에는 술을 마시지 않는다는 원칙을 가지고 있었는데, 아내를 존중하는 뜻도 있었지만 새로 알게 된 동료들에게 자신이 얼마나 진지한 남자인지 보여주려는 의도도 있었다. 하지만 폐장을 알리는 벨소리가 울리면 돈뭉치를 주머니에 다급히 구겨 넣고서는 사무실을 빠져나와 위스키 몇 잔을 들이키며 도심을 빠져나왔다. 귀가하는 길에 순전히 긴장을 풀고자 마셨던 술은 그 다음에 또 한 잔 그리고 또 한 잔을 불렀다. 그리고 하루가 끝날 즈음에 브루클린으로 향하는 지하철을 탈 때는 이미 완전히 빈털터리가 되서 개찰구 회전식 문을 개구멍 빠져나가듯 통과해야만 했다.

18장 | 맨체스터 공항

빌은 통찰력 있는 애널리스트로서 그동안 이룩한 명성을 더욱 공고히 했다. 로이스와 빌에게 더 이상 오토바이는 필요치 않았다. 이제는 비싼 호텔에 묵고 정말 멋진 여행을 하면서 기업을 조사하기만 하면 되었다. 시장 조사에 대한 천부적인 재능은 신용매입을 하는 데에도 행운을 가져다 주었다. 빌은 소규모의 당밀 제조 회사인 페닉 & 포드에 많은 투자를 했는데, 그 보답으로 주가가 2-3배로 올랐다. 주식 시장은 상당한 호황을 누리고 있었고, 아무런 말도 하지 않을 것 같던 캘빈 쿨리지 대통령(John Calvin Coolidge Jr.; 1872 – 1933; 미국의 29대 부통령, 30대 대통령)도 다음과 같이 이야기했다. "미국이 할 일은 비즈니스이다."(원문에는 "the business of America was business."라고 되어 있으나 실제 그가 한 말은 "the chief business of the American people is business."이다)

'광란의 1920년대'라고 불리는 이 시기에 증시의 상승 장세는 예상보다 길게 이어졌고, 다른 이들과 마찬가지로 빌도 재정적 행운을 얻고 있었지만 가정생활은 맥없이 침몰하기 시작했다. 때로는 아무런 문제가 없는 것처럼 술을 마시기도 했지만, 적은 양으로도 엄청난 불행을 초래하는 경우가 훨씬 더 많았다. 매일 밤 빌은 집안 어디에서 마셨는지 기억도 하지 못한 채 몸을 제대로 가누지 못하고 이리저리 돌아다녔다. 때로는 느닷없이 주변 사람들을 함부로 대하거나 소름끼치도록 무섭게 돌변했는데, 상대방의 급소를 찾아내는 그의 타고난 능력 덕분이었다. 이렇게 급격히 추락하는 남편을 멈춰 세우기 위해 로이스는 할 수 있는 것이라면 뭐든 시도해 보았다. 술 마시러 밖에 나가지 못하도록 남편의 신발을 창 밖으로 내던진다든지 제발 술을 그만 마시라고 애걸복걸 매달리는 내용의 편지를 수십 장 썼고, 때로는 남편만 집에 남겨두고 친정에 가버리기도 했다.

하지만 로이스가 집에 돌아오면 빌은 숙취에 힘들어하면서도 잘못을 뉘우치는 편지를 넘치도록 썼는데, 정작 아무런 소용도 없는 짓이었다. 도로시의 남편인 레너드 스트롱 박사는 알코올 중독에 관하여 빌과 진지한 대화를 나누었는데, 점점 더 상태가 나빠지고 있다는 사실을 이야기해 주었다. 만약 그만두게 하지 못했다면 상황은 더욱 악화되었을 것이다.

레너드는 빌의 존경을 받고 있었지만 멀리서 지켜볼 수밖에 없는 상황이었다. 어느 누구도 빌이 얼마나 많은 술을 원하는지, 그러면서도 얼마나 절실하게 그만 마시고 싶어 하는지 알지 못했다. 빌은 술에 취해 있으면 분노라는 감정이 실제 자신의 일부이거나 오랜 세월 동안 겹겹이 쌓아 놓은 체면 밑에 숨긴 어떤 본연의 모습일 거라고 생각했다. 술 안에서 진리를 찾고 있었던 것이나 다름없었다. 때로는 예민해진 신경을 진정시키기 위해서 술을 마셨는데, 처음 한 모금은 언제나 경이로운 도취감으로 마음속을 채워 주었다. 그리고 집요하게 쫓아오는 불안 발작과 복받쳐 오르는 우울감을 이겨내기 위해서도 술을 마셨다. 이 시기에 빌이 경험한 가슴 두근거림과 메스꺼움, 그리고 자신을 향해 죽어가고 있다고 외치는 소리는 유년 시절의 오랜 두려움에서 비롯된 것이었다. 물밀듯이 공포가 밀려와도 몇 잔의 술만 있으면 씻어낼 수 있었다.

프랭크 쇼는 자신이 근무하고 있는 브로드 거리의 토비 & 커크(Tobey & Kirk; 주식 중개 회사 - Borchert, p.103)에 빌을 영입했는데, 사무실 내에서 그는 위엄 있고 존경을 받는 존재였다. 그리고 빌은 절대로 중절모를 벗지 않는 것으로도 유명했는데, 정말로 중요한 장소에서도 마찬가지였다. 사업 철학 및 기업과 주식의 동향을 파악하는 그의 능력은 사람들에게 경외심을 불러일으켰다. 1927년 여름, 쿠바산 설탕에 눈을 돌린 빌은 로이스와 함께 쿠바를 방문해서 왕족과 같은 대접을 받았다. 두 사람은 하바나에 있는 호화롭고 값비싼 세비야 호텔에 묵었고, 빌은 여느 때와 다름없이 지금까지 지내던 방식대로 생활했다. 낮에는 설탕 농장을 방문했지만 밤이 되면 계속해서 술에 취했다.

프랭크 쇼는 하바나에 있던 빌에게 음주 문제에 대한 우려의 편지를 보냈는데, 빌은 평소와는 달리 다시는 절대로 술을 마시지 않겠다는 약속의 편지를 급히 보냈다. 하지만 이 같은 상황은 그 후에도 되풀이되었다. "너무나도 심각한 장애의 멍에를 짊어지고 있습니다. 알코올 중독에서 벗어날 수만 있다면 얼마나 기쁠까요? 중독자로 살지 아니면 인간답게 살지 결단해야만 하는 중요한 기로에 서 있다는 것을 잘 알고 있습니다." 물론 빌은 시간이 갈수록 점점 중독자가 되어 갔는데, 그것도 다름 아닌 엄청난 재산을 소유한 중독자였다. 이 편지를 쇼에게 보내고 나서 그의 의지는 채 하루도 지나지 않아 무너지고 말았다.

브루클린으로 돌아온 두 사람은 리빙스턴 거리에 있는 아파트를 빌렸다. 생각만큼 으리으리하지 않았기 때문에 옆집도 빌려 벽을 허물었고, 엄청난 크기의 거실과 함께 2개의 침실, 2개의 욕실, 그리고 2개의 주방을 만들었다. 빌은 사업을 더욱 확장했고, 월가의 또 다른 무역업자인 조 허쉬호른(Joseph Hirschhorn; 월가의 거물, 백만장자 – Hartigan, p.47)을 위해서 기업 조사를 진행했다.

주식 시장이 붕괴(1929년 10월 말부터 시작된 대공황)되기 딱 1년 전인 1928년 10월에 빌은 또 한 번 가족용 성경책에 다시는 술을 마시지 않겠다는 맹세의 글을 썼다. "너무나 많은 것을 참고 견디어준 나의 사랑하는 아내에게, 영원히 술과 종지부를 찍겠다고 맹세한 그 약속의 증표를 여기에 남깁니다." 하지만 술을 마시지 않겠다는 맹세를 또다시 지키지 못하자, 빌은 11월에도 닳아 해진 성경책에 다시 한 번 글을 썼다. "당신을 향한 사랑 속에서 더할 나위 없는 새로운 힘을 다시 얻고 있습니다." 그리고 1929년 1월이 되었어도 상황은 달라질 것이 없었다. "그만 마시겠다고 당신에게 한 번 더 말하면 … ."

1929년 1월, 빌은 언제나 위안이 되던 장소인 버몬트에 가기 전에 올버니에 잠시 들러 죽마고우인 에비 대처를 만났다. 두 사람은 술을 마시기 시작했고, 잔뜩 취해 시끌벅적하게 떠들며 올버니 공항으로 향했다. 맨체스터까지 기차를 이용하는 대신 비행기를 타기로 작정한 것이다. 맨체스터 공항은 아직 이용할 수 없었지만 노련한 두 사람에게 이런 상황은 별 문제가 되지 않았다. 술주정뱅이 빌과 에비는 새로 건설된 맨체스터 공항까지 비행기를 몰고 갈 조종사 한 명을 찾아내는데 성공했다.

술 취한 세 사람은 비행기에 술병을 싣고서 아찔한 공중 곡예를 시작했다. 남부 버몬트를 지나 북쪽을 향한 비행기는 덜컹덜컹 흔들리며 눈 덮인 맨체스터에 도착했다. 날씨가 추웠던 그날 때마침 공항에서는 운항 개시를 축하하는 환영 위원회가 열리고 있었다. 맨체스터 빌리지의 풍경이 세 사람의 눈에 들어왔다. 그곳에는 이퀴녹스 호텔의 소유주인 오비스 부인이 참석하고 있었고, 마을 악단은 음악을 연주하고 있었다. 비행기가 착륙했을 때 빌과 에비는 술에 취해 제정신이 아니었다. 조종실에서 미끄러지듯 빠져나온 세 사람은 아무런 말도 하지 못한 채 위원회에 참석한 사람들 앞에 드러누웠다. 다음 날 빌은 눈물이 멈추지 않았다. 숙취에 어릿거리면서도 죄책감에 시달려 이리저리 방황할 뿐이었다.

하지만 빌은 봄이 오는 동안 맨체스터에 있으면 자신이 구원을 받을 수 있을 거라고 생각했다. 열광적인 환영 대접을 받은 사건은 빌에게 나름의 영향을 끼쳤다. 프랭크 쇼와 함께 하던 일을 그만 두고 북부 지방에 머무르기로 마음먹었다. 혼자서 일을 시작해보기로 한 것이다. 애써 힘들게 일하고서 어째서 그 몫을 다른 사람과 나누어 가져야 하는가? 둘도 없는 천재성을 지닌 외톨이 늑대가 될 심산이었다. 버몬트에서 지내는 동안 빌은 잃어버린 물건을 되찾겠다는 심정으로 골프를 배우는데 열정을 쏟아부었다. 하지만 골프를 치지 않을 경우에는 자신의 성공에 흡족해하며 회심의 미소를 짓곤 했다. 한때는 이곳에서 시골 청년으로 살았지만 이제는 햇볕에 그을린 부자들과 함께 친분을 맺으며 엑워녹의 페어웨이를 걸었다. 동도싯 잡화점에서 빌린 삐그덕거리는 사륜마차를 타고 멀리서 바라볼 수밖에 없었던 그 장소에 거물이 되어 나타난 것은 일종의 복수이기도 했다. 페닉 & 포드의 주가는 55달러로 치솟았고, 세상만사는 더할 나위 없이 잘 되어가는 듯 보였다.

19장 | 몬트리올

1929년 봄에 주식 시장이 침체되기 시작하자 빌은 조치에 나섰다. 페닉 & 포드의 주가를 부풀리기 위해 추가로 주식을 매입했고, 심지어 어머니를 설득해 900주를 사도록 했다. 10월 23일에 처음으로 시장 동요가 있었지만 빌은 그다지 놀라지 않았다. 이런 상황이 올 것을 예상하고 미리 준비를 해놓았다고 생각했기 때문이다. 하지만 다음 날 암흑의 목요일(1929년 10월 24일)이 찾아오자 거의 모든 종목에서 1천 3백만 주의 주식이 헐값에 팔렸고, 주가는 폭락하기 시작했다. 주가가 바닥을 쳤다고 다들 생각했다. 하지만 그 다음 주인 10월 28일과 비극의 화요일인 29일이 되자 주가는 다시 한번 폭락했는데, 1천 6백만주의 주식이 처분되었고 보통주 액면가에서 300억 달러가 휴지 조각처럼 날아가 버렸다. 페닉 & 포드의 주가도 32달러로 폭락했다.

최고의 기량을 보여주던 주식의 귀재는 며칠 사이에 6만 달러의 빚을 진 빈털터리가 되고 말았다. 도전을 마다하지 않는 여느 알코올 중독자와 마찬가지로 빌은 몬트리올의 그린실드 회사에서 중개업자로 일하고 있는 오랜 친구인 딕 존슨에게 전화를 걸었다. 왜냐하면 캐나다의 주식 시장에 불어온 불황은 미국과는 똑같은 방식으로 오지 않았고 과거에 그와 함께 여러 차례 상거래를 하면서 수익을 남긴 경험이 있었기 때문이다.

곧바로 빌과 로이스는 몬트리올로 이사했다. 그리고 페닉 & 포드의 주가도 55달러로 회복되었다. 당분간 이곳에서 지낼 호사스런 아파트를 하나 빌렸는데, 아래로는 세인트로렌스강이 흘렀고 저 멀리 남쪽에는 버몬트산맥이 뻗어 있었다. 맑은 날이 되면 마치 지금까지 살아온 세월이 눈앞에 그려지는 듯했다. 빌은 골프를 즐겼다. 그리고 술도 마셨다. 앞으로는 절대로 마시지 않겠다며 약속을 하면서도 말이다. 하지만 또다시 술을 마셨다. 그린실드에 들어가서 처음 일할 때는 모든 것이 잘 풀리는 듯했다. "마치 엘바섬에서 돌아온 나폴레옹이 된 것 같은 기분이었어요."

1930년이 되자 딕 존슨은 빌이 술 마시고 저지르는 행태 – 마감 시한 넘기기, 화내며 추태 부리기, 잠적해버리기 – 에 진절머리가 났다. 그리고 급기야 해고를 시켰다. 겨우 10개월 일하고서 이 낯선 도시에 무일푼으로 내버려진 빌은 분노를 감추지 못했다. 빌과 로이스는 집으로 돌아가기 위해 돈을 빌려야만 했다. 티파니에서 선물 받은 자수정이 박힌 결혼반지를 잃어버린 사건은 두 사람의 앞날을 알리는 징조처럼 보였다. 로이스는 어머니에게 재정적으로 도움이 필요하다는 편지를 썼고, 빌은 생명보험 증권을 현금으로 바꾸었다.

로이스는 브루클린으로 돌아갔지만 빌은 아파트와 패커드 자동차를 처분하기 위해 몬트리올에 남았다. 술은 마시지 않기로 결심했다. 하지만 그렇게 마음먹을수록 마시고 싶은 욕망에 더욱 압도되는 것만 같았다. 원래 살던 집으로 돌아갈 때도 되었건만 마냥 허송세월을 보내고 있었다. 며칠 동안 밤낮으로 술 마시고 나서 어느 날 정신을 차린 빌은 예전에 버넘 가족이 휴가를 보내던 에메랄드 호수의 야영지에 자신이 와 있다는 사실을 깨달았다. 그리고 어떻게 친구 사이가 되었는지 기억도 나지 않는 낯선 사람이 옆에 있었고, 호주머니에는 돈 한 푼 남아있지 않았다. 다행히 로이스의 부모님은 빌과 로이스가 버넘 하우스에서 함께 지낼 수 있도록 해주었다. 하지만 비극적인 일이 이 가족을 기다리고 있었다. 로이스의 어머니가 골종양에 걸려 죽음을 피할 수 없는 지경에 이른 것이다. 어머니 역할을 대신 해주던 외할머니를 향해 그동안 마음속에 간직하고 있던 사랑조차도 빌을 음주로부터 지켜내지는 못했다. 오랫동안 술에 잔뜩 취해 몽롱한 정신 상태에서 헤어 나올 수 없었기에 장모님의 병환과 죽음, 장례식 등의 모든 일은 그의 기억속에 어렴풋이 남을 뿐이었다.

빌과 로이스는 모르고 있었지만 클라크 버넘 박사의 재정 상태도 휘청거리고 있었다. 그 어떤 상황에서도 빌의 음주는 계속되었다. 조 허쉬호른의 파티에서도, 엑워녹 컨트리클럽에서도, 그리고 마지막으로 안착한 맨해튼의 스탠리 통계 회사에서 주급 100불을 받으며 일할 때에도 여전히 빌은 술에 취해 있었다. 퇴근 후에는 지하철을 타러 가는 길에 있는 술집에 종종 들렀는데, 한 번은 술 취한 상태로 길거리에서 2명의 불량배와 싸움을 벌인 적도 있었다. 빌은 술을 마시면 당시에 무슨 일이 있었는지 다음날 아침에 제대로 기억하지 못했을 뿐만 아니라 이러다가는 그 어떤 범죄라도 저지를 수 있겠다는 사실을 조금씩 깨닫기 시작했다. 그리고 이러한 현실이 너무나도 무섭게 다가왔다. 하지만 술을 마시지 않으려고 발버둥을 치면 칠수록 더 많은 술을 마셨다. 로이스는 보로홀에서 그리 멀지 않은 R. H. 메이시 백화점에 취직했는데, 카드 게임용 접이식 테이블을 전시하고 있는 가구 매장에서 일하면서 생활비로 주당 19달러를 벌었다. 그녀는 매일 출근할 때마다 예전에 살던 리빙스턴 거리의 아파트를 지나쳐야만 했다.

1932년이 되자 많은 우량주들이 생각보다 훨씬 더 낮은 가격으로 거래되기 시작했는데, 빌은 주식 인수 조합을 결성해 다시 한 번 재기의 기회를 노렸다. 키티의 남편인 가드너 스웬첼과 월가의 거물인 아서 휠러, 프란 와이넌스의 도움을 받아 주식 구매 관련 모임을 시작했다. 빌의 실력은 월가에서 높이 평가되고 있었지만 음주 이력이 마음에 걸렸던 휠러와 와이넌스는 다음과 같은 내용이 계약서에 포함되도록 요구했다. '만약 술을 마시게 되면 조합에서 해고되고 이익금은 없을 것이다.' 빌은 계약이 성사된 것에 기뻐했다. 돌아온 탕아로 재기의 기회를 노릴 수 있게 된 것이다.

얼마 동안은 멋지게 일이 진행되었다. 빌은 술을 마시지 않았고 조합은 돈을 벌어들였다. 빌은 다시 한 번 월가의 중요 인물이 되었다. 로이스는 미장원에 가서 머리도 새로 하고 예쁜 드레스도 몇 벌 샀다. 두 사람은 처음 느꼈던 것처럼 다시금 사랑에 빠지는 듯했다. 저녁 식사를 하면서 버넘 박사가 그간의 형편과 주식 시장의 전망에 대해 물어보자 빌은 입심 좋게 자신이 벌이고 있는 사업과 지금까지 살아온 인생 이야기를 늘어놓았고, 버넘 박사와 로이스는 넋을 빼앗긴 듯 귀 기울여 들었다. 주변 사람들은 영리하고 솜씨가 뛰어난 이 사람이 자신들 사업에 다시 들어온 것에 기뻐했다. 빌은 증권 분석을 해준 댓가로 돈을 받는 등 사업 영역을 더욱 넓혔으며 능숙하게 일처리를 해나갔다. 어디를 가든 식량 배급을 기다리는 실업자들의 행렬이 길게 늘어서 있었고, 회생할 가능성이 보이지 않는 부랑인들을 태운 열차가 매일같이 뉴욕으로 유입되고 있는 암울한 시절이었지만, 빌은 한창 잘나가고 있었다.

빌은 중개인 동료들과 함께 뉴저지의 바운드 브룩으로 1박 2일 여행을 떠났다. 파테 연구실에서 진행하고 있는 새로운 사진 촬영 기법을 구경할 목적이었다. 모두가 카드 게임을 하고 있었는데, 누군가가 빌에게 사과 브랜디 한 잔을 권했다. 빌은 "아니야, 괜찮아. 평생 마실 술을 이미 다 마셨거든." 이것은 빌이 술을 거절하는 나름의 대응 방식이었다. 알코올 중독자에게는 거센 파도가 들이치는 것과 같은 위기가 자주 찾아올 수 있다. 하지만 최악의 날이라 하더라도 많은 알코올 중독자들은 보란 듯이 냉정함을 잃지 않는다. 느긋하게 샤워를 한 다음 여느 사람들처럼 멋지게 옷을 차려 입는다. 뭔가 숨길 것이 있기에 대부분의 사람보다 깔끔하게 옷을 잘 입는다. 그리고 날렵하고 재치가 있으며 정말로 활기가 넘친다. 몰래 숨겨둔 비밀의 에너지가 있기라도 한 듯이 말이다. 기적과도 같이 5번째 재기에 성공한 빌을 기념하는 특별한 그날 저녁, 그 사과 브랜디 – 때로는 '저지의 번갯불'이라고 불렸다 – 가 평범한 술이 아니라는 말이 빌의 귀에 들어왔다.

1958년에 빌은 동도싯의 친구인 마거릿 헤이븐에게 편지를 썼다. "안타깝게도 성인이 되고 나서 20년 동안의 세월은 결코 잘나가던 때라고 말하기는 어려울 것 같아. 하지만 내게는 정말이지 고마운 시간이었어. 고통과 패배감을 경험해야 했지만 결국에는 A.A.가 결성되는 원동력이 되었지." 뉴잉글랜드에서 보낸 유년 시절과 부모의 이혼, 버사 뱀포드의 죽음까지 이 모든 고통과 패배감은 30대가 되어서도 계속되었다.

롤러코스터와도 같은 인생의 영고성쇠를 겪어 온 빌은 불혹의 나이를 바라보고 있었다. 뉴저지에서 보내던 그날 밤, 여전히 '저지의 번갯불'은 절대로 마시지 않겠다고 생각하고 있었지만 손은 이미 술병을 향하고 있었다. 다음 날 아침 햇살에 눈이 부셔 깨어 보니 함께 온 동료들은 벌써 파테 연구실로 출발하고 아무도 없었다. 방 한구석을 보니 어제 먹다 남은 술이 그대로 있었다. 빌은 그것을 모두 해치운 다음 종업원을 불러서 좀 더 술을 가져오라고 시켰다. 그러고는 브루클린으로 돌아갈 때까지 3일 내내 취해 있었다.

훗날 빌은 다음과 같이 글을 썼다. "월가에 복귀하자 친구들 모두가 유감스럽다는 말 외에는 아무 말도 하지 않았다. 할 수 있는 것은 아무것도 없었다. 가끔은 처리해야 할 업무가 있는 날에도 아침부터 취해 있었다. 짜증이 나면 눈에 잘 보여야 하는 사람들에게도 욕을 해댔다. 때로는 사무실에서 질질 끌려 나오기도 했다." 1933년이 되자 금주법이 폐지되었는데(1933년 12월 5일), 단지 빌에게는 술 마시는 장소가 주류 밀매점에서 술집으로 옮겨지는 의미 밖에는 없었다. 그해 5월에는 로이스의 아버지가 재혼했다. 버넘 박사는 이사하면서 살던 집을 딸 내외에게 넘겨 주었는데, 빌은 그 사실을 전혀 눈치채지 못하고 있었다. 빌은 미끄러지듯 점점 굴욕감의 늪에 빠져들고 있었다. 골프를 치러 나간다며 며칠 동안 연락이 안되더니 벼룩이 들끓을 것만 같은 할렘 지역의 나오미 호텔에서 쫓겨나 결국에는 철창 신세를 지고 말았다. 때로는 모든 것을 로이스 탓으로 돌렸다. 빌은 분노에 사로잡혀 아내에게 재봉틀을 집어 던지고는 집안 여기저기를 서성이며 문짝 여러 개를 발로 차 부수었다.

여름이 되자 빌과 로이스는 도로시의 초대를 받고 버몬트로 향했다. 스트롱 박사의 집안사람들이 모두 휴가를 떠나는 바람에 몇 달간 여동생 집에 머물며 시간을 보낼 수 있었다. 예전에는 이곳의 자연 경치 속에서 멋들어지게 고독을 즐기고 있다 보면 술 마시는 것이 자제가 되었지만, 이제는 더 이상 수습이 불가능한 지경에 이르렀다. 빌은 자신이 마치 버몬트의 소로가 된 듯한 착각에 빠졌다. 낮에는 농사일을 했다. 그리고 날이 저물면 밤새도록 술을 마셔 대면서 프랭클린 루스벨트 대통령(Franklin Delano Roosevelt; 1882 – 1945; 미국의 32대 대통령)에게 분노가 담긴 편지를 여러 통 작성했다. 화가 난 빌은 대통령이 판단을 잘못하고 있다고 생각했다. 그뿐만이 아니었다. 조 허쉬호른을 비롯해 자기를 화나게 만드는 사람이라고 생각하는 모든 사람에게 편지를 썼다. 로이스는 남편이 쓴 글들이 발송되지 못하도록 미리 손을 썼는데, 지금까지도 그 편지 대부분은 베드포드 언덕의 기록 보관소에 남아 있으며, 역사가들 외에는 어느 누구에게도 접근이 허용되지 않고 있다. 주택 자금 대출 회사가 집에 대한 담보권을 행사하기 시작했다. 하지만 빌이 그토록 핏대를 세우며 고래고래 고함을 지르던 루스벨트의 뉴딜 정책 덕분에 버넘 하우스에 대한 지불 유예가 결정되었고, 로이스는 메이시 백화점에서 받은 봉급으로 매달 조금씩 갚으면서 집을 지켜낼 수 있었다.

부르클린으로 돌아오자 빌의 음주는 더욱 심각해졌다. 아내의 지갑에서 돈을 몰래 꺼내 술을 마셨고, 창문에서 뛰어내리고 싶은 충동도 자주 느꼈다. 어느 날 밤 로이스는 남편이 위층의 침대 매트리스를 1층으로 끌어내리는 장면을 목격했다. 빌은 위층에서 자는 것이 두려웠는데, 뛰어내릴지도 모른다는 생각 때문이었다. 이렇게 사는 것은 정말로 무의미하다고 생각했다. 1933년 가을이 되자 빌은 회복될 가망이 더욱 없어 보였다. 스트롱 박사는 다시 한 번 알코올 문제에 관해 빌과 오랫동안 대화를 나누고 나서 한 가지 해결책을 제안했다. 그러는 동안 빌은 자신이 진심으로 변화를 원하고 있다는 사실을 확신할 수 있었다. 그저 못하고 있을 뿐이지 정말로 원하고 있었던 것이다. 스트롱 박사는 빌에게 센트럴 파크 웨스트에 있는 찰스 B. 타운스 병원에 입원하면 병원비를 대신 지불해주겠다고 약속했다. 그곳은 비용이 많이 드는 알코올 중독 치료 병원이었다.

빌은 입원에 동의했다. 하지만 첫 번째 입원(1933년 가을경; 첫 번째와 두 번째 입원은 의무 기록 분실로 인해 치료 과정이 명확하지 않음 – Kurtz, p.310)은 몇 주 동안 술을 마시지 않도록 한 것 외에는 그다지 성공적인 치료가 되지 못했다. 1934년 11월, 빌은 자신의 인생 이야기에서 유명한 등장인물이 된 에비 대처를 집으로 불렀다. 오랜만에 마음이 통하는 술친구와 의기투합할 요량이었다. 어쩌면 두 사람은 맨체스터 공항에서 벌였던 '취객의 급습'을 떠올리며 과거를 회상할 수도 있었다. 인생을 살면서 경험한 굴욕적인 사건이 때로는 낭만적인 이야기가 되기도 하기 때문이다. 하지만 맨해튼의 갈보리 선교구에서 지내고 있던 에비는 이미 프랭크 부크먼(Franklin Nathaniel Daniel Buchman; 1878 - 1961; 미국의 루터파 교회의 목사)이 설립한 옥스퍼드 그룹(Oxford Group; Frank Buchman이 설립한 기독교 단체) 모임에 나가고 있었고, 음주도 중단한 상태였다.

이 기독교 단체가 일으킨 부흥 운동은 나중에 도덕 재무장 운동으로 명칭이 바뀌어 발전하는데, '명상, 행동에 대한 기독교 원리 고수, 신자가 이해하게 된 대로 신의 존재를 믿음'과 함께 다음의 6가지 교리를 강조했다.

1. 인간은 모두 죄인이다.
2. 인간은 변할 수 있다.
3. 변하기 위해서 없어서는 안 될 전제 조건은 죄에 대한 고백이다.
4. 변화를 이룬 영혼은 신 앞에 바로 다가설 수 있다.
5. 기적의 시대가 도래했다.
6. 변화를 이룬 영혼은 다른 사람도 변할 수 있도록 해야 한다.

에비 대처가 버넘 하우스 주방에 찾아갔던 이유는 이러한 6가지 교리 정신 덕분이었다. 에비의 방문이 있을 무렵, 버넘 가족과 아내에게 큰 실망을 준 빌은 이미 눈 밖에 난 상태였고 대부분의 시간을 지하 주방에서 보내고 있었다. 빌은 그를 반기며 파인애플 주스를 따라 주었다. 그러고 나서 1층 욕실의 변기 물탱크 안에 숨겨두었던 진 한 병을 꺼내 들었다. 그 당시에 에비는 A.A.가 탄생할 수 있었던 그 기원에 뿌리 깊이 몰두하고 있었다. 한때는 빌이 가장 좋아하는 최고의 술친구 중 한 사람이었지만 이제는 단주가 가능하다는 말을 전하고 있었다.

에비가 가석방(비가 내리던 날, 술 취한 상태에서 지붕위에 있는 비둘기를 잡으려고 총을 쏘았는데, 이웃의 신고로 체포되었고 재판을 받음 – Mel B., p.52–59)될 수 있도록 재판 담당자와 협상하는 일을 시작으로 그를 옥스퍼드 그룹에 데려가서 단주할 수 있도록 이끈 사람은 롤런드 해저드(Rowland Hazard; 1881 – 1945; 「익명의 알코올 중독자들」 2장의 실업가)였다. 어느 여름날, 롤런드는 버몬트 베닝턴 인근에 있는 자신의 휴양용 별장에서 옥스퍼드 그룹 하우스 파티를 열었다. 이곳에서 그는 오랜 친구인 에비가 한 때 버몬트 정신 병원으로 불리기도 했던 브래틀보로 요양소에 수감될 것이라는 사실을 알게 되었다. 그와 옥스퍼드 그룹 동료들은 에비가 회복할 가망이 있다고 보고 모임에 들어올 수 있도록 했다.

롤런드도 한때는 술 마시는 것을 멈출 수 없는 알코올 중독자였다. 할 수 있는 것은 모두 해보았는데, 스위스로 건너가 취리히의 유명한 정신과 의사인 칼 구스타브 융(Carl Gustav Jung; 1875 – 1961; 분석심리학의 창시자) 박사에게 치료를 받기도 했다. 치료 결과는 성공적이지 못했는데, 융은 그에게 대부분의 알코올 중독자는 회복할 가망이 없다고 말해 주었다. 그리고 지금까지 오직 영적인 경험이 있었던 알코올 중독자의 경우에만 치유되는 것을 보았다며 덧붙여 이야기했다.

여전히 알코올 중독에 시달리고 있던 롤런드는 뉴욕으로 다시 돌아올 수밖에 없었는데, 옥스퍼드 그룹에 가입해서 회심을 경험한 후에야 음주를 중단할 수 있었다. 인생을 바꿀 그 어떤 회심을 경험하지 않는 이상 알코올 중독자는 가망이 없다라는 생각은 이제 에비를 통해 빌에게 전달되었다. 1961년, 빌 윌슨은 A.A.의 공동 설립자 자격으로 융에게 편지를 보냈다. "당신께서 롤런드 씨를 치료하신 일은 '익명의 알코올 중독자들' 모임을 설립하는데 영향을 준 일련의 사건들 가운데 첫 번째 연결 고리가 되었던 것입니다."(1961년 1월 23일에 빌은 융이 A.A.에 기여한 바를 감사하는 내용의 편지를 썼고, 융은 일주일 뒤인 1월 30일에 답장을 보냈다. 그리고 그해 3월 20일에 빌은 다시 편지를 보냈지만 융은 답장을 보내지 않았다. 그러고 나서 얼마 뒤 1961년 6월 6일에 융은 세상을 떠났다. - Pass It On, p.381-386)

에비와 빌이 버넘 하우스 주방에서 주고받았던 대화는 실패로 끝난 것처럼 보이지만, 실제로는 두 사람 모두 짐작조차 할 수 없을 만큼 성공적인 만남이었다. 그 후로 에비는 여러 해에 걸쳐서 재발과 회복을 반복했는데, 여러 번 위기에서 빌의 도움을 받았음에도 결국에는 무일푼으로 생을 마감했다(1966년 3월 21일 사망 당시에 에비 대처는 약 2년 반 동안 단주를 유지하고 있었다. - Mel B., p.143). 하지만 그날 저녁에 그가 보여준 순수한 열정은 훗날 수백만 명의 사람들에게도 커다란 영향을 주었다. 어쨌든 그 당시 빌은 오랜 술친구가 새롭게 단주하고 있다는 사실에 몹시 충격을 받았다. 빌은 다음과 같이 썼다. “정말로 깜짝 놀라 넋이 나갈 지경이었다. 정말로 그랬다. 지난 여름에는 괴짜 알코올 중독자였지만 이제는 종교에 빠져 조금 미쳐버린 것이 아닌가 의심했다.” 11살에 교회를 나가지 않은 뒤로 빌은 종교에 대한 혐오감과 불신을 허문 적이 없었다. 에비는 윤이 나는 조그만 에나멜 식탁 – 지금은 뉴욕 베드포드 언덕의 ‘징검다리’ 주방에 옮겨져 있다 – 에 앉아 갱생과 구원에 관한 결정적인 말을 빌에게 남기고 떠났다. 그것은 이미 뉴잉글랜드에서 보내던 유년 시절부터 빌이 이해하고 있던 것이었다.

20장 | 타운스 병원

센트럴 파크 웨스트 293번지에 자리 잡고 있는, 빅토리아풍의 화려한 석재와 흰색 벽돌로 지어진 타운스 병원은 1920년대에 알코올 중독 치료로 유명세를 타고 있었다. 이곳의 설립자인 찰스 타운스는 체조 운동 옹호자이면서 지나칠 정도로 건강에 집착한 사람이었다. 그 당시 이른바 타운스-램버트 치료라고 하는 것은 벨라도나에 말린 산초나무 껍질, 사리풀과 같은 원료를 섞어 만든 혼합물을 환자에게 투여한 다음, 설사를 유도하기 위해 마지막으로 피마자기름을 투여하는 중독 치료법이었다. 타운스는 긴장을 완화시키기 위해 알약을 처방했는데, 그것은 주로 포수클로랄(chloral hydrate; 수면 진정제)이었다. 이 병원에는 병원비를 선불로 낼 수 있거나 재정 보증인이 있는 사람들의 경우에만 입원할 수 있었다.

윌리엄 던컨 실크워스(William Duncan Silkworth; 1873 - 1951; 미국의 의사, 알코올 중독 치료 전문가; 「익명의 알코올 중독자들」에 '의사의 의견' 편지를 씀; '평생에 걸쳐서 4만 명 이상의 알코올 중독자를 치료했다.' - Mitchel, p.170)는 이 병원의 과장으로, 프린스턴 대학교를 졸업한 후에 뉴욕 대학교에서 의사 학위를 받았다. 1929년 대공황이 닥치자 그는 지금까지 모은 재산을 모두 잃었는데, 타운스가 요청한 알코올 중독 치료라는 임무를 띠고 병원에 들어왔다('언제부터 이 병원에서 근무했는지는 기록마다 다른데, Kurtz는 1924년, 「Pass It On」에서는 1930년, 다른 여러 자료에서는 1932년으로 되어 있다. 대공황으로 재산을 잃은 후인 1930년, 혹은 그 이후에 병원에 들어갔다라는 정황이 신뢰할 만하다.' – Bob, p.129). 훗날 빌 윌슨은 그를 다음과 같이 불렀다: '알코올 중독자를 사랑한 작고 귀여운 의사'.

이미 가망 없는 환자였던 빌 윌슨이 실크워스 박사의 알코올 중독 이론을 알게 된 것은 타운스 병원에 두 번째 입원했을 때였다. 실크워스 박사는 알코올 중독이라는 것이 의지력이라든지 그 밖의 무언가가 부족해서 생긴 문제가 아니라 오히려 알코올에 알레르기가 있기 때문이라고 믿었다. 알코올 중독자가 언제든 술을 마시면 이 알레르기 반응 때문에 '갈망 현상'이 일어난다는 것이다. "이러한 유형의 알레르기를 가진 사람은 어떤 형태의 술이든지간에 절대로 안전하게 사용할 수 없습니다. 일단 상습적으로 사용하여 중독에 빠지면 중단할 수 없다는 것을 알게 되고, 자신감뿐만 아니라 인간이라는 대상으로부터 신뢰감마저 잃어버리고 나면 믿기 어려울 정도의 해결할 수 없는 여러 문제들이 쌓이게 됩니다."(A.A., p.xxviii) 완전히 무너져 버린 빌은 이 모든 말들이 자신의 이야기를 하는 것처럼 마음에 크게 와닿았다. 실크워스 박사는 알코올 중독이 알레르기 반응이기 때문에 결핵을 의지로 물리칠 수 없는 것처럼 이 역시 마찬가지

일 거라고 설명했다.

빌은 구원의 길을 찾았다고 생각했다. 이제서야 알코올에 알레르기가 있다는 것을 알게 되었고 모든 것을 이해했다고 생각했다. 아무런 문제없이 마실 수 없기에 당연히 앞으로는 마시지 않게 될 거라고 믿었다. 로이스도 마찬가지로 모든 문제가 끝났다고 생각했다. 그래서 그녀는 집안을 꽃으로 가득 채웠고, 남편이 좋아하는 음식들을 요리했다. 주방에서 풍기는 통닭구이 냄새와 인디언 푸딩 냄새가 계단까지 퍼져 나갔다.

이 당시에 빌은 한두 달 정도 단주를 유지했다. 하지만 얼마 지나지 않아 술을 다시 마셨고, 로이스는 다니던 백화점을 그만 두고 남편과 함께 버몬트로 떠났다. 여태까지 그곳에 가면 항상 호전되었기 때문이다. 하지만 이번에는 달랐다. 한번은 낚시를 하러 갔는데, 먼저 온 한 어부가 술을 챙겨가지고 온 것이었다. 그리고 이런 일도 있었다. 치과 치료를 받기 위해 택시를 탔는데, 치료에 쓸 돈을 택시 운전기사와 함께 술 마시는데 모두 써버렸다.

1934년 7월, 빌은 타운스 병원에 다시 입원해야만 했다. 실크워스 박사는 더 이상 술을 마셔서는 안 된다고 빌을 설득했다. 그렇지 않으면 정신 병원에 계속 갇혀 있어야 할 수도 있는데, 어쩌면 한 해가 끝날 때까지 있어야 한다고 이야기했다. 빌은 어린 시절에 그리피스 할아버지와 함께 자동차를 타고 가다가 브래틀보로에 있는 정신 병원을 지나갔던 일이 떠올랐다. 보슬비가 내리고 있었지만 울타리 너머에 있는 입소자들은 하나같이 발을 질질 끌며 이리저리 배회하고 있거나 쪼그리고 앉은 채 멍

하니 한 곳만을 응시하고 있었다. 너무나도 비참한 광경이었다. 이 당시에 빌은 술이 자신에게 어떤 영향을 끼치고 있는지 잘 알고 있다고 확신했다. 몇 주 동안은 술을 마시지 않았고, 로이스도 백화점에서 일을 다시 시작했다.

1934년 제1차 세계 대전 휴전 기념일(Armistice Day; 1918년 11월 11일)에 빌은 스테이튼 섬에서 골프를 치며 하루를 보내기로 마음먹었다. 그곳에서 만난 한 남자가 잠깐 쉬면서 술이나 한 잔 하자고 했다. 빌은 점심 식사를 함께 했지만 상대방의 음주 권유를 정중히 거절했고 왜 마실 수 없는지도 해명했다. 빌은 낯선 친구가 자신의 말에 귀를 기울이자 알코올 중독이 어떤 병인지에 관해 자세히 이야기해 주었고, 실크워스 박사가 말한 알레르기 이론과 옥스퍼드 그룹의 교리에 대해서도 덧붙여 설명해주었다. 하지만 바텐더가 휴전 기념일을 축하한다면서 무료로 술을 제공하자, 빌은 아무 생각 없이 그 술을 마셔버렸다. 옆에서 지켜보던 그 남자는 그만 몸서리치고 말았다. 다음 날 새벽, 로이스는 집 근처 건물 사이 통로에서 머리에 피를 흘리며 정신을 잃고 쓰러져 있는 남편을 발견했다. 그리고 그의 손에는 사용하지도 않은 골프채가 쥐어져 있었다.

폭음 후에 밀려오는 극심한 죄책감의 악순환에 빠져 버린 친구를 위해 에비는 자신의 친구인 롤런드 해저드, 셉 코넬과 함께 그를 자주 찾아갔다. 이 세 사람은 모두 옥스퍼드 그룹의 회원이었다. 에비는 이스트 23번 거리 246번지에 위치한 갈보리 선교구에서 지내고 있었는데, 이곳은 샘 슈메이커 박사(Samuel Moor Shoemaker III; 1893 – 1963; 갈보리 교회의

교구 목사; '옥스퍼드 그룹 사람들이 가르쳤던 기본 원칙은 오래 전부터 내려온 보편적인 것으로 우리 인류가 공동으로 소유하고 있었다. … 초기 A.A.가 가지고 있던 자기 반성하기, 성격상의 결점을 인정하기, 해를 끼친 대상에게 보상하기, 다른 중독자와 함께하기 등은 옥스퍼드 그룹과 샘 슈메이커가 직접 전수한 개념이었다.' – AACOA, p.39)('빌에게 호의를 베풀었고 그의 생각과 감정에 변화를 가져다주었을 뿐만 아니라 이 세상을 살아가는 생명력이 되어줄 위대하신 힘이 존재함을 믿도록 도와준 사람은 바로 슈메이커 박사였다.' – Thomsen, p.235)가 교구 목사로 있는 갈보리 교회 – 4번가와 이스트 21번 거리가 만나는 곳에 위치 – 에서 운영하는 곳이었다. 세 사람은 빌에게 예배를 함께 드리러 가지고 권유했다. 하지만 빌은 거절했다.

죽고 싶을 만큼 고통스런 양심의 가책과 머리가 깨질 듯한 두통, 속에서 올라오는 욕지기로 며칠 동안 시달리며 이곳저곳을 배회하던 빌은 갈보리 선교구가 무엇을 하는 곳인지 궁금하기 시작했고, 한번 가보기로 마음먹었다. 하지만 23번 거리를 따라 걸어가다가 사람들이 길게 늘어선 술집 한곳에 멈춰선 빌은 한 핀란드인과 대화를 나누기 시작했다. 알렉이라는 이름의 대단히 지혜롭고 매력 있는 사람이었다('오후 대부분의 시간을 이곳(술집)에서 보내느라 선교구에 가는 것을 까맣게 잊고 말았다. 해가 질 무렵이 되자 알렉이라는 핀란드인과 신나게 떠들고 있었다는 사실을 깨달았다. 고국에서 그 친구는 돛을 만들고 어부 일을 하던 사람이었다. 그 순간 어부라는 말에 문득 정신을 차렸다. 선교구가 다시 떠오른 것이다. 조금만 더 가면 사람을 낚는 어부를 만날 수 있을 거라고 생각했다. 정말 멋진 생각 같았다. … 난 알렉을 설득했다.' – Bill W.(2005), p.136)(마태 복음과 마가 복음에 'fishers of men'이라는 동일한 표현이 등장한다: Matthew 4:19(ESV)

– And he said to them, "Follow me, and I will make you fishers of men."; Mark 1:17(ESV) – And Jesus said to them, "Follow me, and I will make you become fishers of men."). 갈보리 선교구에 함께 가보기로 한 두 사람은 입구 앞에서 통제하는 사람이 제지하는 바람에 안으로 들어갈 수 없었다. 잔뜩 성질이 났지만 때마침 에비가 나타나서 커피와 콩 한 접시를 같이 먹자며 반갑게 맞이해 주었다. 식사를 하고 나서 세 사람은 사람들이 모여 있는 장소에 들어갔다. 그곳에는 서로 다른 처지의 인생 낙오자 수십 명이 나무로 만든 긴 의자에 앉아 있었고, 술과 땀에 찌든 고약한 냄새가 진동했다.

몇 곡의 찬송가와 기도가 진행되고 나서 목사는 예수 그리스도의 은혜로 구원을 받고 있는 자라면 모두 성찬대 앞으로 나와 보라고 이야기했다. 빌은 무슨 생각이 들었는지 에비가 제지할 겨를도 없이 벌떡 일어나 앞으로 걸어 나갔다. 반쯤 취한 상태에서 구원에 관한 간증을 늘어놓기 시작했고, 신께 평생을 바친 과정도 이야기했다. 그러고는 뭔가 진지한 느낌이 들면서 자신을 억누르던 무거운 짐에서 벗어나는 것만 같았다('1934년 12월 7일, 빌 윌슨은 처음으로 갈보리 선교구를 방문했다. … 4일 뒤인 1934년 12월 11일(빌의 마지막 음주일)에 타운스 병원에 입원했는데, 이것이 그의 마지막 해독 치료였다.' – Pittman, p.80–81). 빌은 집으로 돌아가면서 23번 거리에 있는 여러 술집을 지나쳤는데, 예전에는 올라오는 갈망을 도저히 주체할 수 없었던 곳이었다. 어쩌면 이번에는 그렇게 염원하고 간절히 바라던 회복을 할 수도 있겠다고 생각했다. 그리고 술에 대한 갈망으로부터 해방될 수 있을지도 모르겠다고 생각했다.

그날 밤, 빌과 로이스는 낮에 있었던 일에 관해 밤새도록 이야기를 나누었다. 로이스는 깊은 감명을 받았다. 두 사람은 희망이 샘솟는 것을 느끼며 잠이 들었다. 빌은 술을 마시지 않는 것은 물론이고 술기운이 전혀 남아 있지 않아도 푹 잠들 수 있었다. 다음날 숙취를 심하게 경험할 거라고 생각했지만, 오히려 컨디션은 괜찮았다. 빌은 새벽에 잠이 깼다. 아마도 약간의 숙취가 있었으리라. 행복하게 잠들어 있는 아내의 모습을 바라보았다. 정말로 남편이 술을 끊을 수 있을 거라는 기대를 머금은 듯한 얼굴이었다. 빌은 실망시키고 싶지 않았다. 독한 진을 딱 두 잔만 마시고 구강청결제로 입을 헹구었다. 모든 것이 잘될 거라고 생각했다. 하지만 로이스가 출근하자 몇 잔 더 마시고 싶은 마음이 들었다. 그리고 그날 밤 아내가 집에 돌아왔을 때는 너무나 많이 취해서 이미 침대에 쓰러져 버린 상태였다.

그럼에도 빌에게는 음주를 중단시킬 그 어떤 변화가 찾아오고 있었다. 단주를 해야만 한다고 외쳤던 에비의 말이 생각났다. "알코올 중독자라는 것을 인정해야만 하네. 그것 말고 무엇이 있겠는가." 빌은 이번 만큼은 반드시 끊을 수 있을 거라고 믿었다. 그래서 일단 그때까지는 술을 마실 작정으로 2~3일 동안 계속해서 술을 마셨다. 그런 뒤에 얼마 안되는 돈을 가지고 타운스 병원으로 향했는데, 가는 도중에도 외상으로 맥주 4캔을 더 사서 마셨다. 병원 현관에 서 있던 실크워스 박사는 손에 든 술을 이리저리 흔들며 복음 구절을 떠들어대는 빌을 바라보았다. 그 훌륭한 의사는 몹시 실망하면서도 안타까워했다.

여느 때와 같이 실크워스 박사는 벨라도나와 바비튜레이트를 투약했다. 알코올이 차츰 몸에서 제거되자 빌은 깊은 우울증에 빠져들었다. 며칠이 지나서 다시 찾아온 에비는 옥스퍼드 그룹이 전하는 핵심적인 개념 – 알코올 중독자임을 시인하라, 정직하라, 대화로 문제를 해결하라, 배상하라, 기꺼이 다른 사람들을 도와라, 기도하라 – 을 받아들이자 단주할 수 있게 되었다고 이야기해 주었다. 빌은 차분히 듣고 있었지만 암울한 기분에 휩싸이는 듯했다. 왠지 모를 무언가의 가장 밑바닥에 이른 것이다. 신을 믿는 대신 오로지 본인의 정신력만 믿고 있었지만, 빌은 자신이 신에게 간절히 도움을 요청하고 있다는 사실을 깨달았다. "만약 신이 있다면 모습을 드러내 보아라!"("If there be a God, let him show himself! I am ready to do anything, anything!" – As Bill Sees It, 2. In God's Hands)라고 울부짖었다. 그러더니 놀라운 일이 일어났다. "갑자기 형언할 수 없는 하얀 빛이 제 방을 밝게 비추었습니다. 그리고 저는 이루 말할 수 없는 황홀경에 사로잡히고 말았습니다. 지금까지 알고 있었던 그 어떤 기쁨에 비할 바가 아니었지요. 그러고 나서 제 마음속에 떠오르는 것이 있었습니다. 바로 산이었습니다. 세차게 바람이 부는 산꼭대기에 제가 서 있었지요. 그 바람은 실제 바람이 아닌 영적인 바람이었습니다. 순결무구한 그 거대한 힘은 곧장 저에게 휘몰아쳤습니다. 그러고는 내 뇌리에 번뜩였습니다. '이제 넌 자유의 몸이야.'"

그날 오후에 빌은 실크워스 박사와 면담을 나누었다. 빌은 정말로 자신이 미쳐버린 것이 아닌지 의구심이 들었다. 신의 목소리를 들었기 때문이다. 그래서 결국에는 정신 병원 수용 시설에 감금될 마음의 준비를 하고 있었다. "갑작스럽게 그 어떤 현현의 목소리가 들렸습니다. 지금까지 한 번도 경험해본 적 없는 그 어떤 변화가 내 안에서 일어나고 있음을 느낄 수 있었습니다." 하지만 실크워스 박사는 다르게 판단했다. 그가 진정으로 회심을 경험했으리라고 생각한 것이다. 로이스도 그 말에 동의했다. 다음날 아침 남편을 만났을 때 그에게 변화가 찾아왔다는 사실을 알 수 있었고, 왜 그런지는 모르겠지만 다시는 술을 마시지 않게 될 거라고 확신했다.

며칠 뒤 빌은 에비가 가져다 준 윌리엄 제임스의 「종교적 경험의 다양성」(「The Varieties of Religious Experience: A Study in Human Nature」)이라는 책을 읽고서 더욱 마음이 편안해졌다. 그 책에는 술과 관련된 회심의 사례들이 풍부하게 담겨 있는데, 저자는 대체로 환난과 정신적 파멸이라는 과정을 겪은 후에야 비로소 변화를 가져올 영적 경험이 가능하다고 믿고 있다. 빌은 분명히 그 책에 관심을 가지고 있었음이 틀림없다. 그 책에서 윌리엄 제임스는 회심을 설명하면서 항복과 '내려 놓기'가 어째서 필요한지를 설득력 있게 써내려가고 있으며 "음주광을 위한 유일한 치유책은 종교에 몰두하는 것 뿐이다."라고 가르치고 있다('첫째, 종교적 경험이란 반드시 궁극적이고 성스러운 실재와의 관계 속에서 일어나고 있음을 보여준다. … 둘째, 종교적 경험의 의미는 그 경험을 갖기 이전의 상태와는 달리 완전한 삶의 변화를 보여준다. … 셋째, 종교적 경험의 특징은 예술이 제공해주는 것보다 훨씬 고차원의 심미적 삶을 갖도록 해준다. … 마지막으로 종교적 경험의 특징은 매우 도덕적이고 윤리적인 모습을 지니고 있다.' - 김재영, p.34-35).

수년간 사람들은 이 당시에 빌이 겪은 경험이 어쩌면 「종교적 경험의 다양성」에 실린 사례와 마찬가지로 그의 몸속에 있던 포수 클로랄의 영향 때문일 수도 있다고 어림짐작했는데, 40년 전 아에올러스산 정상에서 빌의 친할아버지가 겪었던 경험과 이상하리만치 유사한 사건이었다. 술을 마시기 시작했을 때부터 알코올은 빌에게 자유를 느끼게 해주었다. 그리고 끔찍했던 14년이 흐른 뒤 술을 끊겠다고 다짐한 약속도 역시 자유를 느끼게 해주었다. 사실 그것은 정말로 중요한 것이 아니었다. 빌은 이 일을 경험하고 나서 단 한 번도 신의 존재에 대해 의심해 본 적이 없다고 했다. 어쨌든 그날 오후에 빌은 정말로 심오한 변화를 경험했고, 이를 입증하는 증거를 보여주었다. 바로 그것은 다름 아닌 술을 절대로 마시지 않게 되었다는 사실이다.

장교로 군복무하면서 처음으로 술을 접했던 스무 살 경부터 영락없는 빈털터리 신세가 되어버린 1934년까지 빌은 알코올 중독자로서의 모든 이력을 가졌다. 처음으로 도취감에 빠져든 순간부터 맥주를 붙잡고 필사적으로 몸부림치던 순간까지 말이다. 만약 이 기간 동안 있었던 이야기에 제목을 붙여본다면 '극악무도한 힘을 지닌 알코올에 지배당한 술주정뱅이' 정도가 될 것 같다. 알코올 중독자 대부분은 결단코 술 마시는 도중에 멈출 수가 없으며, 알코올과 관련된 사고와 질병으로 사망한다. 빌 윌슨은 대단히 머리가 좋은 사람이었는데, 알코올 중독과 관련된 많은 일뿐만 아니라 그것으로 초래된 파멸의 길도 몸소 체험한 사람이었다. 경험을 통해 술이 어떤 역할을 하는지 알고 있었기에 절대로 마시지 않겠다고 입버릇처럼 말했다. 그럼에도 계속해서 술을 마셨다. 이른 나이에 결혼을 하자마자 감당할 수밖에 없는 상황에 처하면서 술을 마시기 시작했다. 집안에 의사가 있었기에 술이 자신의 뇌와 간, 그리고 직장 생활을 유지하는데 어떤 영향을 끼칠 수 있는지 자주 들었다. 일자리를 구하고 나면 또다시 일자리를 잃고 말았다. 그럼에도 계속해서 술을 마셨다.

몇 번이고 술을 끊겠다고 약속을 했지만 가슴이 미어질 것만 같은 아내의 자궁 외 임신과 장모님의 죽음, 이로 인한 아내의 고통, 그리고 불어 닥친 대공황에 이르기까지 빌에게는 온갖 일들이 일어났고 음주도 반복되었다. 빌은 주류 밀매점에 가는 것이 얼마나 교활한 일이며 돌이킬 수 없는 사태를 초래할 수 있는지 그 누구보다도 잘 알고 있었다. 그럼에도 계속해서 마셨다. 가족용 성경책에 적은 맹세는 아무짝에도 쓸모없는 것이 되어 버렸고, 술마시고 나서 잘못을 뉘우치며 하는 약속은 가소롭기 그지 없었다. 빌은 일자리를 유지할 수 있다면 뭐든 다했다. 주식 시장 업무는 그가 가진 정체성의 전부였다. 그럼에도 빌은 만약 술을 마시면 모든 것을 잃게 된다는 동업자와의 계약서에 서명한 후에도 '저지의 번갯불'에 손을 뻗었다.

더욱 충격적인 일은 또 한 명의 알코올 중독자인 에비가 찾아와서 도움의 손길을 내밀었을 때에도 빌은 여전히 계속해서 술을 마시고 있었다는 사실이다. 타운스 병원에 두 차례 입원한 후에도, 알코올에 알레르기가 있다고 실크워스 박사로부터 설명을 듣고 난 후에도 여전히 술을 마셨다. 타운스 병원에 입원하고 실크워스 박사의 설명을 들을 때마다 다시는 절대 술을 마시지 않겠다고 약속했지만, 그럼에도 빌은 계속해서 술을 마셨다.

1934년까지 빌이 경험한 모든 것은 훗날 알코올 중독자를 위한 프로그램을 만드는데 토대가 되었다. 한때는 함께 술을 마셨지만 이제는 회복하고 있는 또 다른 중독자로부터 단주 권유를 받았다. 옥스퍼드 그룹과 갈보리 선교구를 방문했고, 그곳에서 집단의 힘을 느낄 수 있었다. '알코올 중독은 갈망과 관련된 증상과 결합해 한모금의 술로도 시작될 수 있는 질병이며 알레르기이기도 하다'라는 실크워스 박사의 말도 이해했다. 하지만 그때까지도 여전히 빌은 계속해서 술을 마시고 있었다.

에비와 셉은 빌에게 교만함을 내려놓으라고 조언했다. 인간이 동물보다 높은 자리를 차지할 수 있었던 단 한 가지 이유는 바로 탐구할 수 있는 이성적 사고이다. 이와 같은 이성적 사고가 자신에게 얼마 남지 않았으며, 앞으로 도착할 그다음 정거장은 아마도 정신 나간 사람들을 한데 가두어 둔 수용소가 되리라는 것을 알고 있음에도 여전히 빌은 혼자 힘으로 중독을 극복할 수 있을 거라는 생각을 고수하고 있었다. 그의 음주 이야기는 알코올이 지닌 힘을 여실히 보여주는 증거 그 자체이다. 누가 봐도 알 수 있듯이, 그 어떤 것도 이 남자의 음주를 중단시킬 수 없었다. 하지만 이제부터는 완전히 끊었다.

빌 이야기가 전달하는 메시지는 분명하다. 행동상의 변화가 찾아오기 이전과 이후의 경계를 분명히 구분 지었던 순간은 다른 술주정뱅이한테서 얘기를 들었다든지 집단의 힘을 느꼈을 때가 아니었다. 심지어 자신의 음주 문제가 다른 부류의 질병과도 같은 하나의 질병이라는 사실을 깨닫게 되었을 때도 아니었다. 그건 다름 아닌 자신의 정신과 마음 모두가 돌연히 신의 권능 앞에 열리던 바로 그 순간이었다. 그날의 경험에 대해서 빌은 다음과 같이 생각했다. "이것이 바로 설교자들이 말하는 신이로구나."

언제나 빌은 사람이라면 누구나 자신이 이해한 대로의 신을 드러내고 발전시킬 자유를 가지고 있다는 점을 분명히 했다. '익명의 알코올 중독자들' 모임에 참여하고 있는 사람이라면 신이라고 하는 개념이 그 무언가를 발산하는 존재가 될 수도 있고 집단의 힘이 될 수도 있으며 마음에 드는 것이라면 어떤 것이든 – G.O.D.는 선하고도 정연한 가르침(Good Orderly Direction; Daily Reflections, March 11)의 약자가 되기도 하지만 심지어 술주정뱅이 무리개(Group of Drunks)의 약자로도 불린다 — 될 수 있다는 말을 들어 보았을 것이다. 하지만 빌의 이야기 속에서 분명한 점은 술이라는 것이 믿기 힘들만큼 강력하기에 오로지 신에 대한 경험과 영적 각성, 그리고 이성적 사고를 내맡겨야만 알코올 중독이 진행되는 과정을 멈출 수 있다는 것이다.

*　　*　　*

미국의 종교사는 음주 역사와 밀접한 연관을 갖고 있다. 종교적 박해를 피해 영국으로부터 망명한 순교자들은 자신들이 이해하고 있는 하나님에 대한 신앙의 자유를 찾아 신계계의 땅을 찾아 떠났는데, 그들 역시 술꾼이었다. 애초에 그들은 매사추세츠의 플리머스 바위에 상륙할 계획이 없었다. 버지니아의 따뜻하고 온화한 기후를 기대하면서 해안을 따라 남쪽으로 좀 더 항해할 예정이었다. 하지만 싣고 온 맥주마저 모두 동이 나자 그들은 뉴잉글랜드의 암석 해안에 정착을 시도했는데, 당시 그곳이 바다에서 가장 가까운 육지였기 때문이었다. 선원과 승객에게 매일 배급해야 할 식량도 없이 계속해서 항해를 이어나가야 하는 것만큼 고통스러운 일도 정말로 없을 것이다.

'익명의 알코올 중독자들'의 공동 설립자로서 빌은 종교와 영성을 구분하는데 신중을 기했다. 빌 윌슨과 로버트 스미스 박사(Robert Holbrook Smith; 1879년 8월 8일 ~ 1950년 11월 16일; A.A.의 공동 설립자; 외과 의사; Dr. Bob(보브 박사)으로 잘 알려져 있음; 통상적으로 박사로 번역되어 쓰이고 있어서 본문에서도 동일하게 적용했는데, 실제로는 medical degree 학위를 받음; '1935년 5월 12일 저녁(두 사람이 처음으로 마주한 날), 헨리에타 세이버링이 주거하는 집의 응접실에서 빌 윌슨은 마주 앉은 보브 박사에게 A.A.의 핵심 사상에 대한 4가지 측면을 제시했다. 전혀 가망이 없을utterly hopeless 만큼 완전히 추락totally deflated했기에, 회심conversion의 과정과 타인을 필요로 하는needing others 알코올 중독자가 결코 완벽하지도 완전하지도 않으며 더더욱 신이 아니라는not God 사실은 너무나도 명백하다.' – Kurtz, p.35) ('A.A.라고 하는 단체와 그 사상이 만들어지기까지 그 역사 속에서 중요하게 들여다 보아야 할 4가지 사건은 다음과 같다: 1. 1931년에 칼 구스타브 융 박사와 롤런드 H.가 나눈 대화, 2. 1934년 늦은 11월에 있었던 빌 윌슨과 에비 T.의 만남, 3. 1934년 12월 중순경 타운스 병원에서 있었던 빌 윌슨의 '영적 경험' 및 '윌리엄 제임스'의 발견, 4. 1935년 5월부터 6월에 걸쳐서 있었던 빌 윌슨과 보브 박사간의 교류. … A.A.가 가진 핵심 사상의 근원을 들여다보면 위에서 언급한 4가지 사건속에 복잡하게 융합되어 있다는 것을 알 수 있다. 예컨대 융 박사가 '종교적 혹은 영적 경험'religious or spiritual experience과 '회심'conversion에 대해서 분명하게 이야기했지만, '추락'deflation at depth이라는 용어도 윌리엄 제임스보다는 융 박사의 생각을 기초로 한 것이다. 윌리엄 제임스의 업적은 영적 경험과 회심의 필요성을 분명하게 강조했다는 점에 있다. … 융 학파가 회심의 필요성을 강조한 주요 이유 중 한 가지는 취리히 정신과 의사들이 알코올 중독 상태를 의학적으로 가망 없음hopelessness으로 이해하고 있다는 사실에서 찾아볼 수 있다. 이후 빌 윌슨은 실크워스 박사와 가까이 있으면서 이 개념을 '알코올 중독의 질병 개념'과 결합해 받아들였다. 당시 의학 전문가들을 경계했던 빌은 질병disease라는 용어를 그다지 좋아하지 않았다. … 시간이 흐르면서 생화학자들과 정신과학자들은 그 당시 실크워스 박사가 언급했던 '신체적 알레르기' 및 '정신적 강박 관념' 의 개념을 수용하지 않았다. … 무엇보다도 우선되는 A.A.의 핵심 사상은 알코올 중독이라는 것이 절망Hopelessness의 상태라는 개념이다. … 추락Deflation이라고 하는 것은 절망을 감지하고 나서 시야에 들어오게 된다는 것이 핵심 개념의 두 번째 측면이다. … A.A.의 은어가 생기면서 바닥 치기hitting bottom이라는 말이 추락이라는 단어를 대신하게 되었다. … 세 번째 측면인 회심Conversion은 진행성의 알코올 중독 상태에서 벗어나 전체 생활 방식이 '온전함'sobriety으로 채워지는 과정이다. 해를 끼치는 절대 이기주의에서 핵심 사상의 네 번째 측면인 타인과의 건설적이고 창조적인 전인적 상호작용Fully human interaction으로의 회심은 상당히 심오한 과정이다.' – Kurtz, p.33–35)

두 사람은 모두 인생의 서로 다른 시기에 자기 나름대로의 독실한 기독교인이었지만, 빌 윌슨은 자신이 벌이고자 하는 운동이 공인 교회로부터 반드시 분리되어야 한다는 것을 직감했다. 「신이 아니다」(「Not-God」)의 저자인 어니스트 커츠가 쓴 바와 같이, 1930년대 중반까지 대부분의 알코올 중독자들은 음주 문제를 중단할 목적으로 그리스도의 이름으로 혹은 다른 신앙 체계 속에서 지나치리만큼 여러 설교자의 말을 듣거나 다른 혹독한 일을 치르고 있었다. 개신교 교회는 금주 운동에 막대한 영향력을 행사하고 있었는데, 어떤 중독자가 참고 견뎌낼 수 있는지 구별하는데 놀랄 만한 직관력을 지닌 빌 윌슨은 종교사적으로 아주 오래전부터 있었던 도덕성과 지나친 음주 사이의 대결에서 한 발짝 물러서는 입장을 취했다.

그럼에도 A.A.는 여러 면에서 종교적인 프로그램이다. 하지만 모임의 대다수 회원들은 틀림없이 이러한 의견에 강하게 항의할지도 모르겠다. A.A.의 발전 과정을 추적한 커츠는 모든 종교적 신념을 '경건주의자'(Pietism; 형식과 교리를 중시하던 전통주의에 대한 반동으로 17세기에 출현한 신학 사조; 종교적 경험과 실천을 중요시했으며 개인적이고 윤리적인 성격이 강함)들이 가진 신념 - 인간은 유한하며, 신으로부터 떨어져 있다. '구원'은 인간 소외의 종식이다. - 의 범주 안에 포함시키고 있다('5단계와 8단계, 9단계, 12단계에서 입증하고 내세운 바와 같이, A.A.에서 말하는 '구원'은 고립에서 벗어나 신과 인간이 하나가 되는 느낌, 소속감, 더 이상 우리는 가혹한 세상에서 살고 있지 않음을 인식하는데 있었다.' - Kurtz, p.125). 경건주의자들은 구원이라는 것이 저 멀리에 힘 있는 신성한 존재로부터 비롯된다고 믿는다. 구원은 신이 주신 선물이지 그 어떤 인간도 혼자서 성취할 수 있는 일이 아니라는 것이다. 이와는 대조적으로 어떻게든 신은 세상 사람들과 그들의 활동을 통해서 드러난다고 믿는 인본주의자(Humanism, anthropocentrism; 신 중심적인 세계관과 대조적으로 인간이 모든 것의 중심이며 인간의 가치를 주된 관심사로 삼는 사상 체계)들은 인간이 함께하고 있다는 점에 초점을 두고 있다.

커츠는 다음과 같이 이야기한다. "이러한 두 가지 접근 방식은 모두 미국의 종교 사상으로 발전했으며, A.A. 공동체와 프로그램 속에서 드러나고 있다." 물론 유년 시절의 빌 윌슨이 살던 뉴잉글랜드 지역에서도 이와 같은 신조가 모두 상당한 활약을 보이고 있었는데, 에머슨과 그를 추종한 초월주의자들이 지지한 인본주의적 접근 방식이 종교 의례를 통한 회심과 구원을 중요시하던 낡은 칼뱅주의자들의 접근 방식을 점점 잠식해 들어가고 있는 상황이었기 때문이다.

에비의 방문 및 빌의 회복을 이끈 일련의 사건들이 연쇄적으로 일어났던 해와 미국에서 종교사적 중요성을 띤 해가 모두 1934년이었다는 사실은 결코 우연이 아니다. 어니스트 커츠부터 헬무트 리처드 니버(Helmut Richard Niebuhr; 1894 – 1962; 예일 대학교 교수; 미국에서 가장 저명한 윤리 및 사회 비평가 중의 한 명; 「그리스도와 문화」Christ and Culture – 기독교 신앙의 유형을 5가지(문화와 대립하는 그리스도, 문화에 속한 그리스도, 문화 위에 있는 그리스도, 문화와 역설적 관계에 있는 그리스도, 문화를 변혁하는 그리스도)로 분류해 설명함 – 의 저자; 「평온함을 청하는 기도」Serenity Prayer를 쓴 신학자 라인홀드 니버Reinhold Niebuhr의 동생)에 이르기까지 여러 신학자들은 그 시기를 낡은 종교와 새로운 종교 사이에 존재하던 긴장 상태가 일종의 신전통주의(Neo-Orthodoxy; 제1

차 세계 대전 과정에서 자본주의 및 군국주의에 결탁한 자유주의 신학에 대한 반동으로 카를 바르트에 의해 시작된 신학 사조; '미국 종교사에서 1934년은 '경이로운 해'annus mirabilis로 불리고 있는데, 그 당시 미국에는 신전통주의가 꽃을 피우고 있었다. '새로우면서도 낡은' 이 신학 체계는 절대적인 신의 전능함과 타자성을 강력히 재언명했다.' - Kurtz, p.180) (카를 바르트; Karl Barth; ; 1886 - 1968; 스위스의 프로테스탄트 신학자; 변증신학 창시자; 「로마서 강해」Der Römerbrief에서 그는 수없이 반복되는 긍정과 부정의 변증법적 과정을 통해 하나님의 본질을 설명하고자 했음. 자유주의 신학의 '인간의 긍정'Positive possibilities(Human positive)과 종교사회주의 운동의 '인간의 부정'Negative possibilities(Human Negative)을 동시에 비판하는 '하나님의 부정'을 통해 하나님의 참된 모습을 찾고자 했음; '우리가 직면하고 있는 하나님의 부정은 오로지 하나님의 긍정에 비추어서만 이해할 수 있으며, 그 부정은 긍정에서 나온다.' - Barth, p.94-95) (자유주의 신학; Liberal Theology; 계몽주의를 중심으로 경건주의와 낙관주의의 영향을 받아 19세기에 유행한 신학 사조; 신학의 토대를 인간의 이성과 경험에 두고 있으며 예수의 인간성, 신과 인간 사이의 연속성을 강조하고 있음) - 신은 동시적으로 인간의 가능성 너머에 있기도 하고, 아래에 있기도 하며, 위에 있기도 하다 - 로 한데 통합되는 순간으로 설명한다. 빌 윌슨은 종종 자신을 뛰어난 '종합자'(Synthesizer; '올더스 헉슬리는 빌 윌슨을 '20세기 가장 위대한 사회 설계자'라고 평했다.' - Thomsen, p.326 & Bill W.(2005), p.180 & Hartigan, p.4; 「타임」지가 선정한 20세기 가장 중요한 인물 100인 중의 한 명 - www.time.com & TIME: Heroes and Icons of the 20th century(June 14, 1999 | Vol. 153 No. 23, p.201-202, 204)) (Synthesis; 변증법에서 테제(正)와 안티테제(反)의 모순이 통일을 이룬 보다 상위의 개념

(合), 제 3의 명제)라고 지칭했다. 빌은 A.A.가 어느 누군가에 의해서 설립된 것이 아닌, 수많은 사람들의 요구와 생각들, 여러 해결책에 의해 유기적으로 성장하고 있다고 말하고 싶어 했다. 그럼에도 이러한 합습의 과정은 미국 종교사적으로 사상과 전통에 관하여 전례 없는 유연성을 지니고 있던 시기에 시작되었으며, 그러한 유연성과 유동성 덕분에 합습의 과정이 가능할 수 있었다.

3부

익명의 알코올 중독자들

21장 | 옥스퍼드 그룹

에비 대처의 방문은 아마도 빌 윌슨이 경험한 현현의 순간에 있어서 없어서는 안 될 결정적인 사건이 되었다. 아니 어쩌면 에비가 옥스퍼드 그룹의 새 회원이 된 일이 더 맞을지도 모르겠다. 혹자는 윌리엄 제임스 덕분이라고 보기도 한다. 종교사적으로는 정말로 시의적절한 순간이었다. 빌 윌슨은 단주 교육에 흠뻑 빠져든 남자였다. 버몬트의 자유지상주의의 원칙과 함께 성장한 그는 언제나 영업 수완이 뛰어난 재능 있는 사업가였다. 또한 빌은 알코올 중독이 병이라고 믿는 의사에게 치료를 받았으며, 인간 심리에 대한 영적이고도 신비적 계시를 경험한 사람이기도 했다.

빌이 윌리엄 제임스의 책을 읽었던 시점이 영적 경험을 하기 이전인지 아니면 이후인지, 혹은 이틀 뒤 에비가 책을 가지고 찾아왔을 때인지는 의문의 여지가 있다. 윌리엄 제임스와 칼 구스타브 융은 1909년에 열린 학회에서 만나 이틀 동안 저녁 시간을 함께 보냈는데, 그들이 나누었던 대화의 주제는 알코올 중독 치료에 관한 내용일 것으로 짐작된다('1909

년 클라크 학회에서 있었던 일이 생각납니다. 제가 처음으로 미국을 여행하게 된 일이기도 하고요. 상당 부분은 기억나지 않지만 저의 첫 미국 여행이었기 때문에 지금도 생생하게 떠오르는 몇 가지 일에 대해서는 이야기를 할 수 있을 것 같습니다. 저와 마찬가지로 초청을 받은 프로이트 박사도 같은 배를 탔습니다. 그의 이론에 대해서 함께 이야기를 나누었던 것이 생각나는군요. 출발하는 배에서도, 미국에 도착해서도, 그리고 돌아가는 배에서도 우리는 꿈 분석에 대해서 토론을 했습니다. … 저는 클라크 학회에서 만난 두 사람으로부터 깊은 감명을 받았는데, 제 마음속에 오랫동안 남아 있습니다. 한 사람은 회장인 스탠리 홀(Granville Stanley Hall, 1844 – 1924; 미국의 심리학자, 교육자; American Psychological Association의 초대 회장; 「American Journal of Psychology」 창간; 클라크 대학교의 초대 회장)이고, 다른 한 사람은 윌리엄 제임스였습니다. … 저는 이틀 동안 저녁 시간을 제임스와 함께 시간을 보냈는데, 너무나도 명석한 지성의 소유자이면서도 지식에 있어서 전혀 선입견이 없다는 것에 엄청난 감명을 받았습니다. 마찬가지로 학문 분야에서 만큼은 스탠리 홀도 명석한 두뇌를 가지고 있었습니다.' – 1949년 7월 23일, Virginia Payne에게 보낸 편지에서 발췌 – C. G. Jung and Gerhard Adler, p.91–92).

"아무도 모르는 사이에 오랫동안 땅속에 잠들어 있던 하버드 대학교 교수(윌리엄 제임스는 1910년 8월 26일에 심장 질환으로 사망함)는 A.A.의 설립자가 되었습니다. 이미 우리 회원들이 모여 앉은 탁자 위에는 융 박사와 실크워스 박사, 옥스퍼드 회원들이 켜 놓은 양초가 타오르고 있습니다. 그리고 윌리엄 제임스도 그들과 더불어 우리가 가야 할 길에 촛불을 비춰 주었습니다." 빌 윌슨은 윌리엄 제임스의 글이 자신의 사상에 큰 영향을 끼쳤다고 밝혔다.

올버니 가문의 후손이자 헨리 제임스(Henry James; 1842 - 1916; 미국의 소설가)의 형이며 하버드 대학교 교수인 윌리엄 제임스는 에딘버러 대학교의 부탁으로 1901년부터 1902년까지 총 20회의 기포드 강연(Gifford lectures; 스코틀랜드 출신 법률가인 애덤 기포드Adam Gifford경에 의해 시작된 자연 신학 분야의 강연; 1888년 이후로 현재까지 스코틀랜드 지역의 대학에서 매년 이루어지고 있음; 신전통주의의 카를 바르트와 라인홀드 니버, 프래그머티즘의 존 듀이John Dewey, 양식 비평의 루돌프 불트만Rudolf Karl Bultmann, 불확정성의 원리의 하이젠베르크Werner Karl Heisenberg, 유기체 철학의 화이트헤드Alfred North Whitehead, 역사학자인 토인비Arnold Joseph Toynbee 등이 참여했음)을 했는데, 이를 묶어 「종교적 경험의 다양성」이라는 제목으로 책을 출판했다. 그는 술이 가져올 파괴력과 황홀경이 어떠한지를 잘 알고 있었다. 지식인을 대상으로 진행한 신비주의에 관한 강연에서 그는 다음과 같이 이야기했다(윌리엄 제임스는 신비주의의 특징을 다음과 같이 기술했다 - 1. 형언불능성(Ineffability): 신비적 경험을 하는 정신 상태는 음성적이다. 다른 사람과 나누어가질 수 없고 전달될 수도 없다. 지적인 상태라기보다는 감정적 상태에 더 가깝다; 2. 순수지성적 성질(Noetic Quality): 신비적 상태가 감정적 상태와 유사함에도 불구하고 이를 경험하는 사람은 지적인 상태에도 또한 있는 것으로 보인다; 3. 일시성(Transiency): 신비적 상태는 오랫동안 지속될 수 없다; 4. 수동성(Passivity): 주의를 집중하거나 어떤 육체적 수행을 한다든지 혹은 신비주의 지침서가 지시하는 방법을 따르는 등의 이러한 자발적인 행동을 통해 신비적 상태에 도달하는 것이 촉진될 수 있음에도 불구하고 의식이 어떤 특정 상태에 들어가게 되면 신비주의자는 자신의 의지가 마치 정지되어 있는 것처럼 느껴지고 때때로 어떤 상위의 힘에 사로잡혀 있는 것처럼 느끼게 된다. - James, p.329-331). "술은 인간의 본성 가운데 신비주의적인 능력을 활성화시키는 힘을 지니고 있는데, 이것이 바로 술이 인류를 지배할 수 있었던 너무나도 명백한 근거이다. 인간은 술에 취하지 않으면 의기소침해지고 외부와 나를 구분하며 '아니오'라고 말한다. 그러나 술에 취하면 의기양양해지고 외부와 연합하며 '예'라고 말한다."(『종교적 경험의 다양성』에서 그 다음 문장은 다음과 같다: '사실 술은 인간이 지닌 긍정Yes 기능을 불러 일으키는 대단한 촉진제이다. 술은 그 탐닉자를 차가운 주변에서 찬란하게 빛나는 중심으로 이끈다. 술은 잠시 동안 진리와 함께 할 수 있도록 만든다. 술을 추구하는 이유가 단순히 심술궂기 때문만은 아니다. 술은 가난한 자와 문맹자에게 교향악 연주회와 문학을 대신하고 있다.' - James, p.335) 마지막 음주 이후로 빌은 이 책을 읽으면서 몸을 회복하기 시작했고, 병원 창문 너머 센트럴 파크 웨스트에서 들려오는 자동차 소리가 마치 흥얼거리는 콧노래처럼 들렸다. 그리고 자신이 이해받고 있음을 느낄 수 있었다.

술을 중단할 수 있게 된 빌은 초창기에 자신이 발견한 생각에 대해 다음과 같이 이야기했다. "그 당시에 저는 격앙된 감정이 한없이 펼쳐지는 것을 느낄 수 있었습니다. 어쩌면 연쇄 반응이 일어날 수 있겠다고 생각했지요. 알코올 중독자 사이의 유대감을 계속 키워나갈 수 있다면 말이죠. 우리의 임무는 아직도 동굴 속에서 힘들어하고 있는 다른 알코올 중독자를 찾아가 해방시키는 일이 될 것입니다. 각자 모두는 움직이지 않고 있는 사람들에게 헌신을 다해 메시지를 전달하고, 메시지를 받은 사람들은 움직이지 않고 있는 또 다른 사람들에게 이어서 메시지를 전달하는 것입니다. 그렇게 되면 점차 그 숫자가 늘어나 엄청난 규모의 공동체가 형성될 수 있을 것입니다."

타운스 병원에서 퇴원해 브루클린에 있는 집으로 돌아간 빌과 로이스는 지하철을 타고서 강 건너 갈보리 교회에서 열리는 옥스퍼드 그룹 모임에 정기적으로 참여하기 시작했는데, 카리스마가 넘치는 슈메이커 목사가 종종 모임을 이끌었다. 두 사람은 옥스퍼드가 제시하는 4가지 교리 – 절대 순결, 절대 정직, 절대 무사, 절대 사랑 – 를 수행하면서 삶이 바뀌고 있다고 말하는 사람들의 간증을 몇 번이고 들을 수 있었다. 언제나 옥스퍼드 그룹은 회원의 종교적 신념을 절대 간섭하지 않았다. 다만 그들은 일대일간에 개인이 해야 할 과업을 크게 강조했는데, 하나는 과거의 잘못에 대해 일종의 고백을 하는 것으로 그들은 그것을 '공유하기sharing'라고 불렀다. 그리고 다른 하나는 '배상restitution'이라고 부르던 '보상하기making amends' 연습이었다. 개인별로 이루어지거나 집단 속에서 행해지는 명상의 과정인 '경건의 시간quiet time'을 통해 고민되는 문제를 풀어나갔는데, 결혼과 가족, 그리고 사회생활에 이르기까지 개개인이 가지고 있는 삶의 여러 문제를 해결하기 위해 신에게 인도하심을 요청했다.

(보상(補償, compensation) – 신체적 정신적 결함을 극복하고 보충하기 위해 취하는 노력; 보상(報償, reward) – 특정 행위를 통해 얻어지는 모든 형태의 긍정적 대가; 배상(賠償, restitution) – '교환 정의'의 원칙에 따라 타인의 권리를 침해한 사람이 그 손해를 물어주는 일, 손해배상; 12단계의 8단계와 9단계에서 언급되는 보상(補償, make amends)은 '행실을 고치고 바로잡아 벌충하고 배상한다'의 의미; 교환 정의(commutative justice)

– 서로 교환되는 재화의 가치가 동등할 것을 요구하는 정의)

1930년대 초반, 펜실베이니아 출신의 루터파 목회자인 프랭크 부크먼에 의해 설립되었고 1세기 기독교 공동체(A First Century Christian Fellowship; '본래 1세기 기독교 공동체로 알려져 있었으며 후에 도덕 재무장 운동으로 명칭이 바뀐 옥스퍼드 그룹은 루터파 목사인 프랭크 부크먼에 의해 설립된 복음주의 성향의 종파였다. 뉴욕의 지도자는 샘 슈메이커였는데, 그는 맨해튼 갈보리 교회의 교구 목사였다. 매우 지적이며 고등 교육을 받은 부크먼과 슈메이커는 모두 회심을 경험했는데, 두 사람 모두 그러한 경험을 하기 전에는 신에 대한 개인적 지식을 가지고 있지 않았다고 한다. 옥스퍼드 그룹 회원은 대개 지적이며 고등 교육을 받은 사람들로 구성되어 있었다. 대대수가 중상류층의 사업가 혹은 전문가였으며 유력한 재산가나 유명인도 몇몇 있었다.' – Hartigan, p.58)를 계승한 옥스퍼드 그룹은 한창 유명세를 타고 있었다. 공개 모임은 주로 훌륭한 호텔이나 돈 많은 사람의 집에서 열렸는데, 정장을 빼어 입은 연사들은 자리에서 일어나 항복과 배상, 평온함을 경험한 새로운 삶의 이야기를 사람들에게 전했다. 중국에서 기독교 선교사로 활동하다가 만난 부크먼과 샘 슈메이커 두 사람은 해외에서 뿐만 아니라 미국 상류층에서 기독교 운동을 전파하는데 주력했다. 스베덴보리 운동이 버넘 가족에게는 정말로 없어서는 안 될 삶의 한 부분이었던 것과 마찬가지로 옥스퍼드 그룹은 헨리 포드나 메이 웨스트, 해리 트루먼, 조 디마지오와 같은 지식인과 엘리트 계층을 영입해 나갔다.

빌 윌슨이 관심을 두고 지켜보던 옥스퍼드 그룹 회원은 알코올 중독으로부터 회복하고 있는 사람들이었다. 술을 끊는다는 것이 얼마나 힘든 과정인지 잘 알고 있었던 빌은 갈보리 교회의 옥스퍼드 그룹 회원 여러 명이 상당한 수준으로 회복을 해내고 있다는 사실을 알게 되었다. 옥스퍼드 그룹에서 알코올 중독자를 대하는 방식의 명칭은 '사람들을 인도하기'였다. 옥스퍼드 그룹의 비중독자들은 팀을 구성해 한 명의 알코올 중독자와 자리를 함께했다. 그들은 신의 인도하심을 청하는 경건한 안수의 시간을 가진 다음 삶의 모든 부분에서 중독자가 해야 할 일에 관한 정확한 가르침을 찾아내고자 했다. 많은 알코올 중독자가 이러한 과정을 겪으면서 술을 끊을 수 있었다. 모임에 참여했고, 서로 이야기를 나누었다. 그리고 교리를 충실히 지켰다.

하지만 이와 동시에 옥스퍼드 그룹의 몇몇 지도자는 알코올 중독 회원들에게 등을 돌리고 있었다. 그들은 알코올 중독자 가운데 일부에게 무상으로 주택을 제공하는 실수를 범했다. 단주를 유지하다가 재발한 어느 한 중독자는 술에 취한 채 창문 밖으로 신발을 던졌는데, 그만 길 건너 교회의 스테인드글라스를 깨고 말았다. 알코올 중독자들은 대체로 술을 다시 마시기 시작할 무렵에 문제를 자주 일으켰다. 단주하지 못하는 중독자들 때문에 골머리를 앓기 시작할 무렵에 옥스퍼드 그룹의 지도부는 중독자들 가운데 유난히도 키가 큰 한 남자를 주목했다. 머리 한가운데로 가르마를 타고서 언제나 함박웃음을 보이는 그는 결코 다른 이에게 화내는 법이 없었다. 빌에게 선교구는 처음으로 자신의 목숨을 구한 장소이자 앞으로 삶의 한 부분이 될 장소를 의미했다. 알코올 중독자를 발견하면 어디든 상관 없이 그들을 붙잡고 말을 걸었다. 그곳이 선교구이든 타운스 병원이든 상관 없었다. 실크워스 박사는 빌이 병원에 와서 환자를 만날 수 있도록 허락해 주었다. 중독자를 설득해 함께 자리에 앉으면 빌은 곧바로 항복과 회복이라는 자신의 새 복음을 전하려고 애를 썼다. 그리고 빌은 옥스퍼드 그룹 내에 중독자 모임을 만들었는데, 선교구 근처에 있는 스튜어트 식당에서 정기적으로 모임을 가졌다.

빌은 열린 자세로 옥스퍼드 그룹에서 알게 된 기법과 조직 체계를 익혀 나갔고, 마치 호기심 많은 실험실 연구원처럼 자신을 지지하는 중독자에게 이것들을 체계적으로 적용해 보았다. 빌은 부크먼이 언급한 '죄는 인간을 구속하고 눈을 멀게 한다.'(Sin binds and sin blinds; 이것은 프랭크 부크먼이 자주 쓰던 말로 원래의 표현은 다음과 같다. 'Sin blinds, binds, multiplies, darkens, deafens, deadens. What we need is faith. When we are perfectly willing to forsake sin and, follow Christ, then joy and release come.' – Dick B.(1998), p.546 & Russell, p.62)와 같은 슬로건이 사람들 머릿속에 오랫동안 남으면서도 도움이 될 수 있다는 것을 깨달았다. 비록 복음에 대한 권한이 부크먼에게 부여되어 있다는 사실이 언제나 의구심이 들기는 했지만 그를 통해 통솔력이 얼마나 중요한지도 알게 되었다. 하지만 그 권한이야말로 그것을 부여한 옥스퍼드 그룹을 무너뜨릴 힘이 될 거라고 빌은 생각했다.

빌은 알코올 중독자에게 필요한 것이 자신의 도움 못지않게 그들 나름대로 발견해야 할 자유로운 회복 방식이라는 것을 알게 되었다. 중독자가 원하는 것은 규칙이 아니라 긍휼히 여기는 마음compassion이었다. 옥스퍼드 그룹이 취한 방식은 얼마 동안 효과가 있었지만 단주했던 대다수의 회복자가 다시 술을 마시기 시작했다. 규칙을 정하고 규제를 가하는 것이 알코올 중독 치료에는 효과가 없으며 중독자 모두는 자기 나름대로의 음주 이야기와 단주의 길을 가지고 있다고 하는 이러한 발견은 A.A.의 핵심을 이루고 있으며, A.A.가 만들어지기 이전부터 있었던 옥스퍼드 그룹 및 워싱턴 금주 운동과 같은 다른 많은 유사한 집단과는 다르게 지금까지 A.A.가 살아남을 수 있었던 주요한 이유 가운데 한 가지이다('옥스퍼드 그룹에서 A.A.가 이탈하게 된 주요한 이유는 옥스퍼드 그룹이 강요한 4가지 절대 교리에 있었다. 빌 윌슨과 최초의 뉴욕 A.A. 회원들은 '전부 아니면 아무것도 아니다.'라는 식의 견지를 가지고 있는 이 교리가 알코올 중독자에게는 특히 위협이 될 수 있다는 것을 깨달았다. A.A.는 옥스퍼드 그룹의 초기 경험을 통해 – "이런 식의 완벽함을 추구하다가는 오히려 파멸로 이어질 수 있을 것입니다. 너무나 잘하려고 노력하다가도 목요일이 되면 말이죠.", 빌 윌슨이 하워드 C.에게 보낸 글 중에서. – 이러한 위험성을 확실히 배우게 되었다.' – Kurtz, p.212; 'all or nothing'에 관하여 As Bill Sees It, p.6, 59, 135, 214, 308 참조할 것).

혼자서 그러한 진실을 깨달았을 뿐만 아니라 처음 한 달 동안은 술도 마시지 않고 있다는 사실이 너무나 기쁘고 기분이 좋았지만 정작 빌은 자신이 하고 있는 일들이 별로 효과가 없다는 것을 알아차리지 못했다. 그런 노력에도 불구하고 대부분의 중독자는 계속해서 술을 마셨다. 빌은 크게 실망하여 아내에게 속마음을 털어놓았고, 로이스는 남편의 프로그램이 중독자 한 사람에게 만큼은 제대로 효과를 발휘하고 있다고 일깨워주었다. 그건 다름 아닌 빌 윌슨 본인이었다. 빌은 옥스퍼드 그룹에서 자신이 경험한 극적인 일들을 묘사하면서 설득을 이어나갔다. 모임에 나온 사람들의 마음을 사로잡을 수는 있었을지 몰라도 오랫동안 단주할 수 있도록 해주지는 못했다. 빌의 이야기를 듣고서 그들은 정말로 술을 끊어야겠다고 공감했지만 밖으로 나간 뒤에는 다시 술을 마셨다. 실크워스 박사는 알코올 중독 자체가 질병이라고 얘기를 한다면 좀 더 도움이 되지 않겠느냐며 빌에게 조심스럽게 이야기했다. "더 이상 그들을 설득하려고 하지 말게나."

뒤따르는 단주자 몇 사람과 함께 옥스퍼드 그룹의 회원이 되었고, 중독자를 설득하는 일을 자제하기로 했으며, 회복에 대한 옥스퍼드 그룹의 장단점을 잇달아 날카롭게 지적하던 이 시기는 빌이 오하이오 애크런에서 사업 재기를 노리던 때이기도 했다. 그곳의 어느 작은 기계 제조 회사에서는 기업 인수를 위한 주주 총회의 위임장 경쟁이 벌어지고 있었는데, 빌은 월가의 오랜 연줄을 통해 그 소식을 들을 수 있었다. 어쩌면 이번 일만 잘 되면 단주도 계속하고 재기에도 성공할 수 있을 거라는 생각이 들었던 빌은 열심히 그 회사를 조사했다. 단주를 시작한지 5개월이 되던 1935년 4월, 그는 국영 고무 가공 기계 회사의 경영권 인수 입찰을 하기 위해 그랜드 센트럴 역에서 애크런으로 향하는 기차에 올라탔다.

기업 인수를 지원하기 위해 월가의 동료들도 동참했는데, 빌과 함께 이들 모두는 애크런의 메이플라워호텔에 투숙했다. 처음 며칠 동안은 그 회사가 자기네들 것이 될 거라고 생각했다. 새롭게 단주를 시작한 뉴욕 출신의 사업가는 임원으로서 새롭게 회사를 이끌어 나가는 상상을 해보았다. 그렇게 되면 로이스는 새로 일자리를 얻은 백화점에 더 이상 나가지 않아도 되고 대출금도 모두 갚을 수 있어 버넘 하우스도 지켜낼 수 있을 거라고 생각했다.

하지만 월가의 전문가들은 결국 뒤통수를 맞고 말았다. 그 당시 그들은 사업에 실패했다고 생각했다. 모두가 뉴욕으로 돌아갔지만 빌은 혼자 남아서 상황을 수습하기 위해 무엇을 할 수 있을지 고민했다. 낯선 도시에 홀로 남은 채 수중에는 10달러 밖에 남지 않았다. 빌은 패배의 쓴맛이 익숙하게 느껴졌고, 술 생각이 너무나 간절했다. 방에서 나와 매번 복도를 지나칠 때마다 메이플라워호텔 바에서는 장미색의 불빛이 은은하게 새어 나오고 있었다.

22장 | 오하이오 애크런

무늬가 새겨진 액스민스터 양탄자가 바닥에 깔려 있고 내벽이 나무판자로 이루어진 메이플라워호텔의 로비는 상당히 호화스럽게 꾸며져 있었다. 그곳에 서 있던 빌 윌슨은 자신이 바를 향해 천천히 다가가는 것을 느낄 수 있었다. 그렇다고 술을 마실 생각은 없었다. 다만 바에서 대화를 나눌 만한 상대를 찾고 싶을 뿐이었다. 누군가가 자신을 위로해주고 쓰디쓴 실패의 술잔도 마시지 못하게 해주었으면 좋겠다고 생각했다. 위안을 얻고 싶을 때마다 늘상 이러한 방식으로 하던 터였다. 언제나 정장 차림에 중절모를 눌러 쓰고 있어서 다소 작게 보였지만 뉴욕에서 온 키 큰 이 남자는 시무룩한 얼굴을 하고서 이리저리 로비를 서성였다. 그러다가 바 입구를 향해 돌아서더니 성큼성큼 큰 걸음으로 걸어가 지역 신문 가판대를 지나서 로비 반대편에 있는 공중전화 박스로 향했는데, 가판대 위에는 농장 경영과 가뭄, 루스벨트 대통령이 시작한 또 다른 정부 정책에 관한 머리기사를 실은 신문들이 잔뜩 있었다. 육중한 나무로 만든 공중 전화 박스 한켠에 있던 교구 안내판이 눈에 들어왔다. 거기에는 지역 성직자들의 명부와 함께 전화 번호가 적혀 있었다. 이리저리 서성거리며 자신이 처한 모든 상황을 곰곰이 생각해 보았다. 자신이 경험했던 일과 옥스퍼드 그룹의 슬로건이 머릿속에 떠올랐다. 빌은 자기 자신이 어느 누군가에게 술을 중단할 수 있도록 도와준다면 한결 기분이 나아질지도 모르겠다고 생각했다.

술 취한 사람들이 가득 있는 바에 들어가서 소다수를 주문하는 대신 교구 안내판을 살펴보다가 월터 턴크스라는 목사의 이름이 눈에 들어왔다. 아마도 버몬트 지역에서 쓰이던 방언인 '되돌아가기 보다는 두드려보아라.'(Taking a tunk instead of taking a walk) 라는 표현 때문일지도 모르겠다. 로이스는 그가 재미난 이름을 좋아하기 때문에 선택했을 거라고 생각했다. 월터 턴크스는 옥스퍼드 그룹에서 영향력 있는 회원이었는데, 빌이 전화를 걸어 물어보자 10명의 이름과 전화번호를 바로 알려주었다. 빌은 그중에서 이야기를 함께 나눌 술주정뱅이가 있을 거라고 기대했다. 이제 그의 고집스러운 면이 효과를 발휘하기 시작했다. 어려서부터 부메랑을 만들고 독학으로 바이올린을 연주할 수 있었던 이유는 그가 가진 집념 덕분이었다. 포기하지 않고 끝까지 관철해내는 방법을 알고 있었던 것이다. 빌은 턴크스가 알려준 순서대로 위에서부터 차례대로 10명 모두에게 전화를 걸었다.

실제로 그 당시에 애크런은 옥스퍼드 그룹의 활동 중심지였다. 1933년에 프랭크 부크먼은 이곳에서 세간의 이목을 끄는 대규모 집회를 열었다. 턱시도의 부흥으로 묘사되기도 했던 옥스퍼드 그룹은 개인의 복음 전도라고 하는 브랜드 이미지 덕분에 애크런에서 수천 명의 군중을 끌어 모을 수 있었다. 월터 턴크스를 포함해 애크런의 목사들은 옥스퍼드 그룹 회원들을 향해 자신의 설교단을 돌린 다음 새로운 방식으로 기독교 복음을 전파했다. 메이플라워호텔 대연회장에서는 400명의 여성이 모여 집회를 열기도 했다. 뉴욕 옥스퍼드 그룹과는 달리 애크런 옥스퍼드 그룹은 알코올 중독자의 성공적인 회복에 관해 많은 경험을 하고 있었기 때문에 자신들의 교리가 중독에 효과가 있다고 하는 강한 자부심을 가지고 있었다.

그날 빌 윌슨과 통화한 남성 가운데는 노먼 셰퍼드라는 사람이 있었는데, 헨리에타 세이버링(Henrietta Buckler Seiberling; 1888 – 1979; The Goodyear Tire & Rubber Company의 창립자인 Frank Augustus Seiberling의 며느리 – Dick B.(2006), p.2)이라는 여성이 애크런에서 중요한 어떤 한 친구의 음주 문제를 돕기 위해 무던히 애를 쓰고 있다는 것이었다. "그녀에게 전화해 보세요!" 셰퍼드는 빌에게 연락을 해보라고 권했다. 하지만 빌은 원치 않았다. 왜냐하면 그 이름을 들어 본 적 있는데, 아마도 월가에서 지낼 때 안면이 있던 굳이어 타이어의 거물인 프랭크 세이버링의 아내일수도 있겠다고 생각했다. "그분의 아내에게 전화해서 제가 뉴욕에서 온 중독자인데 함께 대화를 나눌 중독자를 찾고 있다는 말을 꺼낼 엄두가 나질 않았습니다." 지난날 높은 평가를 받던 사업 동료가 이곳저곳을 떠돌아다니는 허풍쟁이 장사꾼이 된 것 같다는 말을 아내로부터 듣는다면 프랭크 세이버링은 무슨 생각이 들까? 하지만 빌 윌슨은 그녀가 프랭크 세이버링의 아내가 아니라는 사실을 알지 못했다. 그의 며느리였던 헨리에타는 이혼한 후에 스탠 하이웨트 홀&가든에서 쫓겨나 그곳에 있는 조그만 관리실에서 자녀들과 함께 살고 있었다. 아무튼 그 순간 빌은 메이플라워호텔에 있으면서 중독자를 만나고 싶다는 생각이 누그러들었다.

하지만 그날 오후가 되자 결국에는 헨리에타 세이버링에게 어렵사리 전화를 걸었다. 빌은 자신이 옥스퍼드 그룹의 회원이라고 말했는데, 공교롭게 그녀도 같은 회원이었다. 헨리에타가 말하기를 바로 몇 주 전에 자신이 속한 옥스퍼드 그룹 모임에서 로버트 스미스라고 하는 한 의사가 지금까지 남몰래 술을 마셔왔다고 고백했는데, 그가 몹시 곤경에 처해 있으며 아내인 앤도 더 이상 견딜 수 없는 지경에 다다른 것 같다는 것이었다. 그녀가 빌에게 말했다. "여기에 오셔서 솔직하게 말씀해 보세요." 하지만 빌 윌슨과 보브 박사와의 만남은 그 다음날인 어머니 날(Mother's Day; 미국에서는 매년 5월 두 번째 일요일; '다음날 오후 5시가 조금 넘어 빌은 자신보다 15살 많은 한 남자를 만났다.' – Thomsen, p.214)에 이루어졌는데, 보브 박사가 너무나도 술에 취해 곤드라져 있었기 때문이다.

보브 박사도 버몬트 출신이었다. 마르고 호리호리한 체구를 지녔으며, 빌 윌슨보다 나이가 15살 많았다. 양키 출신으로 명망 있는 집안에서 총명한 아이로 자랐지만 음주로 인해 그의 인생은 거의 다 무너져 내리고 있었다. 지방 판사의 아들로 태어나 동도싯에서 북동쪽에 있는 세인트 존스베리에서 유년 시절을 보냈으며, 뉴햄프셔를 가로지르는 강 바로 옆에 있는 다트머스 대학교(Dartmouth College; 뉴햄프셔 하노버에 위치한 종합대학교. 아이비리그에 속함)를 다녔다. 대학생이었을 때부터 음주 문제가 있었지만 간신히 시카고에 있는 의과 대학에 진학했고 오하이오 애크런에서 항문의로 개업할 수 있었다('스미스는 존스베리 아카데미에서 고등학교를 졸업한 뒤, 다트머스 대학교에서 학부 생활을 시작했다. 부모의 감독에서 처음으로 해방된 젊은 스미스는 어린 시절에 다짐했던 일을 실행에 옮기기로 했다. 강요에 의해 교회와 주일 학교, 면려회를 갈 수밖에 없었는데, 그것은 너무나도 화가 나는 일이었다. 결국 부모의 지배로부터 벗어나면서 문제가 해결되었는데, 다시는 절대로 교회에 발을 들여놓지 않겠다고 결심했다. 그리고 그 약속을 40년 동안 지켰다. 다트머스 대학교에서 지낸 시간은 스미스에게 또 다른 즐거움을 가져다주었는데, 그는 학내에서 맥주 마시기 챔피언으로 명성이 자자했다. 졸업 후 3년 동안은 비즈니스 세계에 뛰어들었다. 하지만 의사가 되고 싶었던 스미스는 마침내 미시간 대학교 예과에 입학했고, 교내 음주 동아리에서 최우수 회원으로 바로 발탁되었다. 앤 아버(Ann Arbor; 미시간 동남부 도시; 미시간 대학교 소재지)에 있는 동안 그에게 변화가 찾아오기 시작했다. 술을 마시고 싶다는 욕구는 물론 아니었다. "어느 때보다도 강렬하게 마셨지요." 절대로 숙취는 없다고 호언장담했지만 다음날 아침이 오면 몸이 떨리기 시작했다. 그럼에도 일상은 폭음의 연속이었다. 술을 끊어 보려고 학업을 중단했다가 다시 복학하려고 했는데, 학교의 생각은 달랐다. 그래서 시카고에 있는 러시 메디컬 대학교로 학교를 옮겼지만 여전히 폭음은 계속되었다.' - Kurtz, p.30) ('마침내 아버지를 설득해서 미시간 대학교 의과 대학에 들어갔지만 무분별한 음주로 인해 2학년 때 쫓겨나고 말았다.' - Bob, p.35). 보브 박사는 어린 시절의 여자 친구였던 앤(Anne Ripley Smith; 1881 - 1949; A.A. 설립자 중 한 명이자 Bob Smith의 아내; Al-Anon 최초의 회원 가운데 한 명)과 결혼했는데, 두 사람 사이에는 아버지와 똑같은 보브

(Bob; Robert Ripley Smith; 1918 - 2004)라는 이름의 아들과 입양한 딸인 수(Sue; Suzanne Smith Windows; 1918 - 2002)가 있었다. 빌과 보브 박사가 만났던 당시에 두 자녀는 모두 십대였다.

수년 동안 보브 박사는 병원에서 만큼은 술을 마시지 않는다는 원칙을 고수했다. 대신 창고에 있는 진정제를 자가 투여했다. 때로는 1주일 동안 술을 마시지 않은 적도 있었지만, 다시 일을 하기 시작하면 금주가 유지되는 경우는 결코 없었다. 술을 억제하는데 도움이 되는 방법이나 치료요법도 효과를 발휘하지 못했다. 보브 박사는 애크런 시티 병원에서 직장을 잃고 나서 쓰러져 가는 개인 의원을 차려 생계를 꾸려 나갔다. 앞으로 오랫동안 계속해서 수술하는 것이 불가능할 거라는 사실도 잘 알고 있었다. 그럼에도 보브 박사는 여전히 술을 사랑했다. 그리고 멈출 수도 없었다. 빌 윌슨에게 다음과 같이 말했다. "전 단지 그로그 술(물에 희석한 럼주)을 좋아했을 뿐입니다." 스미스 부부는 모두 옥스퍼드 그룹에 가입하고 있었지만 보브 박사는 계속해서 술을 마셨다. 마침내 빌 윌슨과의 만남이 성사되었을 때 보브 박사는 오후 5시에 15분 동안만 만나는 것으로 결정했는데, 보호자로 아내와 17세의 아들을 데리고 왔다. 머무르는 동안 두 사람은 저녁 식사를 함께 했고, 밤 11시가 될 때까지 계속해서 대화를 이어 나갔다.

스탠 하이웨트의 관리실(stan hywet는 웨일스 관용구로 '채석장'이라는 뜻)은 목골 구조로 지어진 튜더 양식의 작은 건물로 아늑함이 느껴지는 지붕창 위로 거목이 자라고 있었고, 그 주변은 예쁜 정원으로 둘러싸여 있었다. 빌이 그렇게 걱정을 했던 이유는 그 집이 프랭크 세이버링이 거주하고 있는 스탠 하이웨트 부지의 가장자리에 있었기 때문이다. 이곳이 바로 빌 윌슨과 보브 박사가 만난 장소이다. 그날 밤에 무슨 일이 있었던 것일까? 빌은 보브 박사에게 메이플라워호텔에 있는 동안 과거에 여러 번 실패한 경험을 통해 깨달은 지식과 갈망에 대한 냉철한 기억으로 무장을 하고 있었지만 그다지 도움이 되지 못했다고 이야기했다. 자신은 도움이 필요했고 그것은 오직 음주 문제를 가진 다른 사람으로부터 구할 수 있다고 했다. 빌은 보브 박사가 자신을 도울 수 있을 거라고 기대했다.

대화가 시작되자마자 빌은 단주라고는 거의 해본 적 없는 버몬트 출신 남자의 무뚝뚝함과 맞닥뜨렸는데, 다행히 그러한 타입에 대해서는 무척이나 익숙한 그였다. 이 세상의 다른 누구보다도 무뚝뚝한 버몬트 사람에 대해서만큼은 잘 알고 있었으리라. 빌은 자신에 관한 이야기를 하고 나서 음주가 신체와 정신에 미치는 영향도 이야기했다. 보브 박사는 귀를 기울였다. 빌 윌슨은 「A.A. 성년이 되다」에 다음과 같이 썼다. "아시겠지만 우리는 정말로 똑같은 생각을 하고 있었군요. 설득하는 일은 단념했습니다. 알코올 중독자에게 제가 필요한 만큼이나 저에게도 그러한 알코올 중독자가 필요하다는 것을 깨닫게 되었습니다. 우리의 만남이 바로 이것이지요."

뉴욕에서 온 이 남자의 말을 듣고 나서 보브 박사는 같이 술을 끊어보기로 마음먹었다. 1주일도 되지 않아 빌 윌슨은 거처를 보브 박사 집으로 옮겼는데, 새로 알게 된 그 친구를 '대장장이'라고 불렀다. 두 사람은 오랫동안 단주를 유지할 수 있는 계획을 짜 보았고, 한번 시작해보기로 했다. 물론 뜻대로 진행되지는 못했다. 두 사람은 모두 보브 박사가 애틀랜틱시티에서 열리는 미국 의학 협회 연례 학술 대회에 참석할 정도로 충분히 좋아졌다고 판단했다.

하지만 두 사람의 생각은 완전히 빗나가고 말았다. 보브 박사는 애틀랜틱시티로 떠나면서 자신감을 가지고 새롭게 단주를 시작했지만 수십 년간 지속된 음주의 지배로부터 벗어날 수는 없었다. 빌 윌슨과 보브 박사의 아내인 앤 스미스는 불안에 떨며 보브 박사의 연락을 간절히 기다렸다. 하지만 며칠이 지나도 아무런 소식이 없었다. 그리고 얼마 지나지 않아 마침내 소식이 왔다. 보브 박사가 그와 함께 일하는 간호사 집에 머물고 있었다. 술에 취한 채 간호사에게 전화를 걸어 역에서 자신을 데려가도록 한 것이었다. 빌과 앤은 그를 집으로 데리고 와서 침대에 눕힌 다음 술이 깨도록 정성을 기울였다. 마시는 술의 양을 서서히 줄이면서 해독 치료를 진행했는데, 커피를 끓여가며 밤낮으로 침대 곁을 지켰다. 사흘 뒤에 수술 스케줄이 잡혀 있었는데, 불현듯 세상만사가 그 수술에 달려 있는 것처럼 보였다. 예전에 한 번 환자들이 그를 용서해준 적이 있었는데, 결코 다시는 봐주지 않을 것 같았다. 그럼에도 빌과 앤에게 행운이 따랐다. 수술이 잡힌 날이 되자 빌은 보브 박사를 밖으로 데리고 나가 맥주 한 병을 건네주었는데, 그가 더 이상 손을 떨지 않도록 도와주기 위해서였다. 이것이 바로 보브 박사가 마지막으로 음주한 순간이며, 이 날 1935년 6월 10일은 또한 A.A.의 공식 설립일이 되었다.

23장 | 클린턴 거리 182번지

빌 윌슨은 포티지 컨트리클럽 인근의 스탠 하이웨트 근처에 머물면서 다른 부유한 옥스퍼드 그룹 회원들과 함께 시간을 보냈고, 이후에는 아드모어 거리의 너와 지붕에 지붕창이 달린 집에서 보브 박사 내외와 함께 평온한 여름날을 보냈다. 때로는 국영 고무 가공 기계 회사의 위임장 경쟁에 참여하기도 했지만 골프를 즐기거나 보브 박사와 함께 애크런 시티 병원의 여러 중독자와 이야기를 나누며 대부분의 시간을 보냈다. 이 기간 동안 빌은 국영 고무 가공 기계 회사에 대한 생각을 바꾸었는데, 이러한 마음의 변화를 전에 없던 온전한 삶의 조건으로 보기 시작한 것이다.

빌은 본인과 재정적 후원자들이 장악할 수도 있었던 기업 인수 시도를 포기하는 대신 회사 내부에서 벌어지고 있는 파벌 싸움이 평화롭게 해결될 수 있도록 노력을 기울이기 시작했다. 빌은 관련이 있는 모든 사람들에게 최선이 될 수 있는 일을 하는 것이 자신의 임무라고 아내에게 편지를 썼다. 마침내 빌은 위임장 경쟁에서 승리했지만 정작 기업 회장 자리를 거절했다. 대신 또 다른 사업가 후보자였던 폴 프랭크를 지지했다. 결국 두 사람 모두 그 자리에 앉지 못했지만 몇 년이 지나서 프랭크는 회사에 복귀하는데 성공했으며, 이후 25년 동안 회장을 역임하며 평화와 번영을 이끌었다. 그리고 그 당시 빌은 더 중요한 일을 하고 있었다.

빌은 옥스퍼드 그룹의 환대를 받았다. 빌과 보브 박사는 T. 헨리 윌리엄스와 그의 아내인 클라레스의 집에서 열리는 모임에 정기적으로 참석했다. 로저 윌리엄스(Roger Williams; 1603 – 1683; 미국의 개신교 성직자; 정교 분리 및 종교적 자유를 주장)의 직계 자손이었던 헨리 윌리엄스는 옥스퍼드 그룹이 추구하는 목표를 위해 본인이 해야 하는 것이라면 무엇이든 망설임 없이 실천했다. 꽃무늬 장식이 그려진 긴 소파와 커버를 씌운 안락의자, 미션 양식의 흔들 의자가 있는 거실은 모임 장소로 쓰이기에 더할 나위 없이 좋았다.

사회 계급에 관한 문제는 빌 윌슨의 이야기 전체에 걸쳐서 여러 차례 표면화되고 있다. 보브 박사는 다트머스 대학교를 마치고 의과 대학을 나온 존경 받는 의사였다. 반면 작은 시골 벽지에서 유년 시절을 보낸 빌 윌슨은 정말로 고등학교와 대학교 모두 졸업하지 못했을 뿐더러 브루클린 법학 전문 대학 야간 학교에도 몇 년 동안 다녔지만 결국 법학 학위를 받지 못했다. 갖은 노력에도 종종 열등 의식에 빠지거나 깡마른 체구에서 오는 신경과민으로 힘들어했다. 사실 빌은 상류층 여성과 결혼한 것인데, 로이스는 두 사람이 서로 다른 세상에서 살았다는 사실에 정말로 신경 쓰지 않았던 것으로 보인다. 버넘 가족은 사회 계급을 분별하는 안목이 없다고 할 만큼 너그러워서 작은 마을 출신의 사위를 놀라게 했고 결국에는 그를 변화시켰다. 하지만 헨리에타 세이버링과 이후에 등장할 옥스퍼드 그룹의 지도자들을 포함해 그 밖의 다른 사람들은 그렇게까지 눈이 어둡지는 않았다. 훗날 헨리에타 세이버링은 빌 윌슨을 만났을 때 그가 보여준 독특한 버릇 때문에 기분이 나빴다고 고백했다. 수시로 너무 크게 웃는다며 못마땅해 했는데, 웃을 때마다 이가 너무 많이 보인다는 것이었다.

헨리에타 세이버링의 서재에 보브 박사와 단둘이 남게 된 빌 윌슨은 숫기 없는 작은 마을의 소년에서 누구도 하지 못했던 방식으로 알코올 중독을 설명할 수 있는 회복중인 중독자로 완전히 탈바꿈했다. 회심의 경험은 빌 윌슨에게 타인을 움직이도록 하는 힘을 갖게 해주었다. 보브 박사는 읽을 수 있는 책이라면 뭐든 다 읽었고 알코올 중독에 관한 것이라면 어떤 이야기든 전부 들어 보았지만 중독자 본인이 말하는 중독 이야기는 들어본 적 없었다. 훗날 보브 박사는 자신이 회복할 수 있었던 이유가 빌 윌슨이 들려준 내용이 아니라 빌 윌슨이라고 하는 또 다른 중독자가 있었기 때문이라고 종종 이야기했다.

빌 윌슨은 앤과 보브 박사의 도움으로 잠시 동안 애크런의 상류층 사교계에 참여할 수 있었는데, 평생 머무를 수 있으면 좋겠다고 생각했다. 7월에는 아내가 기차를 타고 남편을 찾아왔다. 로이스는 눈앞에 펼쳐진 대초원의 풍경과 커다란 하늘, 중서부 지역에서 느낄 수 있는 풍요로움과 안락함, 그리고 스미스 부부가 보여준 상냥함에 완전히 빠져들고 말았다. 빌과 보브 박사는 오랜 시간 동안 머리를 맞대고서 어떻게 해야 알코올 중독자와 이야기를 나눌 수 있을지 고심했다.

두 사람은 모두 실질적으로 버몬트 독립이라는 전통 속에서 삶을 살았다. 그들은 어느 누구도 알코올 중독자에게 이래라저래라 할 수 없으며, 다만 알코올 중독자는 자신의 이야기를 할 수 있어야 한다고 했는데, 정말로 가망이 없는 경우라 할지라도 때로는 그러한 이야기가 회복에 이르게 할 수 있다는 사실을 알게 되었다. 함께 있던 두 사람은 불현듯 24시간에 대한 개념을 떠올렸다. 어떠한 중독자도 앞으로 다시는 술을 마실 수 없다는 말을 듣고 싶어 하지 않는다는 사실을 깨달은 것이다. 만약 단주하는 기간을 며칠 혹은 심지어 몇 시간으로 쪼개면 많은 경우에 견디는 것이 가능해진다. 두 사람은 서로에게 "하루 하루를 살자."라고 말했다. "오늘은 오늘 하루를 위해서 단주하기만 하면 되는 것입니다." 8월이 끝나갈 즈음에 애크런을 떠나 브루클린으로 돌아간 빌과 로이스는 정말로 단주를 시도해 볼만한 중독자 대여섯 명을 끌어들였다.

브루클린에 돌아온 로이스는 백화점의 가구 코너에서 일을 다시 시작했고, 남편과 함께 갈보리 선교구 옥스퍼드 그룹 모임에 정기적으로 참여했다. 다른 알코올 중독자를 돕는 것이 곧 자신을 돕는 것임을 알게 된 빌은 마음을 돌릴 가능성이 있는 중독자를 찾기 위해 사람들이 모여 있는 곳을 찾으러 다니기 시작했는데, 종종 실크워스 박사는 빌에게 병원에 와서 곤경에 처한 사람들과 함께 이야기를 나누면 좋겠다고 부탁했다. 초반 영입에 성공한 피츠 마요(John Henry Fitzhugh Mayo; Fitz M.; 1897 – 1943; 「익명의 알코올 중독자들」 'Our Southern Friend'의 저자이자 주인공, 'We Agnostics'

에 등장하는 목사의 아들)와 행크 파크허스트(Hank Parkhurst; Henry P.; 1895 – 1954; 뉴욕에서 빌 윌슨 다음으로 회복한 알코올 중독자; 「익명의 알코올 중독자들」 'To Employers'의 저자이자 1판 'The Unbeliever'의 주인공, 'The Doctor's Opinion'에 등장하는 위출혈이 있었던 환자, 'A Vision for You' 마지막에 등장하는 A.A. 회원) 두 사람은 가까운 친구이자 협력자가 되었고, 그 속에서 회복 운동이 서서히 태동하기 시작했다.

행크는 스탠더드 오일에서 중역을 맡고 있었는데, 이제는 뉴저지 뉴어크(Newark; New Jersey주의 최대 도시)에 '아너 딜러'라고 하는 자동차 대리점을 열기로 결심했다. 사무실을 임대하고 루스 호크(Ruth Hock; 1911 – 1986; 빌 윌슨의 첫 번째 비서이자 사무장; A.A.의 총무; 「익명의 알코올 중독자들」의 초안을 타이핑함; '평온함을 청하는 기도'를 처음으로 A.A.에 소개함; 그녀의 묘비에는 '평온함을 청하는 기도'가 비문으로 새겨져 있음)를 비서로 고용했다. 이 장소는 아직 명칭이 정해지지 않았지만 빌 윌슨과 보브 박사를 중심으로 새롭게 출범한 기구의 비공식 센터가 되었고, 알코올 중독자들과 함께 여러 방법들이 시도된 공간이기도 했다.

클린턴 거리 182번지의 버넘 하우스는 정교하게 다듬어진 장식으로 꾸며진 현관 덕분에 고상한 멋을 자아냈다. 이제 이곳은 온갖 부류의 술주정뱅이를 위한 안식처가 되었는데, 그들은 모두 술을 끊거나 술을 끊기 위해 필사적으로 노력하는 사람들이었다. 여전히 돈은 부족했고 대출회사에 대출금도 매달 갚아야만 하는 상황이었다. 버넘 박사는 에메랄드 호수에 있는 야영지와 주변의 집 여러 채를 매각했는데, 짧은 투병 생활

끝에 1936년 81세의 나이로 사망했다('1936년 9월, 클린턴 거리의 저택을 소유하고 있던 로이스의 아버지가 사망했다. 그 저택은 대출 회사의 손에 넘어갔는데, 회사는 윌슨 부부가 적은 임대료로 그곳에서 살 수 있도록 해주었다.' - Pass It On, p.175). 한때 버넘 박사의 웅장했던 저택은 사위와 딸의 소유가 되면서 보잘것없는 싸구려 여인숙 신세가 되고 말았는데, 방세를 내면서 꼭대기 층에서 하숙하고 있는 두 명의 자매와 건강이 좋지 않은 버넘 부인을 위해서 꾸며 놓았던 이층 침실에서 지내는 빌과 로이스, 그리고 지하실부터 정원에 이르기까지 집안 곳곳에 떼 지어 몰려든 온갖 계층의 술주정뱅이 - 반쯤 취한 술주정뱅이부터 완전히 취한 술주정뱅이에 이르기까지 - 가 이곳에서 모두 함께 지냈다.

빌 윌슨은 매주 화요일 밤마다 모임을 열었다. 대리석으로 만든 둥근 모양의 벽난로와 푹신푹신한 소파가 있는 거실은 다른 방에서 가지고 온 의자로 둥글게 채워졌다. 빌은 신참자가 모임에 방문하기라도 하면 "제 이름은 빌입니다. 알코올 중독자이지요."라고 자신을 소개했다. 모임이 마음에 든 사람들 가운데 몇몇은 떠나지 않고 계속해서 남아 있었는데, 어떤 한 중독자는 1년 동안 머무르기도 했다. 빌과 로이스의 옷가지와 함께 사실상 들고 갈 수 있는 모든 것을 도둑맞은 경우도 있었다. 어느 날 오후에 빌은 출장을 갔다가 집으로 돌아왔는데, 그곳에서 지내던 한 남자가 죽어 있는 것을 발견했다. 그리고 집안은 온통 지독한 가스 냄새로 가득했다. 하지만 이러한 모든 일들은 빌이 단주를 유지하는데 도움이 되었다('빌 윌슨이 가장 먼저 집에 도착했다. 현관문을 열자마자 가스 냄새가 진동했다. 황급히 위층으로 올라가니 빌 C.가 죽어 있었다. 가스 버너에 연결되어 있던 튜브를 입안에 넣고 자살한 것이었다. 몇 달 전부터 빌과 로이스는 빌 C.가 자기네 옷을 팔아버리고 있다는 사실을 알고 있었다. … "집안에 있는 모든 옷가지들을 전부 팔고 나서 양심의 가책을 느끼자 가스 밸브를 열었습니다." … 빌과 보브 박사는 기간을 늘려가며 회복중인 알코올 중독자를 집에 머물 수 있도록 허용하는 것이 과연 현명한 결정인지 의구심이 들기 시작했다. 빌은 당시의 자살 사건을 문자 그대로 "친절함을 가지고 사람을 죽인" 하나의 전형이라고 언급했다.' – Pass It On, p.165). 칼린 자매에게 꼭대기층을 세놓고 받는 방세뿐만 아니라 빌이 월가에서 간신히 구한 품팔이일을 하고서 받은 보수, 그리고 로이스가 벌어들인 수입은 모두 대출금으로 나갔으며, 얼마 안 되는 남은 생활비로 두 사람은 근근이 생계를 이어갔다.

그럼에도 빌은 행복했다. 이 무렵에 한 가지 일화가 있는데, 늦은 밤 빌과 행크는 컨버터블 자동차를 타고서 맨해튼의 파크 애버뉴로 향했다. 행크는 달리는 차안에서 일어나 크게 외쳤다. "전능하신 신이시여. 술을 끊는다는 것이 이렇게나 좋은 일이었군요!"

하지만 로이스는 그렇게 행복하지 않았다. 정말로 너그럽고 속 깊은 마음을 가지고 있으면서 노련하기도 했던 그녀는 남편이 너무나 행복해 하는 모습에 자기 자신이 점점 더 신경질을 내고 있다는 사실을 알게 되었다. 어느 날 밤 빌은 아내에게 옥스퍼드 그룹 모임에 늦지 않게 서두르라고 말을 했는데, 로이스는 그만 신고 있던 구두를 벗어 남편을 향해 던져 버렸다. 불현듯 자신이 저지른 행동을 보고 나서야 그동안 남편을 질투하고 있었다는 사실을 깨닫게 된 것이다. 사랑하는 남편을 고치고자 여러 해 동안 고난의 세월을 보냈다. 좋을 때나 나쁠 때나 어떤 힘든 일이 있어도 남편의 든든한 버팀목이 되어 주었다. 하지만 이제는 그녀가 하지 못했던 일을 어중이떠중이 노숙자 무리가 대신하고 있었다. 훗날 다른 사람의 중독 및 회복 과정에서 나타나는 행동 문제로 괴로워하는 사람들을 위해 만들어진 프로그램인 알아넌에 대한 아이디어는 바로 이 날아가는 구두 속에 들어 있었다.

어느 날 찰스 타운스가 알코올 중독 치료와 관련된 모든 것을 전적으로 맡기고 싶다는 제안을 했을 때, 재정적 압박에 시달리던 빌은 너무나 기쁘고 가슴이 설레었다. 찰스 타운스는 빌에게 알코올 중독 환자를 직접 치료하면서 모임도 같이 열 수 있을 거라고 하면서 무엇보다도 성공적인 치료사가 될 수 있을 거라고 했다. 그 당시 타운스 병원은 힘든 시기를 겪고 있었다. 찰스 타운스는 빌 윌슨의 재정 문제와 병원의 재정 문제를 동시에 해결할 수 있는 방법을 찾아낸 것이다.

처음에는 너무나 기뻐 어쩔 줄 몰랐다. 빌은 지하철을 타고 집에 들어가는 길에 이번 일을 축하해 주시는 신의 음성이 들리는 것만 같았다. "일꾼이 그 삯을 받는 것은 마땅하다."(디모데전서 5:18; 개역 개정 4판)라는 말이 머릿속에서 맴돌았다. 화요일 밤에 열리는 모임은 사실상 A.A. 최초의 실무 회의가 되었는데, 굉장히 시끌벅적하면서도 엄숙한 모임이었다. 그 자리에 모인 알코올 중독자들은 빌에게 타운스 병원에서 제시한 일을 받아들여서는 안 된다고 충고했다. 만약 전문가가 되어 일한 대가로 돈을 받게 된다면 중독자를 돕는 기량이 급격히 저하될 것이라고 지적했다.

빌은 그들의 의견을 마지못해 받아들였고, 찰스 타운스의 제안도 거절했다. 이 일은 소위 A.A.에서 "집단 양심"이라고 부르는 첫 번째 사례로, 회복하고 있는 알코올 중독자 집단의 뜻이자 오늘날까지 프로그램이 명맥을 유지할 수 있었던 이유이기도 하다. 오늘날에는 수백만 명의 사람들이 전문적인 알코올 중독 상담을 하고 있지만, 정작 그 당시에 빌은 그럴 수 없다는 사실을 잘 알고 있었다. 비전문가로 남아 있어야 했던 것이다. 또한 신의 음성을 들었을 때 종종 그것은 단지 자신의 목소리에 불과하다는 것도 깨달았다. 그리고 한층 높은 수준의 지침을 판단해야 할 경우에는 그것이 어떤 것이든지 간에 다른 사람과 반드시 사전에 검토해야 한다는 원칙도 이 이야기에서 유래하였다. 비록 빌 윌슨은 이러한 중요한 기회를 거절해야 했지만 그 결정 덕분에 본인과 수백만 명의 회복하는 중독자는 수천 배의 보답을 받을 수 있었다.

24장 | 정점에 이르지 못하다

남루한 옷차림에 절망감에 빠져 있던 대다수의 중독자들은 갈보리 선교구의 옥스퍼드 그룹에서 점점 더 천대를 받았다. 그들이 입고 있는 누더기 옷은 옥스퍼드 그룹의 연미복과는 전혀 어울리지 않았다. 빌 윌슨은 파산한 상태였고, 로이스는 백화점에서 일을 하고 있었으며, 두 사람이 끌어모은 중독자들 또한 거칠고 제대로 교육받지 못한 사람들이 대부분이었다. 그런 반면 옥스퍼드 그룹과 그 설립자인 프랭크 부크먼은 명성과 부, 그리고 미국 상류층을 끌어모으는데 혈안이 되어 있었다. 부크먼은 부유한 사람의 집에서 자주 파티를 열었는데, 그곳에서 그는 자신의 종교 운동에 필요한 훌륭한 '핵심 인물'들을 영입했다. 그리고 그러한 유명 인사들이 회원으로 가입되어 있다는 것에 매우 자랑스러워했다. 어떤 면에서 부크먼은 자신을 따르는 빌 윌슨에게 익명성의 가치를 가르치고 있다는 사실에 자부심을 갖고 있었겠지만, 그것이 어떤 가치가 있을 것인지 당시에는 제대로 알지 못했다.

빌 윌슨과 옥스퍼드 그룹 사이의 분열은 1935년부터 시작되었는데, 그 당시 슈메이커 목사의 비서는 갈보리 교구 회원 몇 사람에게 클린턴 거리에 있는 빌 윌슨 부부의 화요일 야간 모임에 참석을 허락하지 않겠다는 방침을 전달했다. 이 일을 계기로 옥스퍼드 그룹과 후에 '익명의 알코올 중독자들'이 될 단주 운동 간의 협력 관계는 사실상 끝을 맺었다. 그 비서는 옥스퍼드 그룹에서 사용하는 말을 사용해 빌 윌슨 부부가 "정점에 이르지 못하다"(not maximum; '옥스퍼드 그룹은 'maximum'이라는 말을 '집단이 이루고자 하는 목표에 전념하는 기대 수준'이라고 정의해서 사용했다.' – Pass It On, p.174)라는 생각을 은연중에 드러냈다. 빌 윌슨 부부는 옥스퍼드 그룹과 상반되는 자신들의 방식을 바꿀 의향이 없었다. 알코올 중독자를 돕는 일에는 더욱 더 집중하는 대신에 옥스퍼드 그룹을 돕는 일에는 갈수록 신경을 덜 썼기에 빌과 옥스퍼드 그룹과의 관계는 훨씬 더 나빠지고 있었다.

훗날 빌은 옥스퍼드 그룹이 자신의 생명을 구했으며 '익명의 알코올 중독자들'도 옥스퍼드 그룹에 큰 신세를 지었다고 입버릇처럼 말했다. 하지만 깃털이 난지 얼마 되지 않아 날갯짓을 겨우 시작한 어린 새와도 같았던 그 모임은 결국 옥스퍼드 그룹과 결별했다. 1937년 그 당시에는 '익명의 알코올 중독자들'에 대해 들어본 사람이 아무도 없었을 뿐더러 아직 존재하지도 않았다. 여성 한 명이 벌어들이는 봉급에 의지한 채 저당 잡힌 집에서 기거하고 있는 빌 윌슨에게 남은 거라곤 텅 빈 지갑과 누더기 중독자 무리뿐이었다. 이곳에서 술을 끊었던 중독자도 밖에 나가면 다시 마시기 일쑤였다. 실제로 옥스퍼드 그룹의 회원들은 빌 윌슨이 선택하고 있는 방식이 과연 누구에게 도움이 되는 것인지 전혀 확신할 수 없다면서 의구심을 가졌다. 그런 반면에 옥스퍼드 그룹은 세계적으로 이름을 날리고 있었을 뿐만 아니라 수만 명의 회원을 보유하고 있었으며, 재원도 기부금으로 넘쳐나고 있었다.

애크런의 옥스퍼드 그룹은 보브 박사의 도움을 받아 단주하고자 하는 중독자를 계속해서 받아들였다. 애크런이 좀 더 온정이 있는 지역이라서 그랬을지도 모르겠다. 빌 윌슨 보다는 보브 박사가 더 신뢰를 받고 있었다. 어쨌든 애크런에서 작동하는 협력 관계가 뉴욕에서는 통하지 않았다. 슈메이커 박사는 빌 윌슨과 그를 따르는 중독자들로 진절머리가 날 지경이었다. 갈라선다는 것은 고통스럽지만 피할 수 없는 일이기도 했다. 그 당시에 빌은 주저 없이 옥스퍼드 그룹을 떠나기로 마음먹고 있었다. 지나고 보면 때맞춰 떠난 것이었다.

1936년에 프랭크 부크먼은 독일에서 회원을 모집하기 시작했다. 그는 본래 루터파였는데, 독일의 문화와 경치에 매력을 느끼고 있었다. 독일에 머무르면서 권력의 자리에 있는 남자들을 만났는데, 그들은 급속도로 세력을 확장하고 있는 제3제국(Third Reich; 아돌프 히틀러가 권력을 장악한 1933년부터 1945년까지의 독일)의 당원이었다. 아돌프 히틀러(Adolf Hitler; 1889 – 1945; 독일 나치의 지도자, 정치가, 독재자)가 존재하게 해준 신께 감사하다며 공공연하게 떠들고 다닌 부크먼은 히믈러(Heinrich Luitpold Himmler; 1900 – 1945; 독일 나치의 정치가, 친위대와 게슈타포를 지휘)와도 만남을 가졌는데, 히틀러가 위대한 "핵심 인물"을 배출해 낼 수 있을 것이라고 했다. 히틀러가 바로 그 "정점"이라는 것이었다. 하지만 부크먼이 고향에 돌아왔을 때 많은 회원들은 제1차 세계 대전에서 독일이 저지른 일을 잊지 않고 있었고, 또다시 그 어떤 세계 대전이 발발하든지 간에 독일이 개입하지 않을까 걱정하고 있었다. 부크먼은 자신의 발언으로 인해 극도로 평판이 나빠졌다.

옥스퍼드 그룹에서 회원들이 탈퇴하기 시작했다. 보브 박사가 있는 애크런 회원들과 빌이 주도하고 있던 모임은 오랜 시간이 지나서야 옥스퍼드 그룹과 갈라설 수 있었다. 그때가 1941년이었다. 그러고 나서 슈메이커 목사와 갈보리 선교구 마저도 옥스퍼드 그룹과 의절했다. 그리고 옥스퍼드 대학교는 부크먼에게 그룹의 명칭을 바꾸라고 요구했다.

1937년 말, 빌 윌슨은 일거리를 찾으러 서부 지역으로 떠났다. 월가에서 몇 가지 일을 구하기는 했지만 알코올 중독자와 보내는 시간이 일하는 시간보다 더 중요했다. 문제가 있다면 수지 타산이 맞지 않는다는 것이었다. 이번에 떠나는 출장은 보브 박사와 애크런 모임을 방문하기 위한 핑곗거리이기도 했다. 그랜드 센트럴 역에서 출발한 기차가 뉴저지를 지나 펜실베이니아 서부의 유전 지역과 앨러게니산맥을 가로질러 중서부 지역의 평원 지대에 위치한 오하이오에 모습을 드러낼 때까지 빌은 2등석 객실에서 책을 읽거나 수면을 취했다. 바깥의 전원 풍경을 바라보는 것만으로도 치유가 되는 듯했다. 루스벨트 대통령이 기존의 9명이던 대법관의 수를 15명으로 늘리는 법안을 내놓았지만 연방 의회에서 이를 통과시키지 않았다는 소식에 빌은 매우 기뻐했다. 왜냐하면 뉴딜 정책과 사회 보장법을 좋아하지 않았는데, 정부 자금은 곧 정부의 권력을 의미했기 때문이다.

그렇지만 3년 동안 술을 마시지 않은 남자의 관점에서 볼 때, 루스벨트 대통령은 참으로 침착한 사람이라는 생각이 들었다. 술 마시던 마지막 해에 유난히 심했던 분노의 편지는 더 이상 쓰고 싶지 않았다. 만약 술을 마시지 않고 있었더라면, 정부의 일은 정부가 알아서 잘 하겠거니 여겼을 거라는 생각이 들었다. 날이 저물기 시작하자 레일 위의 덜컹거리는 기차 소리도 평화롭게 느껴졌다. 그리고 기차 창문 밖으로 보이는 농가들은 2년 전보다 더 풍요롭게 보였다.

신문을 펼쳐 보니 세포 성장에 관한 비타민의 효능을 발견한 공로로 센트 디외르디(Albert Szent Györgyi; 1893 - 1986; 헝가리 출신의 미국 생리학자; 1937년에 노벨 생리의학상 수상)가 노벨상을 수상(1937년 10월 28일에 수여되었고, 다음날인 29일에는 「뉴욕 타임스」에 이에 대한 기사가 실림 - THE NEW YORK TIMES | October 29, 1937 | p.23)했다는 기사가 눈에 들어왔다. 빌은 비타민이 알코올 중독자에게 도움이 될지도 모르겠다고 생각했다. 일본과 독일이 일으킨 전쟁의 신음 소리가 이곳까지 들리는 것만 같았다(1936년 11월에 나치 독일과 일본이 코민테른과 소련에 대항하기 위해 방공 협정을 맺고, 이듬해 11월에 이탈리아가 추가로 협정에 가입함. 1937년 7월에 중일 전쟁이 발발하고, 같은 해 12월부터 이듬해 2월까지 난징대학살이 자행됨). 기차가 캔턴(Canton; 애크런 남쪽에 위치한 도시)을 지나 애크런에 도착하자 빌은 지금의 모습이 2년 전에 기업을 인수하기 위해서 발버둥치던 자신과 얼마나 다른지 실감할 수 있었다. 이제는 정말로 이야기를 들려줄 일만 남았다.

수십 통의 편지를 주고받았음에도 빌 윌슨과 보브 박사는 거의 2년이라는 시간이 지나서야 자리를 함께할 수 있었는데, 그 만남이 정말로 깜짝 놀랄 만한 일이 될 거라고는 두 사람 모두 생각하지 못했다. 각자의 노트를 펼쳐서 비교한 순간 그토록 오래전부터 많은 의사들과 비전문가들이 찾고 있었던 뭔가를 드디어 발견한 것이다. 그것은 바로 알코올 중독자가 단주하는데 실질적으로 도움이 되는 방법이었다. 두 사람과 함께 1년이 넘도록 단 한 잔의 술도 마시지 않고 있는 회복자 수를 세어 보니 40명이나 되었다.

빌은 자신의 멘토인 보브 박사와 대화를 나누고 나서 술 한 잔도 입에 대지 않고 보낸 하루하루의 시간이 뭔가를 배우는 과정이었음을 깨닫기 시작했다. 프랭크 부크먼은 빌에게 일인 대표직이 가져올 위험성과 자금을 구하고 명성을 얻는 과정에서 발생할 수 있는 문제 등을 가르쳐 주었다. 찰스 타운스는 어떤 경우에 보수를 받는 전문가가 되고 싶어 하는 생각에 사로잡히거나 미련을 갖게 될 것인지를 은연중에 가르쳐 주었으며, 신은 개개인 보다는 여러 사람이 모인 무리를 향해 이야기하고 싶어 한다는 점도 덤으로 알 수 있도록 해주었다. 빌은 익명성이 가지고 있는 힘의 개념뿐만 아니라 집단 양심의 개념, 그리고 자활의 중요성 등을 받아들였다.

이러한 성공에 기분이 들뜬 두 사람은 활동 영역을 넓힐 때가 되었다고 판단했다. 자금을 마련해서 전문 병원을 세우거나 교육 센터를 운영해 볼 수도 있고, 사람을 고용해서 회복과 관련된 정보를 홍보하는 것도 가능하다고 생각했다. 자신들의 이야기를 널리 알리고 입에서 입으로 전할 때 왜곡되는 일이 없도록 하기 위해서는 회복 프로그램을 알리는 광고 전단과 서적도 반드시 필요하다고 생각했다. 하지만 개인적으로는 두 사람 모두 경제적으로 궁핍했고 돈이 절실한 상황이었다. 보브 박사는 은행에 빚진 3천 달러 때문에 집 소유권을 은행에 빼앗길 처지에 놓여 있었고, 빌 윌슨은 여전히 저당 잡힌 집에서 아내가 벌어다 주는 쥐꼬리만한 월급으로 버티고 있었다.

두 사람은 자신들이 발견한 사실에 흥분해 모임을 개최하기로 마음먹었고, 보브 박사는 애크런 지역에서 회복중인 18명의 중독자를 자신의 집으로 초대했다. 그곳에서 빌 윌슨은 사람들에게 자신의 이야기를 들려주었다. 실제로 이 모임은 '익명의 알코올 중독자들'의 두 번째 실무 회의가 되었는데, 그 당시에는 어느 누구도 그 사실을 예상하지 못했다. 지금까지도 '익명의 알코올 중독자들' 실무 회의는 '자아'를 추락시키는데 있어서 뛰어난 역량을 발휘하고 있는 것으로 유명하다('축복을 받기 위해서는 반드시 자기-확신(self-confidence)이 우선적으로 파괴되어야 합니다. 그것도 철저하게 말입니다. 아주 깊은 곳으로 자아를 추락(ego deflation)시킬 수 있느냐가 이 수수께끼의 열쇠였습니다. 자기-확신을 회복해야 할 거라고 말하는 사회학자 및 심리학자의 생각은 틀렸습니다. 중요한 것은 자기-확신이 아니라 신에 대한 확신(God-confidence)이었습니다.' - Bill W.(2005), p.155) (다른 번역서에서 deflation을 위축 또는 축소로 혼용하여 번역한 경우가 많은데, 바닥 치기(hitting bottom)와 같은 의미로 사용되었기에 '추락'으로 번역했다.; ego의 경우에도 자만심으로 번역한 경우가 있는데, God라는 단어와 대비되면서 추락한다, 내려간다, 내려놓는다의 대상이기에 자만심보다는 자아로 번역하는 것이 옳다고 본다. 신뢰의 근본이 자신에게 있는지 아니면 신에게 있는지를 언급하고 있기 때문이다.) (So, if you think you are standing firm, be careful that you don't fall! – 1 Corinthians 10:12(NIV): 그런즉 선 줄로 생각하는 자는 넘어질까 조심하라 – 고린도전서 10:12(개역 개정 4판)).

회복중인 18명의 중독자는 함께 모임을 갖게 되어 빌과 보브 박사에게 고마워했지만, 두 사람이 계획한 단주 왕국에 대해서는 별로 달가워하지 않았다. 그들은 단주 병원을 세우면 온갖 종류의 문제가 발생할 거라고 생각했다. 그리고 빌 윌슨이 무슨 이유로 옥스퍼드 그룹과 결별했는지, 그리고 브루클린의 집에서 모은 기부금을 가지고 무엇을 했는지도 궁금해 했다. 그러한 질문은 빌을 당혹스럽게 만들었다. 그 당시 빌과 로이스는 겨우겨우 생계를 유지하던 상황이었다. 하지만 그 순간에도 빌은 침착함을 잃지 않았다.

오하이오와 펜실베이니아, 그리고 뉴저지를 지나 뉴욕으로 돌아왔을 때 모임 내에서 빌의 권한은 제한적이었다. 빌은 자금 마련을 위한 활동을 시작해도 된다는 허락을 받았는데, 프로그램에 관한 책을 써도 좋다는 것이었다. 빌은 다만 다른 야심찬 계획의 경우에는 당분간 기다리는 것이 좋겠다고 생각했다. 적극적으로 활동하는 설립자들 사이에 감도는 이러한 긴장감, 특히 거친 열정과 정력을 쏟아내는 빌 윌슨과 느긋한 태도를 보이는 회원들 사이의 긴장감은 1937년 겨울부터 시작해서 빌 윌슨이 사망할 때까지 계속 이어졌다.

25장 | 존 D. 록펠러 주니어

브루클린으로 돌아온 빌은 곧바로 자금 마련에 착수했다. 돈을 요청해 볼만한 사람이라면 누구를 막론하고 전화를 걸었다. 프랭크 쇼와 레너드 스트롱 박사에게도 연락했다. 하지만 이것이 그렇게 어려운 일이 될 거라고는 생각하지 못했다. 빌은 자신의 회복 운동이 눈부실 정도로 훌륭하며, 태초 이래로 인류가 찾고 있었던 그 무언가를 자신과 보브 박사가 불현듯 발견했다고 확신했다. 하지만 사람들은 증거를 원했다. 그리고 치료에 도움이 되지 않는 다른 프로그램에 비해 이 프로그램이 어째서 효과가 있다고 하는 것인지 통계 수치로 확인하고 싶어 했다. 사람들은 이미 암 연구라든지 고아들을 위한 보호 시설과 같이 다른 가치 있는 사업에 돈을 쓰고 있었기 때문이다. 빌은 심지어 사람들이 중독이라는 문제가 순전히 중독자 본인 탓이 아니겠느냐면서 부정적인 시선을 자주 실감해야만 했다.

1937년, 의붓아버지인 찰스 스트로벨 박사가 사망하자 어머니가 집으로 찾아왔다. 에밀리의 입장에서는 아들의 상황이 도저히 이해되지 않았다. 하지만 빌은 어머니가 중요하게 여기는 그런 부류의 성공에 대해서는 그다지 관심이 없었다.

로이스는 다음과 같이 썼다. "시어머니는 재능이 매우 뛰어나면서도 단호한 성격의 여성이었습니다. 아마도 사람보다는 자신이 성취하고 싶은 것들을 더 사랑한 것 같아요." 그녀의 분노는 갈수록 더 심해져서 본래의 성품까지 지배하는 것만 같았다. 몇 년 뒤에 빌 윌슨은 다음과 같이 썼다. "갖은 노력에도 불구하고 도로시와 저는 어머니와 제대로 된 관계를 가져본 적이 정말로 없습니다. 본인도 모르는 사이에 어머니는 가족들이 걱정할 만큼 감정 변화가 심했지요. 어떤 때는 저희를 보면서 훌륭하다고 칭찬을 하지만 또 어떤 때는 정말 형편없다고 하셨죠."

그럼에도 불구하고 그 나름대로의 대가를 지불하면서 세상물정에 조금씩 눈을 떠갈 때 언제나 빌을 이해해준 사람은 다름 아닌 어머니였다. 일이 잘못될 때마다 어머니는 언제나 아들의 불평불만을 받아주었다. 위장병에 시달리고 자금 마련에 힘들어할 때에도, 정적으로부터 재차 공격을 받았을 때에도, 술을 마시기 전인 십대 시절에 삶 자체를 마비시킨 심각한 우울증을 겪었을 때에도 마찬가지였다. 그리고 단주를 하고 있지만 또다시 삶을 마비시킬 수도 있는 심각한 우울증을 겪는 지금 이 순간에도 어머니가 함께 있었다.

도로시의 남편인 레너드 스트롱 박사는 위기에 빠진 빌을 다시 한 번 구해 보기로 마음먹었다. 그는 존 D. 록펠러 주니어를 위해 일하고 있는 윌러드 리처드슨(Willard Richardson; 1866 - 1952; 존 D. 록펠러 주니어의 고문, 로라 스펠만 록펠러 기념 재단의 사무국장, 스프링필드 대학 이사회 임원. - Bob, p.219)이라는 남자를 기억해냈다. 존 D. 록펠러 시니어의 아들이자 '미스터 주니어'라고 불리는 존 D. 록펠러 주니어(John D. Rockefeller, Jr.; 1874 - 1960; 미국의 사업가, 자선가; 존 D. 록펠러 시니어의 다섯 번째 자녀이자 외아들; 록펠러 재단과 록펠러 대학교를 설립)는 대부분의 시간을 자선 사업에 할애하고 있었다. 록펠러 가문은 많은 재산을 소유하고 있는 것으로 유명했는데, 제대로 알려지지 않았지만 정말로 우리가 주목해야 할 부분은 그들이 실로 엄청난 수준의 자선 사업을 했다는 점이다. 존 D. 록펠러 시니어는 독실한 침례교 신자였는데, 수입의 10퍼센트를 교회에 기부하는 십일조만으로는 불충분하다고 생각했다. 오하이오에서 모친과 형제들과 살던 그는 생계를 위해 상점 직원으로 일하면서 일주일에 겨우 몇 달러 밖에 벌지 못했지만 자신이 아끼고 사랑하는 지역의 침례교회에 어떻게 하면 수입의 상당 부분을 헌금으로 낼 수 있을 것인지 고심했다.

재산이 점점 늘어나자 자선 활동도 함께 늘어났다. 그는 남의 도움 없이 시카고 대학교를 설립했고, 구충 치료를 위한 의학 연구에 재원을 조달했으며, 암을 퇴치하는 일에도 과감히 뛰어들었다. 그러면서도 교회에 대한 후원을 멈추지 않았다. 언론은 결코 록펠러를 호의적으로 평가하지 않았지만, 인생 말년으로 갈수록 돈을 벌어들이는 속도가 너무 빨라서 그만큼 기부 액수도 커지고 시간도 많이 걸렸다. 록펠러 주변에는 항상 자선 사업에 정통하면서도 다양한 방식으로 좋은 일에 돈을 쓰는 방법을 잘 알고 있는 사람들이 있었다. 1937년, 그가 사망한지 얼마 되지 않아 아들인 존 D. 록펠러 주니어는 아버지의 유업인 자선 사업을 물려받았다(실제로 록펠러 가문과 버넘 가문은 서로 친척 관계인데, 로이스의 어머니와 존 D. 록펠러 시니어의 아내가 서로 사촌 지간이다).

록펠러 가문은 금주와 주류 양조 판매 금지 분야에도 후원하고 있었는데, 새롭게 단주 운동을 펼치고 있던 빌 윌슨에게는 완벽한 후원자나 다름없어 보였다. 1937년 10월, 스트롱 박사는 리처드슨에게 전화해서 빌 윌슨과 만남을 가져보는 것이 어떻겠냐고 제안했다. 그러자 그도 만나고 싶다는 뜻을 전했다. 몇 명의 중독자와 함께 빌과 보브 박사는 존 D. 록펠러의 비공개 중역 회의실에서 프랭크 아모스와 알버트 스콧을 비롯한 록펠러측 패널과 만남을 가졌다. 대화는 순조롭게 진행되었다. 아모스와 스콧 두 사람은 이 프로그램이 '미스터 주니어'가 본래 후원하려고 했던 분야라서 설득할 수 있을 거라고도 했다. 아모스는 애크런을 두루두루 다니면서 그 지역 모임에 참여하고 있는 사람들을 만났고, 병원이나 요양 주거 시설이 들어설 만한 자리가 있는지도 찾아보았다. 꼼꼼하게 보고서를 작성한 다음에는 생긴 지 얼마 안된 이 회복 운동에 5만 달러를 승인해 줄 것을 요청했다.

'미스터 주니어'는 추천서를 받고 나서 고심했다. 돈이라는 것이 과연 무엇이며 인간의 본성에 어떠한 영향을 끼칠 수 있는지를 그 누구보다도 잘 알고 있었기 때문이다. 그 정도의 액수를 승인하면 오히려 피해가 될 거라고 생각했다. 하지만 그 당시 빌의 머릿속에는 돈을 어디에 쓸 것인지 이미 구상이 짜여 있었다. 결국 존 D. 록펠러 주니어는 5만 달러 후원을 승인하지 않았다. 대신 리버사이드 교회에 5천 달러의 입출금 계좌를 만들어서 보브 박사의 대출금을 모두 갚아주고, 빌과 보브 박사 두 사람에게는 매주 30달러의 후원비를 지급하도록 했다. 빌 윌슨의 입장에서는 몹시 실망스런 결정이었다. 하지만 이와 함께 다른 방식으로도 도움을 받을 수 있었다. 아모스와 리처드슨, 스콧을 포함한 록펠러 이사회는 빌 윌슨과 보브 박사가 알코올 중독 재단을 설립할 수 있도록 도와주었는데, 다른 사람들도 기부할 수 있는 비과세 재단이었다('1938년 8월 11일, 알코올 중독 재단의 이사회는 공식적으로 효력을 지니게 되었다. 5명의 임원 가운데 3명은 알코올 중독자가 아니었고(Willard Richardson, Frank Amos, John Wood), 2명은 알코올 중독자(Dr. Bob, Bill R.)였다.' – Pass It On, p.188).

록펠러 재단은 반대했지만 몇몇 알코올 중독자와 빌 윌슨, 보브 박사는 이사회가 필요하다고 생각했다. 그리고 새로운 이사회 내에는 두 그룹(중독자 그룹과 비중독자 그룹)의 임원이 필요하다고 주장했다. 프랭크 아모스와 록펠러 재단의 변호사인 존 우드는 그들이 알코올 중독이라는 문제를 어떻게 정의내리고 있는지 궁금했다. 이사회의 임원 자격을 따질 때 만약 알코올 중독자가 술을 끊었다 하더라도 여전히 그는 법적으로 알코올 중독자인가? 만약 알코올 중독자가 다시 술을 마시기 시작했다면 어떻게 되는 것인가? 하는 문제 등이었다. 최종적으로 이사회는 3명의 회복한 알코올 중독자와 4명의 비중독자로 구성되었다.

빌 윌슨은 록펠러 재단의 고문단 및 변호사들과 함께 시간을 보내면서

'미스터 주니어'가 돈보다 훨씬 더 소중한 것을 주었다는 사실을 알게 되었다. 빌은 이처럼 수입과 세금, 기부 활동에 수백만 달러의 돈을 취급하는 현명한 사람들과 줄곧 이야기를 나누면서 장차 A.A.에서 어떤 방식으로 돈을 다룰 것인지에 관한 재무 관리 교훈을 얻을 수 있었다.

빌 윌슨은 자금 마련을 위한 노력을 기울이는 동시에 모임에 참여하지 못하거나 동료 알코올 중독자를 찾을 수 없는 사람들이 A.A. 프로그램을 이해할 수 있도록 책을 써보기로 했다. 책의 앞부분 두 장에 해당하는 초안을 공책에 적기 시작했는데, 하나는 중독자로서의 인생을 자서전 형식으로 요약한 "빌씨 이야기"이고 다른 하나는 자신의 회복 이야기를 담은 "해결책은 있다"였다.

1938년 5월, 3년 6개월 동안 단주를 이어온 빌은 뉴어크에 있는 아너딜러사 사무실에서 행크 파크허스트의 비서인 루스 호크의 도움을 받아 자신의 이야기를 글로 남기기 시작했다. 루스는 담배를 입에 문 채 이리저리 서성이며 말을 꺼내던 빌을 기억했다. "한곳에 가만히 있지 못하고 왔다 갔다 하더니 거침없이 말을 쏟아내고는 타이핑을 하고 있는 내 주위를 맴돌았어요. 그가 문장 속에 담긴 의미를 되새기는 동안 각각의 문장에 대한 교정 작업도 함께 이루어졌지요. 딱부러진 어조와 힘찬 저음의 목소리로 문제점과 해결책에 대한 자신의 견해를 반복해서 설명하고 있는 모습을 바라보고 있으면, 이 남자에게는 사람을 감동시키는 힘이 있다는 생각이 들었습니다." 루스는 타이피스트의 역할뿐만 아니라 청중의 역할도 함께 한 셈이다.

인세로 빌 윌슨에게 1천 5백 달러를 지급하기로 한 '하퍼 앤 브라더스' 출판사의 유진 익스먼을 비롯해 몇몇 후원자에게 처음 두 장의 사본이 발송되었다. 하지만 몇 차례의 흥분과 토론의 시간을 가진 후에 모임의 구성원들은 직접 책을 출판하기로 결정했다. 완성된 각각의 장은 뉴욕 모임 독회에 발송되었는데, 매 구절마다 몇 번이고 되풀이해서 검토 작업이 이루어졌다. 루스는 그 당시를 회상했다. "진정한 안내서가 되어가고 있었지요." 그런 뒤에 빌과 루스 두 사람은 다시 고쳐 쓰는 작업을 진행했다. 의견을 듣고자 애크런에 원고를 보냈고 뉴어크로 회신이 오면 이를 다시 고쳐 썼다. 그러고 나면 「뉴요커」와 「뉴욕 데일리 뉴스」에서 전직 편집장으로 지냈던 여러 회복자들과 그 밖의 다양한 사람들이 교정을 보았다. 프로그램의 핵심이 되는 5장(어떻게 하면 단주가 되는가; How it works)이 마무리되던 날 밤, 버넘 하우스에서 지내던 빌 윌슨은 연필과 메모장을 가지고 침대에 앉았다. 종이에는 옥스퍼드 그룹의 6가지 교리를 수정한 6단계의 원형이 적혀 있었다.

빌은 다음과 같이 썼다. "6단계 이상으로 초안을 써보기로 했다. 몇 단계를 더 쓰게 될지는 나도 알지 못했다. 긴장을 풀고서 가르침을 청했다. 곧두선 마음을 추스르자 정말로 믿기 힘들 정도의 속도로 첫 번째 초안을 완성했다. 아마 30분 정도 걸렸을 것이다. 계속해서 바로바로 생각이 떠올랐다. 마무리를 지으면서 새롭게 추가한 단계를 세어 보았다. 모두 합해서 보니 12개였다."

찰스 타운스로부터 2천 5백 달러의 돈을 변통했다. 그리고 '워크스 출판사'를 세우기 위한 사업 계획서도 작성했다('Works Publishing Inc.는 1953년에 A.A. Publishing, Inc.으로 변경되었고, 1959년에는 최종적으로 A.A. World Services, Inc.으로 변경되었다. A.A.의 초기 역사를 들여다보면 처음 만들어진 명칭이 상당히 중요한 의미를 담고 있었음을 알 수 있다. 그 당시 뉴욕의 대부분 알코올 중독자들은 'Works Publishing'을 선택했는데, 이 명칭은 모임에서 흔하게 사용되던 "효과가 있다 It works"에서 유래되었다. 초기 애크런 중독자들에 따르면, Works Publishing의 "행하다 Works"는 1935년 여름에 영성을 고취하는데 중요한 부분을 차지하고 있던 야고보의 인용구를 반영한 것이었다. … 두 가지 해석 모두 그 나름대로 맞는 말이었다. 아마도 빌은 'Works'에 이중적 의미가 담겨져 있다는 점을 알면서 사용했을 것이다.' – Kurtz, p.68)(So also faith by itself, if it does not have works, is dead. –James 2:17(ESV): 이와 같이 행함이 없는 믿음은 그 자체가 죽은 것이라 – 야고보서 2:17(개역 개정 4판)). 그러는 동안 애크런과 뉴욕의 회원들은 책 2부에 담을 자신들의 이야기를 쓰기 시작했다. 하지만 모든 것이 작성되어 책이 완성되었을 때에도 여전히 제목은 정해지지 않았다. 어떤 누군가는 '100인의 사람들'이라고 제목을 붙이면 어떻겠냐고 했고, 또 다른 누군가는 사람은 '금주 개척 정신', '빈 술잔', '나가는 길'이 좋겠다고 했다. 빌은 자신의 책 제목이 '빌 윌슨 운동'이면 좋겠다고 생각했다. 뉴요커 작가였던 한 남자는 책 제목을 「익명의 알코올 중독자들」로 정하면 어떻겠냐고 했다. 최종 선택은 '나가는 길'과 「익명의 알코올 중독자들」 두 제목으로 좁혀졌다. 그 당시 빌은 두 번째 것을 훨씬 선호했는데, 때로는 적극적으로 지지하는 것이 오히려 긁어 부스럼이 될 수도 있다는 사실을 잘 알고 있었다. 그래서 빌은 두 제목 가운데 예전에 사용된 경우가 있는지 저작권청에 문의해보자고 제안했다. 확인해 보니 '나가는 길'이라고 제목이 붙여진 책은 많이 있었다.

1939년 4월에 「익명의 알코올 중독자들」이 처음으로 출간되었는데, 인쇄 부수는 5천 부가 채 되지 않았다.

26장 | 징검다리

1939년, 주택 자금 대출 회사는 버넘 하우스에 대한 소유권을 행사했다. 버넘 박사가 재혼하면서 그 집을 넘겨받은 빌과 로이스는 수년 동안 눈부시게 빛나는 시간을 보냈지만 단주를 한다고 해서 반드시 돈이 생기는 것은 아니라는 값진 교훈을 얻었다. 빌은 A.A. 프로그램을 발전시키고 그 뜻을 명확히 하는데 전념을 기울였고, 로이스는 돈을 벌기 위해 일을 계속했다. 하지만 두 사람이 함께 힘을 모은다 해도 지금까지 함께 보낸 많은 나날의 한 가운데를 차지했던 웅장한 저택을 지켜낼 형편은 되지 못했다. 그날은 빌에게 참으로 힘든 하루가 되었다. 집 앞 길가에 우두커니 서서 집안의 모든 집기가 이삿짐 운송업자의 손에 의해 빠져 나가는 광경을 지켜보았다. 빌은 그토록 많은 모임의 중심에 자리 잡고 있던 둥근 모양의 낡은 소파와 로이스가 어렸을 적부터 함께 했던 커다란 나무 침대가 트럭에 실리는 광경을 차마 눈뜨고 볼 수 없었다. 더군다나 이삿짐 운송업자에게 지불할 돈도 거의 없었다. 그후 2년간 빌과 로이스는 실제로 거주할 집이 없었다. 그 기간 동안 두 사람은 총 54차례나 장소를 옮겨 다니며 떠돌이 생활을 했는데, 여러 친구들의 집에 묵으면서 자연스럽게 A.A.의 가르침도 전파할 수 있었다.

여름이 되면 빌과 로이스는 동도싯이나 런던데리 여인숙 근처에 머물면서 에메랄드 호수에 캠핑을 하며 시간을 보냈다. 1941년까지 두 사람은 가구 등의 이삿짐 보관료로 매달 20달러를 지불하면서 맨해튼 24번 거리에 있는 A.A. 사무실 2층의 작은 방에서 지냈다. 「익명의 알코올 중독자들」이 팔리기 시작했지만 출판하기 위해 진 빚은 그때까지도 갚지 못했다. 그리고 찰스 타운스를 포함해 돈을 융통해 준 사람들은 조바심을 냈다.

빌과 로이스는 클린턴 거리 182번지의 소유권을 빼앗긴 지 2년 만에 집을 구할 수 있었다. 1940년 겨울, 우연히도 헬렌 그리피스라는 이름의 한 부유한 여성이 A.A. 모임을 찾아왔고, 빌과 친한 사이가 되었다. 집을 매입해 수리하는 일을 하던 그리피스 부인은 빌과 로이스가 사무실 위층에서 살고 있다는 사실을 알고서 몹시 놀랐다. 그러면서 베드포드 언덕 마루에 너와집 한 채가 있는데, 이 집을 사는 것이 어떻겠냐고 제안했다. 하지만 두 사람은 그럴 만한 돈이 없었다. 더군다나 창고 대여료조차 제때에 내지 못하는 실정이었다. 그러던 어느 날 오후에 세 사람은 채퍼콰(Chappaqua; 뉴욕 주의 한 도시) 인근에 살고 있는 또 한 명의 A.A. 친구를 만나러 갔는데, 공교롭게도 그날 대화의 주제는 집에 관한 것이었다. 땅 위에는 아직까지 눈이 드문드문 남아 있고 단풍 나무에는 꽃봉오리가 피기 시작하던 3월의 어느 화창한 봄날, 그들은 모두 베드포드 언덕의 작은 집을 둘러보기 위해 차를 몰고 그곳으로 향했다.

빌은 바로 마음에 들었다. 동도싯의 옛날 집처럼 느껴졌다. 롱아일랜드해협을 향해 비탈진 종퇴석 바위와 그곳을 따라 플라타너스와 단풍나무가 우거진 웨스트체스터 숲이 바라다 보이는 그 아담한 집은 넓게 트인 잔디밭 끝자락에 자리잡고 있었다. 지붕에는 여러 개의 창과 하얀 굴뚝이 있어서 한 눈에도 아늑하고 멋지게 보였다. 그 당시 나름 유명세를 치르던 빌은 오랫동안 사람의 발길이 닿지 않아 희미해진 오솔길이 너무나 마음에 들었다. 그들은 뒷유리창을 통해 집안으로 들어갔다. 1층에는 돌로 된 커다란 벽난로와 사방이 넓게 탁 트인 응접실과 더불어 3개의 침실이 있었으며, 2층에는 부부용 침실이 있었는데, 모든 것이 너무나 매력적으로 보였다. 로이스는 다음과 같이 글을 썼다. "갈색 지붕널로 모임지붕을 얹은 집이 언덕 위 나무숲에 둘러싸여 있었다. 우리는 그만 반해버리고 말았다."

로이스는 불가능한 꿈이라고 생각했지만 경이로움에 관한 빌의 경험과 또 다른 A.A. 회원의 담보 보증, 그리고 그리피스 부인의 너그러운 마음씨가 하나로 합쳐져 앞으로 평생 동안 살게 될 집을 구했다. 그리피스 부인은 주택과 주변 토지를 합해 6천 5백 달러를 제시했는데, 계약금은 없으며 매달 40달러씩 지불하는 조건이었다. 로이스는 몹시 놀라 어쩔 줄 몰라 했지만, 자기 입장에서는 너무나도 큰 돈 같아서 걱정이 되었다. 하지만 빌 윌슨은 이미 이삿짐 보관료로 매달 20달러씩 값을 치르고 있다는 사실을 로이스에게 알려 주었다.

라일락 꽃이 만발하던 5월(다른 책에서는 두 사람의 이사 날짜가 1941년 4월 11일으로 기록되어 있다. - Pass It On, p.260), 윌슨 부부는 '빌과 로이스의 행운'(Bil-Lo's Break; 1941년 4월 23일, 오하이오에 있는 공동 설립자인 보브 박사에게 보낸 편지에서: '이곳은 하늘이 로이스와 저에게 주신 선물인 것 같습니다. … 이곳이 가져다주는 평온함에 놀라지 않을 수가 없어요. … 여기의 거실 어디에 있더라도 넘실대며 펼쳐진 멋진 우듬지의 광경을 바라볼 수 있습니다.' - https://www.silkworth.net/pages/aahistory/research/aa_history_lovers_messages.php - Messages 1575-2117)이라고 이름을 붙인 그곳으로 이사했다. 그리고 다른 A.A. 회원한테 30달러를 주고서 중고 스터츠 자동차도 구입했다. 작은 물펌프 하나는 있지만 보일러도 없고, 위층의 방은 페인트칠도 되어 있지 않았을 뿐더러 천장은 군데군데 칠이 벗겨져 있어서 모두 긁어낸 다음 새로 페인트칠을 해야만 했다. 그럼에도 이곳은 두 사람만의 집이 되었다. 그 아래로는 언덕을 따라 울퉁불퉁 돌계단이 놓여져 있었는데, 차고까지 길이 이어졌다. 빌과 로이스는 돌계단과 A.A. 프로그램의 단계를 모티브로 이 집을 징검다리(Stepping Stones)라고 새롭게 이름을 붙여 주었다.

여러 해가 지나면서 차고는 다른 장소로 이동했는데, 지금은 길을 따라 징검다리 앞까지 차를 몰고 갈 수 있고 진입로도 또한 포장되어 있다. 하지만 그 징검다리는 빌과 로이스가 이사했을 당시의 모습을 지금까지도 고스란히 간직하고 있다. 베란다 뒤편의 커다란 거실에는 버넘 집안에서 대대로 내려온 최고의 가구가 놓여 있으며, 로이스가 피아노 위에 올려놓은 솥과 창문에 늘어뜨린 천도 여전히 그곳에 있다. 주방에는 마치 빌 윌슨에게 커피 한 잔을 따라줄 요량으로 커피 포트가 마련되어 있으며, 버넘 하우스에서 가지고 온 자기로 된 백색의 낡은 식탁도 여전히 주방 한가운데를 차지하고 있다. 책장은 벽을 따라 진열되어 있다. 현재 베드포드 언덕은 도시 근교에 자리 잡고 있는데, 언덕 아래로는 새로운 주택들이 길을 따라 밀집해 있다. 징검다리와 언덕배기에 빌 윌슨이 직접 지은 조그마한 크기의 작업실, 그리고 훗날 로이스가 자신의 비서를 위해 지은 갈색 너와집이 한데 어우러지면서 이곳은 지난 30-40년 동안, 어쩌면 길게는 60년 까지도 아무런 변화 없이 바깥 세상과 동떨어져 그곳만의 작은 세상을 형성하고 있었다.

*　　　*　　　*

어느 더운 여름날 오후, 문득 생각나서 아이들을 차에 태우고 처음으로 베드포드 언덕의 집을 찾아갔던 그날은 때마침 사람이 아무도 없었다. 길모퉁이에서는 어느 한 가족이 쿨에이드 가판대를 설치하고 있었는데, 우리는 잠시 멈춰 서서 음료수도 사고 가는 길도 물어보았다. 징검다리 뒷편으로 나 있는 진입로에 들어서자마자 등 뒤에 남은 세상은 사라져 버리고 가장자리가 파란색으로 장식된 갈색 너와집이 한눈에 들어왔다. 주변에는 아무도 없었지만 빌이 그랬던 것처럼 몰래 집안으로 들어가고 싶지는 않았다.

이후 겨울이 찾아오고 징검다리를 다시 방문했을 때는 주변이 온통 눈으로 수북이 쌓여 있었다. 아들을 태운 아주 오래된 썰매는 길가를 향해 언덕 아래로 미끄러져 내려갔다. 의심할 여지없이 빌 윌슨이 깨달은 영성은 수십만 개의 A.A. 모임속에서 그 생명을 이어 나가고 있는데, 그곳에서 그의 말은 아이비 리그 출신 지식인의 느리고 억양 있는 목소리와 가장 간단한 단어조차 더듬거리는 목소리 등을 통해 수십 개의 언어로 날마다 소리 내어 읽혀지고 있다. 빌 윌슨은 영성의 존재를 믿었다. 징검다리 아래층에는 '유령의 방'이 있었는데, 빌과 로이스, 그리고 두 사람과 마음이 맞는 다른 회복중인 알코올 중독자들은 그곳에서 영적 세계의 방문과 죽은 자와의 소통을 시도했다. 기록 보관소에는 빌과 로이스가 위저 보드를 가지고 영혼과 접속하려고 했을 때 마치 초자연적인 힘을 받아 쓴 것처럼 보이는 여러 개의 글이 지금까지도 남아 있다.

여러분이 웨스트체스터 숲속에 서서 창문으로 집안을 들여다보고 있노라면 누군가가 그곳에 있다는 것을 확실히 느낄 수 있을 것이다. 집안일을 하고 있거나 소파에 누워 책을 보다가 잠시 일어나 눈에 띄지 않는 곳에서 서성거리고 있다든지, 혹은 뒤편에 있는 부엌에서 커피를 끓이고 있는 것을 말이다. 그리고 오후의 기운이 점점 희미해지고 나무 사이로 어둠이 스며들면 건너편 방에서 들려오는 스퀘어 댄스곡의 바이올린 연주 소리와 금속 재떨이 안에서 동그랗게 말려 올라가는 담배 연기도 마음속으로 그려볼 수 있을 것이다.

*　　　*　　　*

언제나 빌 윌슨은 자신이 살았던 그 어느 집보다도 숲속에 있을 때 더욱 편안함을 느꼈다. 동도싯 마을 초원 북쪽에 있던 회색의 조그마한 집보다도, 그리고 웨스트체스터 산등성이에 지어진 너와집보다도 말이다. 소년이었을 적에 그의 첫 번째 은신처는 바로 숲속이었다. 자작나무와 양치 식물로 무성한 습지대가 함께 공존하고 있는 버몬트 숲은 빌에게 홀로 들어가 지낼 수 있는 보금자리를 마련해 주었다. 그렇다고 숲속에 있으면서 외롭다고 느껴본 적은 한 번도 없었다. 벗으로 그리고 사냥꾼으로 숲속 생물을 속속들이 잘 알고 있었기 때문이다. 빌은 얼룩 다람쥐가 사는 굴과 먹구렁이가 사는 굴, 그리고 겨울 동안 붉은 여우가 동면을 하고 시간이 흘러 봄이 되면 새끼들과 함께 모습을 드러내는 좀 더 커다란 굴이 서로 어떻게 다른지 설명할 수 있었다.

19세기에 농장주들은 어느 곳이든 상관없이 뭐든 키울 수 있다고 생각했고 목초지를 만들기 위해 버몬트 숲을 개간했다. 자기 집을 짓기 위해 나무를 베었고 황소를 이용해 남은 그루터기를 뽑아버렸다. 그런 다음에는 돌무더기 들판을 경작하고 다시 경작해 옥수수와 밀, 야채 등을 심었다. 동도싯 주변 숲을 거닐다 보면 주춧돌이 박혀 있던 구멍을 여럿 볼 수 있는데, 한 때 집이 세워져 있던 곳이다. 들판에서 뿌듯한 하루를 보내고 집으로 돌아온 농부는 가족들과 함께 식탁에 둘러 앉아 엄숙한 분위기에서 감사 기도를 드린 다음 저녁 식사를 했을 것이다.

하지만 웨스트체스터 숲은 달랐다. 버려진 돌담이나 허물어진 헛간, 오래된 주춧돌도 없었고 지난날 폐허의 흔적도 남은 것이 없다. 빌은 예전에 이끼와 고사리가 핀 들판을 거닐었다면 이제는 집 주변 산등성이 바위마다 자라고 있는 화석류 나무와 수호초, 그리고 황록색으로 물든 초목 사이를 거닐었다. 웨스트체스터 북부 지역의 겨울은 혹한의 날씨를 보이는데, 큰 바위 사이로 거목이 서로 얽혀 있어서 때로는 산등성이와 골짜기가 마치 미로 같은 풍경을 자아내기도 한다. 그곳에서 빌은 사슴과 마멋, 그리고 그 밖의 다른 숲속 동물을 만날 수 있었는데, 더 이상 총을 들고서 사냥을 즐기는 소년이 아니라 중요한 사명을 받고 도시로 떠나기 위해 기차역으로 향하는 저명 인사처럼 보였다.

유유히 숲속에 들어가 삶의 숨겨진 의미를 고민했고 그 속에서 인간은 살아가는 이유의 해답을 찾을 수 있을 거라고 했던 또 한 명의 별난 뉴잉글랜드 지방 출신의 헨리 데이비드 소로처럼, 빌 윌슨도 여름에는 불가사의할 정도로 울창하고 수없이 많은 푸른 잎을 간직하다가도 겨울이 되면 이상하리만큼 앙상하게 뼈대만 남는 커다란 나무들 사이에서 회복되는 것을 느꼈다. 아무리 숲속을 자세히 들여다본들 다른 사람들은 아무것도 찾을 수 없었지만, 물가로 이끌어 줄지 모를 사슴이 다니던 작은 길과 집을 짓기 위해 갉아먹은 흔적이 남아 있는 죽은 통나무처럼 언제나 그곳에는 빌에게 회복을 가져다 줄 생명의 발자취가 존재했다. 수백 년이 지나 고목이 되었어도 언제나 한결같은 그 숲은 결코 꿈꿔본 적 없던 방식으로 삶의 변화를 겪고 있는 빌에게 변함없는 큰 위로가 되어 주었다.

27장 | 웨스트 24번가 334 ½번지

1941년이 되면서 일대 전기가 마련되었다. 그전까지 빌 윌슨과 로버트 스미스, 그리고 이들을 따르는 대부분의 중독자는 달리 갈 만한 곳도 특별히 할 만한 것도 없었기에 그저 끈질기게 버티고만 있었다. 빌은 애크런으로 처음 출장을 갔다가 보브 박사와 함께 협회를 설립한 뒤로 5년 넘게 단주를 유지하고 있었다. 그러는 동안 빌은 수백 차례 모임을 열었고 수십 명의 알코올 중독자를 기꺼이 자신의 집으로 맞아들였다. 그리고 회복 프로그램의 활성화를 위해 이에 대한 일반 원칙을 간추린 책도 썼는데, 모임에 참석하기 어려운 사람들이라면 누구나 회복하는데 활용할 수 있도록 했다. 회원들과 함께 편집하는 과정에서 책의 분량은 원래 썼던 길이보다 4분의 1 정도로 줄었다. 하지만 여전히 책은 팔리지 않았고 빚 때문에 프로그램을 이어가는 것도 쉽지 않았다. 그리고 상당수의 책은 팔리지도 않은 채 창고에 그대로 쌓여 있었다.

출판 자금은 찰스 타운스와 여러 사람의 도움을 받아 마련되었는데, 일정 부분은「리더스 다이제스트」잡지사의 편집장인 케네스 페인이 빌과 행크를 관심 있게 본 덕분이었다. 플레전트빌(Pleasantville; 뉴욕 웨스트체스터 카운티의 작은 마을; 「Reader's Digest」가 이곳에서 시작됨)에 위치한 「리더스 다이제스트」 사무실 – 기차역을 나와 걸어다가 보면 언덕 위에 자리를 잡고 있다 – 에서 인터뷰가 진행되었는데, 케네스 페인은 충분히 흥미를 일으킬 만한 이야깃거리가 될 거라고 생각했다. 자금 마련과 관련된 이야기를 하면서 두 사람은 가급적이면 '록펠러'와 '리더스 다이제스트'라는 단어를 자주 사용했다. 하지만 책이 완성되었다는 소식을 전하기 위해 의기양양하게 그곳을 다시 방문했을 때 케네스 페인은 예전에 들었던 이야기를 모두 까맣게 잊고 있었다. 두 사람은 가슴이 철렁 가라앉았지만 그가 다시 기억해 낼 수 있도록 이야기해 주었다. 그러자 그는 편집국에서 두 사람의 이야기를 받아들이지 않은 사실을 어렴풋이 기억해냈다. 너무나도 논란의 소지가 많거나 허무맹랑한 이야기로 들렸을까? 아무튼 너무나 오래전 일이라서 편집자들이 무관심했던 이유를 정확히 기억해내지 못했다.

빌 윌슨은 자신의 프로그램이 효과가 있다는 것을 그 누구보다도 잘 알고 있었다. 그리고 무수히 많은 사람들이 알코올 중독 문제를 가지고 있다는 사실도 잘 알고 있었다. 빌 윌슨과 그의 친구들이 깨달은 바가 구원을 간절히 바라는 수많은 중독자와 그 가족에게 전달될 수만 있다면 그들도 실현 가능한 일이 될 수 있겠지만 정작 그들은 저 멀리에 있었다. 항상 예상대로 결과가 나오는 것은 결코 아니었다. 그런 식으로는 일이 진행되지 않았다. 프로그램과 책자를 홍보하고자 라디오 방송과 신문 같은 매체를 활용해 갖은 수를 다 써보았지만 별다른 효과를 얻지는 못했다.

회복이 기대되는 신입 회원 한 명이 모임에 들어왔는데, 그에게는 가브리엘 히터라는 친구가 있었다. 가브리엘은 '우리 사람들'이라는 라디오 방송 프로그램의 진행자로, 미국 유명인 가운데 한 사람이었다. 사람들은 가브리엘을 설득해서 새 회원이 방송에서 자신의 이야기를 말할 수 있도록 했다. 출연이 결정되자 그는 너무나도 들뜬 나머지 술 한 잔을 마실 기세였다. 빌과 행크는 신입 회원이 방송에 출연하기 전까지 술을 마시지 못하도록 하기 위해 비용을 들여서 그를 호텔방에 붙잡아 두어야만 했다.

빌과 행크, 루스는 라디오 방송 시간에 맞추어 밤낮을 쉬지 않고 2만 장의 주문 용지를 발송했다. 답신을 받기 위해 그랜드 센트럴 역에 우편 사서함도 빌렸다. 모든 것이 잘 되고 있는 것만 같았다. 회복중인 알코올 중독자이자 A.A. 덕분에 살 수 있게 되었다고 자신을 소개한 신입 회원은 훌륭하게 방송에 출연했다. 자신의 삶을 이야기했고 프로그램이 어떻게 효과를 발휘하는지도 설명했다. 그리고 가브리엘은 새로 출간한 책을 집요하게 홍보했다. 세 사람은 성공을 확신했다. 계획했던 대로 완벽하게 방송이 나가고 나서 3일 후에 그들은 여행용 가방을 가지고 기차역으로 향했다. 우편 사서함 속에는 12장의 편지가 들어 있었는데, 그나마 책을 주문한 편지는 겨우 2장이었다.

이와 동시에 미국의사협회는「익명의 알코올 중독자들」을 향해 신랄한 비난을 쏟아냈다. 현재의 많은 의료 전문가들은 음주 문제를 가지고 있는 환자들에게 A.A.를 권장하고 있지만 처음부터 A.A.와 의료계가 우호적인 관계를 맺고 있었던 것은 아니었다. 실크워스 박사와 해리 티부트 박사(Harry Morgan Tiebout M.D.; 1896 – 1966; 미국 정신과 의사; 'A.A.의 성과를 공개적으로 인정하고 옹호한 최초의 정신과 의사이다. … 그는 지속적으로 알코올 중독에 대한 자신의 관점을 의료계와 정신의학 종사자들이 받아들일 수 있도록 노력했다. … 25년이 넘는 기간 동안 A.A.의 활동 전반에 걸쳐 적극적으로 참여했다. … A.A.가 의료계에 받아들여질 수 있도록 지속적인 노력을 펼쳤다.' – Hazelden, p.vii – ix; 「익명의 알코올 중독자들」의 THE MEDICAL VIEW ON A.A.에 자신의 견해를 밝힘 – A.A., p.569)와 같은 몇 사람을 제외하면 대부분의 의사들은 그 어떤 영적 각성이라든지 다른 알코올 중독자와의 만남을 통해서 치유될 수 있다는 개념을 받아들이지 않았다. 자고이래로 알코올 중독자는 가망 없는 환자로 여겨져 왔다. 이러한 사고방식이 바뀌기까지 너무나도 오랜 시간이 걸렸다.

A.A. 뉴욕 회원들은 록펠러 가문이 관심을 가질 수 있도록 레너드 스트롱 박사가 다시 한 번 돌파구를 마련해 주기를 고대했다. 돈 대신에 다른 지원을 받았지만 여전히 자금이 필요했다. 1940년 2월, 존 D. 록펠러 주니어는 뉴욕 시티 유니온 클럽에서 A.A.를 위한 만찬회를 열기로 결정했다. 자신은 결국 참석하지 못했지만 아들인 넬슨 록펠러(Nelson Rockefeller; 1908 – 1979; 41대 미국 부통령)와 가장 가까운 수십 명의 동업자들 – 총 400명의 하객이 참석할 예정이었다('만찬회는 2월 8일에 맨해튼의 회원제 유니언 클럽에서 열렸다. 초대받은 400명의 저명인사와 유력 인사 가운데 75명이 참석을 수락했다.' – Pass It On, p.232) – 은 A.A. 프로그램에 대한 빌 윌슨의 말을 경청하기 위해 그곳에 모였다. 해리 에머슨 포스딕(Harry Emerson Fosdick; 1878 – 1969; 미국 개신교 목사; 존 D. 록펠러 주니어의 후원을 바탕으로 리버사이드 교

회 설립을 계획함; A.A. 초판을 검토하고 찬성의 뜻을 밝힘 – A.A., p.xvii – xviii) 박사는 A.A.를 칭송하는 연설(A.A.의 부록 'V. A.A.에 대한 종교적 견해'에 그 일부가 실림 – A.A., p.572)을 했고 초대받은 몇몇의 회복중인 알코올 중독자는 일반 청중석에서 답변했다. 여러 명의 기자와 저명인사도 자리를 함께 했다. 연회장의 분위기는 품격이 있으면서도 활기가 넘쳐 보였다. 빌 윌슨은 마음이 한결 홀가분해졌다. 이제는 적어도 재정 문제 만큼은 확실히 해결될 거라고 생각했다.

자리에서 일어선 넬슨 록펠러는 새로운 운동을 펼치기 위해서는 궁극적으로 돈이 필요하다는 부친의 신념을 설명했다. 미국에서 가장 많은 재산을 가진 참석자들은 그의 말에 고개를 끄덕였다. 하지만 만찬이 끝나고 수십 억 달러의 자산을 가진 미국 자본가들은 단 한 푼도 기부하지 않고 자리를 떠났다. 후에 존 D. 록펠러 주니어는 참석한 모든 하객들에게 자신은 A.A.를 지지하고 있으며 후원 목적으로 1천 달러 수표를 썼다는 내용의 편지를 보냈다. 빌은 돈이 몹시 궁한 상황이었지만, 만찬에 참석했던 사람들은 록펠러 가문과의 관계를 고려해 각자의 재산 수준에 따라 얼마나 기부할 것인지 저울질하는 듯 했다. 심지어 50달러짜리 수표도 있었다. 여전히 많은 빚을 지고 있던 빌 윌슨은 화가 날 정도로 실망스러워했다. 하지만 훗날 빌은 그 만찬을 다른 관점에서 바라보게 되었다. 다음과 같이 글을 썼다. "시간이 한참 지난 후에야 우리는 록펠러씨가 우리를 위해 한 일이 정말로 무엇인지 깨닫게 되었다. 조그마한 공동체를 만들어 힘겹게 몸부림치고 있는 알코올 중독자들을 칭찬하기 위해

웃음거리가 될 것을 알면서도 세상 사람들 앞에 섰던 것이다. … 현명하게 자신의 돈을 아꼈기 때문에 거리낌 없이 자기가 할 수 있는 일을 다 할 수 있었다. 자신의 위치에서 존 D. 록펠러 주니어는 자산 관리와 전문가주의를 표방할 수도 있었던 우리를 위험으로부터 구해준 것이었다. 정말로 큰 도움을 받았다."

록펠러의 만찬이 있은 후에 「익명의 알코올 중독자들」에 대한 주문이 조금 더 들어왔다. 물론 몇 차례의 추가적인 언론 보도가 있었지만 상황은 크게 나아지지 않았다. 뉴어크에 있던 사무실을 로어 맨해튼 베시 거리의 조그마한 건물로 이전했는데, 칸막이로 만든 작고 비좁은 방이었다. 그리고 마침내 1940년 2월, 웨스트 24번가 334½번지 뒤편에, 과거에는 마구간으로 쓰이던 건물로 다시 사무실을 이전했다(A.A. 최초의 모임 회관; '1940년도에 있었던 중요한 사건 가운데 하나는 공동체에서 처음으로 독자적인 회관 – 24번가 모임 회관 – 을 매입한 일이었다.' – Pass It On, p.238). 버트와 호러스가 이곳을 찾아냈는데, 길가에서 이 건물 앞까지는 '마지막 길'(The Last Mile; 사형수들이 마지막 사형 집행장까지 가는 길)이라고 알려져 있는 통로가 길게 나 있었다. 임대 보증은 두 사람이 맡았다. 은퇴한 소방관이 건물 관리인으로 있었는데, 처음에 회원들은 무급으로 일해 줄 수 있는지 부탁을 했지만 그는 그럴 수 없다면서 보수를 요구했다. 1년 넘게 더부살이로 지낸 빌과 로이스는 2층의 조그마한 2칸짜리 방으로 이사했다. 그리고 매달 20달러의 가구 보관료를 마련하기 위해 모금을 해야 했다.

자신이 하는 일에 좌절을 맛본다고 해서 그다지 낙심하지 않을 것 같았던 빌 윌슨은 가장 오랜 친구 가운데 하나이자 동료 회원인 행크 파크허스트와 모임에서는 없어선 안 될 존재이자 「익명의 알코올 중독자들」을 쓰는데 조수 역할을 해준 루스 호크와 마찰을 빚었다. 행크는 빌 윌슨이 실제로 단주를 도와준 첫 번째 남자였다. 초창기부터 두 사람은 매순간 우여곡절을 함께 나누었다. 하지만 이제는 우정과 동료애 모두가 끝나가고 있었다.

일평생 빌 윌슨은 남녀 가릴 것 없이 여러 사람들의 감정을 격앙되게 만들었다. 어떤 때는 가깝게 지내던 남자들이 돌연 그를 맹비난했고 또 어떤 때는 여성들이 연루되어 있기도 했다. 루스에게 푹 빠져버린 행크는 그녀와 결혼하고 싶어 했다. 하지만 루스는 그의 청혼을 거절했다. 왜 그랬는지는 모르겠지만 행크는 그 이유가 빌 때문이라고 생각했다. 카리스마가 넘친 빌은 여성들을 잘 다루었는데, 이러한 매력이 다른 남성들의 질투심이나 분노를 유발시킨 것 같다. 행크의 아내도 너무나 화가 나서 이혼 소송을 제기했다. 행크는 「익명의 알코올 중독자들」을 출판하기 위해 설립된 회사인 워크스 출판사의 사업 분야를 담당하고 있었는데, 아무런 기록도 남기지 않았고 어떠한 회계 업무 체계도 운용하지 않은 것 같다. 어쩌면 모두 하고 있었지만 관련 자료가 모두 분실되었을지도 모르겠다. 어쨌든 행크는 빌에게 욕지거리를 해댔는데, 루스와 결혼하지 못하도록 그녀를 유혹했다는 것부터 시작해 별의별 일을 가지고 비난을 퍼부었다. 그리고 얼마 지나지 않아 행크는 다시 술을 마시기 시작했다.

비가 내리던 어느 날 밤, 실의에 빠진 채 24번가의 작은 방에 혼자 앉아 있던 빌 윌슨은 아픈 배를 움켜쥐었는데, 위궤양에 걸렸다고 생각했다. 모든 것이 헛되게 느껴졌다. 그리고 머지않아 죽게될 거라고 생각했다. 그 순간 아래층에서 문 두드리는 소리가 들렸다. 관리인 톰에 의하면 나이든 한 절름발이 부랑인이 12단계에 관해 이야기하고 싶어서 세인트 루이스에서 이곳까지 찾아왔다는 것이었다. 그 사람은 에드워드 다울링(Father Edward Dowling; 1898 – 1960; 예수회 신부; 빌의 영적 후원자)이라고 하는 예수회 신부였는데, 성 이냐시오(Saint Ignatius of Loyola; 1491 – 1556; 예수회 창설자)의 수련 과정과 빌 윌슨이라고 하는 뉴욕의 한 남자가 이끌고 있는 운동 사이의 유사점을 관심 있게 바라보고 있었다. 그래서 그는 기차를 타고 뉴욕에 있는 빌을 만나보기로 마음을 먹었다. 그날 밤 빌은 다울링 신부가 보여준 솔직함과 절대적인 신앙심 덕분에 어떻게든 기운을 차릴 수 있었다. 빌은 만족감을 느끼지 못하는 자신에 대해 하소연을 늘어놓고서는 지금까지 살아오면서 과연 욕구가 충족된 적이 있었는지 물어보자 다울링은 없었다고, 결코 그렇지 않았던 것 같다고 대답했다. 하지만 아이러니하게도 그의 대답은 정말 오랜만에 들어본 가장 격려가 되는 말이었다. ('그날 저녁 영적인 삶에 관해 빌과 함께 생각을 공유한 다울링 신부는 빌의 상태에 대해서도 이야기를 나누었다. 5단계의 저자인 빌은 세월이 흐른 뒤 그날 저녁을 5단계를 실천한 시간이자 '두 번째 회심'을 경험한 시간으로 묘사하곤 했다. … 그 이후로 20년간 계속해서 서신을 주고받으며 깊은 우정을 쌓는 동안 다울링 신부가 지속적으로 제공한 '영적 후원'은 점점 성장하고 발전해 나간 것으로 보인다. … 그는 가장 든든한 후원자 가운데 한 사람이었으며 세인트 루이스에 A.A.를 설립하는 일에도 책임을 맡았다.' – Pass It On, p.242)

어떤 면에서 보면, 궁극적으로 A.A.가 널리 퍼질 수 있었던 이유는 갓 단주한 많은 회복자 회원들이 세일즈맨이었다는 사실에 있다. 그들은 사람들을 설득하고 친해지는 방법을 잘 알고 있었는데, 특히 알코올 중독자가 된 사람들에게 그러했다. 언제나 빌 윌슨은 판매하는 일에 재능이 뛰어났다. 자동차를 팔겠다는 생각 덕분에 우울증에서 빠져나올 수 있었다. 그리고 월가에서 정보를 판매하는 능력은 상당한 돈을 벌 수 있게 해주었다. A.A.를 판매하기 위해서는 상당한 인내심이 필요했겠지만, 빌의 사무실에 보관된 미국 지도 위에는 A.A. 모임을 표시하는 깃대가 점점 늘어나고 있었다.

이러한 비관적인 상황이 수년 내내 지속되었음에도 빌과 A.A. 동료 회원들이 살아남을 수 있었던 이유가 과연 무엇이었는지는 쉽게 알 수 없다. 하지만 우선 한 가지는 그들 모두가 심각한 수준으로 파산을 했고 무엇보다도 취업이 불가능했다는 점이다. 대다수는 자신이 가지고 있던 재산을 모두 다 써버린 상태였다. 달리 말하면 선택의 여지가 없었다. 돌이켜 생각해보면, 만약 그러한 결정적인 기회가 좀 더 일찍 찾아왔더라면, 그들은 그것을 받아들일 준비가 되어 있지 않았을 것이라는 점은 분명하다.

「새터데이 이브닝 포스트」지(「The Saturday Evening Post」; 1821년부터 발행되고 있는 미국의 풍자만화 잡지)의 발행인인 커티스 복(William Curtis Bok; 1897 - 1962; 판사, 「새터데이 이브닝 포스트」지의 소유주)은 절친한 의사 친구 두 명으로부터 A.A.에 관한 이야기를 전해 들을 수 있었는데, 이를 확인하기 위해 잭 알렉산더라고 하는 부정 폭로 기자에게 일을 맡겼다. 가차 없이 취재하는 스타일의 알렉산더는 뉴저지에서 발생한 횡령 단속사건 기사를 이제 막 끝내던 참이었다. '자조'라는 말을 듣자 처음에는 관심 분야가 아닌 것 같아서 별다른 흥미를 느끼지 못했다. 하지만 어찌된 일인지 록펠러 가문이 이런 이상한 종교적 집단과 관련되어 있으며 그곳의 많은 회원들이 집단의 지도자인 빌 윌슨을 마치 성인처럼 여기고 있다는 얘기도 들을 수 있었다. 어쨌든 뭔가 추문을 들추어낼 만한 기삿거리가 있을 것 같았다. 알렉산더는 눈으로 직접 확인하고자 기차를 타고 뉴욕으로 향했다. 처음에는 빌이 전하는 프로그램과 역경의 이야기가 믿기지 않았다. 후에 알렉산더는 그가 믿을 수 없을 만큼 순진해 빠졌거나 약간은 우둔한 것 같다고 글을 썼다.

빌은 그 기자에게 여러 사람들과의 인터뷰뿐만 아니라 여러 지역의 모임을 함께 둘러보는 것이 어떻겠냐고 제안했다. 이 당시 프로그램은 초창기 때와는 다른 방식으로 진행되고 있었기에 그러한 조사에는 준비가 되어 있었다. 펜실베이니아와 오하이오 지역을 두루 살피고 시카고로 넘어가는 동안 두 사람은 A.A. 회원이 사는 집에서 머물며 모임에 참가했다. 각각의 도시를 방문할 때마다 빌과 알렉산더는 부드러운 말씨에 깔끔하게 면도한 회복중인 여러 알코올 중독자로부터 환대를 받았다. 그들은 두 사람을 기쁘게 맞이했으며 지역 모임이 어떻게 돌아가는지도 자랑하고 싶어 했다. 클리블랜드에서는 변호사들과 함께 점심 식사를 했고 애크런에서는 보브 박사를 만났으며 필라델피아 종합 병원 정신과 병동에서는 A.A. 회원들이 알코올 중독 환자를 방문하는 모습을 지켜보았다.

알렉산더는 A.A.가 얼마나 잘 돌아가고 있는지를 보았고 그곳의 사람들이 자신들은 삶의 구원을 받았으며 가족도 되찾았다는 이야기를 몇 번이고 되풀이해서 말하는 것을 듣고 나서 서서히 마음이 바뀌기 시작했다. 1941년 3월 1일자 「새터데이 이브닝 포스트」지에는 그의 기사 제목이 노먼 록웰(Norman Rockwell ; 1894 – 1978; 미국의 화가, 일러스트레이터; 47년간 「새터데이 이브닝 포스트」 잡지에 표지 그림을 그림)의 그림 – 여학생 옷차림의 세련된 모델이 무릎 위에 책을 올려놓고 앉아 있는 그림 – 과 함께 표지에 실렸다. 해당 호에는 클리포드 다우디(Clifford Dowdey; 1904 – 1979; 미국의 작가)의 연재소설 1회분이 포함되어 있었다. 당시에 5센트 가격의 그 잡지는 3백만 명 이상의 독자를 가지고 있었는데, 결국은 알렉산더가 쓴 기사 덕분에 온 국민이 A.A. 운동에 관심을 갖게 된 것 같다.

"우리들 대부분이 그렇듯이, 술 마시고 문제를 일으키는 친구들의 터무니없는 행동이 뭐가 뭔지 모르는 문외한들은 이들이 해낸 결실에 경탄할 것이다." 알렉산더는 다음과 같은 제목으로 찬사의 글을 써내려갔다. "익명의 알코올 중독자들: 술에서 해방된 노예들, 이제는 다른 이들을 해방시키다.", "이제는 미국 전역에서 많은 의사들과 기관 관계자들이 음주 문제가 있는 환자들에게 A.A.를 추천하고 있다. … A.A. 통계에 따르면, 가입한 알코올 중독자의 50퍼센트는 거의 곧바로 회복하고 25퍼센트는 한 두 차례 재발을 겪고 나서 좋아지고 나머지는 여전히 불확실한 상태로 남아 있다. 이러한 수치는 이례적일 정도로 높은 성공률이다. 지금까지 전통적으로 해왔던 의학적 · 종교적 치유 방식에 대한 통계는 부족한 실정이지만 비공식적으로 2-3퍼센트의 성공 효과를 넘기지 못하는 것으로 추산된다."

7,500개의 단어로 이루어진 그 찬사의 글은 빌 윌슨과 보브 박사가 정말로 하고 싶었던 말을 흥미진진하게 담아냈다. 두 사람의 익명성을 유지하기 위해 그리피스 씨와 암스트롱 박사라는 필명을 사용했는데, 그들이 술로부터 알코올 중독자를 지켜내는 데 실제로 효과가 있는 방법을 찾아냈다고 독자들에게 소개했다. 완벽하게 효과가 있는 것은 아니었다. 그렇다고 항상 효과가 있는 것도 아니었다. 하지만 그 이전에도, 그리고 그 이후로도 세계 전역에서 중독과 전투를 벌인 그 어떤 것보다도 A.A.는 상당한 수준과 빈도로 효과를 발휘했다.

몇몇 동료들 너머에 있는 사람들을 향해 자신들의 메시지를 전파하기 위해 필사적으로 고군분투하고 있는 A.A.의 지도자이자 선구자인 그들의 모습도 기사를 통해 넌지시 드러났다. 몇 주 지나지 않아 24번가의 작은 모임 회관 사무실에는 수백 건의 전보와 전화 통화, 그리고 6천여 통의 편지가 감당할 수 없을 정도로 밀려들었다. 빌과 루스 호크는 연락 온 모든 사람들에게 개별적으로 답변하는 것이 좋겠다고 생각했다. 하지만 두 사람이 감당하기에는 너무나도 많은 양이었기에 자원봉사자의 도움을 구하기로 했다. 1941년에 A.A. 회원 수는 천 오백 명에서 8천 명으로 증가했고 1944년에는 만 명으로 늘어났으며 모임수는 400개에 육박했다. 1946년이 되자 회원수는 3만명에 이르렀다.

28장 | 트라부코 칼리지

많은 면에서 빌 윌슨은 1942년 초부터 자신이 가지고 있던 여러 곤란한 문제를 정리한 것으로 보인다. 5년 동안의 단주 노력을 통해 받은 보상이었다. A.A.는 밝은 미래를 바라보고 있었다. A.A. 모임은 미국 전역의 도시와 마을 곳곳으로 퍼져 나갔고 「익명의 알코올 중독자들」은 상당한 판매량을 보였다. 출판사에 지불해야 할 채무도 모두 상환했다. 워크스 출판사는 주식 가치가 상당한 수준까지 올랐다. 빌 윌슨은 '하퍼 앤 브라더스' 출판사의 유진 익스먼에게 맡기지 않고 동료들과 함께 직접 책을 출판했다는 사실에 처음으로 기뻐했다. 여전히 재정적인 어려움을 겪고 있었지만 빌과 로이스는 징검다리라고 하는 정말로 멋진 집에서 살게 되었고 양키 출신만이 가진 노하우 덕분에 집수리도 스스로 할 수 있었다.

빌은 일주일에 2~3일 정도는 24번 거리에 있는 A.A. 사무실에서 지냈는데, 베드포드 언덕에서 뉴욕으로 가는 기차 안에서 조간신문을 뒤적였다. 도처에 전쟁이 벌어지고 있다는 소식이었다. 빌은 여전히 루스벨트 대통령을 싫어했지만 진주만 공습(Attack on Pearl Harbor; 1941년 12월 7일, 일본 해군이 미국 하와이 진주만에 정박해 있던 태평양 함대를 기습 공격한 사건. 이 일을 계기로 루스벨트 대통령은 제2차 세계 대전 참전을 선언함)을 계기로 전쟁에 대한 생각이 바뀌었다. 전 세계는 혼돈의 도가니에 빠진 상태였다. 47세의 빌 윌슨은 군대에 들어가기로 마음먹었다. 장교의 신분으로 프랑스에 참전했던 시절을 회고하며 그리운 마음이 들었다. 이는 애국심이 투철한 군인이 전통적으로 간직하고 있는 자부심에서 비롯된 것이다. 그는 자신이 도움이 될 수 있다는 것을 잘 알고 있다.

빌의 군복무 지원서를 보면 특이한 점을 발견할 수 있는데, 익명성을 유지하면서 초래된 몇 가지 어려움과 함께 A.A.와 관련 없는 사람들에게 A.A.를 설명한다는 것이 거의 불가능에 가깝다는 내용이 적혀 있다. 그리고 실패한 증권 분석가이자 별 볼 일 없는 세일즈맨으로 살았던 이야기도 함께 실려 있는데, 파산하기 오래전 있었던 성공 이야기에 뒤이어 와이어로프 회사와 선박 회사에 세일즈맨으로 들어갔다가 일자리를 잃었다는 내용이다. 지원서 맨 마지막에는 A.A. 설립에 참여했다는 내용이 몇 줄 적혀 있지만 자신이 얼마나 중요한 역할을 했으며 심지어 가명으로 잭 알렉산더가 쓴 기사에 실렸다는 사실도 언급하지 못했다. 입대가 거절되자 빌 윌슨은 몹시 실망했다.

이와 동시에 그의 대중적 성공은 반발을 불러오기 시작했다. 질투심 많고 풀이 죽어 있던 행크 파크허스트는 빌 윌슨이 A.A.로 돈방석에 앉았다는 소문을 퍼트렸는데, 새로 시작한 클리블랜드 모임은 뉴욕에 막대한 돈이 쌓여 있을 거라고 짐작하고 이에 대한 회계 보고를 요구했다. 그러자 애크런으로 달려간 빌은 보브 박사와 함께 클리블랜드 모임에 가서 무슨 이야기를 하려는 것인지 듣고 싶어 했다. 그 만남은 회원 간의 만찬이라기 보다는 추궁하는 자리에 가까웠다. 클래런스 S.(Clarence Snyder; 1902 – 1984; 「익명의 알코올 중독자들」 1, 2, 3판의 'Home Brewmeister' 주인공; 클리블랜드 모임의 설립자; '오늘날 어디에서나 '필수'로 여겨지고 있는 일대일 후원 방식은 스나이더에 의해 대중화되었는데, 이를 통해 급속도로 새로운 회원들을 영입할 수 있었다. 이것은 애크런이나 뉴욕에서 본래 하던 작업 방식은 아니었다.' – Bob, p.160; '대담하게도 그는 자신을 '익명의 알코올 중독자들의 아버지'라고 불렀다.' – Darrah, p.164; '클래런스는 '익명성'이라는 전통 방식을 결코 신뢰하지 않았는데, 텔레비전과 라디오, 신문 등 언론과의 인터뷰뿐만 아니라 심지어 A.A.와 관련해 자신의 사진을 찍을 수 있도록 허용했다.' – Bob, p.164)가 이끄는 클리블랜드 모임은 빌 윌슨이 6만 4천 달러의 A.A. 자금을 횡령했을 거라고 의심했는데, 그가 존 D. 록펠러의 가까운 친구라는 소문이 돌고 록펠러 은행에서 나오는 경우도 있었다는 이유에서였다.

회계사와 동행한 빌 윌슨과 보브 박사는 1938년 이후로 A.A.에서 있었던 모든 금융 거래에 관하여 공인 받은 회계 감사 자료를 가지고 갔다. 회계 자료에 의하면 보브 박사는 A.A.로부터 그 어떤 급여나 수익금도 받지 않았다는 사실이 확인되었다. 사실 A.A. 활동을 하면서 그가 받은 거라고는 록펠러 재단 기부금에서 매주 지급하기로 명기된 30달러가 고작이었다. 마찬가지로 빌 윌슨도 30달러를 받았으며 출판사에서도 매주 25

달러가 지급되었다. 클리블랜드 모임은 사과했지만 이를 계기로 빌 윌슨은 오랫동안 고심에 빠졌다. 이렇게 많은 사람들이 있는 공간에서 공개적으로 모욕을 당한 것이 오히려 성공의 대가일지도 모르겠다고 생각했다. 돈을 둘러싸고 벌어질 수 있는 격앙된 감정, 비난, 고발 등으로부터 어떻게 하면 A.A.를 지켜낼 수 있을 것인지 생각하기 시작했다. 심지어 자신의 창작물에서 본인의 존재를 떼어내야겠다는 생각을 하기 시작했다.

때로는 애크런 모임도 시샘의 출발점이 되었다. 많은 면에서 빌 윌슨과 보브 박사는 정반대의 스타일을 가지고 있었는데, 오히려 이것이 함께 일을 잘할 수 있도록 해주었다. 빌 윌슨은 부와 권력에 관심이 많았지만 보브 박사는 그렇지 않았다. 그리고 빌 윌슨은 젊었고 대단히 매력적이었으며 한 번 입을 떼면 일장 연설을 이어 갔지만 보브 박사는 나이가 많았고 전면에 나서는 것을 좋아하지 않았으며 몇 분 이상 말하는 경우가 거의 없었다. 하지만 애크런의 몇몇 사람들은 명확하지 않은 근거로 단정해 버렸다. "어째서 훗날의 명성을 얻고자 너무나도 소중한 지금의 시간을 다 써버리는 건가요?" 헨리에타 세이버링은 빌 윌슨에게 분노에 찬 편지를 썼는데, 애크런 모임과 뉴욕 모임 사이에 흐르고 있는 불편한 관계에 대해 불만을 털어놓았다. "당신 말고는 어느 누구에게도 쓸모없는 일이고 아무런 의미도 없을 거에요. 모든 것이 안타깝고 애처롭기까지 하군요. 어째서 달라지지 않는 건가요?" 빌 윌슨은 그녀에게 같이 저녁 식사를 하면서 자기 얘기를 들어보는 것이 어떻겠냐며 답장을 보냈다. 이내 두 사람은 서로의 뜻을 같이 했고 '늙은이 빌'에 대해 우스개 소리를 하며 정다운 시간을 보냈다. 하지만 종종 빌 윌슨이 그 누구든 혹은 어떤 모임이든 관심을 갖지 않는 듯하면 바로 그 순간부터 시샘과 관련된 문제들이 생겨나기 시작했다('세이버링은 A.A.가 모금 활동에 개입해서는 안된다고 하면서, 악마가 A.A.를 파괴할 때 사용하는 방법이 바로 그것이라 믿었는데, 그녀는 이러한 생각을 빌과 보브 박사에게 주장했다. 동시에 그녀는 A.A.가 신에 대해 지나치게 주안점을 둘 필요는 없을 것 같다고 했다.' – Dr. Bob and the Good Old Timers, p.159) ('40대 후반에 빌 윌슨은 자신의 지도자 자리를 공동체에 이양하는 활동을 벌였다. 세이버링은 이 계획을 격렬하게 반대했다. 대표자 회의 제도 방식을 반대했던 그녀는 빌에게 제정신이 아니라고 비난하기까지 했다.' – Hartigan, p.188).

빌은 징검다리에 살면서 여러 곳을 수리하고 개조했는데, 공학 기술도 뛰어나지만 상상력은 더욱 뛰어나다는 것을 알 수 있다. 집안에서 물을 쓰려면 언덕에 있는 펌프로 물을 끌어와야 했는데, 빌은 다락방에 저수조를 설치해 필요할 때마다 쓸 수 있도록 했다. 시어스 로벅(Sears, Roebuck and Company; 세계적인 미국계 유통 회사)에서 구입한 소 여물통을 밧줄로 묶어서 다락방까지 끌어 올린 다음 파이프를 아래에 있는 욕실까지 연결했다. 그리고 물 위에 부구를 띄워서 수위가 낮아지면 부엌에 설치한 빨간불이 켜지도록 했고 만수가 되면 벨이 울리도록 했다.

수로 시스템은 제대로 작동했지만, 집안에 벨소리를 확인할 사람이 없을 경우에는 아래층으로 물이 넘치기도 했다. 다락방에 설치된 그 저수조는 지금까지도 수십 년 동안 그 자리에 그대로 남아 있다. 집안 난방은 입구에 덮개가 달린 석탄 난로로 유지했다. 밤 동안 난로 입구를 닫아 놓았다가 아침에 덮개를 개방하면 바닥에 설치된 환풍구를 통해서 집안 곳곳에 벽난로의 열기가 전달되었다. 난로에는 자명종 시계를 설치해 난로 덮개가 열릴 수 있도록 했는데, 석탄 먼지가 쌓여서 작동이 멈추기도 했다. 그 당시 아래층에는 빌의 이복 여동생인 헬렌이 머물고 있었다. 빌은 바닥에 구멍을 뚫어서 자명종 시계에 줄을 연결했다. 자명종 시계가 울리면 헬렌은 줄을 잡아 당겨서 난로 덮개를 막고 있던 시멘트 블록을 풀어서 난로 입구가 열리도록 했다. 물론 헬렌이 없을 경우를 제외하고는 작동은 잘 되었다.

1943년 10월, 빌과 로이스는 전국을 다니면서 여러 지역의 A.A. 모임을 방문했는데, 이 여행은 A.A.를 위해 두 사람이 평생 동안 하게 될 최초의 국토 횡단 여행이자 A.A. 전통의 시작이었다. 시카고와 오마하, 덴버, 포틀랜드, 시애틀 등을 포함한 여러 도시를 옮겨 다니면서 그곳에 있는 A.A. 모임을 방문했다. 방문해 달라는 요청이 계속해서 들어왔다. 빌은 자신의 경험담을 사람들에게 전했고 각각의 모임에서 자금과 지도력, 익명성, 여러 업무와 관련된 문제들이 어떻게 처리되고 있는지를 보았다. 뉴올리언스 모임의 지도자는 커튼 뒤에서 이야기했다. 오하이오의 몇몇 모임에서는 언론과 인터뷰를 할 때 검은 색의 복장을 하고 복면을 썼다. 또 다른 모임에서는 성과 이름을 모두 사용했는데, 익명성에 대해 신경을 쓰지 않는 듯 했다. 윌슨 부부는 그랜드 캐니언에 여정을 풀었다. 왜냐하면 그 당시는 전시 상태라서 더 이상 여행하는 것이 어려웠기 때문이다. 두 사람은 노새를 타고서 강을 따라 내려왔는데, 로이스는 빌이 “속이다 울렁거려서 토할 지경이었어."라고 했다면서 그때의 일을 회고했다.

3개월 동안 빌과 로이스는 기차 안에서 자거나 낯선 잠자리에서 잠을 청했다. 두 사람이 어디를 가든 머무는 곳마다 A.A. 사람들은 그들을 다정하게 맞이해 주었고 집이나 호텔에 숙소를 마련해 주었다. 저녁이 되면 으레 만찬과 모임이 이어졌다. 다음 날 아침 식사를 마친 두 사람은 기차역에서 배웅을 받으며 다음 장소로 이동했다. 로이스가 집회에 모인 알코올 중독자 가족들과 만나고 있으면 빌은 모임에서 연설을 했다. 훗날 이러한 만남은 그녀가 알아넌을 설립하는데 주도적인 기여를 했다.

이번 여행을 통해서 빌 윌슨은 사람들에게 다양한 가르침을 주었지만 깨달은 바도 많았다. 여러 A.A. 모임이 겪고 있는 많은 심각한 문제들을 직접 눈으로 확인한 빌은 이를 해결하는데 도움이 될 수 있는 프로그램이나 규칙과 같은 일련의 지침을 생각하기 시작했다. 여기에는 돈과 권력, 명성 등과 관련된 내용을 넣기로 했다. 이것이 바로 10년 뒤에 있을 12전통이라는 개념의 시초로, A.A.에서 나온 초기의 많은 이야기들을 담은 규약이다. 빌은 정치적으로 보수주의자였지만 버몬트가 낳은 자유사상가이기도 했다. 고집이 세고 독선적이지만 남다른 이해력을 가진 사람들과 마찬가지로, 그는 가장 순수한 형태의 민주주의적인 방식만이 회복하고 있는 알코올 중독자들을 한데 뭉치게 만들 거라고 보았다.

마침내 빌은 유명 인사가 되었다. 그것도 정말 최고의 남자로 말이다. 머무르는 곳마다 열렬한 팬들의 환영을 받았다. 남자들은 빌을 감탄하며 바라보았고 그들의 아내는 흠모의 눈길을 보냈다. 소년 시절에 꿈꾸던 크나큰 칭찬과 존경을 받게 된 것이다. 그가 말을 꺼낼 때마다 군중은 박수갈채를 보냈다. 하지만 문제는 그가 그런 대우를 몹시 싫어한다는 것이었다. 빌은 어머니에게 글을 썼다. "전에는 짐작만 했는데, 다들 이래서 유명인이 되려고 하는가 봐요." 단지 자리를 함께 하고 싶어서 몇 시간을 기다리거나 먼 거리를 이동해 찾아온 사람들을 보고 빌은 몸서리를 쳤다. 유명 인사가 된 사실에 어찌할 바를 몰랐고 익명성이 가져다 줄 편안함과 모임 내에서의 위안을 더 이상 받을 수 없다는 것에 좌절했다.

훗날 빌은 안타까운 목소리로 다음과 같이 이야기했다. "그저 A.A. 모임에 갈 수만 있다면 얼마나 좋을까요." 빌은 유명세에서 벗어나고 싶은 꿈을 꾸기 시작했는데, 그의 목소리를 듣고 싶거나 심지어 그를 보고 만지고 싶어 하는 군중으로부터 벗어나기 위해 수년 간 베드포드 언덕 주변과 버몬트에 여러 개의 은신처를 만들었다.

크리스마스에 빌은 로이스와 함께 샌디에이고에서 어머니를 만났다. 애처롭게도 에밀리는 몇 채의 아파트를 소유하고 있었지만 형편없는 호텔에서 지내고 있었다. 남편인 스트로벨은 5년 전에 사망했는데, 그의 죽음으로 그녀의 인색함이 드러난 듯했다. 에밀리는 한 때 프로이트의 동료였던 알프레드 아들러(Alfred W. Adler; 1870 – 1937; 오스트리아의 정신의학자; 개인심리학의 창시자)와 함께 비엔나에서 연구 활동을 했는데, 70세가 되어서야 샌디에이고에서 정식으로 아들러 학파를 바탕으로 한 정신 분석을 개업할 수 있었다. 하지만 그녀에게 환자가 많지는 않았다('에밀리 박사는 아들러 학파의 강사이자 전문가가 되었다. … 문제 가운데 일부는 에밀리의 페미니즘이 원인일 수도 있는데, 그것은 당시에 나타난 현상이었다. 빌이 노위치에 있었을 때 그녀는 보스턴에서 처음으로 수련을 시작했는데, 남자 환자를 거부했다. 매우 고집스러웠다. 언젠가 그녀는 이 세상의 대부분의 문제가 섹스와 알코올에서 기인한다고 분명히 밝힌 적이 있다.' – Pass It On, p.290 – 291) ('에밀리는 프로이트의 학생이 되려고 노력했다. 하지만 그로부터 연락이 오지 않자 그녀는 대신 알프레드 아들러 밑에서 연구했다. 1943년에 빌이 서부 해안을 여행하고 있었을 때, 그녀는 더 이상 정골 요법이나 정신분석 작업을 하지 않았지만 그렇다고 은퇴한 것도 아니었다. 빌과 마찬가지로 그녀도 여전히 주식에 손을 대고 있었다.' – Hartigan, p.157).

또한 빌은 샌디에이고에서도 A.A.가 설립될 수 있도록 힘썼는데, 그를 칭송하는 수많은 군중과 학생들이 몰려들었지만 에밀리는 별다른 감동을 느끼지 못했다. 그녀는 애를 낳다가 둘 다 죽을 뻔한 일을 회상하면서 아들의 출생에 관해 이야기하는 것을 대단히 좋아했는데, 빌의 입장에서는 고통스런 기억일 수 있다는 사실을 간과하고 있었던 것 같다. 그럼에도 빌은 계속해서 단주를 유지했으며 한결같이 공손하고 넓은 마음으로 까다로운 어머니를 대했다. 아들은 어머니가 고통스러워할 만한 얘기는 절대 입 밖으로 꺼내지 않았다. 10살 때 어머니로부터 버림받고 나서 여동생과 함께 조부모 밑에서 자란 이야기, 어머니가 아버지와 크게 싸우고 이혼한 뒤에 자기 인생을 살겠다며 꿈을 좇아 집을 떠난 이야기 등 야망을 이루기 위해 어린 자녀들을 버린 이야기 말이다.

빌과 로이스는 팰로 앨토(Palo Alto; 샌프란시스코 동남쪽의 도시)에서 철학자인 제럴드 허드(Henry FitzGerald Heard; 1889 – 1971; 영국 출신의 미국 역사학자, 작가, 교육가, 철학자)와 작가인 올더스 헉슬리(Aldous Huxley; 1894 - 1963; 영국의 소설가, 비평가; 대표작으로 「멋진 신세계」가 있음; 노벨 문학상에 후보자로 총 9차례 지명됨 - http://www.nobelprize.org)를 소개받았다. 허드와 헉슬리 두 사람은 이미 친한 친구 사이였다. 헉슬리보다 5살 많은 허드는 우등생으로 케임브리지 대학교를 졸업하고 대학원에서 종교 철학을 전공했지만 작가가 되겠다며 학위도 취득하지 않은 채 대학을 떠났다. 그는 헉슬리와 마찬가지로 탁월한 연설가이자 훌륭한 학자였다. 어떠한 성적 이상도 비난을 피하기 어려웠던 시절에 동성애자로 살았던 그는 인류에 헌신하고자 했던 열성적인 반전주의자이자 사회주의자였다. 그는 다음과 같은 글을 남겼다. "우주론은 반드시 윤리학 안에서 끝맺어야 한다."('우주론에 기대고 있지 않은 윤리학은 허위이다; 윤리학– 삶에 대한 연역 활동 – 으로 끝맺지 않는 우주론은 무의미하다.' – Heard, p.62)

동양 종교에도 관심이 많아 기묘하고도 매혹적인 기운을 풍기던 허드는 명상과 요가, 그리고 오스트레일리아 출신 치료자인 F.M. 알렉산더(Frederick Matthias Alexander; 1869 - 1955; 배우, Alexander Technique의 창시자)가 주창한 몸에 대한 '신체운동학'을 헉슬리에게 전수했다. 이른바 알렉산더 기법이라고 하는 이 교육법은 다음과 같은 개념을 기반으로 하고 있다. 인간은 자신의 몸을 쓰는 동안 나쁜 습관을 키우게 되는데, 이러한 나쁜 습관은 정신 건강에도 부정적인 영향을 끼칠 수 있기 때문에 몸을 교정하면 마음도 교정된다는 것이다. 이처럼 허드와 헉슬리뿐만 아니라 조지 버나드 쇼(George Bernard Shaw; 1856 - 1950; 아일랜드의 극작가, 소설가, 1925년 노벨 문학상 수상)와 존 듀이(John Dewey; 1859 – 1952; 미국의 철학자, 심리학자, 교육 운동가, 프래그머티즘의 대표적인 철학자 가운데 한 명)에 의해 시행된 이 알렉산더 기법은 노화와 관련된 문제뿐만 아니라 우울증 치료법이기도 했다. 헉슬리와 허드는 사회 구성원 개개인을 치유하는 것이 사회적 병폐를 치유할 수 있는 가장 좋은 방법일 거라고 믿었다. 수십 년간 신비주의를 연구한 허드는 헉슬리에게 베단타 철학(Vedantism; 인도 정통 육파철학 중 하나로 인간의 내적 성찰 및 우주의 궁극적 본질을 이해하려는 사상)을 소개했는데, 이것은 개별적인 존재라고 생각했던 우리 자신이 실제로는 에너지와 지성으로 이루어져 변화하는 장의 한 부분이라는 사상이다.

또한 베단타 신도들은 경험을 통해서 진리를 얻을 수 있다고 믿었는데,('20세기 인도 철학자이자 신비주의자인 오로빈도(Sri Aurobindo; 1872 – 1950; 인도의 사상가, 시인, 독립 운동가, 요가 지도자)는 약동하는 공(空)의 경험 – 불교도들이 가장 깊다고 말하는 경험 – 을 보고했는데, 그것을 통해서 헤아릴 수 없는 환희로 충만한 의식적 실재에 한층 더 깊이 도달하는 경험(베단타)을 할 수 있었다고 말했다.' – Nozick, p.245) 엄밀한 의미에서 인간의 모든 활동 목표는 일종의 영적 깨달음에 있다고 보았다. 이 당시에 헉슬리는 인도의 성자이자 신지학 협회의 수장이기도 했던 지두 크리슈나무르티(Jiddu Krishnamurti; 1895 – 1986; 인도의 철학자, 작가, 연설가; 달라이 라마는 그를 20세기 가장 위대한 사상가로 칭송함 – Krishnamurti, p.backcover)와도 친구 사이였다. 러시아 출신 영매인 블라바츠키 부인(Helena Petrovna Blavatsky; 1831 – 1891; 러시아의 신비사상가, 영매, 신지학 협회(Theosophical Society)를 설립)에 의해서 설립된 신지학 협회는 인도로 본거지를 옮겨서 활동을 벌였는데, 그곳에서 그녀는 영국 여성인 애니 베전트(Annie Besant; 1847 – 1933; 영국의 여성 운동가, 사회주의자, 신지학자, 신지학 협회 2대 회장, 인도 자치 옹호자; 간디가 이끄는 인도 독립 운동에 참여; 20세기 최고의 영적 지성으로 일컬어지는 지두 크리슈나무르티를 발견)에게 자신의 자리를 넘겨주었다.

빌 윌슨이 올더스 헉슬리와 제럴드 허드를 만나던 무렵에 만약 상대방이 없었더라면 그들은 그러한 존재를 만들어야만 했을 것이다. 그들은 정치적으로 등을 맞대고 있었지만 영적으로는 형제지간이었다. 허드와 헉슬리는 반전주의자였던 반면에 빌은 군을 추앙했다. 또한 허드와 헉슬리는 지역 사회 실험과 교육을 통해서 보다 살기 좋은 세상을 만들 수 있을 거라고 확신한 사회주의자였지만 빌은 확고한 보수주의자이면서도 평생 동안 공화당원이었다. 하지만 이들은 좀 더 중요한 공통점을 가지고 있었다.

빌 윌슨과 그가 벌인 운동은 허드와 헉슬리가 그토록 독실하게 믿었던 철학이 현실에 적용되어 실현된 경우에 해당한다. 빌의 프로그램과 그 지지자들은 변화라는 것이 가능하고 인간에게는 영혼이 존재하며 거의 무한정으로 프로그램을 유연하게 만들 수 있음을 증명했다. 변화가 가능한 것이라면 더 나은 방향으로의 변화도 가능하며 오로지 올바른 공식을 찾을 경우에만 계몽된 사회로 나아갈 수 있다고 믿었다. 어떤 면에서 보면 허드와 헉슬리는 이론가였다. 그리고 빌은 경험에서 나온 자신의 이론이 사실임을 실제로 입증했다. 헉슬리는 자신의 대표작인 「멋진 신세계」

(「Brave New World」)와 위대한 영화인 「시민 케인」에 영향을 끼친 소설 「긴 여름 후」(「After Many a Summer Dies the Swan」)로 문학적 성공을 이루는 동시에 작은 마을의 소년을 진정한 빌로 만들었다. 후에 그를 '근대성인(聖人)'으로 여긴 헉슬리는 12전통에 담긴, 편협하지 않으면서도 개방된 민주주의 원칙이 빌이 이룩한 업적 가운데 가장 감동적이라고 칭찬했다. 빌을 '20세기 가장 위대한 사회 설계자'라고 평한 헉슬리의 표현에는 이러한 생각이 잘 반영되어 있다고 볼 수 있다.

헉슬리와 허드는 캘리포니아 주 오렌지 카운티의 샌클레멘테 근처 라구나 해변 뒤편 사막에 있는 트라부코 칼리지(Trabuco College; 제럴드 허드와 올더스 헉슬리가 설립한 수련원)에 빌과 로이스, 그리고 에밀리를 초대해 베단타 새해의 한 주를 함께 보냈다. 1942년에 허드는 재력 있는 후원자이자 에드가 케이시(Edgar Caye; 1877 – 1945; 20세기의 대예언가, 투시능력자)의 신봉자인 데이비드 칸(David E. Kahn; 1893 – 1968; 자선가; 에드가 케이시의 오랜 후원자)과 루실 칸(Lucille Kahn; 1902 – 1995; 브로드웨이 연극 배우; 데이비드의 아내)이 사들인 땅에 트라부코 칼리지를 세웠다. 센트럴 파크 웨스트 아파트에서 모임을 가진 뒤 그들은 캘리포니아에 베단타 협회 수도원 지부가 설립될 수 있도록 도움을 주기로 의견을 모았다. 그것은 정말로 수도 생활을 하는 곳이었다. 헉슬리와 허드는 인생의 목표를 재정립하겠다는 장대한 뜻을 트라부코에서 이룰 수 있을 거라고 생각했다. 헉슬리는 다음과 같이 글을 썼다. "사막이 지닌 공허함과 적막함은 어느 정도의 생리적 안정감을 향유하는 자들에게만 영성의 의미로 나타난다. … 은자들이 처방한 공허함과 적막함이라고 하는 굉장한 약물은 몇몇 비범한 영혼에게만 안전하다." 헉슬리와 빌뿐만 아니라 허드와 그 추종자들은 모두 그러한 비범한 영혼에 속하는 사람들이었다.

월든 호수의 광기 사막 버전과도 같은 트라부코 칼리지는 사막 협곡 안에 여러 채의 골조 건물로 지어졌는데, 꽤 많은 수의 방울뱀 서식지이기도 했다. 밤길을 걷는 것은 결코 바람직한 일이 아니었다. 대다수의 사람들은 뱀을 쫓아내기 위해 묵직한 막대기로 땅바닥을 두드리며 다녀야 했다. 아보카도 나무숲과 부겐빌레아 꽃이 모래 언덕을 점점 뒤덮었다. 트라부코에 있는 모든 것은 본래의 모습을 그대로 간직하고 있는 듯했다. 그곳에는 전기도 없었다. 사람들은 새벽같이 일어났다가 어두워지기 시작하면 잠자리에 들었다.

이제 빌은 많은 알코올 중독자를 위해 무엇을 해야 하는지 잘 알고 있었기에 알코올 중독에 대한 치료 약물을 찾는데 매진했다. 빌과 헉슬리는 특정 화학 물질을 통해 우리의 인식을 바꾸고 중독도 고칠 수 있을 거라고 믿었다. 헉슬리가 쓴 수필인 「인식의 문」에는 이러한 그의 견해가 훌륭하게 담겨 있는데, 이것은 정신에 영향을 미치는 약물 실험 분야의 성서가 된 작품이다. 내적 세계를 여행한 경험을 생생하게 묘사한 이 수필은 수십 년이 지난 지금까지도 계속해서 우리에게 영감을 주고 있다. 미국의 가수인 짐 모리슨은 헉슬리의 수필을 읽고서 자신의 밴드 이름을 '도어스'라고 지었다.

헉슬리와 그의 아내인 마리아, 허드 세 사람은 빌보다도 인도 신비주의에 더 많은 관심을 갖고 있었다. 그들은 또한 망자에 심취해 있었고 심령 현상도 존재한다고 믿었는데, 이러한 서로의 생각과 경험을 함께 공유했다. "우리의 철학에는 자유 의지라든지 인간의 정신으로 묘사될 수 있는 그 어떤 것도 들어올 여지가 없다." 1954년에 헉슬리는 라이프 잡지에 초자연적 경험의 가능성을 알리는 기사를 한 편 썼고 듀크 대학교에 초심리학 연구소를 설립한 J. B. 라인 박사(Joseph Banks Rhine; 1895 – 1980; 식물학자, 초심리학자, 심리학자)를 높이 평가하는 글도 썼다. 빌 또한 라인 박사의 팬이었다.

얼마 뒤에 헉슬리의 아내가 유방암 판정을 받았는데, 두 사람은 산 자와 죽은 자 사이의 취약한 경계선을 넘나들며 신념에 따라 행동했다. 서서히 아내의 죽음이 다가오자 헉슬리는 그녀가 빛을 향해 좀 더 다가갈 수 있도록 죽음에 대해 계속해서 이야기해 주었다. 그것은 평온한 가운데 내려놓는 시간이기도 했다. 이후 1963년에 임종을 앞둔 헉슬리도 두 번째 아내인 로라에게 자신이 죽음에 임박하면 LSD(lysergic acid diethylamide; 무색, 무취, 무미의 강력한 환각제) 주사를 100cc 투여하고 동일한 방식으로 이야기를 해달라고 부탁했다. 주사를 투여한 로라는 남편이 빛을 향해 다가갈 수 있도록 마지막 숨을 거둘 때까지 애정 어린 이야기를 이어나갔다.

29장 | 우울증

빌과 로이스가 국토 횡단 여행을 성공적으로 마치고 얼마 지나지 않아 빌의 우울증이 도지기 시작했다. 하지만 웨스트체스터 숲에는 봄이 찾아오고 있었다. 추운 겨울을 견딘 잎사귀 사이로 제비꽃이 얼굴을 내밀기 시작했고 초원은 푸르른 빛깔을 더욱 뽐냈다. 현관 처마 밑에는 굴뚝새가 둥지를 틀었고 집 주변을 둘러싸고 있는 단풍나무와 참나무는 끈적끈적한 나뭇잎을 활짝 펼쳤다. 언덕 아래로 흐르는 개울은 넘쳐 흘렀고 체리 거리 반대편에 있는 호수에서는 얼룩무늬 오리 새끼들이 물장구를 치며 놀고 있었다. 7년 동안 온 힘을 다해 노력한 결과 빌 윌슨은 A.A.가 살아남을 수 있을 거라고 확신했다. 여행하면서 이를 확인한 것이다. 맨 처음에 빌과 보브 박사가 수 개월간 애크런에서 함께 지내면서 구상한 초기 프로그램으로도 이미 수천 명의 사람들이 회복하고 있었다. 그리고 수백 개의 모임은 각자 저마다의 문제와 해결책을 갖고서 번창하고 있었다.

들어본 적도 없는 어떤 마을에서는 빌을 영웅으로 묘사하고 있었다.

영향력 있는 남성들과 미모의 여성들은 마치 신을 마주하기라도 한 것처럼 그에게 몇 번이고 감사를 표시했다. 그리고 그가 "신의 치료"를 받고 있다고도 했다. 이러한 모든 상황에도 불구하고 빌은 점점 우울증에 빠져들었는데, 단주한 이래 어느 때보다도 심각해지고 있었다. 산다는 것이 헛되게 느껴졌다. 그 무엇을 해도 아무런 가치를 느끼지 못했다. 유일하게 확실한 것은 죽음을 피할 길이 없다는 사실이었다. 히스테리가 거의 조절되지 않는 경우가 여러 차례 있었다. 때로는 숨을 쉬지 못하면 어떡하지 하는 두려움에 떨기도 했다. 그 어떤 것에도 즐거움을 느끼지 못했다. 심지어 잠자리에서 일어나지 못하는 날도 많았다.

허약한 체질이었던 빌은 언제나 병을 달고 살았다. 복통을 호소했던 이유는 아마도 궤양이 있어서 그런 것이 아니었을까 하는 생각이 든다. 심장이 크게 두근거렸던 이유는 어쩌면 심장 마비가 있었을지도 모르겠다. 하지만 로이스는 남편을 거의 건강염려증 환자나 진배없이 보았다. 왜냐하면 그는 건장한 성인이 되어서도 어린애 마냥 자신의 병을 인정받고 싶어 하면서도 오래전 잃어버린 엄마라도 된 듯 다른 사람들을 과도하게 보살펴 주었기 때문이다. 하지만 그때는 이미 악화된 상태였다. 숨이 막힐 정도로 절망감에 빠진 상태에서 빌은 고생 끝에 간신히 여행의 성과를 기록으로 남길 수 있었다. 언제나 걷는 것을 좋아했지만 이제는 바깥출입도 거의 하지 못했다. 로이스는 계속해서 남편의 식사를 도왔지만 그가 겪고 있는 일을 완전히 이해할 수는 없었다. "어째서 일어날 수 없는지 이해할 수 없었어요."「로이스의 추억」(「Lois Remembers」; 로이스 윌슨의 자서전)에서 이 당시를 회고한 기록을 보면 그녀는 남편이 겪던 우울증에 대해서는 언급하지 않았다.

그랜드 센트럴 역 근처 렉싱턴가에 전보다 큰 규모로 새롭게 A.A. 사무실을 열었는데, 당시 이곳을 방문하던 빌은 그저 책상 앞에 앉아 엎드려 있거나 턱을 괴고 있는 모습이었다. 고개를 들어보면 눈물을 흘리고 있을 때도 있었다. 그 누구도 어찌할 바를 몰랐다. A.A.의 몇몇 사람들은 그가 다시 술을 마시고 있을지 모르겠다고 생각했다.

'내 오랜 적'이라고 부르던 우울증이 빌에게 복병처럼 찾아온 것은 이번을 포함해 모두 4차례 있었다. 최초의 우울증은 10세경에 있었다. 그 당시 아버지는 서부 지역으로 떠나고 어머니는 이혼 전문 변호사를 고용한 다음 가문의 불운을 비웃는 마을 사람들의 시선 한가운데 놓인 조부모에게 자신을 맡긴 채 보스턴으로 떠나던 시기였다. 그런 일이 있은 후에 빌은 곁에 있는 버사 뱀포드와 함께 버 앤드 버튼 학교에서 우등생이 될 때까지 자신의 인생을 천천히 재건해 나갔다. 하지만 버사 뱀포드의 갑작스런 죽음으로 그의 우울증은 다시 시작되었다. 그 당시에 행복하다는 감정을 다시 느낀다는 것은 너무나도 어려운 일이 되어 버렸다. 그는 모든 것을 잃었다.

결국 공황 발작과 우울증에서 빌을 구한 것은 다름 아닌 젊은 날의 로이스 버넘이었다. 세 번째 우울증은 알코올 중독이 심각해지던 1934년 무렵에 찾아왔는데, 로이스는 더 이상 남편의 음주 문제를 감당할 수 없었고 빌은 수용 시설에 감금되든지 아니면 이른 나이에 죽음을 맞이하든지 양단간에 결정을 내릴 수밖에 없던 시기였다. 단주를 시작하고 몇 년 동안 기쁨의 시간이 찾아왔지만, 그 뒤로 A.A.를 설립하기 위해 힘겨운 투쟁을 이어나갈 때마다 마음이 흐트러지던 빌은 몸을 쇠약하게 만드는 이러한 우울증이 마지막이기를 기대했다. 우울증이 어쩌면 음주와 어떤 연관이 있었을 거라고 생각했던 빌은 영원히 우울증이 없어지기를 간절히 바라고 있었다.

이 당시 빌에게 우울증이 생긴 이유에 대해서는 많은 학설이 존재한다. 빌이 로스앤젤레스를 방문했을 때 한 남자는 다음과 같은 말을 했다. "빌은 우리가 본인을 필요로 하지 않는다는 것을 깨달았기 때문이지요. 우리에게 필요한 것은 그의 책뿐이었습니다." 사실은 우울증에 사로잡힌 때가 본인이 그토록 바라던 꿈이 실현되던 바로 그 순간이었다는 것이다. 오직 자신만의 언어와 생각에 따라 씌여진 그 책은 공전의 대성공을 이루었다('빅북은 A.A.에서 대부분의 사람들이 참고하는 도서로, 1939년에 처음 출간되어 현재까지 4번째 개정판이 간행되었다. 처음 출판일 당시에는 사용된 종이가 두꺼웠던 탓에 책의 두께도 함께 두꺼워졌고 가치도 그만큼 커져서 이와 같은 애칭이 붙었다. 빅북은 역대 최고로 영향력 있는 도서 가운데 하나로 여겨지고 있으며, 선봉에 나서고 있는 12단계 회복 프로그램은 20세기에 일어난 가장 큰 대규모 사회 운동 가운데 하나이다. 오늘날 빅북은 50개 이상의 언어로 번역되어 있으며 3천만 부 이상이 팔렸다.' – Haroutunian, p.74)(미국 의회 도서관은 '미국을 만든 책'에 「익명의 알코올 중독자들」을 선정함 – https://www.loc.gov/exhibits/books-that-shaped-america/exhibititems.html). 빌은 최고의 위치에 올라선 것이다. 빌은 오랜 친구인 마크 와론에게 편지를 썼다. "현재로서는 성공 자체가 내가 겪고 있는 골칫거리라네. 고백하건데, 성공이라고 하는 것이 패배라고 하는 문제보다도 더 수월할 거라는 근거는 찾을 수가 없군. 어떤 면에서는 더 어렵기도 해. 사람들의 기대에 뒤쳐지지 않으려고 했는데, 정말로 쓸모없는 짓이라는 것을 깨달았네."

1944년부터 1955년까지 11년이 넘는 세월 동안 빌 윌슨이 겪은 우울증의 수준은 다양하게 나타났다. 그럼에도 그는 이 기간 동안 가장 중요한 업적이라고 할 수 있는 일들을 완수하는 등 놀랄 만한 결실을 맺었다. 12전통의 윤곽을 세운 후에는 A.A.에서 두 번째로 중요한 책인 「12단계와 12전통」을 썼다. 빌은 엄청난 반대를 무릅쓰고 A.A.에 자신이나 보브 박사와 같은 지도자가 존재해서는 안 되며 오히려 임기직의 임원과 이사회로 구성된 A.A. 총연합(General Service Office; G.S.O.)과 A.A. 회원이라면 어느 누구라도 와서 들을 수 있는 정기적인 회의에 의해 운영되어야 한다고 주장했다. 그리고 각각의 모임에서는 집회에 대표를 파견할 수 있으며, 누구든지 대표가 될 수 있다고 했다.

마침내 빌이 우울증에서 벗어나게 된 시기는 처음으로 대단한 성공을 거둔 1955년(A.A. 설립 20주년, 「익명의 알코올 중독자들」 2판 발행, 5차 연합 총회 및 2차 국제회의(2nd International Convention)가 열린 해임)에 개최된 A.A. 연합 총회(General Service Conference; '1951년에 출범한 연합 총회와 더불어 시작된 4년간의 실험 과정은 결과적으로 A.A. 회원이 공동체의 미래를 책임진다는 결의를 이끌어냈다. 초기 몇 년간 A.A.의 권한은 설립자와 알코올 중독 재단 임원에게 과도하게 부여되고 있었는데, 1955년에 개최된 국제회의에서 그 권한이 A.A. 회원들에게 명확히 이양되었다. 주 대표자와 지방 대표자는 매년 열리는 연합 총회에 다같이 모여 이를 총괄하기 시작했다. 그 당시 회의에서 빌 윌슨은 공식적으로 회복recovery, 화합unity, 봉사service라고 하는 A.A.의 세 가지 유산을 연합 총회와 그 임원에게 전하는 형식으로 A.A.에 대한 책무를 양도했다. 20주년 기념식 당시에 회원수는 13만 3천명이었으며 2년 뒤에는 전 세계 70개국에서 20만명으로 늘었다. 실로 A.A.는 '성년이 된 것이다". - White, p.182)

이후였는데, 당시 총회에서 빌은 자신이 맡고 있던 대표직을 공식적으로 이양했다. 하지만 단주 운동에서 손을 놓자마자 빌은 또다시 자신의 삶에 대한 책임감을 느꼈다.

아주 오래전부터 인간에게 문제가 되었던 우울증은 아리스토텔레스부터 프로이트에 이르기까지 많은 철학자와 심리학자의 집필 주제였다. 우울증은 각 시대마다 다양하게 해석되었는데, 빅토리아 시대 시인들은 낭만주의적 관점에서 바라본 반면 오늘날 우리는 좀 더 실제적인 질병 개념과 약물학적 모델의 관점에서 바라보고 있다. 우울증은 또한 알코올 중독과 밀접하게 관련되어 있다. 많은 수의 알코올 중독자들이 불안과 우울 증상을 완화시키고자 술을 마시기 시작하는데, 알코올 자체가 우울 증상을 불러일으킨다는 사실은 거의 모르고 있는 것 같다. 일시적으로 기분이 좋아질 수는 있겠지만 궁극적으로 보면 먹고 마실 수 있는 것 중에서 최악의 것을 선택한 셈인데, 모기에 물렸을 때 그 부위를 긁으면 시원하게 느낄 수는 있겠지만 결국에는 고통스런 역효과를 가져오는 것과도 비슷하다. 때로는 술을 끊으면 심각한 우울증에 빠지기도 하는데, 술을 다시 마시는 첫 번째 이유가 되기도 한다. 빌 윌슨은 이러한 사람들 가운데 한 사람이었을지도 모르겠다.

하지만 지금도 우울증이 무엇이며 어디에서 비롯되는 것인지 해답을 찾기란 그리 간단한 일이 아니다. 앤드류 솔로몬(Andrew Solomon; 1963 – ; 소설가, 저널리스트)은 자신의 저서인 「한낮의 우울」에서 다음과 같이 글을 썼다. “누군가는 가벼운 우울증에도 아무것도 할 수 없을 지경이 되지만 다른 누군가는 심각한 우울증에도 어떻게든 삶을 이어 나간다.”, “질병과 성격은 서로 영향을 주고받는다. 누군가를 파멸시킬 수 있을 정도의 증상을 견디는 사람도 있는 반면 도저히 이겨내지 못하는 사람도 있다. … 우울증은 너무나도 의욕을 잃게 하기 때문에 우울증에 굴복하지 않고 계속해서 이를 살펴보기 위해서는 살아남은 자의 그 어떤 자극이 필요하다. 유머 감각은 회복을 예견하는 가장 훌륭한 지표이다.” 하지만 빌의 마음속에 어둠이 깔리고 있었을 때에는 유머 감각조차 잃어버린 상태였다.

우울증은 또한 큰 슬픔의 한 형태로, 빌은 자신을 버리고 떠난 부모로부터 받은 상처를 시작으로 아내의 불임에 이르기까지 참으로 엄청나고 헤아릴 길 없는 상실감에 고통 받았다. 우울증에 빠지기 1년 전에는 자신이 군대에 도움이 될 거라고 생각해 군입대를 지원했지만 그토록 사랑하던 미육군이 그를 거절했다. 지난 전쟁의 군복무 경험이 빌에게는 대단한 시간이었지만 좀 더 많은 일을 해내지 못한 것이 안타까울 뿐이었다. 이제는 더 이상 그런 기회는 없을 것 같았다. 빌은 이 점에 대해서 많은 얘기를 하지 않았는데, “힘들었습니다.”라고 한 것이 전부이다. 하지만 그에게 형성된 정체성의 많은 부분은 군인 정신과 연결되어 있었다. 심지어

할아버지는 어린 나이에 우울증에 걸린 손자의 기운을 북돋아주기 위해 게티즈버그 전투에서 용감한 버몬트 사람들이 총포에 탄약을 장전해 돌격하던 그 언덕에 함께 찾아가기도 했다.

우울증과 연관된 유전적 요소도 있을 것으로 보인다. 윌슨 가문 중에는 알코올 중독자가 많았고 에밀리 그리피스 윌슨도 나이가 들면서 갈수록 더 불안정한 상태를 보였다. 고지식한 모습과 함께 슬픔을 간직하고 있던 가드너 파이에트 그리피스도 또한 가면 우울증을 앓고 있었을 것으로 보이는데, 외손자들을 돌보기 몇 년 전 사망한 아들의 죽음으로 그 증상은 더욱 악화되었다.

1940년대에 들어서자, 빌의 과도한 흡연 문제가 부각되기 시작했다. 하루에 피는 담배 개수조차도 줄이지 못한 듯싶은데, 니코틴도 우울 증상을 일으키는 물질로 작용했다. 다행히 신의 은총으로 단주는 유지할 수 있었다. 빌은 1934년도에 타운스 병원에 입원한 이후로 단 한 잔도 마시지 않았고 그때의 맹세를 계속해서 지켜나갔다. 하지만 그 밖의 다른 약속들 – 흡연과 커피에 관한 약속, 재정적 책임, 성적 행위 – 은 훨씬 더 지키기 어렵다는 사실을 깨달았다. 이러한 자각은 또한 그를 더욱 우울하게 만들었다.

마지막 우울증이 찾아왔을 무렵 빌은 정말로 현미경 아래에 놓인 처지와도 같았다. 수백 명의 사람들이 그의 일거수일투족을 지켜보며 소식을 실어 날랐고 기분도 짐작해서 판단했다. 동료들 사이에서는 도대체 무슨 일로 그가 마음속 깊은 나락으로 떨어진 것인지 의견이 분분했다. 어떤 사람들은 그가 사람들의 관심을 좀 더 받을 필요가 있다고 생각했는데, 시들해진 관심 때문에 그렇게 무기력해졌다는 것이었다. 광고 회사의 중역으로 빌의 가까운 친구이자 동료였으며 「12단계와 12전통」의 편집을 맡은 톰 파워스(Tom Powers; 1911 - 2005; '톰 P.는 1940년대 초부터 빌과 알고 지내던 A.A. 회원이다. 그는 빌이 자신의 후원자였으며 오랫동안 가까운 친구이자 동료였다고 나에게 말해주었다. 전직 기자이자 광고 회사 임원이었으며 훗날 영성 생활에 관해 몇 권의 책을 쓰기도 했던 그는 A.A.에 고용되어 「12단계와 12전통」의 편집을 도왔다.' - Hartigan, p.167)는 우울증이 오는 이유가 영성이 고갈되었기 때문이라고 믿었다('His craving for alcohol was the equivalent, on a low level, of the spiritual thirst of our being for wholeness, expressed in medieval language: the union with God'('롤런드가 경험한 술에 대한 갈망은 낮은 수준에서 우리 인간이 온전함을 이루고자 하는 영성에 대한 목마름과도 같은 것입니다. 중세의 언어로 표현해 보자면, 그것은 바로 신인합일이라고 할 수 있겠지요.') - Letter to Bill Wilson from Dr. Carl Jung, January 30, 1961).

세상의 이목을 끌어서 좋기는 하지만 사람들에게 존경과 사랑을 받는다는 것은 너무나도 골치 아픈 일이었다. 가는 곳마다 사람들은 빌과 이야기하고 싶어 했고 각별한 관심을 받기를 원했으며 자신들의 이야기와 고민을 털어놓고 싶어 했다. 그리고 빌도 그 모든 것을 들어 주었다. 여러 도시를 방문하면서 힘겹게 싸우는 사람들의 이야기와 그들의 훌륭한 모습을 듣고 배우는 동안 빌은 뭔가를 깨달았다. 3개월의 여정 뒤에 빌의 마음은 공허해졌다.

빌 윌슨은 종종 자신의 우울증이 나약한 믿음에서 비롯된 것이라고 했다. 「12단계와 12전통」에는 다음과 같이 글을 썼다. "걸핏하면 죄책감과 자기 비하에 빠져 정신을 차릴 수가 없게 된다. 우리는 이 너저분한 수렁에서 뒹굴면서 기형적이면서도 고통이 뒤따르는 기쁨을 맛보곤 한다. … 뒤집어서 보면 이것은 교만이기 때문이다."(Twelve Steps and Twelve Traditions, p.44) 물론 이 말은 사실이다. 하지만 빌은 자신이 도와준 사람들과 자신을 아버지와도 같은 존재로 여긴 사람들과의 관계들이 내심 만족스러우면서도 고통스러웠을 것으로 보인다. 결국에 빌은 정말로 자신만의 아버지를 가져보지 못했다. 그럼에도 모든 이를 돌봐 주어야만 하는 사람이 되었다. 빌은 부모 모두에게 돈을 보냈고 어머니의 재정 문제도 맡아서 관리했다. 어린 시절부터 알고 지내던 친구들을 돕는 일에도 결코 소홀히 하지 않았는데, 에비 대처가 생을 마감할 때까지 그에게 정기적으로 돈을 보내 주었다. 빌의 비서인 넬 윙(Nell Wing; 1917 - 2007; 빌의 비서실장이자 조수, G.S.O.의 기록 관리사 - Wing, p.ix, xi)은 다음과 같이 말했다. "빌은 모든 사람들을 돌봐 주었지요." 빌의 친구인 톰 화이트(Tom White; 1923 - ; 「Bill W. A Different Kind of Hero」의 저자; Middletown Times Herald Record 기자, Highlights for Children의 수석 편집장, 해군으로 군복무)는 그가 고된 노력이 필요한 일에는 능숙하게 잘했지만 즐거운 일에는 서툴렀을 것으로 보았는데, 그런 맥락에서 맹자의 말을 인용하고 있다. "우환이야말로 생명의 길이요, 안락이야말로 죽음의 길이다."(然後知生於憂患而死於安樂也: '개인이든 국가든 이러한 역사의 교훈을 터득한 연후에나 비로소 우환이야말로 생명의 길이요, 안락이야말로 죽음의 길이라는 것을 알게 되는 것이다.'[고자장구(告子章句) 하(下); 6b-15] - 김용옥 p.710)

빌은 자신이 가진 약점에도 불구하고 탁월한 실천가였다. 생명의 자양분을 구하고자 계속해서 보브 박사를 만나 의견을 주고받았다. 다울링 신부와도 자주 대화를 나누었는데, 언젠가 그는 빌에게 성 프란치스코조차도 영적인 삶을 산다는 것이 고된 여정임을 알게 되었다는 이야기를 일깨워주었다. 우울증에 빠져 있었을 때 한 동안 빌은 놀랄 만큼 파격적인 일을 진행했는데, A.A. 프로그램을 만들어 그 추종자들을 한 차원 높은 수준으로 끌어올린 사람이 했다고 보기에는 특히나 이례적인 일이었다. 빌은 매주 두 차례 차를 타고서 베드포드 언덕을 출발해 코네티컷의 그리니치로 향했는데, 정신과 의사인 해리 티부트 박사를 만나기 위해서였다. 빌의 열렬한 지지자이기도 했던 그는 훗날 빌의 친구인 마티 만(Marty Mann; 1904 - 1980;「익명의 알코올 중독자들」 2,3,4판의 'Women Suffer Too'의 저자; 정신과 주치의인 티부트 박사가 건네준「익명의 알코올 중독자들」의 원고를 읽고서 1939년 4월 11일에 빌 윌슨과 처음으로 만남을 가짐; The Yale Plan for Alcohol Studies에 참여; 도덕적 관점이 아닌 질병 모델로 알코올 중독에 접근할 수 있도록 공헌함. - Bob, p.209)을 설득해 A.A.에 보낸 사람이다. 적어도 그는 A.A.의 12단계에서 단언하고 있는 '새로운 행복'이라는 것이 반드시 다른 정신적 문제들까지 생겨나지 않도록 해준다는 의미가 아니라는 것쯤은 잘 알고 있었다('빌이 정신과 의사를 만나고 있다는 소문이 퍼지자 많은 수의 회원들이 보인 반응은 그가 우울증으로 고생하고 있다는 소식을 접했을 때보다 더욱 나빴다. 외부에서 도움을 찾으려고 하는 이러한 빌의 모습이 회원들의 눈에는 A.A. 프로그램이 효과적이지 않다고 말하는 것이나 진배없는 것으로 보였다. … 로이스는 남편이 티부트 박사와 대화를 하면서 도움을 받기는 했지만 정말로 치료를 받은 것은 아니라고 강조하곤 했다. 빌은 정말로 티부트 박사와 함께 치료를 받았으며, 결코 이 사실을 숨기려 하지 않았다.' – Hartigan, p.166).

나중에 다시 우울증이 찾아왔을 때에도 빌은 정기적으로 정신과 의사인 프랜시스 위키스 박사('1945년에 빌은 또 한 명의 정신과 의사이자 융학파의 일원인 프랜시스 박사로부터 치료를 받고 있었다. … 1949년에도 빌은 여전히 그녀를 방문하고 있었다. … 빌이 살아온 여정을 고려해 볼 때, 그가 자신의 욕구를 충족시킬 수 없거나 그럴 의향이 없는 사람들에게 의지하고 있었다는 사실을 알게 된 것은 그리 놀라운 일이 아니다. 적어도 프랜시스 박사는 이러한 점을 자신의 환자와 함께 탐색하고 싶었던 것이 틀림 없다. 훗날 빌은 이 당시에 받았던 정신 치료의 경험이 자신의 우울증을 이해하고 대처하는 데에는 도움이 되었지만 예방에는 거의 효과가 없었다고 이야기했다.' – Hartigan, p.167)를 방문했다. 프랜시스 박사는 빌에게 A.A.에서 차지하고 있는 위치가 한 사람의 구성원으로서 바라는 욕구와 일치하지 않고 있는 것 같다고 이야기해 주었다. 그리고 빌은 신에 대한 이해도 바뀌기 시작했다. 빌은 마크 와론에게 편지를 썼는데, 훗날 이 글은 「12단계와 12전통」에 반영되었다. "가톨릭에서 전하고 있는 수난에 대한 가르침을 확실히 따르게 되었다네. 그것은 모든 진화의 열쇠이자 영적 성장의 시금석이며 모든 참된 기쁨을 위한 발판이지."('고통은 영적 성장의 시금석이라고 누군가가 언급한 적이 있었는데, 그는 자신이 말하는 바가 무엇인지 잘 알고 있었다.' – Twelve Steps and Twelve Traditions, p.93) ('분명히 빌과 다울링 신부는 자신들이 수난의 장에 있다고 보았다. 빌에게는 우울증이 있었고 다울링 신부는 관절염을 앓고 있었다. 두 사람은 많이 먹는다는 공통점을 가지고 있었는데, 한 사람은 알코올 중독이 문제였고 다른 한 사람은 과식이 문제였다. … 십중팔구 다울링 신부일 그 '누군가'는 자신이 처한 상황을 '기꺼이 받아들이는 겟세마네'로서 받아들였을 것이고 그곳에서 자신의 수난은 그리스도의 십자가를 떠올리게 했을 것이다.' – Fitzgerald, p.37) 빌은 어려서 회중 교회를 다니며 성장했고 스베덴보리 교회에서 결혼식을 치렀다. 이제는 자신에게 맞는 교회를 찾고 싶어 했다.

30장 | 우리의 공동 복리가 무엇보다 우선되어야 한다

미국 전역을 여행하고 마침내 유럽의 A.A. 모임을 방문한 빌 윌슨은 그 존재만으로도 참가자들을 깜짝 놀라게 했다. 매번 이야기를 해달라는 요청이 들어왔고 그는 언제나 들어주었다. 하지만 너무나 갑작스럽고 생소하게 명성을 얻은 터라 그러한 요청은 부담으로 느껴질 수밖에 없었다. 어디를 가든 사람들은 빌과 로이스를 알아보았다. 로렌시안산맥(Laurentian Mountains; 몬트리올 북쪽에 위치한 고원 지대)을 여행하는 중이었는데, 어느 식당의 한 종업원이 두 사람을 알아보더니 요리사에게 연락을 했다. 예전에 그 요리사는 빌을 만나서 고마움을 전하고자 비행기에 올라탄 A.A. 회원들 가운데 한 명이었다. 버뮤다에서도 똑같은 일이 벌어졌다. 빌은 자신의 큰 키 때문에 다른 사람의 눈에 잘 띄었는데, 그곳에서도 역시 그를 속속들이 잘 알고 있으며 자신들의 목숨을 구해주었다고 생각하는 수천 명의 사람들이 있었다. A.A. 모임을 멀리하고자 여행을 떠나도 호리호리한 체구와 긴 얼굴 덕분에 사람들이 그를 금새 알아보았다.

1960년대에는 신분을 드러내지 않기 위해 갖은 애를 썼다. 빌은 버몬트에 있는 런던데리 여인숙에 묵으면서 로이스와 그의 비서인 넬 윙을 제외하고는 아무도 자신의 거취를 알지 못하게 했다. 빌과 로이스는 베드포드 언덕의 피신처로 뉴욕의 파운드 리지에 있는 작은 집을 빌렸는데, 집주소가 외부로 알려지지 않도록 조심했다.

그러는 사이에 빌은 나름의 사생활을 지키고자 징검다리 위쪽 언덕에 작업실을 하나 지었는데, 콘크리트 블록에 양철 지붕을 올린 단순한 건물이었다. 로이스는 그곳을 '속수무책(Wit's End)'이라고 하는 재미있는 이름을 붙여 주었지만 빌과 친구들은 '판잣집'이라고 불렀다. 비록 배관 시설과 전기 시설은 없었지만 벽난로와 등유 난로가 갖추어져 있었고 숲을 향하는 커다란 창문도 있었다. 빌은 한쪽 벽에 침대 겸용 소파를 들여놓았고, 오래 전 뉴어크의 아너 딜러사가 매각될 당시에 그곳 사무실에서 나오면서 행크로부터 구입했던 책상과 의자도 가져와 그곳에서 집필을 계속해 나갔다.

여름이 되면 작업실은 사람들 눈에 잘 띄지 않았다. 그곳에서 빌은 창문 너머 나뭇잎 사이로 내려다보이는 집에 어떤 손님이 찾아왔는지, 자신이 만나고 싶은 사람인지 아닌지 확인할 수 있었다. 그럴 때마다 로이스는 모든 사람들에게 그냥 빌이 집에 없다고 말했는데, 사실 그것은 맞는 말이기도 했다. 왜냐하면 몇 발자국만 걸어서 언덕으로 올라가면 서적으로 벽을 가득 채운 판잣집 방에 그가 있었기 때문이다. 빌은 일주일에 2~3일 정도 숲속에 난 길을 따라 걸어서 새로 생긴 소우 밀 파크웨이

도로를 가로지르는 다리를 건넌 다음 베드포드 언덕의 작은 마을에 있는 기차역으로 향했다. 플레전트빌과 화이트 플레인스 시내에 정차한 기차는 기분 좋게 숲속을 달렸다. 때때로 빌은 주중에 맨해튼에 있는 베드포드 호텔에서 밤을 보냈다.

빌은 렉싱턴가 415번지에 있는 새 사무실에서 하루하루를 보냈고, 이후 44번 거리 길모퉁이에 있는 좀 더 큰 공간으로 사무실을 이전한 뒤에는 여러 모임과 개인으로부터 쏟아져 오는 수백 통의 편지를 처리하는데 많은 노력을 기울였다('1970년 4월 1일부터 파크 애버뉴 사우스와 이스트 31번, 32번 거리 사이에 위치한 건물이 G.S.O.와 「포도나무(A.A. Grapevine)」지의 새 보금자리가 되었다. … 1940년도에 처음으로 베시 거리 30번지에 자리를 잡았다. 1944년도에는 렉싱턴가 415번지로 사무실을 옮겼다. 1950년도에는 이스트 44번 거리 141번지가 우리의 세 번째 보금자리가 되었으며, 1960년도에는 이스트 45번 거리 305번지 18층으로 이사했다.' – Kurtz, 403; G.S.O.는 1992년 리버사이드 드라이브 웨스트 120번 거리 475번지 11층으로 자리를 옮긴 후 지금까지 유지하고 있음). A.A.는 성년이 되고 있었다. 1943년에 E.M. 옐리네크 박사(Elvin Morton Jellinek; 1890 – 1963; 자신의 저서인 「The Disease Concept of Alcoholism」을 통해 알코올 중독이 도덕적 결함이나 의지 부족, 나쁜 습관에 의한 것이 아니라 질병의 희생자임을 밝힘; 알코올 중독의 5가지 유형을 제시)는 예일 대학교에 하계 알코올 연구 대학원을 설립했는데, 그곳에서 빌 윌슨은 6주 과정 마지막 날에 기조 연설자로 참석했다.

마침내 1944년 10월판 「리더스 다이제스트」에 감동적인 A.A.의 이야기가 실리면서 우편물은 기하급수적으로 증가했다. 찰스 잭슨(Charles

Reginald Jackson; 1903 – 1968; 자서전적 소설인「Lost Weekend」의 저자; 미국의 소설가; 알코올 및 약물 중독, 우울증의 문제 등을 가지고 있었음. 1953년에는 A.A.에 가입함. 약물 과다 복용에 의한 자살로 생을 마감함)의 소설을 원작으로 한 영화「잃어버린 주말」(1945)은 고통스러워 차마 볼 수 없을 정도로 알코올 중독에 지배받고 있는 중독자의 냉엄한 현실을 잘 그려냈는데, 그 덕분에 더 많은 우편물이 사무실에 도착했다. 루스 호크에서 바비(Bobbie Berger; '루스 호크가 떠났다. 1942년에 그녀는 A.A. 회원 가운데 한 사람과 재혼하면서 오하이오로 갔다. 그녀를 대신해서 전직 무용수이자 A.A. 회원인 바비가 왔다.' – Pass It On, p.304)로 비서가 바뀌었고 월급을 받는 직원의 수도 더 많이 늘었지만 편지에 답장을 보내는 일을 시작하기에는 턱없이 일손이 모자랐다. 이후 넬 윙이 빌 윌슨의 비서이자 조수로 근무하기 시작했다. 몇몇 직원들이 빌을 도와주었다. 다른 몇몇 직원들은 공동체의 새 소식지인「포도나무」지를 발간하는 일을 맡았는데, 1944년 6월에 창간호가 처음 세상에 나왔다. 빌은「포도나무」지를 '활자 안에서의 모임'이라고 불렀는데, 평생 동안 A.A.라는 주제에 관한 자신의 생각을 그곳에 표현하고자 했다. 어쨌든 그 당시 빌은 도착하는 편지를 자세히 살펴보면서 최근에 일어나는 문제들이 무엇인지 구체적으로 들여다보기 시작했다.

들어오는 회비와 세금은 누가 관리합니까? 돈이 지나치게 많거나 적을 때는 무슨 일이 벌어집니까? 회원 자격에 대한 규칙이 있어야 합니까, 아니면 누구라도 A.A.에 가입할 수 있습니까? 다른 자선 단체 활동에 참여해야 합니까? 다른 알코올 중독자를 도운 알코올 중독자는 돈을 받아야 합니까? 홍보 사업을 하는 것은 어떻습니까? 새로 들어온 많은 회원들이 멋진 홍보 캠페인을 벌여서 다른 사람들을 모집하려고 하는데, 이것은 좋은 아이디어입니까? 회원들은 언제나 익명성을 유지해야 합니까? 라디오나 텔레비전 프로그램에 출연을 제의받아서 알코올 중독에 관해 이야기해야 한다면 어떻게 해야 합니까? 재산이 많은 회원이 단주 성공에 감동한 나머지 병원을 세우거나 이야기를 전파하기 위한 교육 센터를 짓겠다고 한다면 어떻게 해야 합니까? 회원들 간의 의견 차이는 누가 해결할 수 있습니까? 얼마나 오랫동안 모임을 유지할 것이며 어떻게 진행할 것인지는 누가 결정합니까?

전국 각지를 여행하면서 빌은 많은 A.A. 모임이 동일한 문제를 가지고 있지만 제각기 해결책이 다르다는 것을 알게 되었다. 그래서 그는 각각의 모임에서 정해 놓은 조례 목록을 모으기 시작했고 뉴욕에 돌아가서도 규정을 보내달라고 요청했다. 하지만 결과는 끔찍했다. 빌은 다음과 같이 이야기했다. "이러한 모든 규정이 어디에서든 한꺼번에 시행된다면 그 어떤 중독자라도 A.A.에 가입하는 것은 사실상 불가능했을 것입니다." 어떤 모임에서는 여성을 금지한 반면 또 다른 모임에서는 서면으로 된 추천서나 단주 '증명서'와 같이 알코올 중독임을 입증할 수 있는 '증명서'를 요구했다. 최소한의 회비를 받는 모임도 있었고 지각한 사람의 참여를 제한하는 모임도 있었다. 어떤 모임은 찾아오는 사람들을 반갑게 맞이한 반면 다른 어떤 모임은 진정한 알코올 중독자만 참여할 수 있었다.

동일한 내용의 질의서가 반복해서 책상에 쌓이고 뉴욕 모임과 관련된 경험을 바탕으로 답변을 써내려가면서 빌은 일종의 지침 혹은 성문화라는 것이 A.A.에 필요하다는 사실을 깨달았다. 그것은 시비조의 중독자도 받아들일 만큼 엄하지 않으면서도 많은 모임에서 당면하고 있는 상당수 문제들의 해결책이 될 정도로 단도직입적이어야 했다. 사무실에서 노란색 메모장에 '권고 사항'이라는 제목 아래로 여러 형태의 세칙을 생각나는 대로 적은 다음 웨스트체스터의 집으로 돌아가면 책상에 앉아 창밖의 숲을 바라보며 내용을 다듬기 시작했다.

후에 빌은 이 지침의 제목을 '우리의 미래를 보장할 12가지 사항'이라고 붙였는데, 이를 다음과 같이 기술했다. "일련의 원칙으로, 간단히 말하자면 공생 및 공조, 그리고 우리 공동체와 바깥세상과의 관계에서 비롯되는 모든 A.A. 문제에 대한 검증된 해결책을 제공함에 있다."(이 내용이 잡지에 실렸을 당시의 기사 제목은 「Twelve Suggested Points for A.A. Tradition」이었음 – AAGV 2: 10 (April 1946)) 마침내 이것은 12전통이 되었으며 12단계와 함께 거의 모든 모임 장소 앞에 게시되어 있다.

빌은 다음과 같이 썼다. "각각의 A.A. 회원은 위대한 통합체의 일부분에 지나지 않는다. 반드시 A.A.는 존속되어야 하는데, 그렇지 않으면 우리 대부분은 죽을 수밖에 없을 것이다."('처음 출판되었을 때에는 '긴 형식'의 글이었다. 그러고 나서 곧바로 A.A. 프로그램의 규약을 포괄하고 있으며 정확히 200개의 단어로 이루어진 12단계와 균형을 맞추기 위해 더욱 간결하고 기억하기 쉽도록 짧게 간추려졌다. 이것이 바로 '짧은 형식'의 12전통이자 현재의 12전통이다.' – Kurtz, p.113) 처음에는 이 글이 「포도나무」지에 실렸는데, 곧바로 짧게 편집되었다. "우리의 공동 복리가 무엇보다 우선되어야 한다. 개인의 회복은 A.A.의 화합에 달려 있다."(제1전통) 공을 들여 짧게 편집된 이 글은 빌이 썼던 것과는 차이를 보이는데, 대번 인상적인 느낌을 주는 것은 아니지만 훨씬 더 간결하게 되어 있다. 빌은 모임 위에 있는 유일한 권위가 자애로운 신이라고 하면서, "집단 양심 안에서 자신을 드러낸다."라고 했다(제2전통). 바꿔 말하면, 토의를 거쳐 다수결의 원칙을 따른다는 의미이다. "술을 끊겠다는 열망이 A.A. 회원이 되기 위한 유일한 조건이다."(제3전통) 빌은 이 원칙을 세우면서 이미 전국 각지에 우후죽순처럼 생겨난 수많은 규정과 조례를 완전히 없앴다. 각각의 모임은 회원들의 기부금을 통해서 운영되어야 하며 어떠한 모임도 외부 문제에 대한 의견을 나타내거나 사회적 논란에 휘말려서는 안 된다는 내용도 12전통의 원칙 가운데 들어있다(제10전통).

빌은 자신에게 있었던 일과 전국 각지를 돌면서 들었던 이야기를 활용하는 등 자신의 경험을 바탕으로 각각의 전통을 설명하는 짧은 글을 썼다. 한 단락의 초안을 작성할 때마다 톰 파워스와 또 한 명의 편집장인 베티 러브, 그리고 친구가 된 잭 알렉산더에게 보내서 의견을 구했다. A.A.의 공동 설립자가 쓴 이 글은 A.A.가 이룩한 엄청난 역사의 한 부분을 차지하고 있다. 지도자가 존재하지 않으면서도 돈이나 재산, 명성의 문제를 멋지게 무시해버리는 민주주의의 원칙들이 여기에 모두 있다. 12전통이 제시하는 사회 구조는 회원들이 지닌 인간의 자아로부터 A.A.를 지켜주는 역할을 하고 있다. 12단계는 자살을 막아주고 12전통은 살인을 저지르지 않도록 해준다고 A.A.의 회원들은 말한다. 12전통은 빈곤의 문제, 어떤 정파에도 관여하지 않겠다는 태도, 사회적 논란거리와 '외부 사안'으로부터 멀리하기, 도움을 요청하는 사람에게는 누구라도 크나큰 관용을 베풀기 등에 관한 원칙들을 규정하고 있다.

이 와중에도 빌의 우울증은 지속되었다. 가끔은 넬 윙에게 받아 적도록 했는데, 미적거리거나 잠시 멈추기도 했던 모습은 실상 계속해 나갈 수 없는 상태 때문이었다. 빌은 생각에 잠겨 손으로 머리를 감싸고 있거나 책상에 엎드려 있곤 했다. 고개를 들면 눈물을 흘리고 있는 그의 모습이 넬 윙의 눈에 들어왔다. 그녀는 그저 빌이 준비될 때까지 앉아서 기다릴 뿐이었다. 12전통은 「포도나무」지에 12가지 사항이 실리고 나서 도착한 편지들을 참고해 여러 번 수정을 거치면서 점점 제대로 된 형태를 갖추었는데, 의심할 여지없이 처음 10가지는 각각의 모임이 갖추어야 할 체제에 관한 내용이었다. 그리고 11번째와 12번째 사항은 모임과 외부 세계 사이의 관계를 다루었다.

빌 윌슨은 다음과 같이 썼다. "우리와 일반 대중과의 관계는 개인의 익명성이 그 특징이 되어야만 한다. … 광고를 하기 보다는 유도 원칙에 따라 홍보를 모색해야 한다."(긴 형식의 전통 11), "우리는 익명성이라는 원칙이 영성에 있어서 이루 헤아릴 수 없을 만큼 중대하다고 믿는다. 이는 우리로 하여금 개인보다는 여러 원칙에 더 큰 가치를 둘 수 있도록 하고 정말로 진실된 겸손을 실천할 수 있도록 일깨워 준다."(긴 형식의 전통 12)

A.A.의 단주 회원으로 지내는 10년의 기간 동안 빌 윌슨은 이 세상 어느 누구보다도 익명성의 원칙에 대하여 크게 고심했다. 그는 사람들이

알코올 중독자로 낙인찍힐지도 모른다는 두려움에 애를 써가며 익명성을 유지하는 모습을 지켜보았다. 그리고 혹시 남몰래 A.A.에 가입한 사실이 탄로 나서 일자리에 지장이 생기지는 않을까 두려워하고 있다는 점도 알고 있었다. 의심의 눈초리로 A.A.를 바라보던 여러 언론과 사람들이 기뻐할 만한 정반대의 경우도 있었는데, 유명한 한 야구 선수가 새롭게 단주를 시작하고 있다는 사실을 세상에 알리고 싶은 나머지 자신의 익명성을 중단하고서는 그 길로 다시 술 마시러 가버린 것이다.

빌의 친구인 마티 만이 현재의 국립 알코올 중독 및 약물 의존 협의회(National Councill on Alcoholism and Drug Abuse(NCADA))의 전신인 국립 알코올 중독 교육 위원회(National Committee for Education on Alcoholism(NCEA))를 설립하고 기금을 마련하기 시작하면서 익명성이라는 사안은 위기 국면에 접어들었다. 사실 그녀는 A.A.에 들어온 최초의 여성이었다. 매력적이고 영리하며 의욕에 가득 찬 그녀는 빌과 로이스가 집을 잃고서 떠돌이 생활을 할 때 도움을 주는 등 두 사람 인생의 한 부분을 지탱하는 역할을 했다. 새롭게 설립된 위원회는 좋은 기사거리 소재가 되었는데, 전국을 다니면서 홍보를 진행한 그녀는 A.A.에 참여하고 나서 죽음을 피할 수 있었다고 강조하는 등 거리낌 없이 자신의 이야기를 사람들에게 전파했다. 빌은 그녀가 요청하는 사항들을 승인해 주었다. 1944년에 「타임」지는 그녀가 설립한 단체를 기사에 실었는데, 그녀가 A.A.의 회원이라는 이야기도 함께 있었다('초기에 익명성 중단이라는 엄청난 논란을 불러일으킨 장본인은 마티 M.이었다. 그 사건은 특히나 미묘한 문제가 되었는데, 그녀가 빌과 가까운 친구였기 때문이다. 게다가 빌은 그녀의 알코올 중독 분야 사업을 강력히 지원했다. … 1944년 「타임」지는 그녀가 설립한 단체를 기사로 실었는데, 그 배경에 A.A.가 있다고 묘사했다. … "특히 이 사안에 있어서 저에게 큰 잘못이 있었음을 고백합니다. 수년 전 우리는 전체 A.A. 운동에서 익명성이 가지고 있는 보호 기능의 가치를 잘 모르고 있었습니다. 마티가 교육을 목적으로 자신의 익명성을 중단했을 때, 저는 그녀의 결정에 동의했던 것입니다. 돌이켜 보면 분명히 잘못 판단했던 것이지요." … 이 단체의 대부분 운영 기금이 대중의 도움에 의해 이루어질 수밖에 없다는 사실은 A.A.에서 국립 알코올 중독 교육 위원회가 분리하는 문제와 익명성 중단이라는 문제로 심화되었다. 사람들은 결국 결연 관계를 완전히 끊는 것이 유일한 해결책이라고 빌을 설득했다. 1년이 지나지 않아 빌과 보브 박사는 국립 알코올 중독 교육 위원회를 탈퇴했고 마티 만은 사람들 앞에서 자신이 A.A. 회원이라고 밝히는 것을 중단했다.' – Pass It On, p.310 – 311, 320).

얼마 지나지 않아 뉴욕 사무소에는 A.A.에서 재정적 도움을 요청하고 있는 것으로 오해한 사람들이 보낸 수표로 넘쳐나기 시작했다. 그리고 이에 항의하는 편지도 함께 도착했다. A.A. 회원 중에는 자신이 원하는 사업을 홍보하기 위해 A.A.를 활용하고 싶다고 요청하는 사람들도 있었다. 마티 만이 A.A.가 가진 이로움을 사람들에게 이야기하고 돈을 마련하는 것이 A.A.에 유익할 거라고 하면서 자신의 이상을 실현하고자 모금을 벌였다면, 설령 그것이 가치가 있는 일이라 할지라도 그녀 외에 아무도 그렇게 할 수 없었던 이유는 무엇이었을까? 우선 익명성이라는 것은 A.A. 회원들이 가지고 있는 두려움, 알코올 중독자로 드러나는 것에 대한 우려에서 시작되었다. 하지만 그보다도 훨씬 더 심오한 의도가 담겨져 있었던 것이 분명하다. 빌은 익명성이라는 것이 A.A.에서 가장 논란이 될 사안 중 하나가 될 것이며 개인을 보호하는 기능 – 하지만 이런 방식으로도 작동했다 – 을 가지고 있기 보다는 오히려 그 자체가 세상을 바라보는 하나의 방식임을 이해하기 시작했다.

빌은 다음과 같이 썼다. "이러한 경험을 통해서 우리가 배운 것은 익명성이야말로 진정한 겸손이라는 것이다. … 우리는 익명성이 지닌 영성에 감복하여 일신의 영달을 꾀하려는 타고난 욕망을 단념하고자 노력하고 있다."(12전통) 빌과 마티 두 사람은 다른 A.A. 회원들의 행동을 제어할 수 없으리라는 것을 실감하고 있었음에도 몸소 모범을 보이는 선택을 취했다. 빌은 마티의 위반 사항을 지지했던 자신의 결정에 사과했다. 그리고 마티는 자신의 모금 활동을 벌일 때 A.A.를 들먹이는 행동을 중단했다. 하지만 곧바로 빌은 겸손에 대한 최후의 시험대에 올라서게 되었다.

빌 윌슨과 예일 대학교 학위에 관한 이야기를 통해서 우리는 집요하게 계속된 내면적 갈등이 어떻게 그를 위대한 스승이자 겸손을 추구하기 위해 욕망에 맞서 몸부림친 남자로 만들었는지를 엿볼 수 있을 것 같다. 1954년 2월, 예일 대학교의 어느 비서가 한 통의 편지를 들고서 빌을 찾아와 명예 법학 박사 학위를 수여하고 싶다는 소식을 전했다. 예일 대학교에서는 익명성을 존중하여 빌의 이름을 사용하는 대신 W.W.로 수여를 하고자 했다. 빌은 여러 가지 이유로 학위를 받고 싶어 했다. 언론의 관심이 A.A.에 얼마나 많은 도움을 줄 수 있는지 잘 알고 있었기에 도움이 필요한 알코올 중독자에게 프로그램이 다가갈 수 있기를 바랐다. 그리고 학위를 통해 인정을 받고도 싶었다. 하지만 그 당시 빌은 상당히 높은 수준으로 자기 나름의 원칙을 가지고 있었고 학위를 받는 것이 좋지 않은 결정이 될 거라는 것쯤은 잘 알고 있었다.

그럼에도 빌은 혼자서 결정을 내리지 못했는데, 아마도 본능에 맞서 행동하는 것이 옳은지 확인받고 싶어서 그랬으리라. 빌은 알코올 중독 재단 모임에 그 편지를 가지고 갔는데, 그곳은 중독자 임원과 비중독자 임원으로 구성된 이사회 및 록펠러 재단 사람들이 함께 모여 설립한 협회였다. 한 명을 제외한 모든 임원이 기꺼이 학위를 수락해야 한다고 의견을 말하자 빌의 마음은 기대감으로 가득 부풀었다. 이들은 모두 생각이 깊은 사람들이었다.

반대한 사람은 아치볼드 루스벨트(Archibald Roosevelt; 1894 - 1979; 미국의 군인, 제1차, 제2차 세계 대전에 참전함; 시어도어 루스벨트 대통령의 아들)였다. 로이스 윌슨에 의하면, 아치볼드는 권력에 대한 유혹을 경계했던 자신의 아버지에 관한 이야기를 빌과 임원들에게 들려주었다고 한다. 시어도어 루스벨트 대통령은 그런 이유로 어떠한 영예도 받지 않기로 했고 다만 유일하게 노벨 평화상을 받았다고 했다. 빌은 아치볼드가 들려준 메시지가 맞는다는 것을 잘 알고 있었다. 하지만 그도 사람이었다. 학위 수여는 거절하기로 마음먹었지만 정말로 그렇게 할 수는 없었다. 예일 대학교에 보내는 편지에는 익명성의 원칙이 무엇인지 설명하는 글과 함께 혹시 단체의 이름으로 학위를 받을 수는 없는지 물어보는 질문이 호소력 있게 담겨 있었다. "예일 재단법인에서 저를 제외하는 대신 A.A. 그 자체에 수여하는 것을 검토해 볼 수 있는지 궁금합니다."('처음으로 저는 A.A.의 익명성이 정말로 무엇인지 알게 되었습니다. 단지 알코올 중독자라는 치욕과 낙인으로부터 우리를 지켜주는 것이 전부는 아닙니다. 정말로 그것이 지닌 심오한 의미는 어리석은 자들이 A.A.를 대가로 분별없이 돈과 명예를 좇지 못하도록 하기 위함입니다.' - AACOA, p.43)

그 당시 예일 대학교는 빌의 요청을 매우 정중하게 거절했다. "보내주신 편지를 감명 깊게 경청하고 나서 위원들은 어느 때보다도 당신에게 학위를 수여할 수 있기를 고대하고 있습니다. 우리의 견해는 그렇게 하는 것이 당신에게도 좋은 일이라는 것입니다. … 당신의 심정을 충분히 이해합니다. 그리고 당신과 A.A.를 향한 우리의 깊은 존경심이 그 어떤 방법에 의해서든 전달될 수 있기를 바랄 뿐입니다." 예일 대학교 학위 거절과 관련해 마크 와론에게 편지를 썼을 무렵, 빌은 새로운 시각으로 익명성의 원칙을 이해했다. 훗날 빌은「타임」지 표지에 실리는 제안을 거부했을 뿐만 아니라 뒷모습만이라도 담아보겠다는 편집자의 요청도 거절했다. 그리고 적어도 6개의 다른 명예 학위 및 여러 차례 있었던 노벨상 위원회의 제안을 모두 거절했다.

31장 | 로버트 홀브룩 스미스 박사

1935년 5월 11일 오후에 빌은 헨리에타 세이버링과 전화 통화를 했다. "저는 옥스퍼드 그룹 출신으로 뉴욕에서 온 술주정뱅이입니다." 헨리에타는 이 전화가 친구인 보브 박사의 회복을 위해 드렸던 기도에 하나님이 응답을 해준 거라고 생각했다. 그리고 보브 박사도 마찬가지로 빌 윌슨의 간청에 응답을 하고 있었다. 빌은 얼른 달려가서 만나고 싶어 했는데, 주안점을 두고 있었던 부분은 주로 영적인 측면 보다는 기술적인 측면이었다. 빌보다 나이가 많았던 보브 박사는 하나님의 권능과 개신교 교리의 효험을 독실하게 믿고 있는 지혜로운 사람이었다. 빌 윌슨과 보브 박사의 일대기를 읽어보면, 두 사람이 따로 있었을 때와 함께 있었을 때 나누었던 그 모든 생각과 말이 없었더라면 A.A. 프로그램은 살아남지 못했으리라는 것은 의심할 여지가 없다.

오하이오 사람들은 로버트 홀브룩 스미스 박사가 성토머스 병원에 입원한 4천 명 이상의 알코올 중독 환자를 포함해 많은 수의 알코올 중독자를 돕고 있는 모습을 지켜보았는데, 그곳에서 그는 입원계 담당자였던 마리아 이그나시아 개빈 수녀(Sister Mary Ignatia Gavin; 1889 – 1966; 성 아우구스티노 애덕 수녀회의 수녀; 보브 박사와 함께 수천 명의 알코올 중독자를 치료함)와 함께 일을 했고 궁극적으로 그녀도 수천 명의 알코올 중독자의 회복을 돕는데 기여했다. 애크런과 클리블랜드의 A.A. 회원들은 종종 뉴욕의 A.A. 당파가 보브 박사의 업적을 그다지 인정하지 않는다고 생각하는지 누군가가 빌 윌슨이 A.A.의 설립자라고 하면 그들은 그즉시 빌이 A.A.의 설립자가 아니라 A.A.의 공동 설립자라고 이야기한다.

뉴욕 사람들, 특히 빌 윌슨이 프로그램의 지침을 만들고 여러 설립자의 생존을 모색하는데 시간과 노력을 쏟아부은 모습을 지켜본 사람들은 종종 빌 윌슨의 업적이 오히려 오하이오 지역 모임에 의해 저평가되고 있다고 생각한다. 때때로 보브 박사 집안사람들과 그 자녀들은 보브 박사의 자녀들이 그 어떠한 돈도 상속받지 못한 반면, 로이스 윌슨은「익명의 알코올 중독자들」의 저작권 덕분에 돈방석에 올라앉은 과부가 되었다고 노골적으로 말한다. 하지만 로이스의 친구들은 책을 쓴 것은 빌 윌슨이며 로이스가 갖고 있던 대부분의 돈도 징검다리 재단에 기부한 사실을 지적한다.

사실 A.A.의 입장에서 보면 다양한 영역에서 허용 가능한 행동 양식뿐만 아니라 없어서는 안 될 관용의 덕목이 조성될 수 있도록 별개의 두 장소에서 두 개의 독립된 전통이 성장한 것은 행운이 아닐 수 없다.

A.A.의 진정한 산실은 실패한 세일즈맨과 절반쯤 실패한 항문의가 애

크런에서 함께 보낸 1935년의 기나긴 여름밤과 2년간의 단주 경험을 하고 나서 기적과도 같은 상호간의 온전함을 이끌어 줄 원칙을 반복해서 논의했던 1937년에 있었다. 두 사람 모두에게 해당하는 분명한 원칙 가운데 하나는 서로 대화를 나눌 술주정뱅이가 필요하다는 것이었다. 그러한 깨달음을 얻고 나서 빌과 보브 박사는 실제로 다른 남성들을 찾아다니며 그들도 실제로 단주할 수 있는지 시험해보기 시작했다. 그리고 자주 실패를 경험했다. 하지만 그런 실수로부터 교훈을 얻었다.

또한 빌과 보브 박사는 프로그램을 만드는데 있어서 여전히 옥스퍼드 그룹의 4가지 절대 교리(정직, 무사, 순결, 사랑)와 5가지 C(신뢰, 고백, 확신, 회심, 지속), 그리고 5가지 실천 과정 – 하나님께 순복하기, 하나님의 명령에 귀 기울이기, 인도하심을 점검하기, 배상하기, 간증을 공유하기 – 을 염두하고 있었다(Confidence – 상대방은 당신을 신뢰하고 있고 당신도 그의 비밀을 지켜줄 것이라는 것을 알고 있음; Confession – 삶의 실제 모습에 대한 정직함; Conviction – 죄에 대한 진지함과 죄의 지배로부터 자유로워지고자 하는 바람; Conversion – (신에 대한 항복이 결정되는 과정에서) 개인의 자유 의지에 반드시 일어나는 과정; Continuance – 새로 적응하고 있는 사람이 더욱더 신이 뜻하는 바의 사람이 될 수 있도록 책임을 다해 돕는 것. – Lean,p.79). 이러한 교리에 추가적으로 성경책도 생각하고 있었는데, 보브 박사는 인간사 대부분의 질문에 대한 해답이 그곳에 있다고 믿었고 특히 산상수훈과 고린도전서 13장, 야고보의 편지를 반복해서 읽는 것을 좋아했다.

두 사람은 일단 가망이 있는 음주자를 선정하면 그 사람의 아내와 접촉을 시도해 보기로 의견을 모았다. 그렇게 하는 것이 성공할 공산이 큰 사람에게 다가갈 수 있는 방법 가운데 하나가 될 수 있고 여러 가지 배경 정보도 얻을 수 있을 거라고 생각했기 때문이다. 빌과 헨리에타가 보브 박사와 그의 아내인 앤을 찾아갔던 이유도 결국에는 이런 의미가 담겨져 있었던 것이다. 만나는 방법은 그 사람의 집에 직접 찾아가거나 보브 박사의 집으로 데려오는 방식이었다. 만약 상대방이 흔쾌히 받아들인다면 기도를 드릴 것과 공식적으로 '항복'을 시인할 것을 요청했다.

주로 이러한 항복의 과정은 세 사람이 위층 침실에 모여 진행되었는데, 때로는 부엌이나 병실 안에서도 이루어졌다. '항복'은 무력함에 대한 고백이며, 위대하신 힘이 우리 인간을 본정신으로 돌아오게 해주실 수 있다는 것을 믿는다고 기도를 드리는 것이었다. 빌과 보브 박사는 침대 가장자리 양쪽에 무릎을 꿇고서 선정된 후보자가 자신의 문제를 시인할 수 있도록 이끌었다. 만약 그가 공식적으로 시인하기 이전이라면 두 사람은 자신의 집에서 열리는 모임에는 아직 그가 참석할 준비가 되어 있지 않은 상태라고 믿었다.

일단 후보자가 항복을 시인하고 다음 단계로 넘어갈 준비가 되었다면 빌과 보브 박사는 그 사람에게 사우어크라우트(소금에 절인 양배추)와 토마토, 카로 옥수수 시럽과 같이 알코올 금단 증상에 도움이 될 것으로 여긴 음식을 가지고 엄격한 식이 요법에 들어가도록 했다. 두 사람은 이러한 식이 요법이 술에 대한 갈망을 줄이는데 도움이 될 거라고 믿었다. 그 다음에는 대개 시티 병원 독실에서 5~7일 동안 입원 치료를 받도록 했는데,

앞서서 이와 같은 혹독한 과정을 거치고 단주에 진입한 남성들은 서너 명 무리를 지어 병원에 입원하고 있는 중독자를 방문했다.

후원을 받지 않고서는 어느 누구도 모임에 참여할 수 없었는데, 애크런에서 신입 회원이 들어오면 모든 회복자가 그를 찾아가 만남을 가졌고 때로는 하루에 두 번씩 진행되기도 했다. 이는 침대 가장자리에 무릎을 꿇고 있는 동안 수십 잔의 커피가 소비되었음은 말할 것도 없고 수십 번의 만남과 수십 번의 기도가 이루어졌음을 뜻했다. 보브 박사는 새로운 사람이 오면 알코올 중독에 대한 의학적 사실을 알려주어 마음을 편안하게 해주었다. 우리의 몸은 알코올에 알레르기 반응을 일으킬 수 있는데, 그러한 조건에서 술을 마시는 것은 독약을 마시는 것과도 같은 것이라고 설명했다. 보브 박사는 다음과 같이 물어보곤 했다. "만약 당신이 딸기에 알레르기가 있다면 딸기를 먹지 않겠지요, 그렇지 않은가요?"

두 설립자가 착안한 방법을 읽다 보면 선정된 후보자가 술을 끊은 이유가 기진맥진해서 그런 것이 아닐까 하는 생각이 들 때가 있다. 카로 옥수수 시럽과 사우어크라우트에 질렸거나 열성적인 키다리 설립자와 지지적인 수십 명의 전향자에 둘러싸인 상황을 단지 피하고 싶어서 술을 끊은 사람도 있었을지 모르겠다. 아드모어 거리에 있는 보브 박사의 집은 정말로 알코올 중독자들이 자주 들르는 중심지가 되었다.

보브 박사와 앤은 아침마다 커피 끓이는 소리가 전날 소파에서 밤을 새운 술주정뱅이에 의한 것인지 아니면 보브 박사에게 열두 번째 단계를 전하고자 집에 들른 어느 회복자에 의한 것인지 확신하지 못했다. 가망이 있는 그 어떤 후보자도 단주를 하기까지 오랜 시간이 걸렸는데, 그들 가운데 상당수는 몇 주 지나지 않아 다시 술을 마시기 시작했다. 비록 그렇더라도 진정으로 회복하는 사람이 3명에서 6명으로, 그 다음에는 20명으로 서서히 늘고 있었다. 1937년 11월에 애크런에서 만남을 가진 빌과 보브 박사는 연쇄 반응이 일어나기 시작했다는 것을 실감할 수 있었다. 자신들이 생각했던 대로 사람들이 점점 단주를 하고 있었기 때문이다. 빌은 그때를 떠올리며 말했다. "우리는 정말로 기쁨의 눈물을 흘렸습니다."

빌이 애크런에 갔던 이유는 사업 추진을 모색하기 위한 목적도 일부 있었지만 회원들과 함께 출판과 기금 조성에 관한 자신의 생각을 조율하는데 주된 목적이 있었다. 빌 윌슨과 보브 박사는 이미 평생토록 지속될 상호간에 지지적이면서도 의견을 함께 할 수 있는 협력 관계를 유지하고 있었다. 익명의 저자가 쓴 「보브 박사와 훌륭한 선배들」을 보면 다음과 같이 기술되어 있다. "그들은 멀리 하지 않고 서로에게 다가갔다. 두 사람의 이러한 모습은 A.A.가 나가야 할 길이라고 여겨진다. 그들 사이에는 기꺼이 상대방의 의견에 동의하고 함께 하고자 하는 마음이 있었다." 둘은 서로를 아끼고 사랑하는 한 팀이었다. 보브 박사는 빌을 "윌리" 혹은 "윌리엄 왕자"라고 불렀다. 회복의 과정이 나름 체계를 갖추어 진행되던 1938년 2월, 록펠러 재단의 프랭크 아모스는 존 D. 록펠러 주니어가 자선 사업을 진행하는 것이 좋을지 알아보기 위해 애크런을 방문하여 프로그램을 꼼꼼히 살펴보았다.

1. 알코올 중독자는 반드시 자신이 알코올 중독자임을 깨달아야 한다.
2. 알코올 중독자는 반드시 항복을 해야 한다.
3. 알코올 중독자는 반드시 술을 끊고자 해야 할 뿐만 아니라 그 밖의 다른 죄악의 삶에서도 벗어나도록 해야 한다.
4. 알코올 중독자는 반드시 매일 아침마다 경건하게 기도의 시간을 가져야 한다.
5. 알코올 중독자는 반드시 다른 알코올 중독자를 흔쾌히 도와주어야 한다.
6. 알코올 중독자는 반드시 다른 알코올 중독자와 자주 만남을 가져야 한다.
7. 필수적인 것은 아니지만 알코올 중독자는 반드시 매주 예배에 참석하는 것이 중요하다.

옥스퍼드 그룹의 독실한 회원이었던 T. 헨리 윌리엄스는 자신의 집에서 모든 모임을 열었는데, 기도를 시작으로 진행이 이루어졌다. 간결하게 말하는 것을 선호했던 보브 박사는 결코 길게 이야기하는 법이 없었다. 보브 박사는 다음과 같은 말을 즐겨 인용했다. "15분을 넘기면 어떤 영혼도 구원받지 못합니다." 1939년이 되자 애크런의 A.A. 회원들은 옥스퍼드 그룹과 계속해서 함께할 것인지, 그리고 윌리엄스 집에서 열리는 모임에 참여할 것인지 여부로 언쟁을 벌이기 시작했다. 그들은 초창기부터 발휘된 집단 양심 속에서 자신들의 거취 문제를 투표로 결정했는데, 결국 윌리엄스 집안과 옥스퍼드 그룹 모두와 관계를 끊어야 한다고 주장한 집단이 승리했다. 아드모어 거리에 있는 보브 박사의 집에서 최초의 모임이 열린 것은 1940년 새해가 시작하고 며칠 지나서였다. 74명의 알코올 중독자가 집안을 가득 메웠다. 그들 가운데 한 사람이 집 근처에 있는 킹 학교에 가서 모임을 가질 수 있는 공간이 있는지 확인해보았는데, 그 후 매주 수요일 밤마다 그곳에서 모임을 열기 시작했다.

보브 박사는 나름대로의 진정한 버몬트 사람의 기질을 가지고 있었다. 그는 이야기하는 것을 좋아했고 눈앞에 펼쳐지듯이 생생하게 언어를 구사했다. 친구가 인사로 뺨에 키스를 하면 그는 "누가 슬며시 와서 군침을 흘렸나요?"라고 물어보곤 했다. 대부분의 이야기는 양키 농담 못지않게 간결하면서도 의미심장한 뜻을 담고 있었다. 보브 박사가 단주를 시작한 시기는 50세를 훌쩍 넘긴 뒤였는데, 20세기 초엽의 몸가짐과 품위를 간직하고 있었다. 그가 어느 도시 외곽 모임에 손님으로 초청을 받아 연설을 했던 일화가 있다. 사람들이 설립자의 이야기를 듣고자 모두 자리에 앉았다. 보브 박사는 일어서서, "세상에서 가장 위대한 연설은 산상 수훈이나 게티즈버그 연설과 같이 모두 짧은 것들이었습니다."라는 말로 이야기를 시작했다. 그러고는 말을 이어나갔다. "이 점을 염두에 두고 짧게 이야기를 해보려고 합니다. 사실은 제가 방금 그렇게 한 것입니다."(그 다음 문장은 'He sat down.'이다. – Dr. Bob and the Good OldTimers, p.224)

보브 박사는 항상 명상과 기도, 20분간의 성경 공부로 아침을 시작했다. 빌과 마찬가지로 그는 초자연적인 현상의 가능성을 믿었고 두 사람 모두 죽은 자의 넋을 불러내는 의식의 시간을 가졌다. 보브 박사는 또한 치유자로서의 명성도 가지고 있었는데, 1940년대와 1950년대 당시 수요일 밤에 열리는 A.A. 모임 장소가 킹 학교로 변경된 후에도 아드모어 거리 855번지에 있는 박공지붕 집에는 하루에 5명에서 10명 정도의 사람들이 모여 보브 박사에게 도움과 상담을 요청하거나 동부와 중서부 지역의 A.A. 회원들과 함께 커피를 마시면서 교감을 나누었다.

사람들은 종종 작별 인사를 하면서 보브 박사에게 자신을 위해 기도해 달라고 부탁했다. 빌은 다음과 같이 이야기했다. "그 기도에 제 이름이 포함되어 있다는 것을 생각하면 언제나 기분이 좋았습니다. 그리고 뭐랄까 제가 천국에 가는 것이 그에게 달려 있다고 해야 할까요. 그런 종류의 활동은 저보다 훨씬 더 앞서 있었습니다. 저는 항상 연설과 공동체 구성, 그리고 '유치원생'들을 가르치는데 뛰어다녔을 뿐 나 자신을 성장시키는 못했지요."

1940년대 말에 빌은 중독자 그룹과 비중독자 그룹의 임원으로 구성된 이사회 보다는 전국 곳곳에 있는 모임에서 순번제 방식으로 구성된 대표자들 – A.A. 총연합 – 이 A.A.를 운영해야 한다고 주장했는데, 자신의 생각이 회원 중 누구에게라도 진지하게 받아들여지려면 보브 박사의 찬성을 얻어야 한다는 것을 잘 알고 있었다. 또한 보브 박사의 승인이 없으면 12전통을 위해 공들인 모든 노력이 물거품이 될 수 있다는 것도 잘 알고 있었다. 처음에 보브 박사는 동의하지 않았다. 막 암선고를 받고서 의사 일을 그만 둔 그는 남은 여생을 아내와 함께 평화롭게 보내고 싶었다

('1948년 여름, 보브 박사는 자신이 암에 걸렸다는 사실을 알게 되었다.' - Dr. Bob and the Good OldTimers, p.320). 하지만 불행하게도 A.A. 업무에는 평화가 없었다. 아드모어 거리에는 찬반 양측 모두를 대표하는 사람들의 방문 행렬이 이어졌다.

1949년, 빌은 보브 박사에게 자신의 뜻을 지지해 달라는 장문의 편지를 썼는데, 이사회와 총연합, 그리고 「포도나무」지의 운영과 관련된 모든 것은 A.A. 지역 대표자들에 의한 "직접 관리" 체계로 이양되는 것이 바람직하다는 내용이었다. 보브 박사는 빌이 뉴욕에서 지내면서 겪었던 경험을 바탕으로 개발한 12전통과 그 세칙을 지지해야 할지 결정하지 못하고 있었다. 빌은 A.A.의 대표자들에게 모든 권한을 넘겨주어야 할 필요성과 12전통이 갖는 중요성을 설명하기 위해 애크런으로 향했다. 그럼에도 보브 박사는 여전히 망설이고 있었다. 하지만 1950년에 개최된 1차 국제회의에서 보브 박사는 그들의 유산 - 십여 년 전 스탠 하이에트의 관리실 응접실에서 처음으로 생각해 낸 프로그램의 유산 - 을 이어 나갈 한 남자를 지지하기 위해 자신의 마지막 모습을 사람들 앞에 드러냈다('1950년도에는 A.A.의 역사에 있어서 두 가지 주목할 만한 사건이 있었다: 클리블랜드에서 개최된 1차 국제회의에서 12전통이 채택되었다. 그러고 나서 4개월 뒤인 1950년 11월 16일에 보브 박사가 사망했다.' - Bill W.(2011), p.121).

킹 학교에서 모임이 있을 때마다 보브 박사가 담배를 피우며 차분히 이야기를 듣거나 때로는 강단이 있는 목소리로 사람들이 평생 기억할 만한 것을 이야기할 때 그가 앉던 복도 우측의 자리는 그의 사후에도 오랫동안 빈자리로 남아 있었다. 보브 박사를 알고 있는 사람이라면 어느 누구도 감히 그 자리에 앉을 생각을 하지 못했다. 하지만 어느 날 밤 보브 박사에 관해 전혀 모르는 한 남자가 새로 들어왔고 모임의 목소리에 경청하며 결국 그 빈 의자에 앉아 버렸다.

4부

A.A. 이후의 삶

32장 | 유령의 방

빌 윌슨은 지금 당장 무슨 일이 일어난다 하더라도 그것에 심취할 수 있는 열정적인 사람이었다. 그는 누가 이야기를 하든 큰 키를 머쓱하게 앞으로 숙여 상대방의 말에 열중했다. 때로는 타들어가는 담뱃재가 아래로 떨어지는 것도 잊은 채 귀를 기울였다. 일단 어떤 생각이 떠오르면 그만해도 되겠다고 생각이 들 때까지 모든 관점에서 살펴보았다. 다만 그만해도 되겠다는 생각이 든다는 가정하에 말이다. 가톨릭교가 그의 마음을 사로잡았다. 영적 조언자인 다울링 신부는 로마 가톨릭 교회의 독실한 신자였고, 빌은 어린 시절 회중 교회에서 나온 뒤로 정식으로 교회를 다니지는 않았지만 그런데도 점점 기독교 신자가 되고 있었다.

하지만 빌은 신에 대한 믿음이 A.A.의 일원이 되기 위한 전제 조건은 아니라고 주장했다. 프로그램의 생존을 위해서는 그것이 하나의 종교가 되어서도 안 되고 그 어떤 종교와의 연관성도 결코 있어서는 안된다는 점을 너무나도 잘 알고 있었다. 그래서 여러 단계에서 신에 대한 개념을 '이해하게 된대로의 신'이라고 한정했고 그런 방식을 고안한 자기 자신이 자랑스럽게 느껴졌다(「Twelve Steps and Twelve Traditions」에서 'God as we understood Him'은 3단계에 2회, 11단계에 1회, 12단계에 1회, 'God as we understand Him' 5단계에 1회, 11단계에 1회, 12단계에 1회, 'God as we were increasingly better able to understand Him'은 12단계에 1회 사용되고 있음 – Twelve Steps and Twelve Traditions, p.34, 35, 59, 96, 102, 107, 109, 113). 비록 그렇더라도 많은 중독자들은 신이라는 말을 듣자마자 문 밖으로 나가 버렸다.

1940년대에 빌은 유명한 가톨릭 라디오 방송 진행자이자 로마 가톨릭 교회의 대주교인 몬시뇰 풀턴 쉰(Fulton John Sheen; 1895 – 1979; 미국의 대주교, 작가, 방송 진행자, 2차례 에미상 수상, 2012년 베네딕토 16세 교황에 의해 가경자에 오름; Monsignor – 교황이 자격을 준 고위 성직자의 명예 호칭)과 함께 이야기를 나눌 수 있었는데, 그는 클레어 부스 루스(Clare Boothe Luce; 1903 – 1987; 미국의 작가, 정치인, 「타임」지를 창간한 Henry Robinson Luce의 아내)가 가톨릭으로 개종하는데 역할을 한 인물이었다. 빌은 토요일마다 주교를 만나 가르침을 받기 시작했다. 어쩌면 서로 다른 종교, 이것이 해답이 될 것 같았다. 암울했던 시기에 빌은 가톨릭 성인인 아시시의 성 프란치스코(Saint Francis of Assisi; 1182 – 1226; 로마 가톨릭 교회 수도사; 프란치스코회의 창설자; 1228년에 성인으로 시성됨; '평화의 기도문'(「12단계와 12전통」의 11단계에 수록)은 아시시의 성 프란치스코의 작품으로 간주되어 왔으나 최근에 그렇지 않다는 것이 밝혀짐 – 한국 가톨릭 대사전; '제정신을 차리고 부끄러움에 겸허해지면, 죄 역시 은혜임을 깨달을 수 있다는 이러한 사고방식은 단테가 존경하고 사랑한 아시시의 성 프란치스코의 생각이기도 했다.' – 이

마미치 도모노부, p.138)에게 기도를 드리며 안식을 찾았다.

빌은 다울링 신부에게 가톨릭이 가진 감미로움에 관하여 여러 차례 편지를 썼다. 그리고 쉰 주교에게는 다음과 같은 고민을 담아 편지를 썼다. “저는 제가 가톨릭 신자보다 더 가톨릭 신자 같다는 느낌이 듭니다. 하지만 개신교 신자보다 더 개신교 신자 같다는 생각도 가지고 있지요.” 만약 이러한 고민이 노년기에 있었다면 다른 결과를 가져왔을지도 모른다. 하지만 1940년대 내내 그는 신에 대한 확신을 포함하는 회심의 실현 가능성과 씨름을 벌이고 있었다. 그는 여전히 사랑하는 사람들의 지도자이자 안내자였으며 자신이 했던 것은 무엇이든 대중을 위해 프로그램과 연계될 것이라는 사실을 잘 알고 있었다.

빌은 날카로운 역사 인식을 가지고 있었는데, 특히 자신이 설립한 모임과 비슷한 다른 모임들의 역사를 잘 알고 있었다. 빌은 워싱턴 금주 운동에 관한 역사를 연구했고 그것에 관한 글도 직접 썼다. 「겸손, 훌륭한 홍보 활동이 되기 위한 단 하나의 원칙」(Modesty One Plank for Good Public Relations; 「포도나무」지 1945년 8월호에 실린 글 - Kurtz, p.116)이라는 제목의 글에는 서로간의 단주 유지를 돕고자 거의 10만 명에 가까운 알코올 중독자가 모였던 공동체에 관한 이야기가 담겨 있다. 그 글에는 워싱턴 금주 운동이 철저하게 해체된 4가지 이유가 열거되어 있다. 과도한 자기선전, 다른 조직과 협력하기 보다는 경쟁을 벌임, 논쟁거리에 휩싸임, 알코올 중독자를 돕겠다는 본래의 목적을 고수하지 못함 등이다.

빌은 뉴잉글랜드 지역의 교육가인 메리 베이커 에디(Mary Baker Eddy;

1821 – 1910; 작가, 종교 지도자; 1879년 매사추세츠 보스턴에 'Christian Science'라는 신흥 종교를 설립함; 1908년에 「The Christian Science Monitor」라는 시사 일간지를 창립함)에 관한 이야기에도 깊은 감명을 받았는데, 영혼과 몸이 서로 연결되어 있다고 설파한 그녀의 생각은 A.A.의 배경을 이루는 사상과도 유사했다. 그리고 빌과 마찬가지로 산 자가 죽은 자와 의사소통을 할 수 있다고 믿었다. 뉴햄프셔의 얼어붙은 호수에서 넘어지고 나서 현현의 순간을 경험했으며 기도로 자신의 건강을 회복한 영향력 있는 여성 가운데 한 사람이었던 에디는 모든 신체적 질병이 실제로는 영적 질병이며 기도를 통해 치유될 수 있다는 자신의 생각을 종교 운동을 통해 세상에 널리 알렸다.

에디가 설립한 크리스천 사이언스 교회는 여전히 존재하지만 빌은 그녀가 지도자 자리에서 사임하는 것을 거부하고 다른 사람이 세운 공을 가로채려고 한 사건이 그녀의 종교 운동에 어떤 방식으로 피해를 주었는지 자세히 검토했다. 그러면서도 빌은 그녀가 회원 제도를 시도했다는 사실에 강한 인상을 받았다.

또한 빌은 쉰 주교로부터 로마 가톨릭이 가지고 있는 절대주의에 관하여 차분히 설명을 들었지만 이에 대한 고심이 많았다. 빌은 교황 무류설에 대해 반감을 갖고 있었고 화체설 – 성찬식의 빵과 포도주가 그리스도의 살과 피가 된다는 믿음으로, 은유적인 믿음 보다는 문자 그대로의 믿음이다 – 도 도저히 받아들이지 못했다. 언제나 마음속으로는 권위에 대한 의구심을 품고 있었는데, – 그것은 빌이 가진 특별한 재능 가운데 하나였다 – 로마 가톨릭 교회와 모든 교회가 행사하는 권위가 마음에 와

닿지 않았다. 빌은 애크런의 A.A. 회원인 보브 E.에게 다음과 같은 편지를 썼다. "여전히 제가 모든 조직화된 종교들에 대해 진저리를 내는 이유는 그들 모두가 끔찍할 정도로 자신들이 옳다고 주장하고 있다는 점입니다." 그는 또한 자신이 가톨릭으로 개종하면 A.A.에 엄청난 타격을 줄 거라고 믿었다. 참된 기독교를 향한 그의 열망은 그것이 무엇이든지 간에 A.A.를 대표했던 한 사람으로서 자신의 역할에 대한 초조함의 일부였다.

빌의 영적 추구는 조직화된 종교를 넘어서까지 확장되었다. 트루먼 대통령(1884 – 1972; 미국의 33대, 34대 대통령)이 집권하던 제2차 세계 대전 후 평온기 동안 빌과 로이스는 보브 박사 부부와 함께 심령 현상과 영적 현상에 대한 연구를 계속해 나갔다. 오늘날에는 심령 현상이 전혀 인정받지 못하고 있기 때문에 자신을 이해하고 확인하기 위해 이를 활용하는 사람은 거의 없다. 하지만 19세기 말에서 20세기 초에 그러한 연구 활동을 하는 것은 뉴잉글랜드 전통의 한 부분이었다. 그 지역에는 텔레비전도 없었고 전기도 거의 들어오지 않았다. 마을에 어둠이 내려앉으면 오두막집에 살고 있는 사람들은 또 다른 할 일이 생겼다. 그들은 죽음에 익숙한 공동체였다. 아동 사망률이 높았고, 건강한 성인조차 50대에 사망하는 경우가 다반사였다. 장례식장이라는 것은 없었다. 사람이 죽으면 장례는 자기가 살던 집에서 치러졌고, 시신은 마을 외곽에 있는 교회 묘지에 옮겨져 가장 사랑하는 이의 손으로 안장되었다.

우리는 사람이 죽으면 더 이상 연락을 주고받을 수 없는 어딘가에 갇혀 영원히 돌아오지 못하는 거라고 생각하는 것 같다. 어쩌면 그런 것 자체가 없을 수도 있다. 아니면 지금 살고 있는 현대 사회가 너무나 혼란스럽고 우리가 이런 일에 관심을 거의 두고 있지 않기에 죽은 자의 목소리를 더 이상 듣지 못하는 것일지도 모르겠다. 어쩌다 한 번 있는 일이지만 임종의 자리에 참석해 보면, 우리는 장례식장 사람들이 얼른 운구와 염습을 진행하고 시신에 화장을 한 다음에 값비싼 관에 안치해 버리는 것을 볼 수 있다.

모든 사람들이 돌아갈 때까지 관을 닫고 묘지를 마련하고 흙을 덮는 일은 대개 낯선 이들에 의해 이루어진다. 오늘날 우리는 죽음을 맞이하거나 죽은 자를 묻는 일과 동떨어져 있어서 아무래도 죽은 자가 주위에 존재할 거라고 믿지 않는 것 같다. 빌 윌슨과 보브 박사는 지금과는 다른 세계에 살던 사람으로, 그곳은 산 자와 죽은 자가 명확하게 구분되지 않는 오래된 지난날의 세계였다.

때때로 윌슨 부부는 위저 보드를 가지고 시간을 보냈다. 나무로 된 평평한 보드판은 A부터 Z까지의 알파벳이 중앙에 두 줄로 나뉘어 새겨져 있고 그 아래로 "1234567890"의 숫자와 "Goodbye"라는 글씨가, 그리고 위쪽 모서리 양측에 "Yes"와 "No"가 각각 새겨져 있다. 놀이는 플라스틱이나 밝은 색 나무 재질의 심장 모양으로 된 작은 판을 가지고 진행하는데, 그 한가운데에 작은 창이 달려 있다. 윌슨 부부와 2-3명의 참가자는 눈을 감은 채 보드판에 놓인 작은 나무판 위에 가볍게 손가락을 올려놓고 서로의 손가락에서 전달되는 무의식적인 힘에 이끌려 판을 움직였다. 어떤 때는 판이 "Yes"나 "No" 자리에 멈추었고, 또 어떤 때는 단어가 될 듯한 조합을 만들어냈다.

어느 날 저녁에는 보드판 대신 위저 놀이판이 새겨진 탁자에서 놀이가 진행되었다. 사람들은 탁자에 모여 앉아 예리하게 다듬어진 탁자 모서리에 살며시 손가락을 올려놓았다. 어슴푸레한 불빛이 방안을 밝히고 있었다. 빌은 종종 다음과 같은 질문을 꺼냈다. "방 안에 영혼이 있습니까? 우리에게 전할 메시지를 가지고 있는 영혼이 있습니까?" 다들 천천히 숨을 고르게 쉬었다. 어두운 방 안 구석구석에, 빌의 바이올린과 악기가 보관되어 있는 선반 위에, 그리고 벽 모퉁이와 창문 근처 천장 속에 영혼이 모여 있는 것만 같았다.

그러고 나면 탁자 주위에 앉은 사람들은 머뭇거리듯 가볍게 두드리는 소리를 들을 수 있었다. 빌이 단도직입적으로 질문을 하면 때로는 그 소리가 "네" 혹은 "아니요"를 의미했는데, 한 번은 "네"이고 두 번은 "아니요"였다. 또 다른 경우에는 좀 더 긴 메시지를 전하기도 했다. 한 번 소리가 나면 알파벳 A를 의미했고 두 번 소리가 나면 알파벳 B를 의미하는 식이었다. 하루 저녁 동안 위저 탁자는 한 두 개의 문구를 보내주었다. 빌과 로이스에 의하면, 사람들이 탁자를 바닥에서 몇 인치 이상 공중에 뜨게 하는 일을 여러 번 성공시켰다고 한다.

윌슨 부부와 그들을 찾아온 손님들은 자동 기록(automatic writing; 심령 현상 중의 하나)을 시험해 보기도 했다. 빌은 이것에 매우 능숙했다. 펜을 잡은 빌은 눈을 감고서 영혼이 자신의 손을 이끌어주기를 기다렸다. 가끔 저녁이 되면 빌은 거실 벽난로 앞에 놓인 긴 소파에 누워 휴식을 취했는데, 담배 연기가 소용돌이치는 동안 반쯤 정신을 놓고 비몽사몽한 상태가 되기를 기다렸다. 누워 있으면 드와이트 무디 목사(Dwight Lyman Moody; 1837 - 1899; 미국의 목사, 설교자; 3차 대각성 운동에 기여)가 지난 날을 경고하는 목소리를 들을 수 있었는데, 때로는 메시지 전체가 전달되는가 하면 한 글자씩 오기도 했다.

어느 날 저녁에는 라틴어로 보이는 메시지를 받았다. 라틴어인줄 몰랐던 빌은 존 D. 록펠러의 동료인 윌러드 리처드슨에게 메시지를 가지고 갔는데, 그것이 이탈리아의 초기 기독교에 관한 이야기인 것 같다는 말을 들었다. 이 이야기에 관해 넬 윙이 쓴 책을 보면, 리처드슨은 빌이 메시지를 받는 동안 그와 함께 방에 있었고 라틴어로 된 그 말은 성 보니파시오(St. Boniface; 675? - 754; 프랑크 왕국에 기독교를 전파; 독일의 수호성인; 축일은 6월 5일)가 쓴 설교문인 것으로 밝혀졌다. 그곳을 종종 방문하던 한 친구는 다음과 같이 이야기했다. "그들은 강신론 연구에 열심이었어요. 단순한 취미 생활이 아니었습니다."

1947년 어느 날, 낸터킷(Nantucket; 미국 매사추세츠 동남쪽에 위치한 섬)의 A.A. 모임에 초대를 받고 주최 측 집에 머물던 빌은 새벽 여명이 어스름하게 부엌을 비추는 가운데 커피를 끓이고 있었다. 그때 노르웨이 해병의 망령이 말을 걸어오더니 불평을 늘어놓기 시작했는데, 어렴풋이 사람들이 보여서 말을 걸었지만 아무도 자기 말을 들어주지 않는다는 것이었다. 그러더니 얼마 안 있어 데이비드 모로라고 자신을 소개한 망령도 나타났다. 모로는 자신이 모빌 만 전투(Battle of Mobile Bay; 남북 전쟁 당시 주요 격전)에서 데이비드 패러것 제독(David Glasgow Farragut; 1801 – 1870; 남북전쟁 당시 북군의 제독; 1864년 8월에 남군의 함대를 무찌르고 모빌만을 점령함)에 의해 전사했다고 빌에게 이야기해 주었다. 아침이 오고 부엌이 좀 더 환해지자 또 다른 두 명의 망령이 더 합류했는데, 페팅길과 퀴글리라는 이름을 가진 옛 고래잡이 선장들이었다.

빌이 아침 식사를 하면서 모임에 함께 참여했던 사람들에게 이 이야기를 꺼내자 다들 못 미더워하는 표정을 지었다. 다만 언쟁을 피하고자 빌의 이야기에 다들 애써 맞장구를 치는 분위기였다. 낸터킷 방문이 중반을 넘어서면서 빌은 사람들과 함께 우연히 시내 중심가를 방문했는데, 그곳에서 데이비드 모로라는 이름이 새겨진 작은 크기의 남북 전쟁 기념비를 발견했다. 다음으로 방문한 낸터킷 포경 박물관에서는 페팅길과 퀴글리가 정말로 포경선의 선장이었다는 사실을 확인할 수 있었다.

이 같은 초자연적 활동과 심령 현상에 관심을 가진 빌은 몇몇 A.A. 회원들을 혼란스럽게 만들었다. 1955년 세인트 루이스에서 열린 국제회의에서 자신의 권한을 내려놓을 때까지 1940년대와 1950년대 동안 빌은 A.A. 모임과 이를 이끄는 다른 지도자들의 의견에 편승하는 경향을 보였는데, 마치 자신의 삶은 A.A. 모임을 돕고 프로그램과 행동 수칙을 마련하는데 쓰여야 하는 것처럼 말이다. 하지만 나이 쉰 살에 들어서자 빌은 자신의 남은 여생을 A.A.의 설립자와 지도자로 보내고 싶지는 않다고 깨달은 것 같다.

사실 우리는 빌 윌슨의 삶을 평온한 이별을 성취하기 위한 투쟁으로 볼 수 있다. 부모와 첫 번째 여자 친구와의 이별은 예기치 못한 사이에 갑자기 찾아왔다. 다만 로이스의 경우에는 어쩌면 떠나버렸어야 했을 때조차도 남편 곁에 머물러 있었다. 하지만 행크 파크허스트와 톰 파워스의 경우처럼 빌이 알고 지내던 여러 명의 남자 친구와 동료들은 그와 함께 일을 하다가 돌연 떠나 버렸다. 그리고 가장 어려운 시기에 빌은 자신의 삶을 쏟아부어 이룩한 프로그램과 이별해야 하는 숙제를 떠안고 있었다. 그가 했던 모든 일이 A.A.에 막대한 영향을 주었다고 보는 것이 이치에 맞는 말인가? 그렇지 않다. 하지만 말년에 빌은 모임에 가는 것을 중단했다. 불만족스럽게 생각했던 것 가운데 하나는 어떤 모임을 나가더라도 익명성을 유지할 수 없다는 현실이었는데, 정상적으로 회복하고 있는 다른 알코올 중독자들과는 달리 빌은 모임에서 아무런 도움을 받을 수 없었다.

우울증을 앓고 있는 빌을 보면서 A.A.가 그다지 효과가 없는 거라고 결론을 내렸던 몇몇 A.A. 회원들은 이제 사후 세계의 목소리를 탐구하는 그가 A.A.의 명예를 실추시키고 있다고 결론을 내렸다. 집 근처에 살면서 거의 날마다 빌과 함께 일한 사람들 - 광고 및 출판업계 지식인들 - 은 징검다리 유령의 방과 거실 소파에서 그가 벌이는 일을 우려했다.

어떤 회원들은 초자연적 활동에 빠진 빌이 미친 사람 같다고 생각한 반면, 다른 세계의 영혼을 소환할 수 있는 능력이 실제로 있을 거라고 믿은 다른 회원들은 그가 정말로 나쁜 조언을 해주고 정신을 혼란스럽게 할 악령이나 온갖 잡다한 유령과 대화하는 것은 아닌지 의심했다.

채퍼콰 A.A. 모임의 회원 중 한 사람인 톰 P.는 자신을 포함해 빌을 따르던 많은 회복중인 알코올 중독자들이 빌의 유령 놀이에 격분해 뭔가 행동을 취해야겠다고 결정했던 일을 떠올렸다. 빌을 신봉하던 그들은 그가 보여준 많은 행동들이 위대한 지도자에 걸맞지 않다고 생각했다. 그도 그럴 것이 빌은 여태까지 지도자가 되고 싶어 한 적이 결코 없었고 다른 사람의 말에 귀를 기울이는 체질도 아니었다.

베드포드 언덕 근처에 작지만 풍요로운 채퍼콰 마을의 A.A. 모임은 자칭 주변 지역에 있는 A.A.의 수호자 역할을 맡았는데, 빌과 함께 일하던 썸머 캠벨이라는 회복중인 알코올 중독자와 여러 명의 사람들이 그곳에 합류했다. 그리고 그들 가운데 또 다른 한 명인 토니 구겐하임은 그들 모두가 존경하는 영국 케임브리지의 C. S. 루이스(Clive Staples Lewis; 1898 - 1963; 영국의 소설가, 비평가, 케임브리지 대학 교수, 「나디아 연대기」의 저자) 에게 편지를 썼다. 빌과 그의 아내가 벌이고 있는 행동을 설명하면서 그들을 어떻게 생각하는지 물어보는 내용이었다. 톰 P.의 기억에 의하면 루이스는 전적으로 반감을 드러내는 내용의 답장을 보냈다. "그건 강령술이군요. 얼토당토않네요." 아무래도 빌의 동료들은 루이스와 같은 인물이 비판을 하면 그의 믿음에 변화가 올 거라고 생각했던 모양이다. 그리고 빌에 대해서도 제대로 이해하지 못했던 것 같다.

이 당시에 빌과 로이스는 A.A. 회원들이 자신의 삶에 부과하려고 했던 많은 규칙과 규정으로부터 점점 멀어지고 있었다. 그리고 그러한 논란에도 두 사람은 초자연적 존재들과 소통을 계속 이어나갔다. 저녁이 되면 빌과 로이스는 친구들과 함께 높게 자란 참나무와 단풍나무 사이로 날이

어둑해지는 광경을 바라보면서 집 뒤편에 탁자가 있는 방이나 벽난로와 천을 댄 의자가 있는 2층 높이의 거실에 모여 시간을 보냈다. 믿음이 있는 이웃이나 마을 외곽 A.A.에서 방문객이 찾아오는 날도 있었고 사무실이나 지방 A.A.에서 한두 명 찾아오는 날도 있었다. 그들의 강령술 모임은 결코 비밀스러운 것이 아니었다.

*　　　*　　　*

마치 집단 명상을 하듯 두 사람에게 마음의 평화가 찾아왔다. 로이스는 두근거리는 가슴을 진정시키며 창밖의 정원을 바라보았다. 언덕 위에 어둠이 깃들면 '속수무책'은 그 윤곽만 흐릿하게 드러냈다. 빌은 자신의 큰 키를 감당하기에 충분한 몇 안 되는 가구 가운데 하나인 기다란 소파에 몸을 기대어 누웠다.

집 밖의 정원에서는 휘파람새와 핀치의 지저귀는 노랫소리가 울려 퍼졌다. 빌은 가끔 소파에서 일어나 가지고 있던 바이올린 가운데 하나를 꺼내들고 감미로운 컨트리 음악 몇 곡을 연주했다. 그러고 나서 다시 소파에 몸을 누이자 촛불이 밝히고 있는 집안은 다시금 고요해졌다.

누군가가 두 사람의 친구가 되려고 눈에 띄지 않게 몰래 찾아오기라도 하듯 거의 알아차릴 수 없을 정도의 희미한 움직임이 적막한 대기 속에서 느껴졌다. 커튼은 저녁 바람에 보드랍게 산들거렸다. 재떨이에서는 담배 연기가 모락모락 피어올랐다. 집 밖의 갓 베어 놓은 잔디에서 풍겨

오는 여름의 풀냄새와 불타는 낙엽 더미가 내뿜는 가을의 연기는 두 사람의 지각에서 점점 희미해졌다. 자연의 소리조차 몽환 속으로 들어가 버리는 듯했다. 빌과 로이스는 적막 너머에서 울려 퍼지는 적막의 소리를 들을 수 있었다. 그러면 거의 알아듣지 못할 정도의 두드리는 소리가 들리거나 조용한 빌의 음성이 글자를 만들어내기 시작했다.

저녁이 되면 빌과 로이스는 풍요로웠던 과거로 돌아갔는데, 전기도 들어오지 않은 어느 추운 날 밤에 가족들과 함께 식탁에 둘러 앉아 시간을 보낼 수 있었다. 두 사람은 먼저 떠난 이들 – 빌이 처음으로 갖게 된 슬픈 바이올린의 본래 주인인 클래런스 삼촌, 엄격한 가드너 외할아버지와 엘라 외할머니, 로이스의 사랑하는 어머니와 거실에서 자녀들에게 스베덴보리 교리를 읽어주시는 멋진 아버지, 두 사람이 지켜본 모든 죽은 이들 – 과 함께 했다.

33장 | 미주리 세인트 루이스

1955년에 블라디미르 나보코프(Vladimir Vladimirovich Nabokov; 1899 - 1977; 러시아 출신의 미국 소설가, 곤충학자)는 「롤리타」를 출간했고 영화 관객들은 「7년만의 외출」에서 마릴린 먼로의 흰색 드레스 치맛자락이 뉴욕 지하철 통풍구에서 불어오는 바람에 날아갈 듯 부풀어 오르는 장면을 보았다. 그해에 알버트 아인슈타인(Albert Einstein; 1879 - 1955; 독일 출신의 물리학자; 1921년 노벨 물리학상 수상)과 찰리 파커(Charlie Parker, Jr.; 1920 - 1955; 미국의 재즈 음악가)가 사망했고 잭 플렉(Jack Fleck; 1921 - 2014; 미국의 골프 선수)이라는 이름의 골프 선수는 U.S. 오픈에서 벤 호건(Ben Hogan; 1912 - 1997; 미국의 골프 선수; 메이저 대회 9차례 우승을 포함해 총 64회 우승)을 꺾는 이변을 일으켰으며 뛰어난 경주마 내슈아(Nashua; 서러브레드 경주마)는 프리크네스 스테이크스(Preakness Stakes; 켄터키 더비(Kentucky Derby)와 벨몬트 스테이크스(Belmont Stakes)와 함께 경마의 트리플 크라운 레이스 중의 하나)와 벨몬트 스테이크스에서 에디 아카로(George Edward Arcaro; 1916 - 1997; 미국의 기수)와 함께 우승을 차지했다. 대통령은 드와이트 아이젠하워(Dwight D. Eisenhower; 1890 – 1969; 미국의 군인, 정치가, 34대 대통령)가 역임하고 있었고 십대들은 '록 어라운드 더 클락'(Rock Around the Clock; 로큰롤의 고전으로 1955년에 빌보드 차트 정상에 오름)에 맞추어 춤을 추었다. 그리고 바로 빌 윌슨과 이사회가 가지고 있던 A.A.의 권한이 미국과 캐나다 전역에 분포된 모임에서 선출된 대표자들로 구성된 집단으로 공식적으로 이양된 해이기도 했다.

7월 3일 오후가 되자 세인트 루이스의 지역 유지들이 무상으로 제공한 키엘 오디토리움(Kiel Auditorium; 세인트 루이스에 있는 실내 경기장)에는 A.A. 설립 20주년 기념식 및 2차 국제회의에 참가하기 위해 전세계 십만 여명의 A.A. 회원들 가운데 5천여 명의 사람들이 자리를 가득 메웠다('1950년에 전세계 A.A.의 회원수는 10만 명에 근접하고 있었고 3천 5백 개의 모임이 존재했다.' – Hartigan, p.185; '우리가 이 책의 초판을 인쇄하고 나서 1955년에 제2판을 발행하기까지 16년이라는 세월이 흘렀습니다. 이 짧은 기간 동안 우후죽순처럼 퍼져나간 '익명의 알코올 중독자들' 모임은 회복된 알코올 중독자 수가 12만 명이 훨씬 넘었고 모임의 수는 거의 6천 개에 이르렀습니다.' – A.A., p.xv; '1961년에 A.A.의 회원 수는 16만 명이었고 모임의 수는 9천 개였다.' – Hartigan, p.203; '2015년 보고된 전세계 A.A.의 회원수는 2,089,698명이고, 모임의 수는 117,748개이다.' – http://www.aa.org/). 그들은 단상을 채운 75명의 대표자와 뉴욕 A.A. 사무실의 간사 및 직원, 빌 윌슨과 그의 아내인 로이스, 그리고 85세 고령의 에밀리를 바라보았다. 2층 좌석에는 가로 줄무늬와 별모양으로 새겨진 천장식이 난간을 따라 걸렸는데, 단상 양측면에 배치된 성조기와 조화를 이루었다. 그리고 새롭게 고안된 A.A. 로고(The Circle and Triangle symbol; '원은 A.A.의 온 세상을, 삼각형은 A.A.의 세 가지 유산인 회복, 화합, 봉사를 의미한다.' – As Bill Sees It, 307. Circle and Triangle)는 현수막에 새겨져 무대 한 가운데를 차지하고 있었다. 그날 강연대에 선 빌 윌슨은 마지막 행사에서 3차례 연설을 했고 수십 명의 다른 회원과 관계자들도 이야기를 이어나갔다.

빌이 자신의 생각 – 본인과 보브 박사, 알코올 중독 재단 이사회는 A.A.를 전 회원에게 넘겨주어야 한다. – 을 전했을 때 처음에는 격렬한 저항에 부딪혀야만 했다. 대표자들을 어떻게 선출할 것인가? 개인 간에 불화가 일어나지는 않을까? 알코올 중독자들이 정말로 이것을 운영할 수 있을까? 보브 박사는 생전에 기존의 이사회가 너무나도 제 역할을 다하고 있어서 바꿀 필요가 없다고 주장했다. 하지만 1951년에 빌은 조기 전국 대회를 목적으로 뉴욕에서 A.A. 연합 총회를 결성해 보자고 제안했고 보브 박사와 재단은 이를 허락했다.

빌은 재단(Foundation)에서 총회(Conference)로 명칭을 바꾸었는데, 재단이라는 단어가 세습적이거나 자선 단체처럼 들려서 알코올 중독자들이 이를 좋아하지 않았기 때문이다. 재단 임원인 버나드 스미스(Bernard B. Smith; 1901 – 1970; 국제 변호사, 알코올 중독 재단의 비알코올 중독자 의장, 1951부터 1956년까지 연합 총회 이사회 의장을 역임 – AACOA, p.4, 274; Kurtz, p.130)와 함께 빌은 선거 제도를 제안했는데, 지명 과정에서 발생할 수 있는 마찰을 피할 수 있을 거라고 보았다. 각각의 모임이 봉사자 협의회를 구성해서 서면 투표제 방식으로 후보자 가운데 전체 회원의 3분의 2 이상의 다수표를 얻은 사람을 선출해 보자는 것이었다. 빌은 예전부터 도싯에서 있었던 주민 회의를 떠올리면서 만약 다수표를 얻은 후보자가 3분의 2 이상의 표를 얻지 못했을 경우에는 각각의 후보자 이름을 모자 속에 넣은 다음에 제비뽑기로 정하자는 방식도 제안했다.

이제 빌은 사람들이 꽉 들어찬 객석 앞에 섰다. 그는 어떤 어려움 속에서도 자신과 보브 박사가 보살핀 어린 아이는 이제 성인이 되었다고 이야기했다. 연설 중에 빌은 한 가지 비유를 들었는데, 만약 17세 된 소년이 가족을 위해 요리를 하다가 문제가 생기면 아버지는 해결해 주겠지만 만약 21세가 되었는데도 요리하는데 어려움이 있다면 아버지는 다정한 태도로 이제는 어른이 되었으니 본인 스스로 해결해 보도록 하라며 알기 쉽게 설명할 거라고 했다. 그러면서 이제는 A.A.도 자력으로 해나가야 할 때가 왔음을 분명히 했다.

마지막 사흘날이 되자 청중은 다들 피로한 기색이 역력했고 객석에는 적막이 감돌았다. 그러던 중에 아이젠하워 대통령으로부터 축전이 도착했다. – "여러분의 공동체가 보여준 전례 없는 성장과 봉사 정신은 많은 이들에게 영감을 주고 있습니다."('날짜 기입선: 백악관; 발송자: 미합중국 대통령 | 20주년 기념식에 참석하신 모든 분들에게 성공적인 모임이 되기를 간절히 기원합니다. 여러분의 공동체가 보여준 전례 없는 성장과 봉사 정신은 개인 및 사회가 당면하고 있는 심각한 여러 보건 의료 문제들을 해결하기 위해 끈기와 믿음을 갖고 연구에 매진하고 있는 많은 이들에게 영감을 주고 있습니다. | 드와이트 D. 아이젠하워' – AACOA, p.160)

수십 편의 이야기가 이어졌고 세계 도처에서 찾아온 수백 명의 알코올 중독자들이 만남을 가졌다. 사람들은 프랑스에서 찾아온 동료들을 위해 건배를 했는데, 처음에 프랑스인들은 술을 마시는 것이 아니라 영양 섭취의 일환으로 포도주를 마시는 거라고 고집을 부리기도 했다. 영국에서 찾아온 사람들과도 만남을 가졌는데, 그들은 너무나도 심각하게 익명성을 받아들인 나머지 종종 만나는 장소를 결정하는 일에 애를 태웠다.

7월 3일 일요일 오후 4시가 다가오자 빌이 자리에서 일어섰다. 간단한 소개가 있은 후에 빌은 정성들여 작성한 결의문을 읽어 내려갔다. 그는 결의문을 통해 공정하면서도 계급이 존재하지 않는 민주주의, 알코올 중독자가 준수할 수 있는 그러한 진정한 민주주의가 실현될 수 있기를 기대했다.

> "따라서 다음과 같이 결의한다: 1955년 7월 3일, 이 순간부터 A.A. 연합 총회는 A.A. 전통을 지키는 수호자이자 우리 공동체가 행사하는 전 세계 봉사 활동의 보전자이며, 우리 전체 회원이 가진 집단 양심의 대변자, 그리고 공동 설립자인 보브 박사와 빌의 유일한 후계자가 되어야 한다."

버나드 스미스가 표결을 요청하자 청중에서 찬성하는 환호의 외침이 터져 나왔다. 빌이 마음을 진정시키고 강연대에서 내려와 단상에 놓인 의자에 앉자 사람들은 눈물을 흘리며 갈채를 보냈다. 20년간의 한 시대가 끝을 맺고 있었는데, 그것은 다름 아닌 빌이 다른 알코올 중독자를 돕고 서로에게 유용한 프로그램을 만드는 일에 몰두한 시간이었다. 이러한 목표를 이루는 동안 빌은 자신과 주변 가족이 파산 지경에 이르게 했고, 버넘 가족의 소중한 브루클린 집을 술주정뱅이와 정신 나간 사람들로 가득 채웠으며, 집을 잃고 나서는 아내와 함께 2년간 노숙자 생활을 해야만 했다. 그리고 빌은 시간이 흐른 뒤에도 여전히 살아남을 수 있는 체계적인 프로그램을 만들 수 있기를 기대하며 자나 깨나 사색과 글쓰기, 문서 작성에 전념했다. 1955년 국제회의가 있고 나서 빌은 다음과 같이 글을 썼다. "이제부터 분명히 내가 해야 할 일은 모든 것을 내려놓고 신께 맡기는 것이다. 마침내 A.A.는 안전해졌다. 심지어 나로부터도 말이다."

빌 윌슨의 입장에서 보면 1955년에 열린 국제회의는 위대한 업적을 이루었다는 상징성도 가지고 있다. 팔순 노인의 재력가가 되어 샌디에이고에서 안락한 삶을 유지하고 있던 그의 어머니인 에밀리가 그 자리에 참석했다. 1920년대에 빌은 어머니에게 자이언트 포틀랜드 시멘트 회사의 주식을 조금 사드린 적이 있었는데, 빌이 술로 패가망신하는 동안 그녀는 약삭빠른 투자자가 되어 있었다. 빌 내외와 아주 가까운 사이가 되어 그의 말년 동안 베드포드 언덕의 징검다리에서 사실상 살다시피 했던 뉴욕 비서인 넬 윙도 그 자리에 있었다. 빌이 절망에 빠져 있던 어느 날 밤에 24번 거리에 있는 사무실에 비를 맞으며 나타난 다울링 신부도 자리를 함께 했다. 이 예수회 사제는 빌의 영적 삶에서 가장 중요한 인물 – 빌이 정말로 이야기를 나눌 수 있고 영적 후원자로 여긴 인물이다 – 이 되었다. 국제회의에서 빌은 발표자로 나온 다울링 신부를 다음과 같이 소개했다. "에드워드 다울링 신부는 성인과도 같은 성품을 지니고 있습니다."

록펠러 재단의 윌러드 리처드슨과 프랭크 아모스도 참석했는데, 빌은 A.A.에 5만 달러를 지원하겠다는 아모스의 추천장을 존 D. 록펠러가 퇴짜를 놓았을 때 절망에 빠졌던 자신을 떠올렸다. A.A.의 성과를 알아본 최초의 정신과 의사이자 빌의 우울증을 상담한 해리 티부트 박사는 빌의 친구이자 고문인 잭 노리스 박사와 함께 국제회의장 강연대에 오르기 위해 코네티컷 그리니치에서 세인트 루이스까지 찾아왔다. 뉴욕 로체스터에 있는 이스트먼 코닥(Eastman Kodak; 미국의 카메라 및 필름 제조 회사) 회사의 의료 부책임자였던 잭 박사는 A.A.의 찬미자였으며 17년 동안 재단 이사회의 의장직을 맡았다.

빌의 오랜 친구이자 위대한 목사인 샘 슈메이커 박사도 그곳에 있었다. 그는 빌에게 옥스퍼드 그룹을 소개했으며 시간이 지나 빌을 따르는 중독자들이 옥스퍼드 그룹과 결별할 때에도 그 자리에 있었다. 또한 맨체스터 빌리지에서 어렸을 때부터 함께 어울리던 오랜 친구이자 음주 행각의 파트너였던 에비 대처가 특별 초대 손님으로 참석했다.

빌은 언제나 열정적으로 사람들과 관계를 맺고 그들이 가진 생각에 다가가려고 했지만 때로는 그것이 문제가 되기도 했다. 빌은 '개인보다 원칙을 앞에 세우는 것'이 중요하다는 글을 여러 차례 썼다(12전통; 익명은 우리의 모든 전통의 영적 기본이며, 이는 각 개인보다 항상 A.A.원칙을 앞세워야 한다는 것을 일깨워주기 위함이다). 하지만 그렇게 하는 것이 본인에게는 힘든 일이었다. 장족의 발전을 보여준 그의 자아와 지성은 사람들을 자극했고 그도 그들로부터 다시 영향을 받았다. 하지만 빌은 저자가 제시하는 책 속에 담긴 생각들을 있는 그대로가 아닌 유연하게 받아들일 수 있는 능력을 가지고 있었다. 독서를 통해 빌은 개개인을 반드시 상대하지 않더라도 원칙을 이해하는데 도움을 받을 수 있었다. 여러 저작들 가운데 특히 세인트 루이스에서 발표한 결의안은 그의 고유한 사상적 배경을 이루는 원칙이 녹아 들어간 혼합체였다.

빌에게 세인트 루이스에서 열린 국제회의는 자신을 도와준 사람들, 청중석에 앉아 있는 사람이든 그저 자신의 머릿속에서 많은 생각과 이야기가 소용돌이치며 끓어오르도록 한 사람이든 상관없이 그들 모두를 생각하고 경의를 표할 수 있는 시간이었다. 빌은 「A.A. 성년이 되다」에 그날의 이야기를 기록했다. "영향을 준 많은 사조와 사람들, 그리고 몇몇 비알코올 중독자에 이르기까지 A.A.는 목표를 이루기 위해 신의 은총 속에서 이들의 도움을 받았으며 어느 누구에 의해서 창조된 것이 아님을 많은 사람이 모인 이 국제회의장에서 처음으로 인정받았다."

국제회의에서는 또한 두 책 -「익명의 알코올 중독자들」: 2판에서는 사례 부분(책의 후반부를 차지하는 개인 경험담들)이 늘어났다.;「12단계와 12전통」: 빌은 징검다리 판잣집에서 톰 파워스와 베티 러브로부터 편집과 관련된 도움을 받으며 4년 동안 공들여 책을 썼다. 1953년도에 출판되었으며 12/12로 알려진 이 책은 1957년까지 5만 권이 판매되었다. -이 계속해서 중요하다는 점을 분명히 밝혔다.

빌은 회의 참가자들에게 다음과 같이 이야기했다. "이제 로이스와 저는 인생의 황혼기에 접어들었습니다. 여러분과 저희를 위해 더 이상 예전처럼 힘이 많이 드는 일은 좇아가지 않는 것이 좋겠다고 생각합니다. 지금까지 있었던 모든 일에 대해 반성의 시기가 다가오고 있는 것 같습니다."

1955년 7월, 59세의 빌 윌슨은 좋은 이야기로 사람들의 마음을 사로잡을 줄 알고 대중 앞에서 연설하기를 좋아하는 멋진 남성이 되어 있었다. 빌은 지금까지 살면서 처음으로 안정된 생활을 할 수 있을 만큼의 소득과 집을 갖게 되었는데, 30만부가 넘도록 꾸준한 판매를 기록한 「익명의 알코올 중독자들」 덕분이었다. 마지막 술을 마신 후로, 그리고 센트럴 파크 웨스트의 찰스 B. 타운스 병원 위층에서 신의 현현을 경험한 이래로 21년이라는 세월이 흘렀다. 키엘 오디토리움 무대에 선 빌과 새 군복을 입고서 멋들어진 칵테일파티에 참석했지만 안절부절 못하고 사람들 사이를 배회하던 서투른 소위 사이에는 31년이라는 세월의 간극이 있었다.

국제회의가 열리기 전 15년 동안 빌 윌슨은 한동안 주체할 수 없는 우울증으로 고통을 겪고 있었다. 그리고 병치레가 잦았다. 어머니에게 보낸 편지를 보면 여러 번 "지독한 감기"에 걸렸다는 내용이 쓰여 있다. 때로는 판잣집에 들어가 작업을 할라치면 갑자기 격한 감정에 압도되어 책상에 엎드려 있기 일쑤였는데, 그날 하루는 아무 것도 하지 못했다. 하지만 국제회의가 있고난 뒤로는 우울증이 호전되었다. 회원들에게 A.A.를 넘기고 나서 생애의 마지막 16년 동안 빌은 본인뿐만 아니라 다른 알코올 중독자에게 도움이 될 만한 것을 찾고자 여러 가지 진기한 경험과 실험을 해나갔다. A.A.의 공식 설립자이자 책임자로서는 적절치 않아 보이는 활동과 관심사에 발을 들여놓은 것이지만, 노년의 그로서는 대단히 흥미롭고 유익한 일이었다. 하지만 빌 윌슨에게 성인과도 같은 성품은 없었다.

34장 | 마티 만

감정에 얽매이지 않은 채 무언가와 인연을 맺는다는 것이 빌에게는 여간해서 쉬운 일이 아니었다. 좋아하는 거의 모든 음식에는 대단한 식욕을 가지고 있었고 술은 인사불성이 될 정도로 마셨다. 그리고 에메랄드 호수 기차역에서 로이스 버넘과 사랑에 빠졌던 그날에는 몇 시간도 되지 않아 약혼식을 치렀다. 빌은 정열적인 것만큼 고집스러운 데가 있었다. 단순히 담배를 피우는 정도가 아니라 한 모금조차 놓치고 싶지 않은 듯 연기를 들이마시는 수준이었다. 친구들과의 관계도 단순한 만남을 맺고 있는 것이 아니라 애증의 감정이 생길 정도로 사이가 가까웠다. 한 정신분석가에 의하면, 손자를 사랑하지 않을 수 없었던 과묵한 뉴잉글랜드 출신의 할아버지와 언제나 거나하게 취해 있었고 결국에는 자신을 버리고 떠나버린 아버지를 포함해 자신의 일대기에 등장하는 남성들의 영향으로 빌은 상대가 누구든지 간에 자신이 정말로 관심을 가지고 있는 이들과 하루하루 차분하게 우정을 쌓는데 어려움이 있었던 것으로 보인다.

1948년에 공식 A.A. 작가로 고용되어 빌과 함께 여행을 다녔고 「12단계와 12전통」도 함께 작업한 톰 파워스는 평소 빌에게 신의가 두터웠지만 때로는 그에게 분노를 드러내기도 했다. 두 사람은 빌의 품행 문제로 1958년에 결별했다('빌의 책상 맞은편에 앉아 작업을 하던 톰 파워스는 회복자들이 '12/12'라고 부르는 것을 구상하는데 많은 시간을 보냈다. 하지만 1958년에 웨스트체스터를 떠나면서 빌과 헤어졌고, 자신만의 회복 공동체를 시작하고자 북쪽에 있는 캘리쿤으로 이동했다. 톰 파워스는 자신이 빌을 떠난 이유가 그의 성중독 때문이라고 나에게 이야기해주었다. 40년도 더 지난 일이지만 91세의 연세에도 그는 분명히 적대적이라고 할 만한 여러 감정 – 빌은 유명해졌지만 본인은 그렇게 되지 못한 것에 대한 시기심과 12단계에 기여했지만 인정받지 못한 것에 대한 분노 – 을 품고 있었는데, 그럼에도 그가 들려준 빌의 이야기는 정말로 충격적이었다. 여행을 가면 하루에 두세 차례의 불륜 관계 계획을 세웠는데, 성관계에 대한 욕구가 그에게 끊임없이 있었기 때문이라고 했다.' – Cheever(2009), p.25–26). 그 후 톰 파워스는 뉴욕 북부에 '동쪽 산마루'라고 하는 공동체를 설립했으며, 현재는 아흔 한 살이 되어 그곳에서 살고 있다. 빌은 자신의 불같은 성질 때문에 여러 명의 남성과 문제를 일으켰다면, 여성의 경우에는 상황이 더 심각했다. 때로는 직업상의 관계이면서 연애 관계였고, 격정적으로 성관계를 맺는 관계이기도 했다. 빌이 처음으로 인연을 맺은 여성은 다름 아닌 자신의 어머니였다. 에밀리의 두 번째 남편인 찰스 스트로벨 박사가 사망한지 10년 후인 1946년에 빌은 그녀의 캘리포니아 의사인 프레드 브레이허트에게 편지를 썼다. "도로시와 저는 많은 노력을 했지만 어머니와 제대로 된 모자 관계를 맺어본 적이 정말로 없었습니다."

빌은 연로한 어머니를 보살폈고 세인트 루이스에서 열린 국제회의에 그녀가 단상에 올라설 수 있도록 했으며 말년에는 베드포드 언덕에서 지낼 수 있도록 하는 등 시간과 정력을 쏟아 부었음에도 여전히 그는 마치 결코 되어 본 적 없는 그녀의 어린 아이 마냥 계속해서 그녀에게 의지하고 있었다. 두 사람은 서로를 필요로 하고 있었다. 수십 차례 머무른 적 있는 런던데리 여인숙에서 지내던 어느 날, 빌은 숲속을 산책하다가 발을 다치는 사건이 있었는데, 83세의 노모는 57세의 아들에게 편지를 썼다. "내가 너랑 같이 여인숙에 있었더라도 쥐 죽은 듯이 조용히 하고 있었을 거야. 그러면 네가 다쳤을 때 옆에서 돌봐줄 수 있었을 텐데 말야."

밴쿠버에서 자신의 아버지와 결혼한 계모, 크리스틴과도 서먹서먹하고 불만족스러운 관계였던 것은 마찬가지였다. 길먼과 크리스틴은 캐나다 쿠트니 호수의 북쪽 가장자리 황무지에 지은 판잣집에서 살았는데, 설령 빌에게 방문이 허락되더라도 그곳에 가려면 며칠이 걸릴 정도로 문명세계와는 한참 거리가 먼 곳이었다. 빌은 배관 시설을 설치하라며 돈을 보냈다. 하지만 크리스틴은 원래 있던 대로 살고 싶다는 답장을 보냈다. 빌은 두 사람을 베드포드 언덕으로 초대했다. 하지만 이 역시도 그녀는 괜찮다고, 정말로 괜찮다는 답장을 보냈다.

빌이 두 사람의 거주를 위해 밴쿠버에 있는 A.A. 가족의 집을 소개시켜 주었을 때, 길먼은 크리스틴이 동의하지 않을 수 없을 만큼 늙고 병든 상태가 되어버렸다. 빌은 비용을 들여 간호사를 고용해 두 사람이 그곳에서 간병을 받을 수 있도록 했다. 하지만 크리스틴에 따르면, 그다지 만족스럽지 않았다고 한다. 그녀는 돈을 대는 의붓 아들에게 머물고 있는 집이 너무나도 시끄럽다는 불만을 편지에 적어 보냈다. 일상적인 편지 중에는 너무나도 불안한 심정을 쏟아낸 글도 있었다. 수면을 이루기 위해서는 보청기를 빼야만 한다고 썼다. 그리고 어느 날엔가는 아침에 눈을 떠보니 자신이 침대에 묶여 있었다고 했다. 잠들어 있는 동안 길먼이 벨트로 그녀의 손과 몸통을 묶었던 것이다. 길먼은 해명을 했지만 그러한 그의 태도는 오히려 그녀가 남편을 떠나지 못하도록 만들었다. 크리스틴은 빌에게 "내가 희생을 한 덕분에 자네는 희생을 면할 수 있었던 거야."라고 편지를 썼다.

빌은 가족 내의 여성들과 이렇게 복잡하게 얽혀 있었던 것은 물론이고 첫 번째 여자 친구 – 한 젊은이가 자신의 모든 새로운 희망을 걸었던 여성이었다 – 와도 생이별을 했다. 그것은 갑작스럽게 찾아온 비극적인 죽음이었다. 빌은 다른 시대, 다른 세상 – 남성들은 섹스를 좋아하고 여성들은 좋아하지 않는다고 믿었던 세상, 아이를 갖고 싶다는 바람을 이루고자 정착하기 전까지 남성은 할 수 있는 한 많은 성적 충족을 얻을 수 있었던 세상, 가끔은 피임이라는 것이 이루어지기도 했던 세상 – 에서 성장했다. 빌의 인생사에 영향을 끼친 위대한 여성 가운데 한 명인 마티 만은 1939년 어느 날 밤에 클린턴 거리의 A.A.를 방문했는데, 돈 많은 A.A. 부부의 권유에 이끌려 서튼 플레이스에서 근사한 저녁 식사를 하고 다시 미끼에 낚인 듯 브루클린에 갔다. 1939년 그 당시에는 단지 2개의 A.A. 모임 – 클린턴 거리와 애크런에 있는 모임 – 밖에 없었고('첫 해 말에는 5명이 회복했다. 두 번째 해 말에는 15명이 회복했다. 세 번째 해 말에는 40명이 회복했다. 네 번째 해 말에는 100명이 회복했다. 다섯 번째 해 말에는 400명이 회복했다. 여섯 번째 해 말에는 2천 명이 회복했다. 일곱 번째 해 말에는 8천 명이 회복했다.' - AACOA, p.310), A.A.를 통해 단주한 많은 남성들은 여성도 알코올 중독자가 될 수 있다는 사실을 믿지 않았다.

알코올 중독 문제로 장기간 블리스우드 요양소에 있다가 결국에는 맨해튼의 벨뷰 병원에 감금된 마티는 절망에 빠져 자포자기의 상태가 되어 있었다. 이후 윌슨 부부의 브루클린 집을 찾아가 두 사람의 환영을 받은 그녀는 얼마 지나지 않아 또 다른 부부와 함께 클리블랜드로 향하는 차에 올라탔는데, 그 지역은 몇몇 남성들에 의해 새롭게 모임이 시작되는 곳이었다.

마티는 빌과 아주 친한 친구이자 동료가 되었다. 클리블랜드 여행은 무사히 지나갔지만 회복과 재발이 반복해서 찾아왔다. 마지막 재발을 하고 나서 어느 날 마티는 벨뷰 병원을 탈출해 술집을 향하고 있었는데, 노숙자로 보이는 한 남자가 피골이 상접한 얼굴로 너무나도 짧은 소매에 너덜너덜하게 해진 누더기 코트를 입고서 자신의 아파트 앞에 있는 것을 발견했다. 다시금 그녀가 단주할 수 있도록 도와주기 위해 빌이 찾아온 것이었다. 당시에 빌은 다른 동료 중독자의 회복을 도와주고 있었는데, 다른 사람의 관점에서 보면 빌이 오히려 도움을 받는 사람들보다 상태가 더 안 좋아 보였다. 열의를 갖고서 자신이 깨달은 바를 가르쳐 주는 대신 외모나 재정 문제는 거의 신경쓰지 않고 있었기 때문이다. 훗날 마티는 자기 집 위층을 빌이 지낼 수 있도록 내준 적이 있었다고 말했는데, 그의 처지가 안쓰럽게 보였기 때문이라고 했다. 그리고 그녀는 계속해서 단주를 해나갔다.

얼마 되지 않아 빌 윌슨을 후원자로 두게 된 마티는 여러모로 그의 완벽한 선생이었는데, 초심자에게 12단계를 안내하고 단주자로 삶을 영위해 나갈 수 있도록 인도하는 역할을 맡았다. 마티는 교양 있고 매력이 넘치는 여성이었다. 그녀는 이탈리아에서 살았으며 런던에서도 여러 해를 보냈는데, 그곳의 블룸즈버리 그룹(Bloomsbury Group; 20세기 초 런던 블룸즈버리 지역을 중심으로 이루어진 지식인들과 예술가들의 모임)과 많은 시간을 보냈으며 비타 새크빌 웨스트(Vita Sackville-West; 1892 – 1962; 영국의 시인, 소설가, 가든 디자이너)와 낸시 쿠나드(Nancy Cunard; 1896 – 1965; 영국의 작가, 정치 활동가)와도 친하게 지냈다. 마티는 자신이 소유하고 있던 코츠월드의 작은 호텔과 퀸 마리에 있는 주택 소유권을 술로 날려 버렸고 오랫동안 머물러 있던 닥터스 병원 – 돈 많은 환자들을 대상으로 집과 같은 안락함을 제공하기 위해 세워진 병원 – 에도 더 이상 있을 수 없었다. 마지막에는 벨뷰 병원과 블리스우드 요양소에 들어갔다. 빌이 성적 욕망에 사로잡혀 있거나 아양을 떨어도 – 때로는 그것이 육체적이고 관능적으로 보였는데, 많은 여성들은 빌에게 그러한 느낌을 갖고 있었다 – 두 사람의 우정이 복잡해지는 일은 결코 없었는데, 그것은 바로 그녀가 레즈비언이었기 때문이다. 빌은 마티의 5단계를 들을 수 있었다. 그것은 A.A. 회원들이 4단계 – '철저하고 두려움 없이 우리 자신에 대한 도덕적 검토를 실시했다.' – 에

쓴 '두려움 없이 도적적 검토를 실시'한 것을 고백하는 행위였다. 5단계를 경청하는 것, 다시 말해 누군가가 자신의 수치심과 분노, 죄책감, 두려움, 원한 등을 불러일으킨, 지금까지 해왔던 모든 것을 읽고 말하는 것을 직접 귀로 듣는 행위는 이례적으로 매우 강렬한 친밀감을 만들어낸다.

알코올 중독의 밑바닥 여정은 수년 간 지속되었다. 사랑하는 친구들과 훌륭한 의사들이 종종 마티를 돌봐주었지만 그녀에게 무슨 문제가 있는지 어느 누구도 알지 못했다. 애석하게도 그녀에 관해 이야기하는 것은 알코올 중독이라는 질병이 1930년대가 되어서야 의학적으로 입증되기 시작했을 정도로 그 당시의 무지를 다시금 들춰보는 일이기도 하다. 「익명의 알코올 중독자들」이 처음 출판되어 「빅북」이라고 불렸을 당시에 빌은 허용 가능한 가장 두꺼운 종이로 인쇄를 하느라 내용이 너무나도 줄어들까봐 걱정했는데, 미국 의학 협회는 그 책을 혹평했다('인쇄기를 돌리기 전에 마지막으로 상의되고 검토해야 할 고민 중의 하나는 책의 가격을 얼마로 정할 것인가 하는 일이었다. 최종적으로는 3달러 50센트로 정했는데, 1939년 당시로서는 비교적 비싼 가격이었다. 그래서 블랙웰 씨의 공장에서 가장 두꺼운 종이를 선택해 그 가격을 맞추었다. 빌은 다음과 같이 회상했다. "처음으로 찍어낸 책이 너무 두꺼워서 「빅북」으로 불리게 되었습니다. 물론 책값에 대한 아이디어는 알코올 중독 문제를 가진 구매자로 하여금 정말로 '돈을 지불한 만큼 책이 값어치가 있구나'라는 확신이 들도록 하는데 있었습니다." 첫 인쇄물은 최신판보다 반 인치나 더 두꺼웠다. 현재의 것에는 14개의 경험담과 추가된 원고가 더 수록되어 있는데도 말이다.' – Pass It On, p.205). 미국 의학 협회 저널의 종설 논문에는 다음과 같이 쓰여 있다. "이것은 유기적으로 잘 짜여진 프로파간다와 종교적 측면의 훈계를 결합시킨 기이한 책이다."(Alcoholics Anonymous: The Story of How More Than One Hundred Men Have Recovered from Alcoholism, JAMA. 1939;113(16):1513) 그렇다고 이들이 더 좋은 생각을 가지고 있던 것도 아니었다. 설령 진단을 받았다 하더라도 대부분의 알코올 중독자의 예후는 이미 정해진 대로 절망적일 뿐이었다. 타운스 병원이나 매사추세츠 스톡브리지에 있는 오스틴 리그 센터(Austen Riggs Center; 1913년도에 설립된 정신과 치료 센터) 같은 곳에서 고가의 약물 요법과 안정 요법을 시도해 볼 수는 있었겠지만, 누구나 알고 있듯이 이러한 치료는 오직 알코올 중독자를 감금시킬 경우에만 효과가 있었다. 특히 이러한 형태의 무지는 여성에게 적용될 경우에 더욱 분명했다. 신경과 병동은 알코올성 신경병증을 앓고 있는 여성으로 넘쳐났으며 정신 병원은 알코올 중독에 지나지 않는 여성들로 가득찼다.

마티 만은 자신에게 찾아온 기회와 결단력 덕분에 중독에서 벗어날 수 있었다. 영국에서 지내는 동안 술을 끊겠다고 약속했던 날들 가운데 우연히 그녀는 윌리엄 시브룩(William Seabrook; 1884 – 1945; 미국의 저널리스트, 탐험가)이 자신의 단주 이야기를 기록한 「정신 병원」(「Asylum」; 자신의 알코올 중독 치료를 위해 자발적으로 8개월간 웨스트체스터 정신 병원에 머물렀던 경험에 관한 회고록)을 읽었다. 나중에 재발은 했지만 윌리엄 시브룩은 웨스트체스터 정신 병원에서 술을 끊을 수 있었다. 뉴욕으로 향한 마티는 벨뷰 병원에 들어가 이름난 포스터 케네디 박사의 보살핌을 받았다. 케네디 박사는 그녀를 6개월 동안 신경과 병동에 입원시키는 것이 가장 좋은 방법이 될 거라고 생각했다. 마티는 그곳에서 정신과 의사인 해리 티부트 박사를 만났는데, 그는 코네티컷 그리니치에 자신이 새롭게 세운 정신 병원인 블리스우드 요양소에 들어갈 만한 환자들을 물색하고자 벨뷰 병원을 자주 방문하던 터였다.

다른 여러 환자들이 겪고 있는 알코올 중독이라는 문제가 오랫동안 많은 의사들을 혼란과 좌절에 빠뜨렸던 것처럼 마티 본인과 그녀의 알코올 중독 문제도 티부트 박사를 혼란과 좌절에 빠뜨렸다. 그러던 1939년 어느 날 「익명의 알코올 중독자들」 초기 교정본이 친구의 친구를 통해 박사의 손에 들어왔다. A.A. 저자들 – 빌과 A.A. 편집자들 – 은 책의 내용 가운데 의학적으로 이의를 제기할 만한 것은 없는지 확실히 하고 싶어 했기 때문이다. 티부트 박사는 책을 다 읽기도 전에 마티를 불렀다. 마티는 그 책에 빠져들었지만 남성 회원들을 만나는 일에는 선뜻 마음이 내키지 않았다. 하지만 그녀는 티부트 박사의 주선으로 서튼 플레이스에서 저녁 식사를 한 후에 브루클린으로 향했다.

그 당시는 A.A.가 만들어진지 얼마 되지 않은 때였는데, 모임의 이름조차 제대로 정해지지 않은 정말로 힘든 시기였다. 마티가 재발을 하고 단주에 성공한 뒤에 또다시 재발을 했을 즈음, 빌과 로이스는 여름 동안 포코노산맥의 그린 연못에서 자신들이 지내던 야영지에 그녀를 데리고 갔다. 어떤 A.A. 회원이 두 사람에게 그곳의 판잣집을 빌려 주었는데, 단열이 잘 되지 않는 건물이었다. 그곳에서 지내다가 병이 난 마티는 로이스의 간호로 건강을 되찾았지만 겨울 내내 추위에 떨며 지낼 수밖에 없었다. 집안 난방은 아주 오래된 장작 난로에 의지하고 있었다. 너무나 추워서 잠을 이루지 못하거나 비내리는 날에 지붕이 새서 빗방울이 떨어지는 밤이면 마티와 빌은 밤새 이야기를 나누었다. 마티는 빌에게 새로운 지적 교양뿐만 아니라 사고의 새로운 균형을 가져다 주었다.

마티는 빌과 마찬가지로 저술가인 동시에 현실적인 사상가였다. 그녀와의 우정 덕분에 빌은 여성관이 달라지고 동성애 주제를 바라보는 관점도 극적으로 확장되었는데, 그녀가 「보그」지의 편집장이자 역시 A.A.를 통해 단주에 성공한 프리실라 펙(Priscilla Peck; '1940년대 초에 마티는 「보그」지에서 오랫동안 미술 편집을 맡았고 나중에는 미술 책임자가 된 프리실라 펙을 만났다. 두 사람은 열렬히 사랑했으며 마티가 사망할 때까지 거의 40년 동안 서로에게 충실한 동반자였다. 두 사람 모두 남녀 동성애 알코올 중독자들의 회복을 돕는데 적극적으로 활동했으며 중대한 역할을 했다.' – Blocker, p.398)이라는 이름의 젊고 아름다운 뉴요커 여성과 사랑에 빠져 함께 살았을 때 특히 그러했다. 오하이오 모임에서 발송된, 성도착자로 보이는 어느 한 회원에 관한 내용이 담긴 한 통의 편지를 계기로 빌의 이러한 인식의 확장은 세 번째 전통(3전통: 술을 끊겠다는 열망이 A.A.의 멤버가 되기 위한 유일한 조건이다.)을 이끌어냈다.

문학적인 측면에서 마티는 빌의 또 다른 자아와도 같았다. 1950년대와 1960년대에 동성애자들은 대놓고 악마로 묘사되었다. 많은 주에서는 동성애 행위가 불법이었다. 스미스 대학교(Smith College; 매사추세츠 노샘프턴에 있는 명문 여자 대학)의 훌륭한 스승이자 평론가였던 뉴튼 아빈(Newton Arvin; 1900 – 1963; 미국의 평론가, 작가, 교수)은 고작 세미-누드 남성 사진을 소지하고 있었다는 혐의로 급습한 연방 정부 요원에 의해 체포되었다. 육군 – 매카시 청문회에서는 주인공이 된 조지프 매카시 상원 의원이 동성애의 해악에 관해 핏대를 세우며 고함을 질렀다. 마티는 자신의 성적 성향을 두고 벌어질 추문 때문에 얼마나 많은 상처를 받을 것인지 잘 알고 있었기에 비밀을 감추고 있었지만, 친구들은 그녀가 레즈비언이라는 사실을 알고 있었다. 마티는 성과 관련하여 일반 대중과 A.A. 회원들로부터 비밀이 유지되는 것이 중요하다는 선례를 만들었다.

1940년대에 마티는 똑똑하고 매력이 넘치는 여성 동성애자로서 문학계의 인물이 되었다. 그녀는 카슨 맥컬러스(Carson McCullers; 1917 – 1967; 미국의 소설가)와 폴 볼스(Paul Frederic Bowles; 1910 – 1999; 미국의 소설가, 작곡가)의 아내인 제인(Jane Sydney Auer; 1917 –1973; 미국의 소설가, 작곡가)과 오랫동안 밀회를 나누었는데, 두 사람 중 어느 누구도 삶의 방식을 바꾸거나 술을 끊을 준비가 되어 있지 않았다. 마티에게 깊이 빠진 맥컬러스는 오래전에 밀회가 끝난 뒤에도 단주를 시도하면서 그녀 주변을 맴돌았다.

*　　*　　*

로이스 윌슨은 남편의 기분과 행동에 복잡한 태도를 보인 난해한 여성이었다. 두 사람의 관계는 빌이 정신적으로 어려움에 시달려 학업을 중단할 수밖에 없었고 판매일을 시작했지만 실패한 세일즈맨으로 일을 그만두던 시기에 시작되었다. 굴하지 않고 계속해서 참아야 했던 개인적인 이유를 제외한다면, 로이스는 자신이 떠맡고 있는 것이 무엇인지를 잘 알고 있었다.

여전히 계속해서 빌이 술을 마시는 가운데 로이스의 인내력은 그 자체로 질병의 상태와 다름없어 보였다. 정상적인 여성이라면 그런 남자를 내쫓아 버렸을 것이다. 빌이 저버린 약속들, 그러고 난 뒤에 계속되는 더욱 가망 없는 약속들, 그리고 결국에는 산산이 부서져 버린 그 모든 약속에 관한 이야기를 읽거나 들어본 많은 사람들은 그렇게 생각할 수밖에 없을 것이다. 하지만 로이스는 빌의 나쁜 행동에 대해 지칠 줄 모르는 인내력을 가지고 있었던 것으로 보인다.

1954년에 로이스에게 심장 마비가 찾아왔고 얼마 지나지 않아 빌의 부친인 길먼이 밴쿠버에 있는 주택에서 사망했는데, 빌과 로이스는 해오던 일을 모두 중단할 수밖에 없었다. 로이스는 결코 아파본 적이 없었는데, 남편이 떠나고 나서 90대 노인이 된 후에도 활동적으로 삶을 이어 나갔다. 심장마비가 오기 전날, 로이스는 삽으로 베드포드 언덕 진입로에 쌓인 눈을 치우고 1월 24일인 결혼기념일을 축하하기 위해 남편과 함께 뉴욕으로 떠났다. 주중에 흔히 그랬던 것처럼 빌은 베드포드 호텔에 남았고 로이스는 쇼핑을 했다. 그러던 중 그녀에게 양팔의 심한 통증과 흉통이 찾아오기 시작했다. 영화를 보러 가서는 얼마 동안 통증이 사라졌지만 이내 다시 찾아왔다. 로이스는 베드포드 호텔에도 연락을 하고 A.A. 사무실에도 연락해 보았지만 남편을 찾을 수 없었다. 무거운 다리를 끌고서 간신히 베드포드 호텔에 도착한 그녀는 매부인 레너드 스트롱 박사에게 전화를 걸어 도움을 요청했고, 그가 구급차를 불러 주었다. 의사들은 아픈 심장을 위해서 1년간 안정을 취하라는 처방을 내렸다.

35장 | 베드포드로 526번지

빌 윌슨의 업적과 경험은 그가 사망하고 나서 거의 25년 동안 다방면으로 연구되고 재평가되었지만, 성생활을 포함해 그의 삶의 일부분은 여전히 공식적으로 기밀에 부쳐져 있다. 하지만 많은 사람들이 그의 삶에 관한 몇 가지 사실을 알고 있다. 로이스에게 승인을 받고 재가를 얻은 두 권의 전기 – 1984년에 익명으로 출판된 「전하세요」(「Pass It On」)와 1975년에 출판된 로버트 톰센의 「빌 W.」를 읽어본 박식한 사람들이라면 빌 윌슨이 로버트 오펜하이머(Robert Oppenheimer; 1904 – 1967; 미국의 이론 물리학자; 프린스턴 고등 연구소 소장; 제2차 세계 대전 당시 핵폭탄 개발 프로그램인 맨해튼 프로젝트를 지휘. 이후 히로시마와 나가사키에 인류 최초의 원자 폭탄이 투하됨)와 친하게 지냈고, 뉴저지에 있는 프린스턴 고등 연구소(Institute for Advanced Study; 순수 과학 연구를 목적으로 1930년에 설립된 민간 연구소. 알버트 아인슈타인, 쿠르트 괴델, 존 내쉬, 로버트 오펜하이머 등이 이 연구소를 거침)에 들어갈 것인지 고민했으며,('오펜하이머는 빌에게 프린스턴 고등 연구소에서 함께 일해보자는 이야기를 꺼냈다.

그는 빌이 이곳에서 진행되고 있는 신경증 – 특히 우울증 – 의 화학적 구성에 관한 연구를 감독하고 평가해 주기를 바랐다.' – Pass It On, p.381) 나이아신과 비타민 B뿐만 아니라 LSD도 투여했다는 사실을 잘 알고 있을 것이다. 또한 로마 가톨릭으로 개종할 것인지 이리저리 고민했고, 풀턴 쉰 주교와 정기적으로 시간을 가졌으며, 올더스 헉슬리 및 제럴드 허드와 친구로 지냈다는 사실도 잘 알려져 있다.

빌 윌슨이 사후 세계를 믿었고 영혼과 유령의 방문을 받았으며 더욱이 오래전에 죽은 여러 명의 남자 유령이 그에게 나타난 경우도 있었다는 것은 누구나 아는 사실이다. 징검다리 1층에 있는 유령의 방은 이곳을 찾아온 방문객들에게 너그러운 미소를 짓게 해준다. 하지만 빌의 성생활에 대해서는 여전히 베일에 싸여 있는데, 어떤 내용은 모임이 끝난 후에 A.A. 회원들이 커피를 마시며 수군거리는 뜬 소문이겠지만 대부분은 공식 문헌과 공식 A.A. 기록 보관소에서 삭제되었다.

세인트 루이스에서 국제회의가 개최되고 나서 15년 동안 빌은 많은 실험을 시도했는데, 몇몇은 현명해 보였지만 어떤 것은 그렇게 보이지 않았다. 그 모든 실험은 이른바 "총회의 승인을 받은 문서"(conference-approved literature)에 들어 있는 주제였는데, 유일하게 성에 관한 것은 제외되었다('연합 총회의 승인을 받은 문서는 A.A. 회원의 집단 양심을 반영하고 있는데, 여기에는 「빅북」이라는 애칭을 가진 「익명의 알코올 중독자들」과 회원들이 기고한 영적 성찰을 담은 모음집인 「매일의 명상」, 「12단계와 12전통」과 「빌이 이해한 대로」와 같이 A.A.의 공동 설립자 가운데 한 사람이 쓴 책들, 그리고 A.A.의 세 가지 유산인 회복, 화합, 봉사를 주제로 한 다양한 내용의 팸플릿과 소책자 등이 포함된다.' - http://www.aa.org/). 왜냐하면 성과 관련된 빌의 행동은 비밀에 가려져 있었는데, 그 주제를 다루기만 해도 사람들은 격앙된 반응을 보였다. 어떤 사람들은 그 무엇도 사실이 아니라고 믿는 반면, 다른 어떤 사람들은 빌이 성에 대한 강박 관념에 사로잡혀 있었으며 무분별한 성욕 때문에 그가 믿었던 모든 것들이 위태로워진거라고 주장한다. 누군가는 빌이 로이스에게 심장 마비가 있은 뒤로 아내가 죽으면 아무도 모르게 정부와 함께 아일랜드로 떠날 계획을 세우고 있었으며 그런 일이 빨리 일어나면 좋겠다는 마음을 가지고 있었다고 믿는다. 또 다른 누군가는 빌이 하루에 두세 차례의 성관계를 가져야만 했는데, 이러한 욕구를 채우고자 이곳 저곳으로 A.A. 여행을 떠났으며 이러한 강박 관념과 함께 그 결과로 초래된 극도의 피로감이 우울증의 진짜 이유였다라고 말한다.

함께 일하던 남성들과 있었던 문제 가운데 어떤 것은 의심할 여지없이 같이 일했던 여성들에게 향했던 빌의 성적 매력과 관련이 있었다. 본인이 영향을 주었는지 상관없이 말이다. 빌과 함께 일을 했고 가깝게 지냈던 대부분 사람들의 진술에 의하면, 그에게는 로이스와의 결혼 생활 말고도 혼외정사 생활이 분명히 있었다고 한다. 그 당시에도, 여전히 지금도 쓰이고 있는 케케묵은 말 중의 하나로 완곡하게 표현해 보자면, 한 마디로 '살판 만났다'라는 것이다.

하지만 그 당시에 빌과 함께 수년 간 일했던 한 남성은 동료들이 가지고 있던 일반적인 의견들을 떠올리며 다음과 같은 말을 꺼냈다. "그는 괴로워했습니다. 정말로 괴로워했지요." A.A.에 속한 많은 사람들은 그의 성적 행동이 드러나게 될 경우 회복 운동에 악영향을 끼치지 않을까 우려했다. 부적절하게 보일 수도 있겠지만 필요 여부와 상관없이 모임과 회의가 있을 때면 자칭 "빌 감시자들"은 그의 주변에 있으면서 새로 들어온 매력적인 여성들이 접근하지 못하도록 했다. 또한 이 남성들은 회원들이 빌에게 다가와 그의 시간을 너무 많이 빼앗지 못하도록 하는 임무도 맡았다. 빌은 좋은 뜻에서 자신을 도와주려고 했던 친구들에 의해 신참자가 남자든 여자든 상관없이 그들에게 접근하지 못했는데, 술주정뱅이와 대화를 나누는 방식이 회복에 효과적이라는 사실을 찾아낸 사람이 바로 자기 자신이었음에도 불구하고 말이다. A.A. 프로그램이 성공할수록 그에게 이것은 가장 나쁜 적이 되어가고 있었다.

회원들이 전해 주는 일화 중에는 빌이 아주 유명한 여성과 함께 자동차를 타고서 정지 신호도 무시한 채 브루클린 거리를 활보한 사건도 있었다. 경찰관은 차를 길옆으로 세우게 한 다음 딱지를 떼려고 했다. 이런 일이 입소문이라도 나면 임원들과 대중들에게 커다란 지장을 줄 수 있다는 것을 알면서도 그 당시 유명 인사였던 빌은 경찰관과 대화를 나누면서 자신이 A.A.의 설립자인 빌 윌슨임을 밝혔다. 갑작스런 빌의 등장에 경찰관은 무척 감격했는데, 왜냐하면 그에게는 A.A. 프로그램을 통해 단주하고 있는 두 명의 형제가 있었기 때문이었다. 이내 두 사람 사이에는 미소가 퍼졌고 빌은 그 형제들 모두에게 사인을 해주었다. 빌 윌슨의 이미지를 지켜내기 위해 자신들의 삶을 바쳤던 사람들에게는 너무나도 무서운 이야기였다.

로이스는 평화를 위해 남편의 행동을 비밀에 부치고자 했다. 생애 마지막 15년 동안 빌은 태연히 징검다리에서 베드포드 언덕 기차역까지 가벼운 발걸음으로 성큼성큼 걸어가 뉴욕으로 향하는 기차를 탔고 그곳에서 많은 밤을 보냈다. 연애 초기에 빌과 로이스는 아주 열정적으로 사랑을 나누었지만 여러 해 동안 이어진 빌의 음주는 육체적 관계에 결정적인 손상을 입혔다. 「익명의 알코올 중독자들」에서 빌은 단주 후에 많은 남성 알코올 중독자들이 겪는 발기부전 문제를 솔직하게 다루었다. 1957년에 빌과 로이스의 사진을 보면, 삼십 대 건달로 보이는 한 남자가 블라우스 단추를 턱밑까지 채운, 마음씨 고운 백발의 한 여성을 자신의 긴 팔로 안고 있는 것 같다. 그 당시에 빌은 63세였고 로이스는 67세였다. 하지만 마치 어머니와 아들처럼 느껴진다.

로이스는 남편이 사망하고 나서도 거의 17년을 더 살았다. 그 세월은 두 사람이 이곳저곳을 옮겨 다닐 때마다 가지고 다녔고 마지막에는 로이스 비서를 위해 지은 징검다리 지하실에 보관된, 그 산더미 같이 쌓인 서류들을 읽고 정리한 시간이었다. 서류 가운데 일부는 최근까지도 색인이 없거나 제대로 보관되지 않고 있는데, 로이스는 그 모든 것을 다 탐독한 것 같다. 많은 편지들을 보면 그녀가 직접 달은 주석이 있다. 그리고 어떤 편지에는 독자의 관심을 이끄는 메모가 적혀 있기도 하다. 빌이 로이스에게 보낸 편지 중에서 그가 뉴포트에 주둔하는 동안 레어빗이 차려진 저녁 식사에 초대를 받아 맥주를 마셨던 일을 적은 편지에는 "첫 음주"라는 메모가 쓰여 있다. 하지만 빌의 삶에서 다른 여성들과 있었던 일을 솔직하게 기록한 문서들은 기록 보관소에 전혀 존재하지 않는다. 빌이 사망하고 나서 잠시 동안 로이스의 비서를 맡은 프랜시스 하티건은 빌 윌슨에 관한 자신의 책인 「빌 W.」(「Bill W.: A Biography of Alcoholics Anonymous Cofounder Bill Wilson」)에서 그를 신뢰할 수 없는 바람둥이로 묘사했다('음주를 중단한 뒤에도 빌은 여러 가지 개인적인 문제를 가지고 있었는데, 이것에 제대로 대처하지 못하는 자신의 무능함이 곧 도덕적 결함이라고 생각했다. 재정 상황이 좋아진 경우는 정말로 없었고, 바람기도 계속 이어졌으며, 건강에 아무리 해가 되더라도 담배는 결코 끊지 못했다. 게다가 주체할 수 없을 정도의 심각한 우울증을 극복하기 위해 많은 노력을 기울였지만 그 어떤 방법도 효과적이지 못했다.' – Hartigan, p.2) ('15년간 지속된 남편의 정사 문제를 어떻게 알지 못했는지 놀라지 않을 수 없다. 톰 P.와 몇몇 사람들은 고자질쟁이들이 징검다리에 빈번하게 드나들었던 점을 고려하면 로이스가 그 사실을 모를 리 없을 거라고 확신했다. 하지만 로이스를 가장 잘 알고 있던 사람들은 그녀가 알지 못했다고 주장했다. 빌과 헬렌의 만남이 있을 때까지 로이스는 오랜 기간 동안 남편의 잘못을 계속해서 모른 체 했다.' – Hartigan, p.193). 1988년에 출판된 낸 로버트슨의 「호전」(「Getting Better: Inside Alcoholics Anonymous」)에도 빌의 성생활에 관한 내용이 간략하게 설명되어 있다.

기록 보관소에는 빌이 상체 노출이 심한 수영복을 입은 방문객들을 포옹하면서 장난치는 모습이 찍힌 사진과 레스토랑에서 가슴이 깊게 패인 드레스를 입은 여성들을 향해 빌이 몸을 기울이고 있는 사진이 있다. A.A.의 세력과 명성이 커지면서 빌은 많은 사람들로부터 사랑을 받았는데, 그 중에는 너무나 매력적인 여성들도 있었다. 빌도 그녀들을 사랑했다. 빌은 비상할 정도로 인간적인 모습을 보였다. 성, 흡연, 우울증과 더불어 많은 측면에서 빌의 삶은 끊임 없는 투쟁의 시간이었으며, 그러한 투쟁이 바로 그를 훌륭한 스승으로 만들었다. A.A.의 12단계 및 같은 이름의 책 「A.A.의 12단계」(「The Twelve Steps Of Alcoholics Anonymous」), 그리고 「12단계와 12전통」에서 제시하는 많은 것들은 성과 성욕에 관한 것이다. 「익명의 알코올 중독자들」에 실린 사례 중에서 결국에는 반드시 용서받아야만 하는 가장 지독하면서도 가장 나쁜 짓은 배신과 외도에 관한 일이다. 빌은 4단계를 설명하면서 가상의 상황을 언급했는데, 아내 몰래 정부를 두고 있다가 자신의 친구가 그 사실을 아내에게 폭로하자 원망에 사로잡힌 어느 알코올 중독자의 이야기이다.

자신의 모든 글에서 빌은 안전과 신분에 대한 욕구와 함께 성욕을 인간이 가진 타고난 특성이라고 여겼는데, 걷잡을 수 없을 만큼 솟구쳐 오르기도 하는 이것이 알코올 중독자에게는 종종 음주의 원인이 될 수 있다고 했다. 무력함을 인정하기, 과거에 범한 죄를 가려내기, 고백, 배상, 기도와 명상, 봉사 등과 함께 12단계라고 하는 것은 A.A.의 가입 시험이 아닌 행동상의 목표를 뜻한다. 빌은 그것이 완벽함이 아닌 앞으로 나아감에 있다고 했다('우리는 완벽함이 아닌 앞으로 나아감을 추구해야 할 것이다.' – Twelve Steps and Twelve Traditions, p.91). 우리는 성인이 아니다. 빌의 인간다운 모습은 자신의 가치를 떨어뜨리기 보다는 오히려 인간이 된다는 것이 과연 무엇인지 깨달은 작가로, 안내자로, 그리고 스승으로 만들어 주고 있다.

A.A.의 대표적인 인물이 되어 다른 알코올 중독자를 돕는데 자신의 역량을 발휘하는 동시에 성적 욕구를 조절할 수 있는 방법을 찾는 동안 빌 윌슨은 기이한 미국의 이중성과 정면으로 충돌해야만 했다. 미국은 이 지구상에서 가장 청교도적인 국가인 동시에 가장 방탕한 국가이다. 우리는 악덕이 단순하기를 바라고 미덕은 훨씬 더 단순하기를 바란다. 우리는 눈부신 영적 성장을 한 남자가 명예와 돈은 거절하면서도 성 강박증이라는 결점을 가지고 있었다는 사실을 도저히 믿을 수 없거나 적어도 인정하기 어려울지도 모르겠다. 이 세상에서 성 강박증 자체는 오늘날까지도 여전히 우리를 어리둥절하게 만드는 불가사의한 현상이다. 우리는 성 강박증이 있는 운동 선수를 보면서 킬킬대기도 하고 용기를 북돋아 주기도 하지만, 다른 한편으로는 그를 비난하고 매도해 버리기까지 한다. 우리의 딸들은 순결을 지켜야 하는 동시에 교양이 있어야 한다. 우리의 아들들은 정말로 성공한 사람이 되어야 하는 동시에 자녀를 위해 정서적으로 재정적으로 지속적인 지원을 해줄 수 있을 만큼의 지체 높은 사람이 되어야 한다.

빌 윌슨이 자라던 세상 속 남성들은 성욕에 사로잡힌 창조물로 당연시 되었는데, 교양 있는 여성을 만나는 행운을 잡는다면 그 짐승과도 같은 욕구는 그녀들에 의해서만 길들여질 수 있었다. 그 시기에는 야수의 접근을 막기 위해 번들링 판자(bundling; 교제 중인 남녀가 성관계 없이 친밀감을 높이고자 침대에 판자나 베개로 선을 그어 놓고 옷을 입은 채로 한 침대에서 자는 풍습. tarrying이라고도 함) – 침대에 가로질러 놓은 낮은 벽 – 와 손으로 만든 정조대라는 것이 쓰였다. 산아 제한이 없던 세상에서 일반적으로 남성들은 성적으로 자신을 드러내 보이려고 했다면, 여성들은 적절히 대응하지 못해 임신을 하게 되지 않을까 두려워했다. 영아의 죽음이 인생의 피할 수 없는 현실이며 대부분의 사람들이 50세를 넘기지 못하는 그러한 세상에서 성관계는 완전히 다른 기능을 했다. 기쁨을 주는 일이라기보다는 차라리 주고받는 거래였는데, 남성들은 간절히 바라지만 여성들은 혐오하는 그런 거래였다. 점점 유명세를 타는 동시에 1960년대의 성혁명(1960년대의 자유주의, 인권 운동, 여성해방운동 등을 배경으로 일어난 성가치관에 대한 극적인 변화 풍조)이 만개하자, 빌의 마음속에는 아무 기탄할 것도 주저할 것도 없어졌다.

빌은 윌리엄 제임스의 「종교적 경험의 다양성」을 읽고 또 읽었다. "한 번만 태어난 자가 믿는 종교에서 세상은 직선으로 되어 있거나 하나의 이야기로 꾸며진 사건과도 같아서 하나의 종파에 의해 좌우되는데, 일부는 본래 가지고 있을 것으로 보이는 정확한 값어치를 갖고 있으며, 간단한 대수학으로 전체 가치를 합산할 수 있을 것이다. … 반면에 거듭 태어난 자가 믿는 종교에서 세상은 두 가지 이야기로 꾸며진 수수께끼와도 같은 것이다. 평화라고 하는 것은 그저 삶에다가 장점을 추가하고 단점을 뺀다고 해서 도달할 수 있는 것이 아니다." 그러면서 윌리엄 제임스는 알퐁스 도데(Alphonse Daudet; 1840 - 1897; 프랑스의 소설가; 소설 「별」, 「방앗간 소식」, 희곡 「아를의 여인」 등이 있음)의 푸념을 예로 들었는데, 그는 자기 자신이 선한 알퐁스와 "소름끼치는 두 번째 자기"를 모두를 가지고 있는 영원히 분열된 존재인 "이중적 인간"(Homo Duplex; Emile Durkheim이 주장한 인간에 대한 학명으로, 인간은 개별적인 존재인 동시에 군집적인 사회의 일부라는 의미)이라고 했다. 빌 윌슨은 의심할 여지없는 이중적 인간이었으며, 소름끼치는 두 번째 자기를 가진 자였다.

윌리엄 제임스 자신은 위대한 스승들의 업적이 그들이 가진 인간성 때문에 폄하될 것이라는 환원주의(reductionism; 복잡하고 높은 단계의 사상이나 개념을 하위 단계의 기본 요소로 정의할 수 있다고 주장하는 견해)를 용납하지 않았다. 윌리엄 제임스는 마르틴 루터가 이룩한 종교 개혁 배후에는 그가 동성애자라고 하는 숨겨진 진짜 이유가 있었다고 말하는 사람들을 맹렬히 반박하면서 긍정적이고 영적인 결실에는 분명히 종종 복잡하게 얽힌 이유가 있기 마련이라고 지적했다.

성생활이 일에 지장을 주지는 않았다 할지라도 그것이 빌에게 또 다른 차원의 영적인 삶을 제공했던 것은 분명하다. 매년 추수감사절이 되면 빌과 로이스는 버몬트의 런던데리 여인숙에서 시간을 함께 보냈다. 사색을 하고 싶거나 글을 쓰고 싶을 때, 혹은 정말로 우울증에서 벗어나고 싶을 때에도 빌은 언제든 그곳으로 돌아가 마음의 고요와 함께 저 산 너머의 동도싯이 가져다 줄 위로와 추억을 구하고자 했다. 그곳에서는 말이 없는 남자로 기억되고 있었다. 두 사람은 해마다 세계 각지를 여행했다. 그리고 매주 일요일 오후가 되면 베드포드 언덕의 징검다리를 개방하여 일종의 A.A. 공개 모임을 주최했다. 폐기종으로 사망하기 전까지 마지막 수개월 동안 빌을 간병한 사람은 로이스였다.

혼외정사로 가깝게 지낸 여성 가운데 헬렌 윈(Helen Wynn; 1907 – 1978;

영화배우) 만큼 빌에게 깊은 영향을 준 사람도 없었는데, 배우였던 그녀가 빌을 만난 것은 1950년대경 어느 모임에서였다. 그리고 얼마 지나지 않아 헬렌은 뉴욕 사무실에서 공동체 소식지인 「포도나무」지의 직원으로 일을 하기 시작했다. 로이스와 헬렌은 서로를 알고 있었다. 로이스는 분명 무슨 일이 벌어지고 있는지 감지하고 있었다. 열심이 일한 덕분에 헬렌은 「포도나무」지의 편집장이 되었는데, 「포도나무」지가 빌의 저작물뿐만 아니라 전 세계 회원들이 보낸 글, 그리고 새로운 소식까지 담아내는 정기 간행물의 형태로 탈바꿈하는데 기여했다.

헬렌은 유타에서 태어났다. 17세 때에는 덜루스에서 책방을 운영했다. 심리학에 관심이 많았던 헬렌은 친구 두 명과 함께 비엔나에 가서 정신과 의사인 알프레드 아들러 – 샌디에이고에서 에밀리 윌슨이 수련 받았던 아들러 치료의 창시자 – 에게 수련을 받았다. 하지만 돈이 떨어지자 실제보다 늦은 날짜로 적은 여러 장의 편지를 친구에게 건네면서 나중에 부모님에게 부쳐 달라고 부탁을 하고서는 뉴욕으로 떠났고 메이시 백화점에 직장을 얻었다. 그 뒤로는 하계 극장에서 배우로 활동을 시작했고 서리 극단(Surry Arts Players)를 설립했으며 1936년에는 동료 배우인 셰퍼드 스트루드위크(Shepperd Strudwick; 1907 – 1983; 미국의 배우)와 결혼했다. 두 사람에게는 아들이 하나 있었지만 1946년에 이혼했다. 이후 헬렌은 징검다리에서 그리 멀지 않은 곳에 거처를 마련해 아들과 함께 살았다. 그리고 가끔씩 빌 윌슨도 그곳에 가서 지냈다.

빌보다 젊었던 헬렌은 누가 보더라도 정말 매력적인 여성이었지만 미모가 묻힐 만큼 긍정적인 영혼을 가진 소유자이기도 했다. 헬렌은 A.A.에 들어갈 수 있었던 것에 정말로 고마워했고 자진해서 일을 돕고 싶어 했다. 빌의 가까운 동료가 그에게 도움을 요청하면 종종 헬렌이 대신하기도 했다. 어느 고참 회원의 기억에 의하면, 빌의 아내가 치료를 받아야 하는 경우가 생기면 헬렌은 가장 좋은 옷을 차려입고서 병원을 알아보러 다녔다고 한다. 여러 면에서 두 사람은 연인 사이로 발전했는데, 사람들이 기억하듯이 뉴욕 사무실에서도 그러한 관계였고 베드포드로 526번지에 있는 그녀의 집에서도 마찬가지였다. 빌과 헬렌을 기억하는 사람들의 이야기를 제외하면 둘이 연인 관계임을 보여주는 직접적인 증거는 없다 하더라도 헬렌이 A.A. 회원들에게 보낸 편지 중에는 빌이 자신의 집에 머물러 있었음을 분명히 밝히는 증거들이 많이 존재한다.

헬렌은 언제나 무일푼이었지만 빌은 그러한 그녀의 처지를 잘 이해하고 있었다. 재정적 어려움을 덜어주고자 빌은 「익명의 알코올 중독자들」의 인세 일부를 헬렌에게 물려주기로 결정했는데, 당시에는 그 책이 고정적으로 많은 수입을 가져다주고 있었다. 몇몇 고참 회원들은 빌이 헬렌을 위해 재정적으로 큰 꿈을 가지고 있었던 것으로 기억한다. 노년에 접어든 빌이 열정을 갖고 진행했던 연구 가운데 하나는 LSD와 나이아신을 시험해 보고 사람들에게 나누어 주는 일이었는데, 헬렌과 함께 그 작업을 해나갔다. 몇몇 고참자들의 말에 의하면 LSD 연구에 많은 재원을 조달했던 칸 부부가 당시 헬렌이 운영하고 있던 연구 본부에도 거액의 돈을 일시불로 지급할 예정이었다. 하지만 끝내 그런 일은 일어나지 않았다.

그 당시 A.A. 임원들 – 정말로 민주적인 방식으로 새롭게 구성된 조직 체제 – 은「익명의 알코올 중독자들」의 인세 일부를 헬렌에게 넘겨주겠다고 결정한 빌의 요구를 받아주지 않았다. 하지만 결국에는 임원들이 두 손 모두 들 수밖에 없었는데, 그들은 빌이 죽고 나면 전체 인세의 10퍼센트는 헬렌에게 지급하고 나머지 90퍼센트는 로이스에게 지급하겠다는 새로운 인세 계약이 집행될 수 있도록 그를 도왔다. 하지만 이처럼 괴상한 드라마에 등장하고 있는 세 명의 배우가 냉정을 잃는 경우는 거의 없었던 것 같다. 헬렌은 아일랜드에 집을 장만했는데, 아마도 빌과 본인을 위한 집이었으리라. 하지만 빌은 결코 그곳에서 살지 못했다.

심지어 빌과 가장 가까운 사람들조차 그의 성적 행동을 문제 삼지 않고 넘어갈 수 없었다. 톰 파워스는 징검다리에서 그와 함께 집필하며 보내던 날을 회상했다. 톰 파워스가 글을 수정하거나 작성하고 있으면 빌도 책상 앞에 앉아 글을 썼다. 때로는 번민에 지칠 대로 지쳐서 책상에 엎드려 그저 울고만 있기도 했다. 아내와 이혼한 톰 파워스는 빌의 성생활에 대해 쓴 소리를 했던 일도 기억하고 있었다. "무슨 일을 진행하든지 간에 성이라는 문제가 개입되지 않은 경우가 없었습니다. 그저 일회성의 사건은 아니었어요."

톰 파워스는 만약 로이스가 벌어지고 있는 일들을 용납하지 않았다면 남편의 행동에 훨씬 더 커다란 영향을 끼쳤을 것이라고 확신한다. "만약 로이스가 빌을 집에서 쫓아냈더라면 그는 상황을 바로잡으려고 노력했을지도 모릅니다." 하지만 빌이 어떠한 경우에도 자신을 위해 거침없이 헌신했던 아내를 50년이 넘는 세월 동안 계속해서 사랑했다는 사실에 이의를 제기할 사람은 아무도 없다. 예쁜 여성을 굉장히 좋아하던 그의 성향은 헬렌과 어울리자마자 시들해지는 듯 보였다. 그리고 갑작스레 남편을 쫓아낸다는 것이 로이스에게는 너무나도 늦은 일이었다. 빌은 갈 곳 – 헬렌의 집 – 이 생겼고 자주 찾아갔다. 빌이 감기에 걸리거나 우울감에 빠졌을 때 로이스가 보살펴주지 않으면 헬렌이 그 역할을 대신했다.

톰 파워스는 자신이 결국 A.A.를 떠나 뉴욕 행킨스에서 자신만의 회복 프로그램을 시작한 이유가 변화를 꾀하지 못한 빌의 무능력함 때문이라고 했다. 톰 파워스는 과거를 회상하며 다음과 같은 이야기를 전해 주었다. "빌은 이러한 성문제에 관해 자신이 시종일관 거짓말을 하는 것이 아니었다고 프로그램에서 솔직하게 밝혔어야 했습니다." 파워스는 그가 이 말에 동의는 하겠지만 또다시 재발할 거라고도 했다. 하지만 그때까지만 해도 아주 특별한 유명 인사였던 빌은 자신의 생각에 동의하는 이들을 찾는데 전혀 어려울 것이 없었다. 그리고 사실상 빌이 자신의 행동에 대해 모든 사람들에게 거짓말을 하고 있었던 것은 아니었다. 로이스는 진행되는 상황을 알고 있었고, 그것을 어느 정도 받아들이고 있었으며, 최소한 두 사람의 결혼 생활이 계속해서 유지될 만큼은 되었다. 빌과 함께 일했던 사람들은 알고 있었다. 하지만 다른 모든 사람들의 관점에서 보면, 이제 빌은 일개 필부와 다를 바 없었고, A.A.는 회원들이 운영하였으며, 그의 사생활은 정말로 다른 사람들과는 전혀 상관이 없는 일이 되었다.

36장 | 뒤에 남은 가족들

1950년대 초반, 빌 윌슨이 징검다리 너머 판잣집에서 지내면서 집필한 「12단계와 12전통」에는 자신이 저지른 성적 행동과 갈등에 대한 자기 반성의 흔적이 담겨 있는데, 본인과 A.A. 회원 모두의 마음을 자극했다. 4단계에서 빌은 자신에게 다음과 같은 질문을 던지고 있다. "성관계를 추종한 내 이기심이 언제, 어떻게, 그리고 어떠한 경우에 타인 및 자신에게 해를 입혔는가? … 그 당시 그러한 상황에서 정말로 나는 어떻게 반응했는가? 그 무엇으로도 소멸될 수 없는 죄책감에 사로잡혀 있었는가? 아니면 내가 좇은 것이 아니라 오히려 몰리는 입장이었기에 나는 무죄라고 주장하지는 않았는가? 성에 대한 욕구 불만이 있을 때 어떻게 반응했는가? 거절당했기에 복수심에 불타오르거나 우울감에 빠졌는가? 다른 사람들에게 분풀이를 하지는 않았는가? 집에서 거부당하거나 푸대접을 받았다는 핑계로 문란한 짓을 하지는 않았는가?"

6단계에서 빌은 다음과 같이 언급하고 있다. "대부분 우리는 선천적으로 욕망이라고 하는 것을 넘칠 만큼 지니고 태어났기에 그것이 종종 계획된 의도보다 훨씬 초과한다 하더라도 이상한 일은 아니다." 그리고 알코올 중독자를 향해 배상을 촉구하는 9단계에서도 빌은 다음과 같이 언급하고 있다. "아무것도 모르고 있는 아내나 남편에게 우리의 외도 행위를 상세하게 이야기해서 그들에게 부담을 안겨줄 수는 없는 노릇이다. 그리고 그런 문제에 있어서 반드시 논의가 필요한 경우라 할지라도 누가 되었든지 간에 제삼자에게 피해를 주지 않도록 노력하자."

성 문제에 있어서 완벽하다고 도저히 말할 수 없었기에 빌은 자신을 향해 대적할 무기를 임원들에게 제공한 셈이 되었다. 빌은 약점을 가지고 있었고 그들도 그의 약점이 무엇인지 알고 있었다. 또 한 명의 동료는 뉴욕의 루스벨트 호텔에서 3일간 A.A. 총회가 열렸을 때 있었던 일을 들려주었는데, 당시 빌은 여러 사람들과 함께 수천 명의 방문객에게 모든 정보와 영감이 될 만한 것들을 제공하기 위해 불철주야 일을 하고 있었다고 한다. 늦은 밤 복도를 배회하던 그는 내일 이른 아침까지 마감을 앞두고 바삐 행사 내용을 요약하고 있던 두 명의 남자가 있는 방으로 들어갔다. 그리고 그가 의자에 앉더니 몇 시간이고 계속해서 눈물을 흘리며 이야기를 이어갔다는 것이다. 그곳에 있던 다른 한 남자가 덧붙여 말했다. "그는 정말로 속에 있는 말을 모조리 털어놓았습니다. 우리는 테이프 녹음기를 껐지요."

아무튼 헬렌과 빌은 낮이나 밤이나 두 사람이 함께할 것이라고 생각한 것 같다. 로이스가 죽을 수도 있었다. 빌이 로이스를 남겨두고 떠날 수도 있었다. 한 친구가 온밤을 새워가며 아내를 저버리지 말라며 빌을 설득한 일화도 있었다. 이처럼 수십 년간 미루고 있었을 많은 일들을 생애 마지막 15년 동안 진행하려고 했던 것 같은데, 무엇을 했든 안 했든지 간에 A.A. 설립에 손해가 될 만한 일은 그 어떤 것도 결코 하지 않으려 했다는 점은 확실하다. 빌은 A.A.를 위해 그렇게도 원했던 예일 대학교 학위를 거절했다. 그밖에도 A.A.를 위해 많은 일을 했는데, 여러 측면에서 프로그램의 공동 설립자이자 공헌자이기도 했던 아내를 떠나지 않은 것도 어쩌면 그런 이유 때문이었을 것이다.

빌은 자신에게 주어진 과제를 수행 – 예닐곱 가지의 서로 다른 철학 사조와 책에 담긴 사상, 스승들의 사상, 버몬트의 작은 마을에서 성장하는 동안 가슴으로 호흡한 사상 등을 종합하는 일 – 하는데 있어서 타고난 재능을 가지고 있었던 것 같다. 그는 다른 중독자들뿐만 아니라 자신에게 쓸모가 있는 것과 그렇지 않은 것을 들여다 볼 수 있는 통찰력을 가지고 있었는데, 의사들이 제정신이 아니라고 했을 때에도, 프랭크 부크먼이 '정점에 이르지 못했다'고 했을 때에도, 심지어 가진 돈이 거의 없어서 로이스와 함께 잘 곳을 찾아 전전할 때에도 보잘것없던 자신의 프로그램이 더 많은 이들에게 확산될 수 있도록 끈질기게 노력한, 그러한 완고한 면도 가지고 있었다. 금주법이 시행되던 시절의 어린 아이로, 이후 육군 장교로, 그리고 버몬트의 한 사람으로 경험한 모든 것들이 결국에는 빌의 소양으로 갖추어졌는데, 이는 설령 뛰어난 지성을 가진 이들이 아무리 좋은 의도를 가지고 있다 할지라도 그것이 권력과 정치적 판단에 의해 더럽

혀질 수 있다는 사실을 이해하는 데에도 도움을 주었다. 그가 복덕을 갖춘 자는 아니었지만 이 일에 최고의 적임자였음은 분명했다.

*　　*　　*

빌 윌슨이 자신의 글에 제시한 바와 같이 A.A.가 지속된 비결 가운데 하나는 A.A.가 그 자체의 역설을 한껏 즐기고 있다는 점이다. 모순을 피하지 않는다. 사실상 모순을 수용하고 있는 것이다. A.A.는 미국의 종교 사상에 있어서 두 가지 노선 – 복음주의를 추구하는 노선과 자아실현 및 자조를 추구하는 노선 – 사이의 팽팽한 긴장 상태를 유지하면서도 그 어떤 사안이라도 대조되는 두 사상을 한꺼번에 담을 수 있는 강력한 에너지원을 가지고 있다. "일관성은 편협한 정신에서 비롯된 허깨비와도 같다."(원문은 다음과 같다: 'A foolish consistency is the hobgoblin of little minds, adored by little statesmen and philosophers and divines.'[분별없는 일관성은 편협한 정신에서 비롯된 허깨비와도 같아서 소심한 정치가와 철학자, 성직자들이나 숭배한다.] – Emerson, p.24)라고 에머슨이 언급한 것과 같이, 이런 점에서 빌 윌슨은 20세기에서 도량이 큰 인물 가운데 한 사람이었다.

이미 1930년대부터 A.A. 문헌에 수록될 만큼 긴장감이 고조된 주된 쟁점 가운데 하나는 알코올 중독자가 계속해서 술을 마시는 경우와 A.A.에 들어가서 아마도 술을 끊었을 경우에 알코올 중독자의 가족이 맡을 역할에 관한 것이었다. 물론 이것은 로이스 윌슨이 생각하기에 본인이 전문가라고 여긴 분야였는데, 「익명의 알코올 중독자들」의 한 장을 쓸 수 있게 해달라고 남편에게 부탁했지만 빌은 하나의 문체로 책이 써져야 한다는 핑계로 그녀의 요청을 거절했다. 아마도 빌은 오만 가지 문제들에 대한 양쪽의 입장을 모두 보여주기 위해 각별히 신경을 써야 한다고 판단했을지도 모르겠다(「부인들에게」의 저자는 의심의 여지가 없다. 그 장에 관해 로이스가 언급했다. "빌이 그걸 썼지요. 저는 몹시 화가 났습니다." 덧붙여 말했다. "몹시 화났다기 보다는 오히려 기분이 상했습니다. 빌이 어째서 그걸 썼는지 아직도 잘 모르겠어요. 왜 그걸 쓰겠다고 고집을 피웠는지 결코 이해할 수 없었습니다. 그래서 제가, '음, 제가 그걸 쓸까요?'라고 물어보았습니다. 그러자 남편은 '아니요'라고 대답했는데, 책의 나머지 부분과 동일한 어조로 쓸 작정이었지요.'" - Pass It On, p.200). 「부인들에게」라는 제목의 장에서 빌은 여성들에게 수고를 아끼지 말고 남편의 행동으로부터 독립할 것을 강력히 권고하고 있다. 빌은 알코올 중독자가 술 끊기를 원한다면 그에게 가장 큰 도움을 제공할 수 있는 사람은 다른 중독자임을 가르쳐 주고 있는 것이다. 그리고 빌은 알코올 중독자 가족을 향해 그들의 배우자가 유혹의 마수에 걸리더라도 애써 보호하지 말라고 경고한다. "남편이 취하더라도 자기 자신을 탓하지 말라. 남편의 술 문제를 없애고 아니 없애는 문제는 오직 신께서 하실 일이다." 이러한 견해는 알아넌의 토대를 만들고 나서 로이스와 앤 스미스, 그리고 초창기 회복자의 아내들이 취한 사고방식이다.

하지만 바로 다음 장인 「뒤에 남은 가족들」에서는 다른 의견을 제시한다. 이 장에서 빌은 음주는 포기했지만 계속해서 담배를 피우고 커피를 즐기는 한 남자의 이야기를 보여주고 있다. 그 남자의 아내는 남편의 그러한 행동이 음주만큼이나 나쁜 짓이라고 생각했다. 아내가 너무나도 바가지를 긁어 대자 그는 다시 술을 마시기 시작했다. 다시 말해 8장에 등장하는 남성의 경우에 술을 마실지 안마실지는 본인이 얼마나 준비가 되어 있는지, 같은 처지의 사람들로부터 도움을 받고 있는지, 그리고 신께서 술 문제를 없애 주실지의 여부에 달려 있다. 하지만 9장에 등장하는 남성은 별것 아닌 아내의 잔소리에도 여지없이 술에 빠져들고 있다. 물론 두 가지 모두 사실이다. 성공을 이끌어내기 위해 알코올 중독자 곁에 있는 가족들이 균형을 유지한다는 것은 곡예사가 자전거로 줄타기하는 것보다 더 힘든 일이다. 가족들은 자신들을 알코올 중독자와 구분하여 생각하면서도 애정을 갖고 그들에게 개입해야 하는데, 반드시 두 가지를 동시에 해야만 한다. 주목할 만한 점은 이러한 균형이 관련된 모든 일에 그 어떤 이로움을 가져다 준다는 것인데, 다만 그것을 유지하기가 어렵다는 사실이 오히려 알아넌을 수백만 명의 회원을 보유한 프로그램으로 성장하도록 하는데 기여했다. 빌 윌슨은 공중에 매달린 줄타기 줄의 팽팽함과도 같은 양극단 사이의 긴장 상태를 자아내면서도 양쪽의 견해를 모두 아우르는 글을 썼다.

빌 윌슨이 주장하는 모순된 두 개념 외에 A.A.의 또 다른 한 켠에 자리잡고 있는 분야는 흡연과 커피, 음식 중독, 도박, 금전적 무책임, 성 강박증과 같이 술을 끊고 난 뒤에도 해결해야 할 여러 중독 문제들이다. 어떤 의미에서 술을 끊은 알코올 중독자는 걸어 다니는 기적이며 인생이 달라져 모든 행동거지에 휘감겨 있던 중독이 사라진 자이다. 하지만 기적처럼 이렇게 회복한 알코올 중독자가 줄담배를 피워 대는 노름꾼이라서 여전히 집안의 재정 상태를 헝클어뜨리고 본인과 가족의 건강을 위태롭게 만드는 경우라면 어떨까? 물론 이러한 질문에 역설과 균형, 날마다 바로잡기 이외에 다른 해답은 없다. 빌은 자신의 글에다가 이러한 질문들의 양면성을 모두 아우르고 있으면서도 각각의 알코올 중독자가 회복과의 화해를 모색할 수 있도록 여지를 남겨두었다.

12단계와 12전통의 주제인 익명성 원칙의 경우에도 그것이 가진 양면성을 두고서 논쟁이 벌어졌다. 만약 어느 유명인이 자신의 생명을 구해준 것은 다름 아닌 A.A.였다고 공개적으로 말할 경우, 이것은 수백 명의 다른 알코올 중독자들이 도움을 청하는데 기여할지 모른다. 하지만 이 사람이 다시 술을 마시는 행동을 한다면 A.A.가 가진 유효성에 누를 끼칠 수 있다. 빌 윌슨은 '광고보다는 매력'을 가지고 회원을 모집해야 한다고 주장하면서 복음주의 원리 방식을 금지했는데, 그러면서도 회복하고 있지만 익명성을 어긴 사람들을 불러들인 것 같다. 존재 사실을 알지 못하는 이상 어떻게 그 매력에 사로잡힐 수 있도록 한다는 것일까? 감탄하며 바라볼 수 있을 만큼 앞장서서 회복해 나가는 사람이 있다는 사실보다 더 매력적인 것이 과연 무엇이 있을까?

마티 만은 익명성이라고 하는 이러한 제약에 화를 냈다. 빌은 익명성과 관련된 현안들을 생각하지 않으려고 한 것 같다. 모임의 연대감은 모두가 동등하다는 인식에 기반을 두고 있지만, 동시에 빌은 얼마나 많은 사람들이 지도력을 필요로 하는지도 잘 알고 있었다.

비밀이라는 주제가 부각되자 빌은 다시 한 번 그것이 가진 양면성을 두고 어려움에 직면할 수밖에 없었다. 빌은 다음과 같이 글을 썼다. "말과 글을 삼가는 것만큼 결실을 가져다 주는 것은 없다."(Twelve Steps and Twelve Traditions, p.91) 그러면서 동시에 온전함을 위한 요건 중 하나로 "엄격한 정직성"을 일찌감치 「익명의 알코올 중독자들」 안에 명시해 놓았다. 말과 글을 삼가서 정보를 밝히지 않아 결국에는 엄격한 정직성과 갈등을 빚게 된다면 어떤 일이 벌어질까? 예컨대, 마티 만은 수년 동안 자신의 성적 기호를 비밀로 묻어 두고 있었다. 결혼하지 않았음에도 그녀는 자신의 비밀을 지키기 위해 스스로를 "마티 만 부인"이라고 칭했다.

게다가 비밀로 덮어두고 싶었던 성적 행위에 대해서도 빌은 논란에 맞닥뜨릴 수밖에 없었다. 몇몇 A.A. 남성들은 이러한 삶의 단면이 표면화되지 않도록 본인이 노력해야 한다고 주장한 반면, 다른 A.A. 남성들은 빌이 로이스와 이혼해야 한다고 생각했다. 1955년에 빌이 공식적인 지도자 자리에서 결국 물러났을 때 그의 사생활도 사적인 것이 되었다고 할 수 있을까? 모임 내에서 이러한 질문은 그와 가까운 사람들 사이에서 맹렬한 논쟁을 불러일으켰다. 몇몇은 명쾌한 해답을 알고 있었다: 빌은 그런 식의 행동을 중단해야 한다; 다른 사람은 몰라도 그는 흠잡을 데 없이 완벽해야 한다.

빌은 그 누구도 A.A.를 설립하지 않았으며 그것을 이루는 사상은 윌리엄 제임스부터 시작하여 스베덴보리 사상 및 버몬트 민주주의, 그리고 모임 초창기에 있었던 실수를 통해 얻은 여러 교훈에 이르기까지 수많은 요소들이 한데 모여 합쳐진 종합체라고 자주 언급하고 글로 적었는데, 이를 생각해 보면 그가 옳았음을 알 수 있다. 하지만 많은 사안들의 양면성을 제시하여 개인 및 가족들로 하여금 그들의 삶을 규정짓고 있는 수많은 투쟁의 공간에서 벗어날 수 있도록 한 그러한 수완은 빌이 가진 천재성에서 비롯된 것이다.

37장 | 칼 융

1955년이 지나자 빌 윌슨은 지금까지 스승으로 지낸 것에 권태를 느꼈는지 자신의 스승이 될 만한 사람을 찾고 있었던 것 같다. 공교롭게도 대다수의 제자들은 빌이 자신들과 같은 위치에 있을 거라고는 미처 생각하지 못했다. 빌은 세인트 루이스 공식 석상에서 품위를 지키며 존경받던 자리에서 스스로 물러났지만 여전히 많은 사람들의 마음속에 남아 있었다. 제럴드 허드와 올더스 헉슬리, 그리고 올더스의 형인 줄리안 헉슬리(1887 – 1975; 영국의 진화생물학자, 우생학자, 유네스코 초대 사무총장)는 빌에게 아브람 호퍼(Abram Hoffer; 1917 – 2009; 캐나다의 생화학자, 정신과 의사, 식품과 영양 개선으로 질병을 치료하고 예방할 수 있다고 주장)와 험프리 오스몬드(Humphry Osmond; 1917 – 2004; 영국의 정신과 의사; 사이키델릭 치료를 처음 시작함)의 성과를 전해주었다. 분자 교정 정신의학의 창시자인 두 의사는 스위스에 있는 산도스 회사에서 제조한 LSD라고 하는 물질이 조현병 환자와 알코올 중독자에게 도움이 되는지를 실험하고 있었다.

할리우드 극작가로 지내는 것이 마음에 차지 않아 반발심을 가졌던 헉슬리, 카리스마가 넘치는 허드, 호퍼 박사와 오스몬드 박사, 그리고 시드니 코헨(Sidney Cohen; 1910 – 1987; 미국의 정신과 의사, LSD 연구가) 박사는 모두 트라부코에서 LSD 투여를 비롯해 여러 실험을 하고 있었다. 1960년대 초반만 해도 LSD라는 이름의 물질은 완전히 합법적이었을 뿐만 아니라 여전히 신비에 싸여 있었다. 더욱이 두 차례의 세계 대전과 그 밖의 다른 참상의 주체가 된 이 세상을 보다 바람직하게 만들기 위해 몸과 마음을 바쳐 최선을 다한 위대한 인물들도 일련의 실험들 가운데 하나로 LSD을 사용했다.

노인이 된 빌은 여러모로 트라부코가 마음에 들었다. 애니 베전트, 블라바츠키 부인, 심지어 메리 베이커 에디와 마찬가지로 영매에 관한 뉴잉글랜드 전통을 직접 물려받은 빌은 영성의 비전통적 측면에서 돌파구를 계속 찾고 있었다. 회원들에게 A.A.를 넘겼다고 해서 예전보다 알코올 중독자를 돕는 일에 신경을 덜 쓴 것은 아니었다. 본인을 위해서라도 하고 싶어 했다.

좀 더 엄밀히 말하면, 빌은 담배를 끊는 방법을 찾고 있었을지도 모른다. 1960년대에 접어들어 빌은 폐기종 때문에 처음으로 L자 형태의 흡입기를 가지고 다니기는 했어도 그렇게 숨이 차지는 않았지만 이미 그전부터 폐가 조여오는 증상을 느낄 수 있었다. 무엇보다도 빌은 신자이자 열성가였고 모든 문제에는 반드시 해답이 있다고 믿었기에, 지금까지 알려진 의학 분야 중에서 가장 심각한 문제에 대한 해답 하나를 찾은 것은 아니었을까 생각했다. 내심 빌을 트라부코로 이끈 것은 새로운 치유법에 대한 가능성이었다.

처음에 호퍼 박사와 오스몬드 박사는 LSD를 가지고 알코올 중독자에게 진전 섬망과 같은 증상을 경험시키면 너무나도 겁에 질려 술을 끊겠다고 단단히 마음먹을 거라고 생각했다. 하지만 이 약물을 투여 받은 중독자들은 전혀 겁을 먹지 않았다. 슬픔에 잠기기 보다는 오히려 행복해 보였다. 때로는 황홀경을 느끼기도 했다. 그들은 신의 현현과 이제까지 없던 명석한 선견지명, 그리고 처음 느끼는 생생한 경험 등과 같은 것을 보고했다. 헉슬리에게 그 이야기를 듣자, 빌은 타운스 병원에서 자신에게 일어난 극적인 영적 체험이 약물에 의해 유발되었을 거라고 생각했다. LSD를 가지고 그러한 강렬한 번득임을 인위적으로 만들어낼 수만 있다면, 그 결과는 결코 인위적이지 않을 것이라 보았다.

빌은 1940년대에 트라부코를 방문한 적이 있었지만 1950년대 후반과 1960년대 초반에 그곳을 다시 찾았을 때에는 더 이상 A.A. 지도자가 아닌, 새롭게 자유의 몸이 된 상태였다. 이제 빌은 단지 뉴욕에서 온 빌 월슨일 뿐이었다. 1956년 8월 29일, 점심시간이 바로 지나고 나서 빌은 코헨 박사가 감독하고 헉슬리와 톰 파워스가 곁에서 지켜보는 가운데 LSD를 투약했다. 기록은 제럴드 허드가 맡았다. 오후 1시에 빌은 마음이 평온하다고 보고했다. 2시 31분에는 더욱 만족스러워하면서 “더 이상 담배는 필요치 않아요.”라고 보고했다. 3시 15분이 되자 주변의 모든 사물이 엄청나게 커지는 것 같다고 말했다. 3시 22분에는 담배를 요청했다. 3시

40분에는 사람은 모름지기 자기 자신을 너무나도 심각하게 받아들여서는 안 될 것 같다는 말을 했다.

빌은 LSD를 대단히 좋아했다. 로이스와 비서 넬 윙, 친구인 잭 노리스 박사, 샘 슈메이커 목사, 에드워드 다울링 신부를 포함해 알고 있는 모든 사람들에게 LSD를 실제로 시험해보라고 권유했다. 심지어 어머니에게도 도움이 될 거라고 생각했다. 로이스는 하는 수 없이 해보았는데, 크게 달라진 것은 느끼지 못하겠고 단지 생생한 환각을 조금 경험할 수 있었다고 보고했다. 넬 윙도 새로운 영약에 실망하기는 마찬가지였다. 트라부코 칼리지에서 있었던 일이 A.A. 회원들에게 전해지자 불만이 쏟아져 나왔다. 빌은 결코 입이 무거운 편이 아니었는데, 새로 만들어진 이 약물의 경우처럼 알코올 중독자에게 도움이 될 거라고 생각한 경우에는 특히 그랬다. 빌은 자신이 A.A. 지도자 자리에서 물러났기에 평범한 사람들처럼 자유롭게 삶을 살아갈 수 있어야 한다는 입장을 견지하고 있었다. 하지만 여느 때와 마찬가지로 A.A. 회원들과 몇몇 당대 인물들은 그의 의견에 동의하지 않았다. 빌은 슈메이커 목사에게 편지를 썼다. "세인트 루이스는 저의 퇴진을 향한 중대한 진전이었습니다. 창시자라는 상징성이 언제나 저를 따라다닐 거라는 점을 잘 알고 있습니다. 가능한 한 철저하게 물러나는 것이 좋을 것 같습니다." 빌은 30년간의 삶을 봉사 활동에 바쳤다. 빌은 그 일을 그만둘 작정은 아니었지만 공동체에서 자신이 맡은 소임을 분명히 내려놓기로 결정했기에 계속해서 책임감을 가져야 하는지에 대해서는 잘 이해하지 못했다. 그럼에도 1959년 말부터 빌은 더 이상 친구들에게 LSD를 권유하지 않았고 본인에게 하던 실험도 그만두었다.

거의 같은 시기에 티모시 리어리(Timothy Leary; 1920 - 1996; 미국의 심리학자, 작가)와 리처드 알퍼트(Richard Alpert; 1931 - 2019; 하버드 대학 교수, 영성 지도자)는 하버드 대학교에서 LSD 실험을 했는데, 그 결과는 비참했다. 초반에 리어리는 빌에게 자신의 실험에 참가해 달라고 요청했는데, 그때는 이미 그가 LSD에서 손을 뗀 뒤였다. 그러고 나서 얼마 되지 않아 LSD는 금지 약물이 되었다. 극단적인 문화 격변기가 있었던 그 후 10년 동안 LSD는 지하 실험실에서 불법적으로 제조되는 악명 높은 마약이 되었고 대중에 널리 확산되었다.

1961년 5월, 베드포드 언덕에서 남쪽으로 20마일 정도 떨어진 뉴욕 돕스 페리의 어느 양로원에서 에밀리 윌슨이 생을 마감했다. 빌은 어머니를 설득해 동부로 오시도록 했고 헤이스팅스-온-허드슨에 있는 양로원으로 모셨다. 어머니가 그곳을 싫어하자 빌은 또 다른 곳을 물색했다. 에밀리는 인생 마지막 즈음에 아들에게 편지를 썼다. "우리는 훨씬 더 가까운 사이가 되었어야 했는데 얄궂게도 모자의 인연을 등한시한 바람에 지금 살고 있는 이 세상에서는 많은 시간을 함께하지 못했구나." 에밀리는 91세의 나이로 사망했다. 그 모든 것이 시작한 장소인 동도싯, 그곳 구릉 중턱에 자리를 잡고 있는 묘지, 그녀의 아들은 그리피스 가족묘에 어머니를 묻었다.

1960년대는 전 세계가 매었던 밧줄을 풀던 시기였다. 오랫동안 지켜온 보루는 급작스레 옛것이 되어 막을 내렸고, 권위는 가장 나쁘면서도 사악한 것이 되었으며, 해서는 안 되는 모든 것들은 허용 가능한 것으로 바뀌었다. 빌 윌슨의 삶도 마찬가지였다. 보브 박사가 사망했고, 부모도 이제는 떠나고 없었다. 마음속에서는 지금까지 A.A.의 지도자로 느꼈던 압박감에서 벗어나고 있었다. 그리고 기분을 맞춰 주어야 할 사람도 점점 줄어들고 있었다.

빌은 A.A. 프로그램이 정신분석가인 칼 융의 사상과 글에서 힘입은 바가 크다고 입버릇처럼 말했는데, 융은 1930년대에 빌의 친구인 롤런드를 치료한 의사이기도 했다. 1961년에 빌은 시간을 내어 그에게 감사의 편지를 썼다. 그러고 나서 얼마 지나지 않아 롤런드를 치료하면서 겪은 어려움과 본인 및 다른 여러 사람들이 알코올 중독자를 치료하면서 겪은 문제들, 그리고 통상적으로 알코올 중독자의 진단이 되어 버린 "그릇된 인상을 주는 케케묵은 표현들"에 관한 내용이 담긴 장문의 답장이 도착했는데, 빌은 그것에 매우 기뻐했다. 융은 알코올 중독자의 유일한 해결책이 그 어떤 심적 변화에 있다는 빌의 생각에 찬성했고, 그러한 발견을 하고 중독으로부터 회복한 것에 축하의 말을 전했다. 답장에는 다음과 같은 글이 씌여 있었다. "술의 라틴어 어원은 바로 '영혼'(spiritus; 바람, 숨, 생명, 마음 등의 의미를 가지고 있음)입니다. 사람을 타락시키는 가장 심각한 독약을 표현할 경우에도 이 말이 쓰이지만 최고 경지의 종교적 경험을 표현할 경우에도 동일하게 쓰이고 있지요. 따라서 '술에 맞설 수 있는 영혼'(spiritus contra spiritum) 그 자체가 알코올 중독을 치유하기 위한 유용한 치료법이 될 것입니다."

1960년대 초반, 호퍼 박사와 오스몬드 박사는 '나이아신'이라고 하는 비타민 B_3를 가지고 알코올 중독 및 조현병 치료에 어느 정도 성공하고 있다고 보고했다. 빌 윌슨은 너무나도 기뻐했다. 관련 문헌을 읽고 진행된 실험들을 재검토했다. 그리고 두 사람에 의해 도출된 통계 자료도 자세히 살펴보았다. 그들과 함께 이야기를 나누고 결과를 눈으로 확인하고 나서 빌은 그들이 예전에 윌리엄 실크워스 박사가 언급 – 알코올 중독자는 알코올에 알레르기가 있는 사람이다 – 했던 알레르기의 본질을 정확히 찾아낸 거라고 생각했다. 빌은 실크워스 박사가 말한 알러지라는 것이 혈액의 화학적 특성이 바뀌면서 생긴 그 어떤 결과이며, 알코올 중독자로 하여금 간절하게 술을 마시고 싶도록 만들어서 한 번 마시면 중단하지 못하게 한다고 생각했다. 경험에 따르면, 갈망은 저혈당과 관련 있는 것으로 보았다. 단주하고 있는 사람들은 때때로 초콜릿 케이크나 초코바로 갈망을 없앨 수 있었다. 호퍼 박사와 오스몬드 박사는 나이아신이 혈당 강하를 방지할 수 있으며, 결과적으로 알코올 중독자로 하여금 갈망을 겪지 않도록 할 수 있을 거라고 생각했다.

빌은 나이아신을 복용하기 시작했다. 하지만 그것은 약이 아니라 비타민이었다. 그리고 그것에 대한 열정은 빌을 곤경에 빠트렸다. 빌은 자신의 말에 귀를 기울이는 사람들은 말할 것도 없고 별로 듣고 싶어 하지 않는 대다수의 사람들에게도 나이아신의 효능을 극찬했다. 우울증에도 좋다고 믿었는데, 빌과 마찬가지로 우울증을 앓는 헬렌 윈도 그 생각에 전적으로 동의했다. A.A.처럼 좋은 것이든, 혹은 나이아신처럼 미심쩍은 것이든, 아니면 LSD처럼 머지않아 불법이 될 만한 것이든 상관없이 뭔가 신나는 것이 생기면 빌은 누구에게든 다가가서 실제 해보라고 권했다. 빌은 더 이상 A.A.의 위대한 지도자가 아니었지만, 그의 표현대로 해보자면 빌이라는 사람도 역시 여느 술주정뱅이에 지나지 않는다는 사실을 망각한 A.A. 회원들과 자신이 이야기하고 있다는 사실을 종종 깨달았다.

가장 가깝게 지내던 사람들과의 관계는 악화일로를 걷고 있었다. 대체로 이들은 단주를 하고 있었는데, 빌을 알게 되거나 처음으로 A.A. 프로그램을 접했을 당시에 그들의 삶이라는 것은 죽음을 향해 미끄러져 내려가는 악몽과도 같았다. 그들은 점차 회복하면서 자신의 삶을 구해준 프로그램과 그 프로그램을 개발하고 육성한 빌과 보브 박사에게 깊은 고마움을 느꼈다. 그들 중에는 특별한 재능을 가진 사람도 있었는데, 회복된 재능을 가지고 A.A.에 뭔가를 돌려주고 싶어 했다. 작가나 편집자였던 경우에는 팜플렛을 작성하거나 「포도나무」지에서 일을 했다. 회계사의 경우에는 연합 총회의 회계 장부가 법규에 맞게 기록될 수 있도록 보탬을 주었다. 홍보 및 광고와 관련된 일에 종사했던 사람들은 A.A.와 회원들 간에 교신이 정확하게 이루어질 수 있는 방법을 찾고자 노력했다.

빌과 가까운 사이였던 이들은 자신들의 목숨뿐만 아니라 가족까지도 구해준 A.A.를 숭배했고 때로는 빌도 숭배했다. 하지만 빌은 신이 아닐 뿐더러 성인은 더더욱 아니었으며 고난에 찬 한낱 인간에 불과했기에, 얼마 후 그들은 실망하기 시작했다. 그리고 그 실망은 분노로 바뀌었다. 행크 파크허스트의 변절을 시작으로 오하이오 클리블랜드 모임의 클래런스

스나이더도 가세를 하자 – 두 사람은 빌에게 재무 회계를 요구하며 화를 냈다 – 빌의 생애는 그와 함께 일했던 많은 사람들의 분노와 배신감으로 점철되어갔다. 그들 가운데 한 명이 말했다. "광기 어린 분노였어요. 그 이유는 아마도 시기심이었겠지만 그 이상으로 과격했던 것 같아요." 빌에게 향한 이들의 분노는 프로그램에 참여하는 사람들과 임원들 모두의 화를 부채질했다.

이 시기에 빌은 다시 한 번 본인이 세운 공동체와 마찰을 빚었다. 사람들은 빌이 나이아신에 관해 이야기하면서 A.A.를 외부 사안과 결부시켰으므로 본인이 만든 A.A. 전통을 위반한 것이며, 특히 6전통 – A.A.는 그 어떤 기관이나 외부 기업에 상관없이 보증, 융자, 혹은 A.A.의 이름을 빌려 주는 일 등을 일체 하지 말아야 한다. – 을 위반한 것이라고 주장했다. 빌은 자신이 A.A.를 상징하는 존재가 되고 싶은 마음이 없었지만 A.A.는 계속해서 그가 그런 역할을 해주기를 바라고 있었다. 결국에는 문제가 커져 1967년에 열린 총회에서 이 사안을 다루었고, 다음과 같은 입장을 정했다. "비타민 B_3 혹은 나이아신과 관련된 모든 문의는 플레전트빌 사무실로 직접 의뢰하여 … . 이 같은 사항들에 관하여 빌의 개인 관심사가 공동체에 개입되는 일이 없도록 하기 위해서", 이사회는 빌에게 오는 서신이 A.A. 총연합이 아닌 다른 주소로 발송될 수 있도록 그에게 요청했다. 플레전트빌의 주소는 나이아신 본부가 되었는데, 답장을 쓰는 일은 비타민 B_3가 많은 질문의 해답이 될 거라고 생각했던 또 다른 한 사람인 헬렌 윈이 맡았다.

1960년대는 빌 윌슨에게 생애 마지막 10년이기도 했는데, 흡연으로 인한 폐기종 때문에 시간은 계속해서 더디게 흘러갔다. 흡입기에 더욱 의존할 수밖에 없었고, 산소통이 필요한 경우도 있었다. 빌은 담배로부터 벗어나기 위해 발버둥치며 수차례 금연을 시도했지만, 다시금 남에게 빌려 피는 성가신 존재가 되었다. 커피 잔과 긴 얼굴, 그리고 전혀 맞지 않은 옷을 입은 듯한 호리호리한 체구와 마찬가지로 흡연도 그 사람의 일부 중 하나인 듯했다. 언제나 담배에서는 연기가 피어올랐고 서류와 옷가지에는 담뱃재가 떨어져 구멍이 나 있었다. 책상과 식탁 모서리에는 그가 내려놓은 담배가 타들어가면서 그을린 자국이 여럿 있었고, 징검다리와 A.A. 사무실 – 1960년대에 파크 애버뉴로 다시 옮긴 사무실도 마찬가지이다 – 에는 어디든 재떨이가 놓여 있었다. 고즈넉이 의자에 앉아 책을 보거나 자신이 쓴 글을 훑어보고 있노라면 머릿속에서 문득 떠오른 생각에 실제로 불이 붙어 타오르는 것처럼 빌의 담배 연기가 피어오르고 있었다. 그러는 사이 그의 호흡은 점점 더 거칠어졌다.

38장 | 마이애미

1969년에 빌 윌슨은 금연에 거의 성공했지만 이미 너무 늦어 버렸다. 여러 해가 지나면서 폐의 모세혈관은 타르로 뒤덮여 점점 시커멓게 변했다. 기침을 하거나 코가 막힐 때마다 큰 키에 앙상한 뼈만 남은 몸뚱이는 극심한 고통에 뒤틀어졌고 나빠진 폐기능 때문에 숨조차 제대로 내쉴 수 없을 지경이었다. 인과 관계는 더욱 분명했다. 빌이 가지고 있던 많은 질환 중에서 기관지염과 폐렴은 언제나 손에 쥐고 있던 담배가 직접적인 원인이었다. 빌은 여전히 끊지 못하고 있었다.

1960년대 후반부터 빌은 산소통에 의지해 하루하루를 견뎌내야만 했다. 빌과 로이스, 헬렌은 모두 나이아신을 계속 복용하고 있었지만 아무런 도움도 되지 못했다. 빌에게 다시 담배가 필요할지 아니면 산소가 더 필요할지 고민하다가 결국 담배로 결정했다는 일화가 있다. 빌은 중독자였다. 대부분의 중독자와 마찬가지로 여러 가지 다른 것에도 중독되어 있었다. 공식적으로는 1969년에 담배를 끊었지만 차 안에다 담배를 계속 숨겨놓고 있었던 이유는 몰래 담배를 피우기 위한 것임이 분명해 보인다. 빌은 새로 포장한 징검다리 진입로에서 좌측으로 차를 돌려 언덕 아래로 내려가 남쪽으로 길이 나 있는 체리 거리를 따라 기차역으로 가거나 상점과 식당이 들어서고 사람들 모두가 서로 잘 알고 지내는 작은 마을로 향하곤 했다. 차를 몰고 갈 만큼의 몸 상태가 되기만 하면 담배는 피울 수 있었다.

여러 면에서 본인 나이보다 훨씬 더 젊어 보였던 이 원기 왕성한 노인은 70대에 접어들면서 병세가 악화되었다. 외부적으로는 괜찮은 것처럼 행동했다. 하지만 오직 로이스와 넬 윙, 가정부인 헤리엇만이 밤마다 그가 얼마나 큰 고통을 겪고 있는지 알고 있었다. 1970년 뉴욕에서 열린 연합 총회 만찬에서 빌은 연설을 시작하자마자 호흡 곤란을 이유로 그만둘 수밖에 없었다. 그 전에는 어느 누구도 빌이 연설 도중에 중단하는 것을 본 적이 없었다. 일흔 다섯의 고령이 된 빌은 갑자기 늙어 보였다. 병을 얻은 뒤에는 예전의 모습을 거의 찾아볼 수 없을 정도로 변했다. 빌은 머리숱이 듬성듬성 빠졌고 두꺼운 안경을 써야만 했다. 숨을 쉬려고 애를 쓸 때마다 목의 근육이 도드라졌다.

만사천 명의 사람들이 국제회의에 참석하고자 플로리다 마이애미에 모였다. 이곳 호텔에 묵던 빌은 구급차로 마이애미 심장 병원에 후송되었는데, 이곳의 에드 맥베인 박사는 그에게 도움을 줄 수 있기를 바랐다. 기자 회견장에 모습을 나타낼 수는 없었지만 일요일 아침이 되자 빌은 구급차에 태워져 회의장 뒤쪽 입구에 도착할 수 있었다. 승강 장치의 도움으로 휠체어에 앉은 다음 무대 안쪽으로 자리를 옮겼다. 코 호흡관을 부착한 채

산소통에서 나오는 산소를 들이마시고 있었다. 빌이 무대에 올라서자 양쪽에 있던 사람들이 그를 부축했는데, 겨우 4분 동안 연설할 수 있었다. 빌과 로이스는 마이애미에 남아 심장 병원에서 치료를 받았고 8월이 되어서야 베드포드 언덕으로 돌아갈 수 있었는데, 급작스럽게 폐렴에 걸렸다.

1970년 여름과 가을 내내 폐렴이 지속되었다. 빌은 마운트 키스코에 있는 노던 웨스트체스터 병원에 며칠간 머물렀고, 퇴원한 뒤로는 다시 집에서 한 동안 지냈다. 때로는 어느 정도 회복해서 걷는 것도 가능했지만 시간이 갈수록 점점 더 세상의 끈을 내려놓고 있었다. 9월이 되자 빌은 더 이상 침대에서 내려올 수 없는 지경에 이르렀다. 로이스가 보살피다가 나중에는 2명의 간호사가 교대로 돌아가면서 밤낮 없이 그의 곁에서 병간호를 했다. 마지막 6주 동안 빌이 보냈던 방은 동쪽을 향하고 있어서 징검다리에 꾸며진 잔디밭과 나무, 정원 등이 바라다 보인다. 집의 너비 방향으로 나 있는 그 방에는 탁자와 의자 여러 개가 놓여 있다.

마지막 6주 동안 징검다리에서 보낸 날들은 작별을 고하는 시간이었다. 빌을 사랑했던 사람들은 물론이고 싫어했던 사람들도 일부 찾아와 그에게 경의를 표했다. 톰 화이트는 뉴욕 캘리쿤에서 톰 파워스를 태운 뒤 그가 위층에서 작별 인사를 하는 동안 밖에서 기다렸다. 밤낮으로 빌을 돌본 두 명의 남자 간호사 제임스 단넨베르크와 마이크 오로린은 교대 근무를 할 때마다 녹색 줄이 그어진 메모지 한 장에 시간별로 일지를 기록했다. 11월 20일에는 그가 온밤을 꼬박 지새웠다고 기록했다. 피부의 건조 상태 및 '베넷' 산소 호흡기가 사용된 시간, 기간 등을 기록했다. 그들은 빌이 말하고 행동한 모든 것을 기록했다.

단넨베르크는 다음과 같이 기록했다. "제임스 단넨베르크의 기록, 12월 25일 - 빌 윌슨의 마지막 크리스마스 - 아침 6시 10분, 기나긴 밤을 보내고 나서 환자는 '위스키 석 잔'을 요구함." 단넨베르크는 또한 그가 원하는 것을 들어주지 않자 몹시 화를 냈다고도 메모장에 적었다. 당시 징검다리에는 위스키가 없었다. 며칠 뒤에 빌은 공격적으로 변했고 간호사를 향해 주먹을 휘두르려고 했다.

정월 초이틀에도 빌은 오로린 간호사에게 위스키 한 잔을 달라고 요구했다. 하지만 마실 수는 없었다. 이튿날은 평소보다 기분이 좋아보였다. 빌은 2월이 되면 버몬트에서 산책을 꼭 하고 싶다고 단넨베르크에게 이야기했다. 1월 4일에 빌은 간호사 두 명과 함께 라디오에서 방송하는 리처드 닉슨 대통령의 국정 연설을 들었다. 온 나라가 혼란에 빠졌다. 베트남 전쟁에 반대하는 학생들의 시위가 벌어지면서 지역과 가족은 분열되었다. 지난해 봄에 빌의 몸 상태는 아래층으로 내려가 종종 산책을 나갈 정도였는데, 켄트 주립 대학교에서 주방위군이 총을 발포해 4명의 대학생이 사살되는 사건이 있었다(1970년 5월 4일에 일어난 켄트 주립 대학교 발포 사건). 닉슨 대통령은 전쟁을 옹호하면서 미국이 캄보디아의 베트콩 보급로를 폭격하고 있으며 북베트남을 향해서도 대규모 폭격 작전을 벌이고 있다고 발표했다.

1월 7일, 단넨베르크는 몇몇 친지들이 빌을 만나러 왔고 그들이 돌아간 뒤에는 두 내외가 서로 화를 내며 언쟁을 벌였다고 기록했다. 이튿날 아침에 빌은 다시 위스키를 달라고 요구했다. 단넨베르크는 부탁을 들어주는 대신 곁에 앉아서 대화를 나누고 싶은지 물었다. 빌은 결혼 생활의 어려움을 토로했고 로이스에 대한 불평도 늘어놓았다. 단넨베르크는 측은한 마음이 들었다. 그리고 빌은 눈물을 흘렸다.

37년 가까이 단 한 잔의 술도 마시지 않았고 지금까지도 유일하게 성공적인 알코올 중독 치료법을 찾아낸 남자, 빌 윌슨은 1월 14일이 되어서도 또다시 위스키를 요구했다. 그는 알코올 중독자였다. 알코올 중독자들은 으레 술을 마신다. 그리고 무척이나 좋아한다. 장기간에 걸쳐 술의 영향도 받는다. 빌과 마찬가지로 상당수의 중독자는 술을 끊는 것이 거의 불가능에 가깝다는 사실을 깨닫는다. 그리고 대다수는 끊임없이 술을 마시고 싶어 한다. 심지어 빌은 살아 있는 최후의 순간에도 여전히 위스키를 원했는데, 이를 통해 알코올이 지닌 위력이 얼마나 대단한지 가늠해 볼 수 있다.

빌 윌슨은 알코올 중독자에 골초였으며 갖은 노력에도 불구하고 자신을 따르던 사람들이나 아내가 바라던 남자, 혹은 거의 날마다 본인이 되고 싶어 했던 그런 남자는 결코 될 수 없었다. 본인도 이 점을 잘 알고 있었기에 사람들이 자신을 향해 지도자라든지 어떤 식으로든 인간 행동의 모범이 될 거라는 생각을 하지 못하도록 애를 썼다. 빌은 많은 도움을 받았고 언제나 그 점을 고맙게 생각했다. 빌은 자신이 영웅이라는 생각에 대항해 싸웠다. 스스로를 영웅이라고 생각할 만큼 어리석지는 않았다. A.A.의 운용 지침인 12전통, 그것이 위대한 이유는 인간의 본성에 대한 그의 이해와 더불어 지도자로서가 아닌 한 인간으로서 평가받고 싶은 바람이 반영되어 있기 때문이다.

빌 윌슨은 결코 자신을 하나의 모범으로 제시하지 않았다. 다만 자신의 경험과 능력, 그리고 희망을 나눔으로써 사람들에게 도움을 주고자 노력했다. 빌은 쓰라린 경험으로 말미암아 회심의 과정을 겪게 되면서 술을 끊고 싶어 하는 알코올 중독자들을 위한 유용한 행동 방식과 일련의 조치를 하나 하나 발견한 보통 사람에 지나지 않는다고 몇 번이고 강조했다. 빌이 쓴 바와 같이, 알코올 중독자는 술을 마시지만 A.A.의 개입으로 그들은 자신의 "영적 단련"(spiritual fitness)의 수준에 따라 하루만에도 단번에 끊을 수 있다. 이제 빌은 임종의 자리에 누웠지만 자신의 예언대로 생명을 이어 나가고 있었다.

1월 말, 에드 맥베인 박사의 권고에 따라 로이스와 넬은 몇몇 돈 많은 친구들이 대여해 준 경비행기를 타고 마이애미 심장 병원에 빌을 다시 입원시켰다. 맥베인 박사는 새로운 기계를 갖고 있었는데, 잠수할 때 사용되는 산소 공급 장치와도 같은 것이 빌에게 도움이 될 거라고 생각했다. 로이스와 넬이 함께했지만 남쪽을 향해 떠난 여정은 빌을 녹초로 만들었다. 체구가 긴 빌에게 비행기 좌석은 너무나도 비좁았다. 그들이 탄 구급차는 저녁이 되어서야 병원에 도착할 수 있었다. 그날은 1971년 1월 24일 일요일이었다. 그리고 로이스와 넬이 밤 동안 잠들어버린 사이에 빌 윌슨은 영면에 들었다.

그의 시신은 집으로 옮겨졌다. 각 일간 신문 지상에는 부고 기사가 실렸고, 장례는 성 프란치스코의 '평화의 기도'가 낭독되는 가운데 징검다리에서 가족장으로 치러졌다. 전국 각지와 세계 여러 곳 – 뉴욕의 세인트 존 더 디바인 대성당, 워싱턴 D.C.의 워싱턴 내셔널 대성당, 몬트리올의 노트르담 대성당, 런던의 세인트 마틴 인 더 필드 교회 – 에서 추도식이 열렸고, 수십만 명의 사람들이 조의를 표했다. 5월 8일, 겨울 내내 얼었던 돌투성이 버몬트 땅이 풀려 매장이 가능할 정도가 되자 그의 시신은 그리피스 묘지 내의 클래런스 삼촌 – 이 죽은 아이의 삶은 빌의 어린 시절 내내 그림자처럼 따라다녔다 – 옆에 안장되었고 소박하게 묘비가 세워졌다.

지금도 추운 겨울날 산등성이 너머로 해가 지는 이른 오후에 징검다리에 있다 보면 그리 어렵지 않게 2월의 숲속을 걷고 있는 빌을 마음속에 그려볼 수 있다. 이곳에서 산다는 것 자체가 도저히 이룰 수 없는 꿈과도 같았던 젊은 시절, 30년도 더 지난 바로 그날에 그는 마을로 이어진 길가에 서 있는 커다란 떡갈나무와 뜰 가장자리를 지나 집안으로 처음 들어갔던 그 뒷유리창을 넘고 있다. 빌은 꿈을 이룰 작정이었다. 그는 스웨터와 목도리, 체구에 비해 다소 작아 보이는 닳아 해진 트위드 자켓을 입고서 쌓인 눈 더미와 앙상하게 가지만 남은 나무 사이를 걸어가고 있고, 그의 눈에는 저 멀리 한 줄로 늘어선 상록수와 꽁꽁 얼어 아른아른 빛나는 연못이 어릿거린다. 그의 머리 위에서는 다람쥐가 바삭바삭 소리를 내며 나무 사이를 재빠르게 달음박질하고 있고, 아직 2월 밖에 되지 않았지만 목도리를 풀고 언덕을 내려가도 좋을 만큼 따뜻한 바람이 그를 향해 불고 있다.

후기

빌 윌슨이 사망하고 나서 지금까지 33년 동안 그의 영향력은 어느 누구도 예상치 못할 만큼 계속해서 확장하고 있는데, 본인조차도 짐작하지 못했을 것이다. 비록 이름이 잘 알려진 것은 아니지만, 그가 고안해 낸 생각들은 20세기에 가장 영향력 있는 사상 가운데 하나이다. 우리는 그의 글 덕분에 중독에 관해 생각하는 방식을 바꾸었고, 결과적으로 인간 본성에 대한 생각도 바꿀 수 있었다. A.A.가 존재하기 전에 중독이라는 것은 정신 질환 혹은 의지력의 부족으로 치부되었다. 사람들은 야만적인 약물과 단식법, 심지어 전기 충격 요법으로 알코올 중독자를 치료하려고 했다. 하지만 모든 사람들은 그들이 나아질 가망이 없으며 어떤 식으로든 그들 본인에게 잘못이 있다고 확신했다. 종국에 가서 죽음을 맞이한 사람은 그나마 다행이지만, 운이 없는 사람은 평생토록 병원 신세를 지거나 수용시설에서 살아야만 했다. A.A. 및 주로 빌에 의해 작성된 문헌들은 정말로 많은 알코올 중독자들에게 단주할 수 있는 방법과 유익한 삶을 이끌어

나갈 수 있는 방법을 제시하고 있다. A.A.는 다수의 상응하는 프로그램을 배출해냈는데, 모두 「익명의 알코올 중독자들」을 바탕으로 하고 있으며, 대부분 「12단계와 12전통」도 활용하고 있다.

도박 중독자를 위한 12단계 프로그램, 채무자를 위한 12단계 프로그램, 섭식 장애를 가진 사람들을 위한 12단계 프로그램, 마약 중독자를 위한 12단계 프로그램, 성 강박증을 가진 사람들을 위한 12단계 프로그램은 모두 수백만 명의 사람들과 그들 가족의 삶을 변화시켰다(이 프로그램들은 알코올 중독자와의 관계로 발생된 문제를 갖고 있는 사람들을 위한 프로그램인 알아넌과는 다른 것이다). 이렇게 프로그램이 급성장하고 매년 회원 수가 늘어나면서 빌 윌슨이 제시한 사상은 우리의 공통 의식 속에 들어왔고, 인간다워진다고 하는 것을 어떻게 정의할 것인지에 관해서는 어떻게 보면 지그문트 프로이트나 토머스 제퍼슨의 사상만큼이나 강력한 변화를 가져왔다.

A.A.는 종종 그 진가를 인정받지 못하고 있는데, 외부인들은 기본이 되는 책인 「익명의 알코올 중독자들」을 읽지도 않고 A.A.에 대해서 단정을 내린다. 빌 윌슨은 A.A.가 종교가 아니며 회원들에게 그 어떠한 믿음도 요구하지 않는다는 점을 설명하고자 무척 애를 썼다. 비록 A.A.의 12단계에는 “신”이라고 하는 단어가 언급되고 있지만 그것은 단서가 달린 신이다: 우리가 이해하게 된 대로의 신. 빌 윌슨의 열렬한 지지자이자 하버드 대학교의 심리학자인 B.F. 스키너(Burrhus Frederic Skinner; 1904 – 1990; 미국의 행동주의 심리학자)는 비신자를 위한 새로운 형태의 12단계를 창

안했는데, 불필요한 것이었다. 지금까지도 많은 무신론자와 불가지론자는 A.A.를 활용해 단주를 계속하고 있다.

빌이 쓴 글에 따르면, 사실 A.A.에 담겨진 '규칙'은 그 어떤 것도 규칙이 아니다. 빌은 그것이 한낱 제언일 뿐이라고 밝혔다. 빌은 아주 독특한 조직을 세우면서 가능한 한 최선의 직접 민주주의를 확립하고자 했다. A.A.에는 지도자가 없다. 돈과 권력의 축적도 없다. 빌이 사망했을 때와 마찬가지로 지금도 A.A.는 회원들이 선출하거나 호선으로 결정된 대표 및 임원에 의해 운용되고 성장하는 조직이다. 뉴욕에 기반을 두고 있는 A.A. 총연합은 정해진 임기제를 도입하고 있다. 그들이 하는 역할은 A.A.를 다스리는데 있지 않다. 오히려 대다수 회원들이 바라는 바를 바탕으로 의사 결정을 내리는 일을 맡고 있다.

A.A.는 음주를 금하고 있지 않다. 모임에서는 종종 술기운이 남아있는 사람들도 기꺼이 받아들인다. 어떤 모임에서는 이러한 음주자들의 발언권을 제한하는 경우도 있지만 다른 어떤 모임에서는 이야기하고 싶은 만큼 자유롭게 표현할 수 있도록 하고 있다. 빌은 뭔가를 하지 말라고 하면 십중팔구 기어이 해보겠다고 하는 알코올 중독자의 습성을 익히 잘 알고 있었다. 빌은 술을 끊겠다는 열망이 A.A.의 멤버가 되기 위한 유일한 조건이라고 했다. 이러한 열망은 순간적인 것일 수 있는데, 숙취 때문에 그런 감정이 생긴 것일 수도 있고 방금 술집에서 휘청거리며 밖으로 나온 누군가와 마주치고 나서 받은 느낌일 수도 있다. A.A.가 회원들을 위해 제시하고 있는 여러 단계들은 고금의 많은 종교 단체와 자조 조직의 모범

을 따르고 있다: 고백, 배상, 갱생. 빌은 이것을 권한의 절대적 배제와 결합시키는 동시에 위계 구조가 없는 조직을 만듦으로써 67년간 지속적으로 운용되고 있고 지금도 계속해서 많은 중독자에게 상당한 도움을 주고 있는 회복의 방식을 정립했다.

지금 우리는 빌 윌슨의 가르침을 통해서 그가 살아있었을 때보다 중독의 본질이 무엇이고 중독에 빠지기 쉬운 성격이라는 것은 무엇을 의미하는지 더욱 분명히 알게 되었다. 단주를 하고 있는 알코올 중독자와 마약에서 벗어난 약물 중독자 대다수는 이를 대신 메우기 위해 또 다른 중독에 빠져 있는 자기 자신을 발견하곤 한다. 담배를 피우기도 하고 과식을 하기도 한다. 심지어 A.A. 모임에 '중독'되기도 한다. A.A.가 인간의 완전무결을 보장하는 것은 아니다. 대신 술을 끊을 수 있다는 희망의 손길을 내밀어 주고 있다. 대부분 알코올 중독자에게 있어서 이 점은 미증유의 거대한 진일보이다. 심지어 빌 본인조차도 담배를 끊지 못했는데, 단주하고 있는 상당수의 알코올 중독자들도 자신이 도박과 흡연, 성에 대한 강박 관념에 몰두하고 있음을 깨닫는다.

오늘날의 A.A. 모임은 옥스퍼드 그룹과 갈보리 선교구에 속했던 술주정뱅이 몇 명이 클린턴 거리의 버넘 하우스에 모여 만남을 가졌던 초창기에 비해 좀 더 자유롭게 설립되고 있다. 교회와 학교, 병원 등 온갖 유형의 공공장소에서 모임이 열리고 있다. 대체로 모임은 독본(「익명의 알코올 중독자들」이나 「12단계와 12전통」 등의 교재)을 읽거나 진행자 – 대개 돌아가면서 일을 맡는 경우가 흔하다 – 가 주제를 소개하는 것으로 시작한다. 많은 사람들이 늦게 오기도 하고 일찍 자리를 떠나기도 한다. A.A. 회원들 가운데 상당수는 모임에서 한 번도 이야기를 전하지 않는다. 그들은 경청하기 위해 오는 것이다. 또 어떤 이들은 오랫동안 이야기를 전하는데, 시간 제한은 없다. 어떤 회원들은 술을 끊은지 며칠 혹은 몇 년 되었는지 공개적으로 밝히지만 그렇지 않은 경우도 있다. A.A.가 지닌 본질 가운데 무정부주의적인 성향은 회원들의 선의를 고취시키는 것 같다.

어떤 A.A. 모임은 일반 대중에게 개방되어 있는 반면에 다른 어떤 모임은 비공개로 되어 있는데, 실제로는 거의 모든 모임이 술 문제가 있거나 단주에 대한 열망 유무와는 관계없이 모든 사람들에게 공개되어 있다. 어떤 상황에 처했든 관계없이 길을 잃고 방황하는 사람이라면 누구든지 모임에 들어와서 회복하고 있는 알코올 중독자들로부터 환영을 받을 수 있다. 다만 모임에 지장을 주는 경우에 한하여 나가달라는 요청을 받을 수도 있다. 만약 참여하고 있는 모임이 마음에 들지 않는다면 별도의 모임을 만들어 시작할 수 있다. 전 세계 어느 곳에서든 두 사람의 중독자가 모여 모임을 갖겠다고 말하기만 하면 된다.

알코올 중독자로서 빌은 알코올 중독의 본질을 깊이 이해하고 있었고 영성 운동과 금주 운동, 그리고 그 역사 – 이를 통해서 그는 정치적 이해관계라는 것이 선과 악 양쪽 모두에게 어떻게 영향력을 행사할 수 있는지 잘 알고 있었다 – 에 대해서도 식견을 가지고 있었다. 그는 뛰어난 작가이자 카리스마가 넘치는 위대한 스승이었다. 그의 삶은 복잡하게 뒤얽혀 있었지만 일생의 사명은 단순명료했다.

*　　*　　*

며칠만 지나면 동도싯의 윌슨 하우스에도 크리스마스가 찾아온다. 창문 앞에는 양초가 늘어서 있고, 문마다 동그라미 모양의 화환이 걸려 있다. 창문에는 소나무로 만든 꽃장식과 리본이 걸려 있고, 한쪽 구석에서는 크리스마스트리가 밝게 빛을 내고 있다. 창유리 밖에는 눈이 내리고 있는데, 초원 맞은편 회중 교회 너머로 그리피스 하우스가 눈에 들어온다. 이곳 거실 한편에서는 종종 모임이 열리고 있는데, 그곳에서 빌 윌슨이 태어났다. 알코올 중독 회복에 특별히 관심을 가지고 있던 오지 레퍼와 보니 레퍼 부부는 1987년에 윌슨 하우스를 구입해 이곳을 호텔로 운영하고 있으며 지금까지도 방문객들을 맞이하고 있다.

오늘 아침에 보니는 빌이 헨리에타 세이버링과 있었던 문제에 관해 이야기를 해주었다. 이곳에서 키우고 있는 개 – 발리와 래디 – 두 마리는 이리저리 거실을 뛰어다녀서 금방이라도 빅토리아풍 가구를 쓰러뜨릴 기세이다. 오지는 열 살 난 빌이 부모가 이혼한 뒤로 매드 톰 도로의 떡갈나무 꼭대기에 올라가서 내려올 생각을 하지 않았던 이야기를 들려주었다. "그는 떡갈나무가 자기를 지탱해 주었으면 좋겠다는 생각을 했습니다. 당시에 다른 어떤 것도 그를 지탱해 주지 못했지요." 우리는 빌 윌슨에 관한 이야기 외에도 그가 죽고 나서 30년 동안 말과 글로 전해진 것들에 대해 다방면으로 담소를 나누었다. 마치 오늘 크리스마스 쇼핑을 하러 맨체스터에 간 것처럼 우리와 함께 그가 살아 숨쉬고 있는 것만 같았다. 오지가 말을 꺼냈다. “그는 결코 자신이 원하던 평화를 얻지는 못했습니다.” 그러자 다른 누군가가 대답했다. “하지만 우리는 얻게 되었지요.”

주방에서 풍기는 밥 짓는 냄새가 좁은 복도를 따라 창문 사이로 퍼져나갔고, 진통을 참아내며 추수감사절 만찬을 준비하고 있던 에밀리 그리피스 윌슨은 창밖을 바라보았다. 100년도 더 지났지만 거실에 앉아 있다 보면 그 냄새가 지금까지도 전해지는 것만 같다. 이제는 눈이 펑펑 내린다. 초원에도, 작은 마을을 가로질러 지나가는 철길에도, 오랜 시간이 지난 대리석 더미에도, 저 멀리 아에올러스산 정상에도, 그리고 빌 윌슨과 그의 가족, 그리피스 가문과 윌슨 가문의 묘비에도 눈이 소복이 쌓여간다.

감사의 말

다른 장르보다 전기 문학은 하나의 공저 작품의 성격을 띠는데, 처음에는 중심인물과 저자, 다음에는 저자와 그 중심 인물을 알고 있는 사람들, 최종적으로는 저자와 이전에 그 사람에 관해 글을 쓴 여러 사람들 간의 산물이다. 나에게 있어서 빌 윌슨의 자서전 및 로이스 윌슨의 회고록인 「Lois Remembers」 외에도 로버트 톰센과 낸 로버트슨, 프랜시스 하티건, 톰 화이트, 빌 피트먼이 쓴 전기들, 그리고 익명의 저자들이 쓴 「전하세요」 등은 실제 빌 윌슨의 삶뿐만 아니라 그것에 담긴 의미를 이해하는데 더할 나위 없이 소중한 도움을 주었다. A.A.와 빌 윌슨에 관한 글을 쓴 저자들 가운데 전적으로 영향을 준 것은 아니지만 누구 못지않게 중요한 분으로는 일찍이 A.A.에 관해 중요한 책을 쓴 어니스트 커츠, A.A. 및 설립자를 분석하는데 저술가로서 일생을 바친 멜 버거, 그리고 빌과 로이스의 비서 역할을 했던 넬 윙이 있다. 그리고 많은 분들의 글 덕분에 그의 삶을 둘러싸고 있는 미로와도 같은 여러 자료와 의견을 파악할 수 있었다.

그들의 도움이 없었다면 본 책은 완성되지 못했을 것이다.

나는 친구이자 저작권 대리인인 킴 위더스푼, 넬슨 올드리치, 레바 화이트 윌리엄스와 데이브 윌리엄스, 월터 아이작슨, 그리고 마이클 월레거, 미리엄 어라운드, 프랭크 그리즈월드와 피비 그리즈월드, 한나 그리즈월드, 엘리자 그리즈월드, 바바라 골드스미스, 제인 히치콕과 제임스 호글랜드, 마리 베스 휴즈와 듀크 비슨, 제넷 왓슨 생어와 알렉스 생어, 레니 골레이와 레이 셔먼, 랜디 레러, 페이지 페터슨, 로라 팔머, 네드 로럼, 돈 라이스, 매기 스카프와 허브 스카프, 주디 콜린스와 루이스 넬슨, 에리카 정과 켄 버로우스, 몰리 정과 매튜 그린필드, 칼 번스타인, 티나 브라운과 해리 에반스, 마르셀 클래멘스, 제인 허쉬필드, 존 어빙과 자넷 어빙, 캐서린 러셀 리치, 수잔 킨솔빙과 윌리엄 킨솔빙, 뮤리엘 로이드, 말라기 맥코트, 론 갈렌, 셸리 하웨인, 글렌 호로비츠, 켄 로버, 고든 밀러, 릭 무디, 수잔 오크스, 오렌 킹, 패티 오툴, 제넷 메이슨, 랄프 버글리, 마저리 볼프를 포함해 대부분 작가이거나 편집자인 좋은 친구들 및 가족들과 대화를 나누면서 이 책에 대한 구상을 하기 시작했다.

사이먼 & 슈스터는 이 책을 출판한 회사로, 이곳의 직원들은 편집에 관한 특별한 재능과 능숙한 기술을 갖고 집필과 편집, 출판 과정에 온 힘을 쏟았다. 그들은 친구이자 동료이고 선생님이다. 운 좋게도 나는 셰릴 웨인스타인, 캐롤 보위, 빅토리아 메이어, 엘리자베스 헤이즈, 앤터니 뉴필드, 프레드 위머로부터 귀중한 도움을 받을 수 있었을 뿐만 아니라 명석한 마이클 코다와 척 애덤스, 집시 다 실바의 지도를 받을 수 있었다.

전기 문학은 열정과 인내 사이의 각별한 균형을 필요로 하는데, 제럴드 클라크, 주디스 서먼, 재키 웰드, 자넷 말콤, 제이 파리니는 몸소 나에게 아량을 베풀고 작품을 통해 영감을 주신 분들이다. 특히 린들 고든이 해주신 격려의 말과 지도, 베닝턴 대학교에서 보여준 멋진 강연은 전기 문학에 대한 내 생각을 다시금 바로 세울 수 있도록 해주었다. 리암 렉터와 베팅턴 대학교의 모든 사람에게도 감사의 말을 전하고 싶은데, 그곳에서 나는 이 책 일부를 낭독할 기회를 가질 수 있었다. "훌륭한 동료들과 우수한 나의 학생들, 여러분은 모두 한 명 한 명 나에게 큰 가르침을 주었습니다."

엘리아나 리차드슨, 캔디스 웨이트, 린 파라넬, 캐시 클라크, 그리고 이 책의 대부분을 썼던 장소인 야도(Corporation of Yaddo; 미국 뉴욕 외곽에 위치한 작가, 작곡가, 예술가 등을 위해 설립된 비영리기구)의 사람들은 저술가로서의 업을 가지고 살아가는 나와 같은 많은 이들이 그곳에서 작업할 수 있는 영광을 제공해 주었을 뿐만 아니라 모두가 인정이 넘쳤고 작가라면 누구나 꿈꿔온 그러한 지원을 아끼지 않았다.

징검다리 기록 보관소와 빌 윌슨이 그의 생애 마지막 30년 동안 아내인 로이스와 함께 살던 집에서는 나를 기꺼이 환영해 주었고, 뉴욕시 A.A. 기록 보관소의 달린 스미스도 특별히 짬을 내어 내가 필요로 하는 문서를 얻을 수 있도록 허락해 주었다. 그리고 데이비드 루이스와 그의 동료들의 도움으로 브라운 대학교와 존 헤이 도서관에 있는 훌륭한 기록들을 들여다 볼 수 있었다. 보니와 오지는 빌 윌슨과 그의 프로그램에 관심이 있는 사람이라면 누구든지 윌슨 하우스를 방문할 수 있도록 그곳을 쉼터로 만들었고, 동도싯에 윌슨 가족의 많은 추억들이 언제나 기억될 수 있도록 했다. 두 사람은 도량이 넓은 분이었다.

진저 로스와 팻 바이덴펠러를 비롯하여 「뉴스데이」의 사람들은 모두가 이해심이 많고 힘이 되어 주었다. 언제든 진저와 이야기를 나누면 무엇이든지 간에 생각이 명료해진다. 마크 피엘과 뉴욕 소사이어티 도서관은 문학에 있어서 나의 비밀 병기이다. 내 어머니는 문학 가풍(아버지 존 치버(John Cheever; 1912 – 1982; 미국의 소설가; 1978년 전미 도서비평가협회상, 1979년 퓰리처상 수상, 1981년 전미 도서상 수상; 알코올 중독 문제를 가지고 있었음); 어머니 마리 치버(Mary Cheever; 1918 –2014; 미국의 시인; 전화를 발명한 알렉산더 그레이엄 벨의 조수인 토머스 A. 왓슨의 손녀); 남동생 벤자민 치버(Benjamin Cheever; 1948 – ; 미국의 소설가); 올케 자넷 매슬린(Janet Maslin; 1949 – ; 미국의 저널리스트))의 맥을 이어 여러모로 나에게 도움을 주셨는데, 특히 로이스 윌슨과 만남을 가졌던 이야기는 몹시도 재미있었다. 남동생 벤과 올케인 자넷은 그 무엇으로도 대신할 수 없는 친구이자 동료이다 – 동생이 태어났을 때 별로 마음에 들어 하지 않았다고 하던데 지금은 고맙게도 나에게 많은 힘이 되어주고 있다. 내 딸과 아들, 사라 톰킨스와 쿼드 힝클은 언제나 내가 글을 쓰는 이유이다 – 그들은 내 삶의 중심이며 다음 세대 독자들과 문인들의 중추적인 역할을 할 것이다.

무엇보다도 빌을 잘 알고 있거나 빌과 보브 박사가 제시한 방식을 실천하며 살아가고 있는, 이름을 밝히지 않은 수십 명의 사람들로부터 받은 도움을 한 마디로 표현하기란 불가능한 일이다. 나를 돕겠다고 하는 수백 통의 편지와 수십 건의 제의가 들어왔다. 내가 접촉한 거의 모든 사람들은 각별히 애를 써서 도움을 주거나 이야기를 전해주었다. 빌 윌슨이 이룩한 업적이 얼마나 엄청난 것인지, 그리고 그러한 발견이 이들과 나의 삶에 얼마나 깊은 여운을 남기고 있는지 깨닫게 된 것은 바로 이들 덕분이다. 감사의 마음을 전한다.

연보

1895	11월 26일, 새벽 3시경. 버몬트, 동도싯에서 윌리엄 그리피스 윌슨이 태어남.
1898	빌의 여동생인 도로시 브루스터 윌슨이 태어남.
1906	에밀리 윌슨과 길먼 윌슨이 이혼함.
1912	11월 19일. 빌의 연인, 버사 뱀포드가 뉴욕에서 사망함.
1912	빌 윌슨은 버 앤드 버튼 신학교를 중퇴하고 신경 쇠약에 시달림.
1913	여름. 빌 윌슨과 로이스 버넘이 만남.
1914	가을. 빌 윌슨은 대륙을 가로질러 캐나다의 브리티시 컬럼비아, 마블헤드에서 채석장 감독으로 일하는 아버지인 길먼과 아버지의 훗날 부인인 크리스틴을 방문함. 8년 전에 윌슨 부부가 이혼하고 나서 처음으로 아버지와 아들이 마주함.
1914	8~9월. 빌 윌슨과 로이스 버넘이 약혼함.
1914	9월. 빌 윌슨은 버몬트, 노스필드에 있는 노위치 대학교에 입학함.

1917	빌 윌슨은 군대에 소집되고, 소위로 66 해안 포병 군단에 배치됨. 이후 뉴베드포드 집결지인 로드먼 요새에 주둔함. 저녁 식사 파티에서 빌은 처음으로 술(맥주)을 마심. 얼마 뒤에 빌은 뉴포트의 그리넬 자매가 연 칵테일파티에서 브롱크스 칵테일이라는 술을 다시 마심. 훗날 빌은 "불로장생의 영약을 발견했다."고 글을 씀.
1918	1월 24일. 빌 윌슨과 로이스 버넘은 그녀의 가족이 사는 클린턴 거리 182번지에서 가까운, 브루클린 스베덴보리 교회에서 결혼식을 올림.
1919	빌 윌슨은 영국과 프랑스에서 군복무함. 제대 후에 브루클린으로 간 빌은 로이스와 함께 그녀의 가족이 사는 집 근처에 정착함. 빌의 음주 문제가 악화됨.
1919	빌 윌슨은 어린 시절 우상인 토머스 에디슨의 일자리 제의를 거절하고 USF&G에서 채무 징수원으로 일하기 시작함.
1920	1월. 수정 헌법 제18조인 금주법이 시행됨. 빌 윌슨은 계속해서 술을 마심.
1922	로이스가 첫 번째 자궁 외 임신을 함. 합병증을 동반한 두 번째 자궁 외 임신으로 더 이상 아이를 갖지 못하게 되며, 가정을 꾸리겠다는 윌슨 부부의 꿈도 끝을 맺음.
1925 - 29	빌 윌슨은 월가에서 증권 분석가가 됨. 빌의 음주는 더욱 악화됨.
1925	빌 윌슨과 로이스 윌슨은 오토바이를 타고 뉴욕, 스키넥터디에 가서 제너럴 일렉트릭을 조사함. 이곳은 월가에 보낼 정보를 얻기 위해 시장 조사를 하면서 동부 연안을 따라 이동한 장거리 오토바이 여행의 첫 번째 장소임.
1926	6월. 빌 윌슨과 로이스 윌슨은 오토바이 여행을 끝마치고

돌아옴. 로이스의 여동생인 키티가 결혼함.

1927 여름. 빌 윌슨과 로이스 윌슨은 쿠바에 가서 설탕 산업을 조사함. 빌의 상관인 프랭크 쇼는 그의 음주 문제를 우려함. 빌은 술을 끊을 수 있을 거라고 확신함. 하지만 계속해서 끊지 못함.

1929 가을. 주식 시장이 붕괴됨. 빌 윌슨은 파산함. 금융계에서 그의 재기는 많은 기회가 있었음에도 음주로 인해 얼마 가지 못함.

1930 12월 24일. 브루클린에서 로이스 윌슨의 모친이 골암으로 사망함.

1933 5월. 로이스 윌슨의 부친인 클라크 버넘 박사가 재혼을 하고, 거액의 저당이 잡혀 있는 브루클린 클린턴 거리 182번지의 집을 빌 윌슨과 로이스 윌슨에게 양도함. 불황으로 인해 은행은 명목 지불을 받기 시작함.

1933 8월. 빌 윌슨은 센트럴 파크 웨스트에 있는 찰스 B. 타운스 병원에 입원함. 세 차례의 입원 중 첫 번째. 빌은 자신에게 병이 있다고 이야기해준 던컨 실크워스 박사를 만남.

1933 12월 5일. 금주법이 폐지됨. 빌 윌슨은 계속해서 술을 마시고, 계속해서 끊겠다고 약속하고, 계속해서 또다시 술을 마심.

1934 한여름. 빌 윌슨은 단주를 유지할 수 없어 타운스 병원에 다시 들어감.

1934 11월. 에비 대처는 빌 윌슨을 방문해 자신이 새로 얻은 온전함을 이야기하고 옥스퍼드 그룹에 가입하라고 권유함. 빌은 그를 조롱함. 이후 빌은 갈보리 선교구를 찾아감. 빌은 취해 있었지만 성찬대에서 자신을 신께 맡김. 하지만 계속해서 술을 마심.

1934　12월 11일. 빌 윌슨은 마지막으로 술을 마셨는데, 자신이 구입한 여러 개의 맥주캔 가운데 하나를 들고 브루클린에서 타운스 병원까지 이동함. 이번에는 전과 다르게, 빌은 훗날 "강렬한 번득임"이라고 부른 현현의 순간을 경험함. 그 후로 다시는 술을 마시지 않음. 12월 18일에 빌은 이를 끝으로 타운스 병원을 퇴원함. 빌과 로이스는 옥스퍼드 그룹 모임에 참여하기 시작하고 술을 끊지 못하고 있는 다른 알코올 중독자들을 모으기 시작함. 빌은 단주를 유지함.

1935　5월. 빌 윌슨은 애크런에 가서 국영 고무 가공 기계 회사의 경영권 인수 입찰에 참여함. 빌은 또 한 번의 재기를 기대함. 하지만 제대로 되지 않음. 빌은 세이버링 사유지에 있는 스탠 하이웨트의 관리실에서 보브 박사라고 자신을 소개한 다른 알코올 중독자와 만남을 가짐.

1935　6월 10일. 재발하고 나서 보브 박사는 마지막으로 술을 마심. 빌과 보브 박사가 모임의 이름을 짓기 몇 년 전이지만, 이 날이 A.A.의 공식 설립일임.

1935　가을. 빌 윌슨과 로이스 윌슨은 클린턴 거리에 있는 두 사람의 집에서 화요일 밤마다 특별히 알코올 중독자를 위한 옥스퍼드 그룹 모임을 열기 시작함.

1936　9월. 클라크 버넘 박사가 사망함.

1936　갈보리 교회의 옥스퍼드 그룹 지도자들은 브루클린의 윌슨 하우스에서 열리는 모임에 회원들이 참여하지 못하도록 금지함. 그들은 윌슨 부부가 "정점에 이르지 못했다"고 이야기함.

1937　빌 윌슨과 뉴욕의 알코올 중독자들이 옥스퍼드 그룹을 떠남.

1938　옥스퍼드 그룹의 지도자 프랭크 부크먼 신부는 아돌프 히틀러를 회원으로 영입하려고 시도함. 옥스퍼드 그룹은 도덕

재무장 운동으로 이름을 바꿈.

1938 존 D. 록펠러 주니어는 보브 박사의 대출금을 갚아주고 그와 빌 윌슨에게 매달 30달러의 후원금을 지급했지만 두 사람이 바랐던 거액의 기부금은 거절함. 존 D. 록펠러 주니어는 5명의 임원 – 3명의 비중독자와 2명의 회복한 알코올 중독자 – 과 함께 알코올 중독 재단 설립에 도움을 제공함.

1939 4월. 빌 윌슨에 의해 씌여지고 거의 모든 회원들에 의해 편집된 빅북은 「익명의 알코올 중독자들」이라는 제목으로 출판이 이루어지며, 또한 모임의 이름으로 정해짐.

1939 4월 26일. 빌 윌슨과 로이스 윌슨은 그녀가 평생 살아온 클린턴 거리의 버님 하우스에서 쫓겨남. 두 사람은 이삿짐 보관료를 지불할 형편도 되지 못함. 두 사람은 친구 집과 친척집을 전전하며 2년간의 떠돌이 생활을 시작함.

1940 2월 8일. 존 D. 록펠러 주니어는 맨해튼의 유니온 클럽에서 A.A.를 위한 만찬회를 제공함.

1941 3월 1일. 빌 윌슨과 함께 수개월 동안 여행한 잭 알렉산더의 기사가 「새터데이 이브닝 포스트」지에 실림. 그 기사는 정확하고 우호적이었으며 A.A.를 효과적인 프로그램으로 묘사함. 빅북이 팔리기 시작함. 우편물이 맨해튼 사무실로 쇄도함.

1941 윌슨 부부는 '빌과 로이스의 행운'을 장만하고 '징검다리'라고 새롭게 이름을 붙임.

1943 빌 윌슨과 로이스 윌슨은 A.A. 모임을 방문하는 목적으로 떠난 첫 번째 국토 횡단 여행을 성공적으로 마침. 빌 윌슨은 군대에 입대하려고 했지만 거부당함.

1944 빌 윌슨의 세 번째 오랜 우울증이 시작됨.

1950	첫 번째 국제회의가 열림. 빌 윌슨은 회원들에게 권한을 이양하기 위한 계획을 설명하고, 돈과 권력의 축적이 없으면서도 최선의 민주주의를 보장해 줄 헌장에 공을 들이기 시작함. A.A.의 운영 지침을 설명한 12전통이 채택됨. 보브 박사가 마지막으로 자신의 모습을 드러냄.
1950	11월 16일. 로버트 홀브룩 스미스 박사가 애크런에서 사망함.
1951	4월. 1차 연합 총회가 개최됨.
1954	「12단계와 12전통」이 출판됨. 빌 윌슨이 예일 대학교 학위 수여를 거절함.
1955	7월. 세인트 루이스에서 열린 국제회의에서 빌 윌슨은 A.A.가 공식적으로 성년이 되었음을 알림. 결의문에 찬성의 환호성이 터져 나옴.
1966	에비 대처가 사망함. 그는 지금까지 여러 차례 재발함. 빌 윌슨이 계속해서 후원함.
1967	빌 윌슨의 요청으로 이사회에서 중독자 그룹과 비중독자 그룹의 임원 비율이 변경됨.
1970	빌 윌슨이 마이애미 국제회의에 마지막으로 자신의 모습을 드러냄. 빌은 흡연으로 인한 폐기종으로 점점 죽음에 다가감.
1971	1월 24일. 빌 윌슨이 베드포드 언덕에서의 오랜 병환 끝에 마이애미에서 사망함.
1988	10월 5일. 로이스 윌슨이 베드포드 언덕에서 사망함.

부록: 12단계와 12전통

12단계와 12전통이라고 하는 두 목록은 거의 모든 A.A. 모임 장소에 게시되어 있다. 12단계는 1939년에 출판된 「익명의 알코올 중독자들」에 수록되기 전에 빌 윌슨이 초안을 작성했고, 오하이오의 애크런 및 뉴욕시의 A.A. 위원회 구성원들이 편집을 맡았다. A.A.의 규약인 12전통은 1940년대 후반과 1950년대 초반에 A.A.의 소식지인 「포도나무」지에서 다양한 형태로 세상에 처음 나오기 시작했다. 1945년에 빌은 베드포드 언덕에 있는 징검다리 위쪽 언덕배기에 자신이 지은 작업실에서 12단계와 12전통을 이와 같은 단문 형식과 장(章)으로 이루어진 장문 형식으로 다시 썼다. 1954년에는 「12단계와 12전통」이라는 제목으로 증보판 형태의 책이 출판되었다.

12단계

1. 우리는 알코올에 무력했으며, 우리의 삶을 수습할 수 없게 되었다는 것을 시인했다.
2. 우리보다 위대하신 힘이 우리를 본 정신으로 돌아오게 해 주실 수 있다는 것을 믿게 되었다.
3. 우리가 이해하게 된 대로, 그 신의 돌보심에 우리의 의지와 생명을 맡기기로 결정했다.
4. 두려움 없이 우리 자신에 대한 도덕적 검토를 했다.
5. 우리의 잘못에 대한 정확한 본질을 신과 자신에게, 그리고 다른 어떤 사람에게 시인했다.
6. 신께서 이러한 모든 성격상 결점을 제거해 주시도록 완전히 준비했다.
7. 겸손하게 신께서 우리의 단점을 없애 주시기를 간청했다.
8. 우리가 해를 끼친 모든 사람의 명단을 만들어서 그들 모두에게 기꺼이 보상할 용의를 갖게 되었다.
9. 어느 누구에게도 해가 되지 않는 한, 할 수 있는 데까지 어디서나 그들에게 직접 보상했다.
10. 인격적인 검토를 계속하여 잘못이 있을 때마다 즉시 시인했다.
11. 기도와 명상을 통해서 우리가 이해하게 된 대로의 신과 의식적인 접촉을 증진하려고 노력했다. 그리고 우리를 위한 그의 뜻만 알도록 해주시며, 그것을 이행할 수 있는 힘을 주시도록 간청했다.
12. 이런 단계들의 결과, 우리는 영적으로 각성되었고, 알코올 중독자들에게 이 메시지를 전하려고 노력했으며, 우리 일상의 모든 면에서도 이러한 원칙을 실천하려고 했다.

12전통

1. 우리의 공동 복리가 무엇보다 우선되어야 한다. 개인의 회복은 A.A.의 공동 유대에 달려 있다.
2. 우리의 그룹 목적을 위한 궁극적인 권위는 하나이다. – 이는 우리 그룹의 양심 안에 당신 자신을 드러내 주시는 사랑 많으신 신(神)이시다. 우리의 지도자는 신뢰받는 봉사자일 뿐이지 다스리는 사람들은 아니다.
3. 술을 끊겠다는 열망이 A.A.의 멤버가 되기 위한 유일한 조건이다.
4. 각 그룹은 다른 그룹이나 A.A. 전체에 영향을 끼치는 문제를 제외하고는 반드시 자율적이어야 한다.
5. 각 그룹의 유일한 근본 목적은 아직도 고통 받고 있는 알코올 중독자들에게 메시지를 전하는 것이다.
6. A.A.그룹은 관계 기관이나 외부의 기업에 보증을 서거나 융자를 해 주거나 A.A.의 이름을 빌려 주는 일 등을 일체 하지 말아야 한다. 돈이나 재산, 명성의 문제는 우리를 근본 목적에서 벗어나게 할 우려가 있기 때문이다.
7. 모든 A.A. 그룹은 외부의 기부금을 사절하며, 전적으로 자립해 나가야 한다.
8. A.A.는 항상 비직업적 이여야 한다. 그러나 서비스 센터에는 전임 직원을 둘 수 있다.
9. A.A.는 결코 조직화되어서는 안 된다. 그러나 봉사부나 위원회를 만들 수는 있으며, 그들은 봉사 대상자들에 대한 직접적인 책임을 갖게 된다.
10. A.A.는 외부의 문제에 대해서는 어떠한 의견도 가지지 않는다. 그러므로 A.A.의 이름이 공론에 들먹여져서는 안 된다.
11. A.A.의 홍보 원칙은 적극적인 선전보다 A.A.본래 매력에 기초를 둔다. 따라서 대중 매체에서 익명을 지켜야 한다.
12. 익명은 우리의 모든 전통의 영적 기본이며, 이는 각 개인보다 항상 A.A.원칙을 앞세워야 한다는 것을 일깨워주기 위해서이다.

주석

이 책의 대부분의 자료는 참고 문헌에 인용된 작품과 뉴욕시 및 뉴욕 베드포드 언덕의 징검다리에 있는, 두 곳의 주요한 윌슨 기록 보관소에서 참조했다. 나는 또한 버몬트 동도싯에 있는 기록 보관소에도 방문했다. 빌 윌슨의 삶에 관한 많은 이야기가 다양한 장소에서 다른 형태로 전해지고있다. 가능한 나는 사건이 일어났던 시기 및 관련된 사람들이 들려준 이야기와 가장 가까운 출전을 선택했다.

약어

SSA	Stepping Stones Archive, Bedford Hills, New York
AANYC	Alcoholics Anonymous Archive at General Service Offices in New York City
VV	Vermont Voices, 1609 through the 1900s: A Documentary History of the Green Mountain State
WGW	William Griffith Wilson
LBW	Lois Burnham Wilson
EGW	Emily Griffith Wilson

1장. 윌슨 하우스

37 정신이 없던: Letter from EGW to WGW on his birthday, 1938, AANYC.

38 호박들이 차가운 땅에 등을 맡긴 채 여전히 느긋한 시간을 보내고 있었다: DeGraaf and Yamasaki, New England Wildlife.

39 거대한 대리석 덩어리들은 느릿느릿 움직이는 소들의 도움으로: Resch, Dorset.

40 미국 남북 전쟁에 북부군으로 참전했다: Coffin, Full Duty, 187. 게티즈버그 전투 기록 보관 담당자인 스코트 하트위그와의 인터뷰

43 새끼 돼지로 만든 바비큐 요리: EGW to WGW, June 1945, AANYC. Clarence: Anonymous, "Pass It On," 28.

45 강한 바람이 부는 산꼭대기에서 유래되었는데: Resch, Dorset, 9.

46 러디어드 키플링은 … 놀래카에서 「정글북」을 집필했다: Murray, Kipling in Vermont.

2장. 동도싯

49 빌 윌슨이 십 대 경부터 피우기 시작한 담배: WGW to LBW, SSA.

49 도싯 가문의 이던 앨런: Botkin, New England Folklore, 296.

52 벨과 그의 조수: Cheever, Treetops.

54 월든 호수 끝자락에 있는 에머슨 소유의 땅을 빌려: Richardson, Emerson.

54 본격화된 금주의 시대: Lender and Martin, Drinking in America, 84.

55 워싱턴 금주 운동은 매우 성공적이었는데: Ibid., 77.

59 채석 작업은 위험했고: Resch, Dorset.

59 패거리를 이룬 캐나다 노동자들: George Ellsworth Hooker, "Labor and Life at the Barre Granite Quarries." VV, 232.

3장. 윌슨 가족과 그리피스 가족

63 머리빗으로 자신을 때리는 어머니: Wilson, Bill W.

65 윌리엄 윌슨은 8년 동안: Wilson, Bill W., 4, and Thomsen, Bill W.

65 에밀리의 아버지인 … 성격이 과묵하고 체구가 건장했다: Anonymous, "Pass It On," 15.

65 "할아버지 옆에 가면": Wilson, Bill W., 4.

66 어떤 마취제도 없었는데: EGW to WGW, AANYC.

66 한 무리의 사내아이들과 … 마크 와론: Wilson, Bill W., 3.

66 "너를 건네받았을 때 몸이 너무나도 차갑고": EGW to WGW.

68 에밀리의 이웃인 아네트 파말리: Vermont League of Women Voters Papers. VV, 261–67.

69 빌은 … 전학을 갔는데: Anonymous, "Pass It On," 22.

69 버펄로 빌이 … 에이스 카드를 총으로 맞히는: Wilson, Bill W., 11, and Thomsen, Bill W.

70 종이로 만든 관을 이용해 신선한 공기를 들이마시는데: Wilson, Bill W., 7.

4장. 도싯 연못

73 물이 흘러내려 신비로운 초록빛을 띠고 있는 이 연못은: Brown, The History of Emerald Lake State Park.

74 빌은 뭔가 잘못되어 가고 있다는 것을 알 수 있었다: Wilson, Bill W., 8.

74 여기저기에 … 파랑 수레국화가 흐드러지게 피었다: Brown, The History of Emerald Lake State Park, and Harritt, Emerald Lake State Park Nature Trail Guide.

74 붉은 매: DeGraaf and Yamasaki, New England Wildlife.

76 "어쨌든 부모님이 정말로 이혼했다는 사실을 알게 되었다": Wilson, Bill W., 9.

77 "어머니와 저는 언제나 극단적이었습니다": WGW to EGW, AANYC.

78　모스 부호를 배워서: Wilson, Bill W., 12.

78　그곳의 일은 참으로 고되고 위험했는데: Resch, Dorset, chap. 8.

78　뉴욕 공립 도서관이 세워지면서: Ibid., 230, and Lois Wilson, Lois Remembers.

5장. 그리피스 하우스

82　"저는 … 그 산을 처음 보았습니다": Wilson, Bill W.

82　런던데리 여인숙에서 추수감사절: Letters from WGW to all, AANYC.

82　1888년에 불어닥친 심한 눈보라로 … 도로가 막히면서: Resch, Dorset, 17.

83　헛간에서 … 니트로글리세린을 만들었던: Wilson, Bill W.

83　"저녁 무렵의 예배 시간이었습니다": WGW to EGW, AANYC.

84　버몬트는 다른 주에 비해 상대적으로 많은 병력을 잃었다: Coffin, Full Duty, 356.

86　본인이 직접 만든 부메랑을 던진 소년은: Wilson, Bill W., 13.

87　빌은 지그와 왈츠도 연주했는데: Letters from WGW to LBW, 1917, SSA.

6장. 버몬트

89　'푸른 산': Resch, Dorset, chap. 24.

90　가장 초기의 정착민들: Resch, Dorset, 22.

91　윌슨 가문은 동도싯 최초의 거주민 가운데 하나로: Ibid., 220.

92　자신이 메이플라워호의 후손이라는 사실: family charts at SSA.

93　"지금도 버몬트 사람이 된다고 하는 것은": Bryan, Yankee Politics.

94　심장 박동이 멈춘 것은 아닌지 확인하면서: Mark Whalon to WGW, AANYC.

94 '익명의 알코올 중독자들'에 있는 사람들은 종종 다음과 같은 이야기를 한다: Interviews.

96 로이스 버넘과 그녀의 가족: Lois Wilson, Lois Remembers, 2.

96 맨체스터 빌리지에 사는 에드윈 T. 대처 혹은 에비 대처와 그의 대가족: Kurtz, Not-God, 16.

7장. 마크 와론

97 소도시는 쇠락의 길을 걷기 시작했다: Coffin, Full Duty, 356-57.

98 마크와의 우정: Lois Wilson, Lois Remembers, 32.

99 "어린 시절의 친구 중에서": Wilson, Bill W., 7.

99 두 사람은 … 자신이 읽은 책에 관해 서로 이야기했다: Kurtz, Not-God, 11, and Pittman, A.A.: The Way It Began, 141.

99 낡은 나무 탁자에 앉은 빌은 … 큰 유리잔에 담긴 사과주가: Kurtz, Not-God, 12, and Thomsen, Bill W.

100 모든 이의 로버트 프로스트: "Alfred Eisenstadt in Vermont," Life magazine, October 1943.

102 이러한 저택에서 … 지내는 '여름 행락객': Lois Wilson, Lois Remembers, 14.

104 "버몬트에서 … 너무나도 다행한 일입니다": Governor John McCullough, Inaugural Address (1902), Journal of the Senate, October 3, 484-489.

104 버넘 집안과 대처 집안: Lois Wilson, Lois Remembers, 9.

105 "예일 대학교의 비서": WGW to Mark Whalon, 1954, AANYC.

107 "도저히 견딜 수가 없어요. 지금 이렇게 글을 쓰는 순간에도요": WGW to EGW, September 1956, AANYC.

8장. 아에올러스산

109 카운티 금주 협회: Thomsen, Bill W.

111 클래런스 삼촌의 낡고 오래된 바이올린을 … 독학으로 연주: Wilson, Bill W.

111 단풍 설탕을 담는 양동이: Thomsen, Bill W.

112 주변의 모든 물줄기는 서로 모여: 2000년 3월에 저자가 아에올러스산에 등반했을 때의 경관을 바탕으로 하고 있다.

113 그리피스 집안의 두꺼운 사전: Lois Wilson, Lois Remembers, 13.

9장. 버 앤드 버튼 신학교

115 독서광이 된 빌: Wilson, Bill W., 12.

116 남학생은 트위드 바지와 재킷을 입었고: 2000년 5월, 버 앤트 버튼 역사가인 프레데리카 템플턴과의 인터뷰

117 가드너는 … 손자를 버 앤드 버튼 신학교에 보내기로 마음먹었다: Anonymous, "Pass It On," 33.

119 빌은 장래가 촉망되는 학생으로 성장했는데: Wilson, A.A. Comes of Age, 54.

119 맨체스터 빌리지에 있는 영국 성공회 목사의 딸: Anonymous, "Pass It On," 35.

120 이퀴녹스 호텔은 웅장한 건축물로서: Lewis, The Equinox, 59.

121 맨체스터 빌리지에 있는 모든 시설은 오락을 목적으로 지어졌다: 스키너 도서관에 보관된 사진. 맨체스터 빌리지에 저자가 방문함.

121 맨체스터 빌리지의 메인 거리: Thomsen, Bill W.

122 캐나다에서 같은 석회석 광맥: 2000년 5월, 프레데리카 템플턴과의 인터뷰

122 그의 인생에 있어서 가장 행복했던 시절 가운데 하나: Anonymous, "Pass It On," 35.

124 "저는 이루 말할 수 없을 만큼 행복하고 성공한 사람이었습니다": Wilson, Bill W., 18.

10장. 버사 뱀포드

125 몸 안에 생긴 작은 종양을 제거하기 위해: 플라워 병원에 관하여; 익명의 「전하세요」는 9월 21일의 맨체스터 저널을 인용하고 있지만, 「신이 아니다」의 커츠는 버사가 5번가 병원에 있었던 것으로 보고 있다. 「빌 W.」의 톰센도 이 책의 입장을 따르고 있다.

126 제임스 브룩스 교장 선생님이 자리에서 일어났다: Anonymous, "Pass It On," 36.

126 호주머니에서 노란 메모지를 꺼내더니: Kurtz, Not-God, 12.

127 언급을 피했다: Wilson, Bill W., 18.

127 가드너는 남북 전쟁 게티즈버그 전투 행사에 빌을 데리고 갔다: Anonymous, "Pass It On," 38.

128 에밀리는 모든 것에 화가 났다: Thomsen, Bill W.

128 "성공, 성공, 반드시 성공해야만 해": Letter from EGW to WGW, AANYC.

129 신경 쇠약에 걸린: Wilson, Bill W., 18, and Wilson, A.A. Comes of Age, 54.

129 아들을 아버지에게 보내기로 결심했다: Anonymous, "Pass It On," 42.

129 "모든 것이 들쑥날쑥하고 깎아지른 듯하다": WGW to his Grandmother Wilson, August 1914.

11장. 로이스 버넘

131 어느 여름날 … 못마땅하게 여긴: Lois Wilson, Lois Remembers, 9.

132 신교회: Ibid., 2.

132 제리와 베스: Lois Wilson, Lois Remembers, 9.

133 록펠러 저택 … 방문: Ibid., 3.

134 돛과 돛대를 탈 부착할 수 있는: Ibid., 13.

134 남동생 로저스는 서로 알고 지내는 사이였다: Ibid.

135 보트에 대한 모든 구조물의 명칭과 … 잘 알고 있었다: Ibid.

136　“통로 바닥에 바짝 엎드려”: Wilson, Bill W., 21.

137　심장이 두근거릴 때마다 … 몸을 떨며: Ibid.

137　“언젠가는 아무것도 먹지 못하게 될 거에요”: WGW to EGW, 1914.

138　자동차 말고는 아무런 관심도 없는 듯: Anonymous, “Pass It On,” 46.

12장. 뉴욕 시티

141　노먼 슈나이더: Anonymous, “Pass It On,” 48.

142　빌도 그러한 남자 가운데 하나였다: WGW to LBW after their engagement, in September and October of 1915, SSA.

142　대화를 주고받으며 점점 사이가 가까워졌다: Lois Wilson, Lois Remembers, 14.

142　형편없는 사람이라고 내뱉을 때마다: Wilson, Bill W., 22.

143　“다정하게 대해 주었다”: Ibid., 19.

143　여행객이 가던 길을 잠시 멈추고 차를 마시면서 휴식을 취할 수 있는 쉼터: Lois Wilson, Lois Remembers, 14.

143　등유 램프로 만든 버너를 팔고 있었다: Ibid., 15.

145　“매 순간 빌과 함께 할 수 있기를 기원했어요.”: Ibid., 16.

146　“여름 내내 햇볕에 서 있다가”: Thomsen, Bill W.

146　“로이스는 너를 사랑하고 있어. 바로 네가 빌 윌슨이기 때문이지.”: WGW to LBW, September 1915, SSA.

147　이 사건으로 빌은 다시 낙제하고 말았다: Anonymous, “Pass It On,” 50, and Wilson, Bill W., 22.

147　잠깐의 연인 관계를 해명하려고: WGW to LBW, September and October 1915, SSA.

149　약혼반지를 사는: Lois Wilson, Lois Remembers, 17–18.

150　두 사람은 살고 있던 몬트리올을 떠나 고향으로 내려갔다: Letters from LBW at SSA.

150　티파니 회사는 … 새로운 반지를 제작했다: Correspondence from friends

of Lois Wilson and sales receipt from Tiffany, SSA.

152 겨우 목숨을 부지하고 있다고: Wilson, Bill W., 24.

152 그가 젊고 늠름한 해군이며: Lois Wilson, Lois Remembers, 21.

152 빌과 로이스가 같은 이야기를 한 것은 아니었지만: Phyllis Rose, Parallel Lives (New York: Vintage Books, 1983), 6.

13장. 뉴베드포드와 첫 음주

155 빌 윌슨을 구하는: Wilson, Bill W., 23.

155 수업은 모두 중단되었고: Lois Wilson, Lois Remembers, 21.

156 패배감: Wilson, Bill W., 25.

157 우아한 저녁 식사 파티에 초대받기 시작했다: Anonymous, "Pass It On," 55.

158 그전에 빌은 집사를 본 적이 한 번도 없었다: Wilson, Alcoholics Anonymous Comes of Age, 54.

158 "얼마나 많은 제 선조들이 술로 인해 돌아가셨는지 들은 적이 있어요": Wilson, Bill W., 26.

159 "낯선 장벽": Ibid., 26–27.

159 불로장생의 영약: Wilson, Alcoholics Anonymous Comes of Age, 54.

160 일종의 해방감을 느낄 수 있었다: Thomsen, Bill W.

14장. 프랑스

163 "착한 아이가 될게요": WGW to EGW, AANYC.

164 "우리는 정말로 술을 입에도 대지 말아야 하나?": WGW to LBW, 1918, SSA.

165 "도대체 그녀는 어디서 알았을까?": Anonymous, "Pass It On," 58.

165 "이곳 사람들은 … 별로 탐탁하게 여기지 않아": EGW to WGW, AANYC.

166 빌이 속한 부대가 떠날 것이라는 소문이 돌기 시작하자: Anonymous, "Pass It On," 58.

167 뉴베드포드에 있는 아파트에 새살림을 차렸는데: Lois Wilson, Lois Remembers, 22.

167 가끔은 사람들을 집으로 초대했다: Wilson, Bill W., 27.

168 "짙은 먹구름과도 같은 암울한 기운": Ibid., 28.

169 평온함이라는 그 기분은 이상하리만치 계속해서 그의 가슴을 가득 채우고 있었다: Ibid., 28, and Lois Wilson, Lois Remembers, 24.

170 그들이 보여준 용기는 진정한 것이었다: Wilson, Bill W., 290.

170 평온함으로 가슴이 벅차오르는 것을 경험했다: Ibid., 31, and Wilson, Alcoholics Anonymous, 1. WGW letters to LBW (in the SSA) at this time suggest Bill missed this visit to Winchester Cathedral but visited it in 1950.

172 선반에 놓여 있는 럼주 한 병: Wilson, Bill W., 33.

15장. 에디슨 실험

173 경례를 하지 않아: Wilson, Bill W., 34.

175 잡은 엄청난 크기의 장어: Lois Wilson, Lois Remembers, 28.

175 브루클린 법학 전문대학: Wilson, Bill W., 36.

176 '뛰어난 관찰력을 보유한 젊은이 구함': Ibid., 36.

176 발끈 성을 내는 성격: Ibid., 37.

177 빌이 기억하기에 … 다친 상처가 있었다: 내가 물어보았을 때, 에디슨 기록 보관 담당자는 이 상처를 기억하지 못했다. 1955년에 닐 볼드윈이 출간한 훌륭한 전기문에도 나타나 있지 않다. 1910년에 다이어와 마틴이 출간한 두 권의 에디슨 전기문을 검토해 상처를 입힌 질산 사고를 밝혀냈다. 빌 윌슨은 아마도 어렸을 때 그 책을 읽었을 것이다.

177 각각의 의자에는 … 종이 묶음이 놓여 있었다: Ibid., 37.

178 에디슨이 낸 광고에 언론사들은 혹평을 쏟아냈다: Edison Archives in Edison, New Jersey. "Mr. Edison's Brain Meter," Literary

Digest, May 28, 1921, and John Warren's unpublished essay "Amazingly Ignorant: Edison's Mental Fitness Test as a Dialogue on Education."

179 다행히 친절하고 좋은 분들이었다: Lois Wilson, Lois Remembers, 34.

180 멀리 떨어진 로스앤젤레스 지역의 방송: Wilson, Bill W., 39, and Lois Wilson, Lois Remembers, 35.

180 음향학 분야에 일을 맡기기로: Wilson, Bill W.

181 자신의 학위조차 찾아가지 못할 정도로 정신 나간 상태가 되어 버렸다: Wilson, Bill W. Letter from Dan Demarest at SSA.

16장. 브루클린

183 로이스는 또다시 캠핑 여행을 갈 채비를 했다: Lois Wilson, Lois Remembers, 31.

184 가슴 아프게도 세 차례의 자궁 외 임신 가운데 첫 번째 자궁 외 임신을 했다: Ibid., 34.

187 이상하게도 로이스의 동생들 4명 모두는 자식을 갖지 못했다: SSA.

187 "제가 당신께 드리는 크리스마스 선물입니다": WGW to LBW, December 1922, SSA.

187 "내 주변에는 더 이상 충고를 해줄 사람이 아무도 없었고,": Wilson, Alcoholics Anonymous, 3.

188 사이드카가 달린 할리-데이비슨 오토바이: Lois Wilson, Lois Remembers, 36.

188 만약 농부라면 … 말이나 소를 절대로 사지는 않을 텐데: Wilson, Bill W., 39.

17장. 오토바이 방랑자들

190 벽돌 건물이 줄지어 세워져 있다: 클린턴 거리 주민들과의 인터뷰, 인근 지역을 방문함

192 제너럴 일렉트릭부터 작업에 착수했다: Wilson, Bill W., 40.

192 사이드카에는 텐트와 … 실었고: Lois Wilson, Diary of Two Motorcycle Hobos. 로이스 윌슨이 사망하고 나서 징검다리에서 발견된 그녀의 일기장에는 1925년부터 1927년까지 두 사람이 여행한 내용이 담겨 있는데, 이것은 그 일기장의 불법판이다. 그 안에 담긴 대부분의 정보는 「로이스의 추억」에도 실려 있다.

192 포키프시 근처 시냇가 풀밭: Lois Wilson, Lois Remembers, 39.

193 "음, 물론 모두가 그렇게 생각했을 거예요. 우리가 정말이지, 완전히 제정신이 아니라고요.": Wilson, Bill W., 41.

194 앞으로 빌이 조사하게 될 방향의 본보기가 되었다: Ibid., 41-43.

195 조직의 밑바닥에서 시작해 보기로 했다: Ibid., 44.

195 뉴욕에 돌아왔다: Lois Wilson, Lois Remembers, 60-61.

196 개찰구 회전식 문을 개구멍 빠져나가듯 통과해야만 했다: Wilson, Bill W., 45.

18장. 맨체스터 공항

197 페닉 & 포드 Wilson, Bill W., 47.

198 남편만 집에 남겨두고 친정에 가버리기도 했다: Lois Wilson, Lois Remembers, 72.

200 옆집도 빌려: Wilson, Bill W., 46. '더 콜로니얼'이라고 이름 붙여진 건물에 있던 이 아파트는 지금도 그곳에 있으며, 클린턴 거리 182번지에서 가까운 아미티 거리에 빌과 로이스가 살았던 건물도 남아 있다.

200 "약속의 증표": WGW to LGW, SSA.

201 올버니에 잠시 들러: Anonymous, "Pass It On," 84, and Wilson, Bill W., 77-78.

201 맨체스터에 있으면 자신이 구원을 받을 수 있을 거라고: Wilson, Bill W., 47.

19장. 몬트리올

203 심지어 어머니를 설득해: Anonymous, "Pass It On," 85.

204 중개업자로 일하고 있는 오랜 친구인 딕 존슨: Wilson, Bill W., 49.

204 호사스런 아파트를 하나 빌렸는데: Lois Wilson, Lois Remembers, 81.

204 자수정이 박힌 결혼반지를 잃어버린: SSA.

205 로이스의 어머니가 골종양에 걸려 죽음을 피할 수 없는 지경에 이른 것이다: Lois Wilson, Lois Remembers, 81.

205 스탠리 통계 회사: Wilson, Bill W., 52.

206 로이스는 … R. H. 메이시 백화점에 취직했는데: Ibid., 53.

206 다음과 같은 내용이 계약서에 포함되도록 요구했다: Anonymous, "Pass It On," 90.

208 때로는 '저지의 번갯불'이라고 불렸다: Wilson, Bill W., 57.

208 종업원을 불러서 좀 더 술을 가져오라고 시켰다: Ibid., 59.

209 빌과 로이스는 … 버몬트로 향했다: Lois Wilson, Lois Remembers, 84.

209 루스벨트 대통령에게 분노가 담긴 편지: 이 편지들은 징검다리 기록 보관소에 있다.

210 아내의 지갑에서 돈을 몰래 꺼내 술을 마셨고: Wilson, Bill W., 66.

210 스트롱 박사는 … 병원비를 대신 지불해주겠다고 약속했다.: Ibid.

211 에비 대처를 집으로 불렀다: Anonymous, "Pass It On," 111, and Kurtz, Not-God, 7.

212 진 한 병을 꺼내 들었다: Kurtz, Not-God, 7.

212 옥스퍼드 그룹 하우스 파티: Pittman, A.A.: The Way It Began, 113.

213 인생을 바꿀 그 어떤 회심을 경험: Ibid., 8.

20장. 타운스 병원

215 센트럴 파크 웨스트 293번지에 자리 잡고 있는 … 타운스 병원: Anonymous, "Pass It On," 100.

215 타운스-램버트 치료: Pittman, A.A.: The Way It Began, 83.

216 "갈망 현상": Anonymous, "Pass It On," 102.

218 제1차 세계 대전 휴전 기념일에 빌은 … 마음먹었다.: Ibid., 110.

219 갈보리 선교구가 … 한번 가보기로 마음먹었다.: Wilson, Bill W., 87.

221 외상으로 맥주 4캔을 더 사서 마셨다: Ibid., 89.

222 "만약 신이 있다면 모습을 드러내 보아라!": Ibid., 93.

223 그가 진정으로 회심을 경험했으리라고 생각한 것이다: Ibid., 94.

223 그에게 변화가 찾아왔다는 사실을 알 수 있었고: Lois Wilson, Lois Remembers, 89.

227 "이것이 바로 설교자들이 말하는 신이로구나": Wilson, Bill W., 93.

228 종교와 영성을 구분하는데 신중을 기했다: Kurtz, Not-God, chap. 8, "The Context of the History of Religious Ideas."

21장. 옥스퍼드 그룹

237 혹자는 윌리엄 제임스 덕분이라고 보기도 한다: Wilson, Bill W., 96.

238 "오랫동안 땅속에 잠들어 있던 하버드 대학교 교수": Ibid.

240 "술이 인류를 지배할 수 있었던": James, Varieties of Religious Experience.

240 "그 당시에는 격앙된 감정이 한없이 펼쳐지는 것을 느낄 수 있었습니다": Wilson, Bill W., 99.

241 지하철을 타고서 모임에 정기적으로 참여: Anonymous, "Pass It On," 127.

243 제공하는 실수를 범했다: Wilson, Alcoholics Anonymous Comes of Age, 64.

245 혼자서 그러한 진실을 깨달았을 뿐만 아니라 … 너무나 기쁘고: Anonymous, "Pass It On," 131.

246 실크워스 박사는 … 조심스럽게 이야기했다: Ibid., 133.

246 애크런의 메이플라워호텔에 투숙했다: Wilson, Alcoholics Anonymous Comes of Age, 65.

247 메이플라워호텔 바: Ibid.

22장. 오하이오 애크런

249 머리기사를 실은 신문들: From photos of the lobby in May of 1935.

250 프랭크 부크먼은 이곳에서 세간의 이목을 끄는: From local news clippings in "Pass It On."

251 빌은 원치 않았다: Wilson, Alcoholics Anonymous Comes of Age, 66.

252 보브 박사도 버몬트 출신이었다: Ibid., 68.

253 대학생이었을 때부터 음주 문제가 있었지만: Ibid., 68.

255 그날 밤에 무슨 일이 있었던 것일까?: Ibid., 70.

256 애틀랜틱시티로 떠나면서 자신감을 가지고: Ibid.

256 맥주 한 병을 건네주었는데: Ibid., 71.

23장. 클린턴 거리 182번지

257 너와 지붕에: Wilson, Alcoholics Anonymous Comes of Age, 144.

258 T. 헨리 윌리엄스와 그의 아내인 클라레스의 집: Ibid., 145.

259 로이스는 눈앞에 펼쳐진 대초원의 풍경과 … 빠져들고 말았다: Lois Wilson, Lois Remembers, 96.

260 피츠 마요와 행크 파크허스트: Anonymous, "Pass It On," 152.

261 사무실을 임대하고 루스 호크를 비서로 고용했다: Lois Wilson, Lois Remembers, 101.

262 빌 윌슨은 매주 화요일 밤마다 모임을 열었다: Anonymous, "Pass It On," 152, and Lois Wilson, Lois Remembers, 102.

262 빌과 로이스의 옷가지: Lois Wilson, Lois Remembers, 105, and Anonymous, "Pass It On," 155.

263 "술을 끊는다는 것이 이렇게나 좋은 일이었군요!": Thomsen, Bill W.

264 찰스 타운스는 빌 윌슨의 재정 문제와 … 동시에 해결할 수 있는 방법을 찾아낸 것이었다: Wilson, Twelve Steps and Twelve Traditions.

264 만약 전문가가 되어: Ibid.

265 "집단 양심": Ibid.

24장. 정점에 이르지 못하다

267 옥스퍼드 그룹의 연미복: Pittman, A.A.: The Way It Began, chap. 6.

268 참석을 허락하지 않겠다는: Kurtz, Not-God, 45.

268 옥스퍼드 그룹에 큰 신세를 지었다고: Wilson, Alcoholics Anonymous Comes of Age, 74.

270 오랜 시간이 지나서야 옥스퍼드 그룹과 갈라설 수: Kurtz, Not-God, 47.

272 각자의 노트를 펼쳐서 비교한 순간: Wilson, Alcoholics Anonymous Comes of Age, 76.

273 18명의 중독자: Anonymous, "Pass It On," 180.

274 책을 써도 좋다는 것이었다: Lois Wilson, Lois Remembers, 108.

25장. 존 D. 록펠러 주니어

275 프랭크 쇼와 레너드 스트롱 박사에게도 연락했다: Lois Wilson, Lois Remembers, 108.

275 어머니가 집으로 찾아왔다: WGW to EGW, AANYC.

276 다시 한 번 구해 보기로 마음먹었다: Lois Wilson, Lois Remembers, 108.

277 '미스터 주니어'라고 불리는: Chernow, Titan.

277 오하이오에서 … 상점 직원으로 일하면서: Ibid., 50.

278 빌 윌슨과 만남을 가져보는 것이 어떻겠냐고: Lois Wilson, Lois Remembers, 109.

278 대화는 순조롭게 진행되었다: Anonymous, "Pass It On," 184.

278 그 정도의 액수를 승인하면 오히려 피해가 될 거라고 생각했다: Lois Wilson, Lois Remembers, 109.

279 알코올 중독이라는 문제를 어떻게 정의내리고 있는지: Anonymous, "Pass It On," 188.

280 뉴어크에 있는 아너 딜러사 사무실에서: Lois Wilson, Lois Remembers, 111.

280 루스 호크: Anonymous, "Pass It On," 192.

281 유진 익스먼: Correspondence between Exman and Wilson at SSA; Wilson, Alcoholics Anonymous Comes of Age, 153.

281 연필과 메모장을 가지고: Lois Wilson, Lois Remembers, 113, and Anonymous, "Pass It On," 197.

282 여전히 제목은 정해지지 않았다: Ibid., 203.

283 1939년 4월: Ibid., 206.

26장. 징검다리

285 집 앞 길가에 우두커니 서서: Lois Wilson, Lois Remembers, 125, and Thomsen, Bill W.

286 땅 위에는 아직까지 눈이 드문드문 남아 있고 … 3월의 어느 화창한 봄날: Lois Wilson, Lois Remembers, 133, and Anonymous, "Pass It On," 259. 빌과 로이스가 징검다리라고 불리는 집에 처음 방문했을 당시의 상황에 대해 몇 가지 논란이 있다. 어떤 사람은 두 사람이 방문했을 때 다른 사람이 살고 있었다고 한다; 다른 어떤 사람은 빌이 건물에 침입했다고 한다. 로이스는 잠기지 않은 창문을 통해 빈집으로 들어갔다고 한다.

287 그리피스 부인은 제시했는데: Anonymous, "Pass It On," 260.

288 중고 스터츠 자동차: Lois Wilson, Lois Remembers, 134.

289 책장은 벽을 따라 진열되어 있다: 나는 로이스의 책상 옆에 있는 작은 책꽂이에서 내 아버지에 관한 회고록인 「해가 저물기 전에 집으로」 한 권을 발견했다.

291 숲속에 있을 때 더욱 편안함을 느꼈다: Wilson, Bill W., 12, and Thomsen, Bill W.

292 유유히 … 삶의 숨겨진 의미를 고민했고: Thoreau, Walden.

27장. 웨스트 24번가 334 ½번지

293 일정 부분은 「리더스 다이제스트」 잡지사: Anonymous, "Pass It On," 195, and Wilson, Alcoholics Anonymous Comes of Age, 158.

295 가브리엘은 … 라디오 방송 프로그램의 진행자로: Anonymous, "Pass It On," 209.

295 미국의사협회는 … 신랄한 비난을 쏟아냈다: Kurtz, Not-God.

296 뉴욕 시티 유니온 클럽에서: Wilson, Alcoholics Anonymous Comes of Age, 183, and Kurtz, Not-God, 98. 「A.A. 성년이 되다」에서 빌 윌슨은 "토스트에 새끼 비둘기를 얹은 요리가 나왔다. 한때 중독자였던 우리들은 무척이나 잘하고 있었다."라고 썼다.

298 2층의 조그마한 2칸짜리 방으로 이사했다: Lois Wilson, Lois Remembers, 131.

299 행크는 빌에게 욕지거리를 해댔는데: Ibid., 129.

300 아래층에서 문 두드리는 소리가 들렸다: Anonymous, "Pass It On," 241.

301 「새터데이 이브닝 포스트」지의 발행인인 커티스 복: Wilson, Alcoholics Anonymous Comes of Age, 190.

301 이를 확인하기 위해 잭 알렉산더라고 하는: Lois Wilson, Lois Remembers, 131.

302 빌은 그 기자에게 … 여러 지역의 모임을 함께 둘러보는 것이 어떻겠냐고: Wilson, Alcoholics Anonymous Comes of Age, 191.

303 「새터데이 이브닝 포스트」지에는 그의 기사 제목이: Saturday Evening Post, March 1, 1941.

303 결국은 … 온 국민이 A.A. 운동에 관심을: Wilson, Alcoholics Anonymous Comes of Age, 191, and Anonymous, "Pass It On," 248.

304 회원 수는 천 오백 명에서 8천 명으로 증가했고: Kurtz, Not-God, 101.

28장. 트라부코 칼리지

306 빌의 군복무 지원서: SSA.

307 6만 4천 달러의 A.A. 자금을 횡령했을 거라고: Wilson, Alcoholics Anonymous Comes of Age, 193.

308 빌 윌슨은 그녀에게 … 답장을 보냈다.: Correspondence between WGW and Henrietta Seiberling, AANYC.

309 아래층으로 물이 넘치기도: Lois Wilson, Lois Remembers, 137.

310 자명종 시계가 울리면 헬렌은 줄을 잡아 당겨서: Anonymous, "Pass It On," 263.

310 최초의 국토 횡단 여행: Lois Wilson, Lois Remembers, 143; Kurtz, Not-God, 117; and Anonymous, "Pass It On," chap. 17.

314 허드와 헉슬리: Lois Wilson, Lois Remembers, 143.

314 기묘하고도 매혹적인 기운을 풍기던: Biographical information on Huxley, Heard, and their beliefs came from Sawyer, Aldous Huxley, and Bedford, Aldous Huxley.

317 "사막이 지닌 공허함과 적막함": Huxley, Complete Essays.

318 윌든 호수의 광기 사막 버전과도 같은: From many papers and manifestos about Trabuco College and its purposes at SSA.

319 헉슬리는 … 죽음에 대해 계속해서 이야기해 주었다.: Sawyer, Aldous Huxley, 162.

29장. 우울증

322 산다는 것이 헛되게 느껴졌다: Anonymous, "Pass It On," 292, and 그리고 그 당시에 빌과 함께 일했던 사람들과의 인터뷰

325 "현재로서는 성공 자체가 내가 겪고 있는 골칫거리라네": WGW to Mark Whalon, AANYC.

326 아주 오래전부터 인간에게 문제가 되었던: Solomon, The Noonday Demon.

328 현미경 아래에 놓인 처지: Anonymous, "Pass It On," 294.

329 영성이 고갈되었기 때문: 2001년, 이스트 리치에서 톰 파워스와의 인터뷰

330 "걸핏하면 … 정신을 차릴 수가 없게 된다": Wilson, Twelve Steps and Twelve Traditions.

330 "우환이야말로 생명의 길이요": White, A Different Kind of Hero.

331 빌은 매주 두 차례 차를 타고서 베드포드 언덕을 출발해: Anonymous, "Pass It On," 295.

332 프랜시스 박사는 빌에게 A.A.에서 차지하고 있는 위치가: Ibid., 335.

30장. 우리의 공동 복리가 무엇보다 우선되어야 한다

335 고마움을 전하고자 비행기에 올라탄 A.A. 회원들: Wing, Grateful to Have Been There.

336 런던데리 여인숙에 묵으면서: Ibid.

336 작업실을 하나 지었는데: Anonymous, "Pass It On," 304.

338 넬 윙이 빌 윌슨의 비서이자 조수로 근무하기 시작했다: Ibid., 293.

339 "이러한 모든 규정이 … 시행된다면": Ibid., 305.

340 일종의 지침 혹은 성문화: "근본적인 사상이 … 이처럼 방대한 양의 서신 속에 그대로 담겨져 있는 것으로 밝혀졌다." from Wilson, Alcoholics Anonymous Comes of Age, 203.

340 "각각의 A.A. 회원은": Wilson, Twelve Steps and Twelve Traditions.

342 빌은 생각에 잠겨 손으로 머리를 감싸고 있거나: Wing, Grateful to Have Been There.

343 마티 만이 … 익명성이라는 사안은 위기 국면에 접어들었다.: Anonymous, "Pass It On," 310, and Brown and Brown, Mrs. Marty Mann, 179.

345 빌 윌슨과 예일 대학교 학위에 관한 이야기: Anonymous, "Pass It On," 311.

346 반대한 사람은 아치볼드 루스벨트였다: Lois Wilson, Lois Remembers, 157.

347 "보내주신 편지를 감명 깊게 경청하고 나서": Anonymous, "Pass It On," 314.

31장. 로버트 홀브룩 스미스 박사

주: 본 장에 서술된 이야기와 견해는 연합 총회가 의뢰해 1980년에 익명으로 출판된 보브 박사의 전기: 「보브 박사와 훌륭한 선배들」 덕분이다. 그리고 자매편인 「전하세요」는 1984년에 출판되었다.

350 2년간의 단주 경험: Lois Wilson, Lois Remembers, 108.

352 주로 이러한 항복의 과정은: Anonymous, Dr. Bob and the Good Old Timers, 101.

352 사우어크라우트와 토마토, 카로 옥수수 시럽과 같이 … 엄격한 식이 요법: Ibid., 105.

356 "이 점을 염두에 두고": Ibid., 224.

357 킹 학교로 변경된: Ibid., 219.

358 그는 여전히 망설이고 있었다: Ibid., 319.

359 어느 날 밤 … 한 남자가 새로 들어왔고: Ibid., 336.

32장. 유령의 방

364 대주교인 몬시뇰 풀턴 쉰: Anonymous, "Pass It On," 282.

365 "저는 제가 가톨릭 신자보다 더 가톨릭 신자 같다는 느낌이 듭니다": WGW to Msgr. Sheen, AANYC.

365 서로간의 단주 유지를 돕고자 거의 10만 명에 가까운 알코올 중독자가: Wilson, Alcoholics Anonymous Comes of Age, 125, and Kurtz, Not-God, 116.

365 메리 베이커 에디에 관한 이야기에도 깊은 감명을 받았는데: Barger, New Wine, 104.

367 심령 현상과 영적 현상에 대한 연구를 계속해 나갔다: Wing, Grateful to Have Been There, and Anonymous, "Pass It On," 275.

368 때때로 윌슨 부부는 위저 보드를 가지고 시간을 보냈다: Ibid., 278.

369 사람들은 탁자에 모여 앉아 … 손가락을 올려놓았다.: Ibid., 279.

370 드와이트 무디 목사: Automatic writing in the archives at Stepping Stones.

370 이탈리아의 초기 기독교에 관한 이야기: Anonymous, "Pass It On," 278.

370 라틴어로 된 그 말은 … 설교문인 것으로 밝혀졌다.: Wing, Grateful to Have Been There.

370 얼마 안 있어 … 망령도 나타났다: Anonymous, "Pass It On," 276.

372 채퍼콰 A.A. 모임의 회원 중 한 사람: Interview with Tom Powers, 2001.

374 거의 알아차릴 수 없을 정도의 희미한 움직임이: Anonymous, "Pass It On," 278.

33장. 미주리 세인트 루이스

377 찰리 파커가 사망했고: Bernhard Grun, The Timetables of History (New York: Simon & Schuster, 1975).

379 단상 양측면에 배치된 성조기: Wilson, Alcoholics Anonymous Comes of Age, 46, and photo in the book.

379 대표자들을 어떻게 선출할 것인가?: Wilson, Alcoholics Anonymous Comes of Age, 216.

381 오후 4시가 다가오자: Ibid., 226.

382 "성인과도 같은 성품": Ibid., 254.

383 에비 대처가 특별 초대 손님으로: Ibid., 46.

384 원칙이 녹아 들어간 혼합체: Barger, New Wine, chaps. 7–10. (예사롭지 않은 이 책은 A.A.의 가르침에 대한 12가지 이상의 출전을 추적해 밝혀내고 있다.)

384 "이제 로이스와 저는 인생의 황혼기에 접어들었습니다": Wilson, Alcoholics Anonymous Comes of Age, 220.

385 우울증이 호전되었다: Anonymous, "Pass It On," 359.

385 여러 가지 진기한 경험: Kurtz, Not-God, 136.

34장. 마티 만

388 "도로시와 저는 … 제대로 된 모자 관계를 맺어본 적이 정말로 없었습니다": WGW to Dr. Fred Breithut, AANYC.

389 "내가 너랑 같이 여인숙에 있었더라도": EGW to WGW, SSA.

389 크리스틴은 원래 있던 대로 살고 싶다는 답장을 보냈다: Christine Wilson to WGW, SSA.

390 길먼이 벨트로 그녀의 손과 몸통을 묶었던 것이다.: Christine Wilson to WGW, AANYC.

391 노숙자로 보이는 한 남자가 피골이 상접한 얼굴로: Ibid., 132.

392 블룸즈버리 그룹과 많은 시간을 보냈으며: Ibid., 72.

392 빌은 마티의 5단계를 들을 수 있었다: Ibid., 119.

393 "이것은 유기적으로 잘 짜여진 프로파간다와 … 기이한 책이다": Kurtz, Not-God, 92. 「익명의 알코올 중독자들」에 관해 지지하지 않는 논평에 관한 주석에서 커츠는 신경정신질환학회지 1940년 9월호에 실린 혹평도 인용하고 있는데, "오귀스트 포렐과 오이겐 블로일러의 방법이 훨씬 우수하다고 생각한다."라고 결론짓고 있다.

394 윌리엄 시브룩: Brown and Brown, Mrs. Marty Mann, 82.

395 해리 티부트 박사: Ibid., 94.

395 친구의 친구를 통해 박사의 손에 들어왔다: Ibid., 102.

396 사랑에 빠져 함께 살았을 때 특히: Ibid., chap. 15.

397 카슨 맥컬러스: Ibid., 222.

398 로이스에게 심장 마비가 찾아왔고 … 해오던 일들을 모두 중단할 수밖에 없었다: Lois Wilson, Lois Remembers, 156.

35장. 베드포드로 526번지

401 로버트 오펜하이머와 친하게 지냈고: Anonymous, "Pass It On," 381.

402 몇몇은 현명해 보였지만 어떤 것은 그렇게 보이지 않았다: Kurtz, Not-God, 136.

403 누군가는 빌이 로이스에게 심장 마비가 있은 뒤로: Author's interviews.

403 "그는 괴로워했습니다": Interview with Ralph B.

404 그의 성적 행동이 … 우려했다: Various interviews.

404 일화 중에는 빌이 … 정지 신호도 무시한 채: Ibid.

405 겪는 발기부전 문제를 솔직하게 다루었다: Wilson, Alcoholics Anonymous, 134.

405 서류 가운데 일부는 최근까지도 색인이 없거나: In 2001 and 2002, the holdings of the Stepping Stones Archives were brilliantly indexed and archived by Lynn Hoke.

406 프랜시스 하티건: Hartigan's book, Bill W., has no endnotes or footnotes. His sources are not named.

406 낸 로버트슨: Robertson, Getting Better, 84. Robertson does not cite specific sources.

409 "한 번만 태어난 자가 믿는 종교에서": James, Varieties of Religious Experience, 166.

411 하계 극장에서 배우로 활동을 시작했고: Hartigan, Bill W., 190, and various interviews.

412 헬렌이 A.A. 회원들에게 보낸 편지 중에는 … 많이 존재한다: Helen Wynn to various people, SSA.

412 그런 일은 일어나지 않았다: 이것은 톰 파워스가 어째서 빌과 갈라서게 되었는지에 관한 이야기의 일부이다. 그가 말했다. "헬렌이 나쁜 길에 빠져들었습니다." 파워스는 이사회에 가서 LSD 연구 본부를 위해 헬렌이 돈을 받을 수 없도록 했다.

413 "그는 상황을 바로잡으려고 노력했을지도 모릅니다": Interview with Tom Powers.

36장. 뒤에 남은 가족들

415 "언제, 어떻게, 그리고 어떠한 경우에": Wilson, Twelve Steps and Twelve Traditions, 50.

415 "대부분 우리는 … 넘칠 만큼 지니고 태어났기에": Ibid., 65.

416 "정말로 속에 있는 말을 모조리 털어놓았습니다": Interview with Ralph B.

418 복음주의를 추구하는 노선과 자아실현 및 자조를 추구하는 노선: Kurtz, Not-God, chap. 8.

418 로이스 윌슨이 … 남편에게 부탁했지만: Lois Wilson, Lois Remembers, 114.

421 마티 만은 익명성이라고 하는 이러한 제약에 화를 냈다: Brown and Brown, Mrs. Marty Mann, 178.

422 스스로를 "마티 만 부인"이라고 칭했다: Ibid., 218.

37장. 칼 융

425 아브람 호퍼와 험프리 오스몬드: Anonymous, "Pass It On," 369.

426 마음에 차지 않아 반발심을 가졌던: Sawyer, Aldous Huxley, 146.

427 코헨 박사가 감독하고: From a transcript of Cohen's notes on Bill's experience, SSA.

428 "창시자라는 상징성이 언제나 저를 따라다닐 거라는 점을 잘 알고 있습니다": WGW to Rev. Sam Shoemaker, SSA.

429 빌은 어머니를 설득해 동부로 오시도록 했고: Correspondence between WGW and EGW, 1960-61, SSA.

430 답장이 도착했는데: Anonymous, "Pass It On," 383. 칼 융의 편지는 징검다리 벽에 걸려 있으며 징검다리 재단 웹사이트에서도 확인할 수 있다.

431 열정은 빌을 곤경에 빠트렸다.: Kurtz, Not-God, 137.

38장. 마이애미

435 나빠진 폐기능: Interviews.

436 호흡 곤란을 이유로 그만둘 수밖에 없었다: Anonymous, "Pass It On," 393.

436 승강 장치의 도움으로: Ibid., 400.

437 녹색 줄이 그어진 메모지 한 장에 시간별로 일지를 기록했다: 일지 항목들은 빌 윌슨의 생애 마지막 6주 동안 간호사인 오로린과 클라지오, 단넨베르크가 기록한 간호 일지에서 발췌한 것이다, SSA.

440 남쪽을 향해 떠난 여정: Lois Wilson, Lois Remembers, 160.

441 5월 8일, 겨울 내내 얼었던 돌투성이 버몬트 땅: Anonymous, "Pass It On," 406.

참고 문헌

Anonymous. Dr. Bob and the Good Old Timers: A Biography with Recollections of Early A.A. in the Midwest. New York: Alcoholics Anonymous World Services, 1980.

Anonymous. Living Sober. New York: Alcoholics Anonymous World Services, 1975.

Anonymous. "Pass It On": The Story of Bill Wilson and How the A.A. Message Reached the World. New York: Alcoholics Anonymous World Services, 1984.

Baldwin, Neil. Edison: Inventing the Century. New York: Hyperion, 1995.

B., Mel. Ebby: The Man Who Sponsored Bill W. Center City, Minn.: Hazelden- Pittman Archives Press, 1998.

Barger, Mel. New Wine: The Spiritual Roots of the Twelve Step Miracle. Center City, Minn.: Hazelden Foundation, 1991.

———. My Search for Bill Wilson. Center City, Minn.: Hazelden-Pittman Archives Press, 2000.

Barr, Andrew. Drink: A Social History of America. New York: Carroll & Graf, 1999.

Bateson, Gregory. Steps to an Ecology of Mind. New York: Ballantine Books, 1972.

Bedford, Sybille. Aldous Huxley: A Biography. Chicago: Ivan R. Dee, 2002.

Berryman, John. Recovery. New York: Farrar, Straus & Giroux, 1971.

Botkin, B. A. A Treasury of New England Folklore. New York: Bonanza Books, Crown Publishers, 1965.

Brown, Bruce, with interviews from Mrs. Fred Harwood. The History of Emerald Lake State Park. Vermont Agency of Natural Resources, Department of Forests, Parks, and Recreation, 1992.

Brown, Sally, and David R. Brown. A Biography of Mrs. Marty Mann. Center City, Minn.: Hazelden-Pittman Archives Press, 2002.

Bryan, Frank M. Yankee Politics in Rural Vermont. Hanover, N.H.: University Press of New England, 1974.

Burns, John et al. The Answer to Addiction. Fremont Center, N.Y.: East Ridge Press, 2000.

Cheever, Susan. Treetops. New York: Bantam Books, 1991.

Chernow, Ron. Titan: The Life of John D. Rockefeller, Sr. New York: Random House, 1998.

Coffin, Howard. Full Duty: Vermonters in the Civil War. Woodstock, Vt.: Countryman Press, 1993.

DeGraaf, Richard M., and Mariko Yamasaki. New England Wildlife: Habitat, Natural History, and Distribution. Hanover, N.H.: University Press of New England, 2001.

Dyer, Frank Lewis, and Thomas Commerford Martin. Edison: His Life and Inventions. New York: Harper & Brothers, 1910.

Farren, Suzy. A Call to Care: The Women Who Built Catholic Healthcare in America. St. Louis: Catholic Health Association of the United States, 1996.

Fitzgerald, Kathleen. Alcoholism: The Genetic Inheritance. Lake Forest, Ill.: Whale's Tale Press, 1993.

Fitzgerald, Robert, ed. The Soul of Sponsorship: The Friendship of Father Ed Dowling S.S. and Bill Wilson in Letters. Center City, Minn.: Hazelden

Press, 1995.

Ford, Betty. A Glad Awakening. Garden City, N.Y.: Doubleday & Co., 1987.

Graffagnino, J. Kevin; Samuel B. Hand; and Gene Sessions, eds. Vermont Voices, 1609 through the 1990s: A Documentary History of the Green Mountain State. Montpelier: Vermont Historical Society, 1999.

Hamill, Pete. A Drinking Life. Boston: Little, Brown & Co., 1994.

Hard, Walter. Walter Hard's Vermont. Brattleboro, Vt.: Stephen Daye Press, c. 1941.

Harritt, Ira. Emerald Lake State Park Nature Trail Guide. State of Vermont Agency of Natural Resources, Department of Forests, Parks, and Recreation, 1992.

Hartigan, Francis, Bill W. New York: Thomas Dunne Books, St. Martin's Press, 2000.

Hunter, Charlotte; Billye Jones; and Joan Zeiger. Women Pioneers in 12 Step Recovery. Center City, Minn.: Hazelden-Pittman Archives Press, 1999.

Huxley, Aldous. Complete Essays, Volume V: 1939-1956. Edited by Robert S. Baker and James Sexton. Chicago: Ivan R. Dee, 2002.

James, Henry. Hawthorne. Ithaca, NY: Cornell University Press, 1997.

James, William. The Varieties of Religious Experience. New Hyde Park, N.Y.: University Books, c. 1902.

Jeffrey, William H. Vermont, Its Government: 1904 and 05 and 1912 and 13. East Burke, Vt.: Vermont State Historical Society, Historical Publishing Co.

Jersild, Devon. Happy Hours: Alcohol in a Woman's Life. New York: Cliff Street Books, 2001.

Johnson, Charles W. The Nature of Vermont. Hanover, N.H.: Uni-versity Press of New England, 1998.

Johnson, Vernon E. I'll Quit Tomorrow: A Practical Guide to Alco-holism Treatment. New York: Harper & Row, 1980.

Josephson, Matthew. Edison: A Biography. New York: McGraw-Hill, 1959.

Kurtz, Ernest. Not-God: A History of Alcoholics Anonymous. Center City, Minn.: Hazelden Press, 1991.

Lender, Mark Edward, and James Kirby Martin. Drinking in America. New York: Free Press, 1987.

Lewis, Phebe Ann. The Equinox: Historic Home of Hospitality. Manchester, Vt.: Johnny Appleseed Bookshop, 1996.

Mann, Marty. Marty Mann Answers Your Questions About Drinking and Alcoholism. New York: Holt, Rinehart & Winston, 1981.

———. Marty Mann's New Primer on Alcoholism. New York: Holt, Rinehart & Winston, 1981.

Mariani, Paul. Dream Song: The Life of John Berryman. New York: William Morrow & Co., 1990.

Maxwell, Ruth. The Booze Battle. New York: Ballantine Books, 1989.

Mendelson, Jack H., and Nancy Mello. Alcohol Use and Abuse in America. Little, Brown & Co., 1985.

Milam, Dr. James R., and Katherine Ketcham. Under the Influence: A Guide to the Myths and Realities of Alcoholism. New York: Bantam Books, 1983.

Murray, Stuart. Rudyard Kipling in Vermont: Birthplace of the Jungle Books. Bennington, Vt.: Images from the Past, 1997.

Newlove, Donald. Those Drinking Days: Myself and Other Writers. New York: Horizon Press, 1980.

Pittman, Bill. A.A.: The Way It Began. Seattle: Glen Abbey Books, 1988.

Proceedings of the Vermont Historical Society for the Years 1911-1912. St. Albans, Vt.: Vermont Historical Society.

Raphael, Matthew. Bill W. and Mr. Wilson. Amherst: University of Massachusetts Press, 2000.

Resch, Tyler. Dorset: In the Shadow of the Marble Mountain. West Kennebunk, Me.: Dorset Historical Society, Phoenix Publishers, 1989.

Richardson, Robert D. Emerson: The Mind on Fire. Berkeley: University of California Press, 1995.

Robertson, Nan. Getting Better: Inside Alcoholics Anonymous. New York: William Morrow & Co., 1988.

Roueché, Berton. The Neutral Spirit: A Portrait of Alcohol. Boston: Little, Brown & Co., 1960.

Rorabaugh, W. J. The Alcoholic Republic: An American Tradition. New York: Oxford University Press, 1979.

Roth, Lillian, with Mike Connolly and Gerold Frank. I'll Cry Tom-orrow. New York: F. Fell, 1954.

Rucker, R. D. Drugs, Drug Addiction, and Drug Dealing. New York: Vantage Press, 1991.

Sawyer, Dana. Aldous Huxley. New York: Crossroad Publishing Co., 2002.

Seabrook, William. Asylum. New York: Harcourt, Brace & Co., 1935.

Shannonhouse, Rebecca, ed. Under the Influence. New York: Ran-dom House, 2002.

Solomon, Andrew. The Noonday Demon. New York: Scribner, 2001.

Thomsen, Robert. Bill W. Center City, Minn.: Hazelden-Pittman Archives Press, 1975.

Thoreau, Henry David. Walden and Other Writings. New York: Ba-rnes & Noble Classics, 1993.

Time in New England. Photos by Paul Strand; text selected and edited by Nancy Newhall. Millerton, N.Y.: Aperture, 1977.

Vaillant, George E. The Natural History of Alcoholism. Cambridge, Mass.: Harvard University Press, 1995.

White, Tom. Bill W.: A Different Kind of Hero. Honesdale, Pa.: Boyds Mills Press, 2003.

Wholey, Dennis. The Courage to Change: Hope and Help for Alco-holics and

Their Families: Personal Conversations with Dennis Wholey. Boston: Houghton Mifflin Co., 1984.

W., Bill. Alcoholics Anonymous. 3rd and 4th eds. New York: Alco-holics Anonymous World Services, 1976, 2001.

Wilson, Bill. Alcoholics Anonymous Comes of Age. New York: Alco-holics Anonymous Publishing, 1957.

———. Bill W.: An Autobiography. Center City, Minn.: Hazelden-Pittman Archives Press, 2000.

———. The Language of the Heart: Bill W.' s Grapevine Writings. New York: AA Grapevine, 1988.

———. Twelve Steps and Twelve Traditions. Alcoholics Anonymous World Services, 1953.

[Wilson, Bill; Bob Smith; et al.] Living Sober. New York: Alcoholics Anonymous World Services, 1975.

Wilson, Lois. Diary of Two Motorcycle Hobos. Edited by Ellie van V. Ottawa: Gratitude Press Canada, 1998.

———. Lois Remembers. Virginia Beach, Va.: Al-Anon Group Headquarters, 1991.

Wing, Nell. Grateful to Have Been There. Center City, Minn.: Haz-elden-Pittman Archives Press, 1992.

역주 참고 문헌

1. Kurtz: Not God: A History of Alcoholics Anonymous by Ernest Kurtz
2. Thomsen: Bill W: The absorbing and deeply moving life story of Bill Wilson, co-founder of Alcoholics Anonymous by Robert Thomsen
3. Pass It On: Pass It On: the story of Bill Wilson and how the A.A. message reached the world by Alcoholics Anonymous World Services, Inc
4. Bill W.(2005): Bill W.: My First 40 Years - An Autobiography by Bill Wilson
5. Bob: Key Players in AA History by Bob K.
6. A History of News: A History of News by Mitchell Stephens
7. The A.A. Group: The A.A. Group: Where it all begins by Alcoholics Anonymous World Services, Inc
8. People of the Century: People of the Century: One Hundred Men And Women Who Shaped The Last One Hundred Years by The editors of Time-life & Inc CBS
9. Stanley Turkel CMHS ISHC: Built to Last: 100+ Year-Old Hotels East of the Mississippi by Stanley Turkel CMHS ISHC
10. Twelve Steps and Twelve Traditions: Twelve Steps and Twelve Traditions, Seventy-eighth Printing, June 2013 by Alcoholics Anonymous World Services, Inc

11. Dick B.(2012): Stick with the Winners!, How to Conduct More Effective 12 Step Recovery Meetings Using Conference Approved Literature by Dick B.

12. Cole: Rogers Burnham: The Original Man Behind Bill W. by Leslie Bro-wnson Cole

13. Hartigan: Bill W.: A Biography of Alcoholics Anonymous Cofounder Bill Wilson by Francis Hartigan

14. Borchert: The Lois Wilson Story: When Love is not Enough, The Bio-graphy of the Cofounder of Al-Anon by William G. Borchert

15. Pittman: AA: The Way it Began by Bill Pittman

16. Mel B.: Ebby: The Man Who Sponsored Bill W. By Mel B.

17. Mitchel: Silkworth: The Little Doctor Who Loved Drunks the Biography of William Duncan Silkworth, M.D. By Dale Mitchel

18. AACOA: A.A. Comes of Ages by Alcoholics Anonymous World Services, Inc

19. As Bill Sees It: As Bill Sees It by Alcoholics Anonymous World Services, Inc

20. 김재영: 종교적 경험의 다양성 by 윌리엄 제임스

21. Daily Reflections: Daily Reflections by Alcoholics Anonymous World Services, Inc

22. Dick B.(2006): Henrietta B. Seiberling: Ohio's Lady with a Cause, Third Edition by Dick B.

23. Barth: The Epistle to the Romans by Karl BarthEarly in 1954, Bill W. declined an honorary degree of Doctor of Laws offered by Yale University.

24. C. G. Jung and Gerhard Adler: Selected Letters of C.G. Jung, 1909-1961 by C. G. Jung and Gerhard Adler

25. James: The Varieties of Religious Experience: A Study in Human Nat-ure by William James

26. Dick B.(1998): New Light on Alcoholism: God, Sam Shoemaker by Dick B.

27. Russell: For sinners only(1932) by Arthur J. Russell

28. A.A.: Alcoholics Anonymous:The Story of How Many Thousands of Men and Women Have Recovered from Alcoholism, 4th edition by Alcoholics Anonymous World Services, Inc

29. Darrah: Sister Ignatia: Angel of Alcoholics Anonymous by Mary C. Darrah

30. Dr. Bob and the Good OldTimers: Dr. Bob and the Good Old-Timers by Alcoholics Anonymous World Services, Inc

31. Heard: Training for the Life of the Spirit by Gerald Heard

32. Nozick: The Examined Life: Philosophical Meditations by Robert Nozick

33. Jayaker: J. Krishnamurti: A Biography by Pupul Jayakar

34. Krishnamurti: The Book of Life: Daily Meditations with Krishnamurti by J. Krishnamurti

35. Haroutunian: Being Sober: A Step-by-Step Guide to Getting To, Getting Through, and Living in Recovery by Harry Haroutunian

36. White: Slaying the Dragon: The History of Addiction Treatment and Recovery in America by William L. White

37. Wing: Grateful To Have Been There: My 42 Years With Bill And Lois, And The Evolution Of Alcoholics Anonymous/Second Edition-Expanded and Revised by Nell Wing

38. 김용옥: 맹자 사람의 길 by 김용옥

39. Fitzgerald: The Soul of Sponsorship: The Friendship of Fr. Ed Dowling, S.J. and Bill Wilson in Letters by Robert Fitzgerald S.J.

40. Hazelden: Harry Tiebout: The Collected Writings by anonymous

41. AAGV: Alcoholics Anonymous Grapevine

42. Bill W.(2011): The Language Of The Heart - Bill W.'s Grapevine Writings by Bill Wilson

43. Lean: Frank Buchman – a life by Garth Lean

44. A.A. Service Manual: THE A.A. SERVICE MANUAL combined with TWELVE CONCEPTS FOR WORLD SERVICE by Bill W 2016 – 2018 edition by http://www.aa.org

45. Cheever(2009): Desire: Where Sex Meets Addiction by Susan Cheever

46. Blocker: Alcohol and Temperance in Modern History: An International Encyclopedia by by Jack S. Blocker

47. Emerson: Self-Reliance and Other Essays (Dover Thrift Editions) by Ralph Waldo Emerson

48. 이마미치 도모노부: 단테 신곡 강의 by 이마미치 도모노부

찾아보기

(ㄱ)

(ㄴ)

(ㄷ)

(ㄹ)

(ㅁ)

(ㅂ)

(ㅅ)

(ㅇ)

(ㅈ)

(ㅊ)

(ㅋ)

(ㅌ)

(ㅍ)

(ㅎ)

■ 저자 소개

SUSAN CHEEVER

수잔 치버는 5권의 소설과 회고록인 「병 속에 담긴 쪽지」, 「해가 저물기 전에 집으로」를 포함해 이전에 13권의 책을 펴낸 베스트셀러 작가이다. 그녀의 작품은 전미 서평자 그룹상에 이름을 올렸고 보스턴 글로브 윈쉽 메달을 수상했다. 그녀는 구겐하임 펠로우이자 야도 회원이며 미국 작가 협회의 심의회 회원이다. 그녀는 베닝턴 대학에서 미술학 석사 과정을 가르치고 있으며, 뉴욕시에서 가족과 함께 살고 있다.

■ 역자 소개

이 준

- 충남대학교 의과대학 졸업
- 충남대학교병원 정신건강의학과 수련
- 대전한일병원 정신건강의학과장
- 역서 「알코올 문제를 극복하기 위한 인지행동프로그램」

제 이름은 빌입니다

빌 윌슨 – 그의 삶과 익명의 알코올 중독자들

초판 1쇄 발행 2020년 02월 26일
초판 2쇄 발행 2021년 11월 26일

지 은 이 SUSAN CHEEVER
옮 긴 이 이 준
펴 낸 이 소정영
펴 낸 곳 하나醫學社

출판신고 제25100-2013-000061호(1988. 4. 1.)
주 소 서울시 서대문구 거북골로 7-7(홍은동) 하나빌딩 1층

전화번호 (02)730-2555, 2556
팩 스 (02)730-2557
홈페이지 www.hanampc.co.kr
이 메 일 hanampc1@naver.com

값 26,000원

ISBN 979-11-85696-83-6 03990